Pierre Bühler

Bewegende Begegnung
Rencontre interpellante

T V Z

LABOR ET FIDES

Pierre Bühler

Bewegende Begegnung
Rencontre interpellante

Aufsätze, Einmischungen, Predigten
Articles, interventions, prédications

Herausgegeben von
Lucie Kaennel, Andreas Mauz
und Franzisca Pilgram-Frühauf

TVZ
Theologischer Verlag Zürich

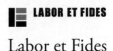
Labor et Fides

Gedruckt mit freundlicher Unterstützung der Theologischen Fakultät der Universität Zürich, des Instituts für Hermeneutik und Religionsphilosophie (IHR), des Arrondissement jurassien der Reformierten Kirche des Kantons Bern, des Kirchenrats der Evangelisch-reformierten Landeskirche des Kantons Zürich und der Katholischen Kirche im Kanton Zürich.

Der Theologische Verlag Zürich und Labor et Fides werden vom Bundesamt für Kultur mit einem Strukturbeitrag für die Jahre 2016–2020 unterstützt.

Bibliografische Informationen der Deutschen Nationalbibliothek
Die Deutsche Nationalbibliothek verzeichnet diese Publikation in der Deutschen Nationalbibliografie; detaillierte bibliografische Daten sind im Internet über http://dnb.dnb.de abrufbar.

Umschlaggestaltung
Simone Ackermann, Zürich
Unter Verwendung des Bildes *Jakobs Kampf mit dem Engel – La lutte de Jacob avec l'ange* (1861) von Eugène Delacroix, commons.wikimedia.org.

Satz und Layout
Claudia Wild, Konstanz

Druck
Rosch Buch GmbH, Scheßlitz

TVZ
ISBN 978-3-290-18262-5 (Print)
ISBN 978-3-290-18263-2 (E-Book: PDF)
© 2020 Theologischer Verlag Zürich
www.tvz-verlag.ch

Labor et Fides
ISBN 978-2-8309-1706-2 (Print)
ISBN 978-2-8309-5158-5 (E-Book)
www.laboretfides.com

Alle Rechte vorbehalten.

Raymond Burki

«Hi!! För my best frend at life ! Hapy birithday. I hope you be good and best helth with m. pierr. You pass the life easly. Realy Im far away at nêuchatel But am very nearly for every Body. Like film I rember every think. Never I Forgate you station you and your hasben. When the life for me and my children very hard I saw you like angel. You help me with every thin what I need att the life. I pray every day I said to my gud paradi For Marainn and pierr. Thank for my Gud I know you and your family. Naw I am good with my hasben an my children. I want to fand work maybe this week I start work. My hasbend to Because they dont gave me a big house. Thank you, my best sister. Jt'aim to jours. K. M., 24.9.2005.»

Geburtstagsbrief an Marianne, von einer kurdisch-irakischen Geflüchteten, die jetzt mit ihrer Familie in Schweden lebt, nach mehreren Jahren in der Schweiz.

Lettre d'anniversaire pour Marianne, d'une réfugiée kurde irakienne habitant maintenant en Suède avec sa famille, après plusieurs années passées en Suisse.

Inhaltsverzeichnis – Sommaire

Lucie Kaennel, Andreas Mauz, Franzisca Pilgram-Frühauf
Engagierter Theologe, kritischer Bürger, wachsamer Prediger.
Zur Einleitung 11

Théologien engagé, citoyen critique, prédicateur vigilant.
En guise d'ouverture 16

Aufsätze – Articles

Bienne – à la croisée des chemins 23

Grenzübergang und Begrenztheit. Ein aktueller Prüfstein der
theologischen Hermeneutik 24

Entre exégèse et théologie, une herméneutique à géométrie variable 38

Gottes Angesicht in den Brüchen der Erzählung von Peniel 54

L'étranger comme point de cristallisation de l'autre 67

Beim Namen gerufen. Eine Maturarede 75

Offres fictives d'identité narrative. Quelques personnages des récits
de la Passion en transcription littéraire 80

Une interprétation non sacrificielle de la croix ? 97

Höllenfahrt Christi – ein umstrittenes Stück der Kreuzestheologie.
Versuch einer kleinen Synthese 108

Une approche herméneutique des interactions entre texte et image.
La réception de Don Quichotte par Friedrich Dürrenmatt 112

Friedrich Dürrenmatt : un écrivain s'inspire de Kierkegaard 127

Ein Brief von Hilarius Lector Postumus 139

Sterben erzählen im Spielfilm 143

Karikatur als heilsame Herausforderung an die Religion 151

Let It Be 162

Zeit (zurück)geben. Momo und die grauen Herren 167

«Die beste Gabe der Schöpfung ist ein heiteres und fröhliches Gemüt»
(Martin Luther). Humor und Theologie 178

Entre interprétation et surinterprétation : relectures littéraires
de la Bible chez Sylvie Germain 197

Leibliches Beten bei Etty Hillesum. Zu ihrem 100. Geburtstag 209

Das Eintrittsbillett retournieren? Zum Eidgenössischen Dank-,
Buss- und Bettag 217

Einmischungen – Interventions

Welt des Teilens (statt Welt zum Teilen) 223

Vive la politique ! 227

Quelques réflexions sur le ministère prophétique du veilleur 235

Wie politisch darf und soll die Kirche sein? Zehn Thesen 244

Lettre de l'extérieur au ministre de l'Intérieur 246

Einige unzeitgemässe Überlegungen zur leistungsorientierten
Mittelverteilung und zu Verwandtem. Abschiedsbrief eines aus
dem Amt scheidenden Dekans an die Universitätsleitung 250

Über den Punkten 256

Manne power : éthique et toc. Un entretien avec Jean-Luc Wenger 258

Histoires de lumières 261

Eine andere Fassung von Lessings Ringparabel 263

Ein theologisches Plädoyer für die Migrationscharta, in zehn Punkten .. 265

«Sogar den Ehrlichsten wird die letzte Chance geraubt». Offener Brief
an Bundesrat Christoph Blocher 269

« Sur nos monts, quand l'UDC... » 271

Monitoring von Ausschaffungen? Zu einer heiklen Entscheidung
des Schweizerischen Evangelischen Kirchenbundes – samt zwei
Ergänzungen 273

L'étrange langage de l'asile 277

Weitere Aushöhlung des Asylrechts	279
Solidarität nicht kriminalisieren	281
Les affaires d'abord…	283
« L'argent pour les armes tue »	285
Rien vu, rien entendu, rien dit !	288
Quo vadis, Helvetia ?	289
Je suis la fillette du marché de Maiduguri	291
Congo : un véritable travail pascal	293
Lettre à mon petit-fils	294

Predigten – Prédications

«Sag, Grossvater, warum hinkst du?»	299
Pour un dimanche des réfugiés	305
«gott gerneklein». Eine von Kurt Marti inspirierte Weihnachtspredigt	309
InExcelsis. Un conte de Noël	315
Die Überraschungen des Propheten	317
Pour un dimanche de la Réformation	323
« Toute la ville fut en émoi ». Pour le dimanche des Rameaux	329
Rire à Pâques	333
Das Wort vom Kreuz und die Wissenschaft. Für einen Hochschulgottesdienst	341
In irdenen Gefässen	346
Si j'avais à prêcher ce matin. Une prédication fictive pour le jour de l'an	351
Quellenverzeichnis – Table des sources	357
Textrechte – Droits d'auteur	362
Abbildungsverzeichnis – Crédits des illustrations	363
Namenregister – Index des noms	365

Engagierter Theologe, kritischer Bürger, wachsamer Prediger
Zur Einleitung

Lucie Kaennel, Andreas Mauz,
Franzisca Pilgram-Frühauf

The work of theology is never done. That is very good news.
The work of theology can never be done alone. That is even better news.[1]

I.

Eine bewährte Weise, das intellektuelle wie persönliche Profil eines Menschen einführend zur Geltung zu bringen, besteht darin, die Namen zu nennen, die für diesen Menschen eine zentrale Rolle spielen: Von wem kommt jemand her? Wessen Bücher finden sich – bildhaft oder faktisch – in der Handbibliothek der oder des Betreffenden? Dieser Zugang ist natürlich nicht nur verbreitet für die Erfassung des Profils anderer Menschen. Auch Selbstdarstellungen erfolgen oft über ein solches *name dropping*: «Ohne Kierkegaard bin ich als Schriftsteller nicht zu verstehen»[2], so Friedrich Dürrenmatt. «Wenn ich eines Schüler bin, dann am ehesten Luthers»[3], so Gerhard Ebeling.

Nimmt man die vier genannten Namen nun zusammen, so hat man das Profil des Menschen, dessen Denken hier in einem Querschnitt vorgelegt wird, bereits recht genau situiert: Ohne Luther, Kierkegaard, Dürrenmatt und Ebeling ist Pierre Bühler nicht zu verstehen. Von ihren Texten gilt ganz besonders, was Paul Ricœur – der Name, der in dieser Reihe wohl an erster Stelle zu ergänzen wäre – als Grundmoment des Verstehensproblems identifiziert, das das Menschsein zwangsläufig begleitet: «Se comprendre, c'est se comprendre devant le texte et recevoir de lui les conditions d'un soi autre que le moi qui vient à la lecture.»[4]

---

1 Stanley Hauerwas, How (Not) to Retire Theologically [2013], in: ders., *The Work of Theology*, Grand Rapids: Eerdmans, 2015, 250–265, hier 265.
2 Friedrich Dürrenmatt, Turmbau, in: ders., *Werkausgabe in siebenunddreissig Bänden*, Bd. 29, Zürich: Diogenes, 1998, 125.
3 Gerhard Ebeling, Gespräch über Dietrich Bonhoeffer. Ein Interview [1978], in: ders., *Wort und Glaube*, Bd. 4: Theologie in den Gegensätzen des Lebens, Tübingen: Mohr, 1995, 647–657, hier 647.
4 Paul Ricœur, De l'interprétation, in: ders., *Du texte à l'action. Essais d'herméneutique II*, Paris: Seuil, 1986, 11–35, hier 31.

Oder mit dem Titel des vorliegenden Bandes reformuliert: Die Begegnung mit diesen Namen – diesen Menschen, ihren Texten, ihrem Handeln – war und ist für Pierre Bühler – seine Texte, sein Handeln – nachhaltig bewegend.

Nun dürfte es sich aber lohnen, den Selbstporträts Dürrenmatts und Ebelings nicht nur diese zentralen Namen zu entnehmen, sondern auch auf deren Rhetorik zu achten. Beide benennen eine zentrale intellektuelle Filiation; sie tun das aber in Weisen, die aufschlussreich voneinander abweichen. Um mit dem ersten Zitat – nennen wir es die *Dürrenmatt-Formel* – zu beginnen: «Ohne Kierkegaard bin ich als Schriftsteller nicht zu verstehen.» Pierre Bühler dürfte diese Formulierung aufgrund ihrer Offenheit gefallen. Denn offen ist sie gleich in mehrfacher Hinsicht. Einerseits benennt sie durch die doppelte Negation nur eine untere Grenze: Sie hebt einen Namen hervor, ohne den man sicher nicht auskommt, will man das Profil der oder des Betreffenden erfassen. Dadurch eröffnet sie aber gerade die Möglichkeit, dass weitere Namen hinzutreten könnten, um dieses vollständiger zu präsentieren. – Andererseits ist die Dürrenmatt-Formel aber auch offen, weil sie die Geltung des genannten Namens von vornherein begrenzt durch die Benennung der Sphäre, für die er von Bedeutung ist: «*als Schriftsteller* bin ich ...» Damit ist zumindest implizit gesagt, dass es andere Identitätsanteile geben kann und geben wird, die allenfalls mit anderen Namen verbunden sind.

Die zweite Weise, qua Namensnennung das eigene Terrain zu markieren – nennen wir sie die *Ebeling-Formel* –, stellt das Bemühen dar, sich bei aller Offenheit auch zu beschränken. «Wenn ich eines Schüler bin, dann am ehesten Luthers.» Ebeling auferlegt sich selbst die Forderung, einen *einzigen* Namen zu nennen, *einen* «Lehrer». Diese Forderung würde Pierre Bühler wohl ähnlich wie Ebeling relativieren und die Exklusivität des einen Namens durch ein «am ehesten» abfedern wollen. Oder er würde, liesse er sich auf die Nennung *eines* Namens ein, die Pluralität auf der Linie der Dürrenmatt-Formel wiedergewinnen wollen durch die Einschränkung von dessen Gültigkeit in dieser oder jener Hinsicht: «Wenn ich *als a, b, c* eines Schüler bin, dann am ehesten XYs».

II.

Dass die Namen Luther, Kierkegaard, Dürrenmatt und Ebeling nur eine untere Grenze im genannten Sinn anzeigen, dürfte spätestens nach der Lektüre des vorliegenden Bandes auf der Hand liegen. Dieses Quartett (oder Quintett, wenn man Ricœur ergänzt) ist sicher nicht hinreichend, um Pierre Bühlers Profil zu erfassen – nicht sein Profil «als Theologe» und schon gar nicht sein Profil «als Mensch». Wie die Beiträge zeigen, wird die relative Einheitlichkeit jener Männerriege deutlich aufgebrochen und in mehrfacher Hinsicht diversifiziert: Pierre Bühler ist offensichtlich auch mit Frauen und Kindern im Gespräch. Er beruft sich in keiner

Weise nur auf namhafte Vertreter/-innen der akademischen Sphäre, sei es der Theologie oder der Philosophie, sondern bringt auch die Literatur[5] und Kunst ins Spiel. Und auch da: Nicht nur den «grossen» Namen schenkt er Beachtung.

Die erwähnte Liste ist also unbedingt zu verlängern um weitere Namen, ohne die Pierre Bühler als Theologe und Mensch eben auch nicht zu verstehen ist – etwa Etty Hillesum, Sylvie Germain, Kurt Marti, Aylan Kurdi, Don Quijote, Momo, Iwan Karamasow, die Beatles oder sein «petit-fils». Höchstes Gewicht haben für ihn schliesslich Namen, die man gerade nicht kennt, etwa den der «fillette du marché de Maiduguri» oder die der Tausenden von Menschen, die anonym im Mittelmeer ertrinken.

Dass Pierre Bühler dabei immer auch die Namensvielfalt seiner Adressat/-innen im Blick hat, zeigt sich in einer Ansprache an Maturand/-innen. In dieser Rede denkt er darüber nach, wie sich im Namen die Herkunft und Zukunft eines Menschen, seine Aktivität und Passivität in kreativer Weise überkreuzen.

III.

Diese Bemerkungen verweisen denn auch bereits auf die Eigenart der Texte, die aus Anlass des 70. Geburtstags Pierre Bühlers gesammelt erscheinen. – Ein erster Teil bietet eine Auswahl an *Aufsätzen*. Allerdings handelt es sich bei diesen nur teilweise um akademische Aufsätze im klassischen Sinn; viele der Beiträge verdanken sich bestimmten Veranstaltungen und wurden zunächst mündlich vorgetragen. Nebst Pierre Bühlers Zürcher Antrittsvorlesung (1998), die programmatisch dem theologisch, hermeneutisch wie politisch gleichermassen zentralen Thema *Grenzübergang und Begrenztheit* gilt, und Auseinandersetzungen mit den genannten favorisierten Denkern finden sich hier etwa auch Schlussthesen zu einem Seminar über die Höllenfahrt Christi (2001) oder die bereits erwähnte Maturarede (2015).

Der zweite Teil umfasst eine grössere Zahl von kirchen- wie gesellschaftspolitischen *Einmischungen*. Diese meist kurzen Texte sind mehrheitlich in der kirchlichen und der öffentlichen Presse erschienen, also in einem Publikationskontext, der naturgemäss eher flüchtig ist. Die Zusammenhänge, die jeweils zu einer Verlautbarung Anlass gaben, mögen nicht mehr akut sein, meist – und leider – sind sie aber auch nicht einfach passé. Die Abstimmung zur «Masseneinwanderung» ist Geschichte; die problematische Weise, wie die Schweizerische Volkspartei (SVP) ihr politisches Anliegen vertrat, ist es nicht. Der «Zürcher Appell», der auf

---

5 Die Bedeutung, die Pierre Bühler der Literatur beimisst, zeigt sich auch in der Publikation, die anlässlich seines letzten runden Geburtstags erschienen ist: *Hermeneutische Blätter* 1–2: ... und Literatur. Pierre Bühler zum 60. Geburtstag (2009).

einen Vertrag der Universität Zürich mit der UBS reagierte, datiert von 2013; das Problem der Wahrung der wissenschaftlichen Unabhängigkeit bleibt aktuell. Und die Asylpolitik ist seit Jahrzehnten ein heisses Eisen.

Der dritte und letzte Teil zeigt schliesslich eine Seite von Pierre Bühlers theologischer Tätigkeit, die vielleicht am wenigsten bekannt ist: den *Prediger*. Aus einem grossen Fundus an Predigten wird eine Auswahl präsentiert, wobei die Mehrheit der elf Texte erstmals im Druck erscheint.[6] Der Gattung gemäss wird an ihnen besonders deutlich, was es für Pierre Bühler bedeutet, sich selbst und die Welt vor dem als Evangelium gelesenen biblischen Text zu verstehen. Wie schwer dies fallen kann, geht vielleicht am klarsten aus der einzigen nicht gehaltenen Predigt hervor. Unter dem Eindruck des Tsunamis von Ende Dezember 2004 hat Pierre Bühler nächtlich gefragt: «Où étais-tu? Toi dont on dit que tu as posé les fondations de la terre, n'aurais-tu pas pu empêcher le glissement des plaques tectoniques en Asie du Sud? [...] Et tu veux qu'on se souvienne de Noël avec ça?» Im Gespräch mit Ex 33, 1Kön 19 und Mk 15 sucht er nach Antworten und kann seine Überlegungen schliesslich münden lassen in Bonhoeffers *Von guten Mächten wunderbar geborgen*.

Die Anlage des Bandes dient dem Ziel, Pierre Bühler in seiner Vielfalt zur Geltung zu bringen: den Theologen im Hörsaal, auf dem Podium, auf der Leserbriefseite – und auf der Kanzel. Das bedeutet aber auch: den Grenzgänger zwischen deutschsprachiger und französischsprachiger Kultur, Theologie und Kirche. Es lag daher von Anfang an auf der Hand, dass diese Publikation zweisprachig werden muss. Das Buch eröffnet deutschsprachigen Leser/-innen erstmals die Möglichkeit, zentrale französischsprachige Texte Pierre Bühlers kennen zu lernen – und *vice versa*.

Wenn es ein Moment gibt, das jedem Text auf seine Weise zu entnehmen ist, dann dieses: Pierre Bühler ist in Bewegung, er sucht Begegnung und lässt sich von ihr bewegen. Das macht ihn zu dem engagierten Theologen, kritischen Bürger und wachsamen Prediger, dem wir viel verdanken. Wir freuen uns, dass sich Pierre Bühler unserem Vorschlag, ein Buch dieser Art herauszugeben, nach einigem Zögern angeschlossen hat. Wir danken ihm für die tatkräftige Unterstützung und wünschen ihm zum runden Geburtstag alles erdenklich Gute und viele bewegende Begegnungen – im Namen dessen, der sich an Grenzübergängen und in der Verlassenheit des Kreuzes gezeigt hat.

Stanley Hauerwas hat aus Anlass seiner Emeritierung darüber nachgedacht, was es bedeutet, als Theologe in Rente zu gehen. Wir nehmen an, dass seine Haltung derjenigen Pierre Bühlers recht genau entsprechen dürfte:

---

6 Die Predigten werden nach der kanonischen Reihefolge der Bibeltexte präsentiert.

Ich finde es durchaus faszinierend, dass im Neuen Testament nichts über den Ruhestand vorkommt. Es ist Paulus sicherlich nie in den Sinn gekommen, zu sich zu sagen: «Ich habe mein Bestes getan, aber ich werde diese Christen in Korinth niemals zurechtbiegen können. Ich bin müde vom Herumreisen und Diskutieren. Ich denke, es ist Zeit, dass ich mich zurückziehe.» Nirgends im Neuen Testament gibt es einen Hinweis darauf, dass die frühen Christen meinten, es gebe eine Zeit, in der sie sich als Christen oder vom Christ-Sein zurückziehen würden. Ich denke nicht, dass dies nur auf den frühen Tod vieler Christen zurückzuführen ist. Eher glaube ich, dass Christen sich nicht vorstellen können, wie ihr Leben Sinn ergeben könnte, wenn sie nicht bestimmte Verantwortlichkeiten und Verpflichtungen übernähmen, während sie alt werden in Christus.[7]

IV.

Zur Auswahl und Einrichtung der Texte: Die Auswahl besorgte Pierre Bühler.[8] Grundsätzlich wurde der Wortlaut der bereits veröffentlichten Texte beibehalten, was gelegentlich zu gewissen Wiederholungen führen kann; eindeutige Fehler wurden dagegen korrigiert und das Format der bibliografischen Angaben unter Berücksichtigung der unterschiedlichen Editionskulturen vereinheitlicht. Wo Texte übersetzt wurden, geschah dies, wenn nicht anders angegeben, durch den Autor bzw. die Herausgeber/-innen. Biblische Texte werden in den französischsprachigen Beiträgen einheitlich nach der *Traduction œcuménique de la Bible* (TOB, 2010) zitiert; in den deutschsprachigen gilt der Wortlaut der *Zürcher Bibel* (2007).

Der Autor und die Herausgeber/-innen danken allen Verlagen, die dem erneuten Abdruck zugestimmt haben[9] bzw. den verschiedenen Rechteinhabern für die Erlaubnis zur Reproduktion der Bilder und Liedtexte.[10] Ein weiterer Dank gilt allen Institutionen, deren Beiträge die Drucklegung ermöglicht haben: der Theologischen Fakultät der Universität Zürich, dem Institut für Hermeneutik und Religionsphilosophie (IHR), dem Arrondissement jurassien der Reformierten Kirche des Kantons Bern, dem Kirchenrat der Evangelisch-reformierten Landeskirche des Kantons Zürich und der Katholischen Kirche im Kanton Zürich. *Last but not least* geht ein grosser Dank an den Theologischen Verlag Zürich (Lisa Briner) und den Genfer Verlag Labor et Fides (Matthieu Mégevand), die bereit waren, das Buch unter ihr Dach zu nehmen, und dessen Entstehung zuverlässig begleitet haben.

---

7 Hauerwas, How (Not) to Retire Theologically (Anm. 1), 254–255.
8 Für ein Verzeichnis seiner wichtigsten Schriften vgl. https://www.hermes.uzh.ch/de/personen/buehler/publikationen.html (letzter Zugriff: 15.07.2019).
9 Für die Nachweise der Erstdrucke vgl. das Quellenverzeichnis.
10 Vgl. das Abbildungsverzeichnis und die Textrechte.

Théologien engagé, citoyen critique, prédicateur vigilant
En guise d'ouverture

Lucie Kaennel, Andreas Mauz,
Franzisca Pilgram-Frühauf

*The work of theology is never done. That is very good news.
The work of theology can never be done alone. That is even better news.*[1]

I.

Une méthode éprouvée pour apprécier d'emblée le profil intellectuel et humain d'une personne consiste à évoquer les noms qui, pour elle, jouent un rôle-clé : à qui se rattache-t-elle ? Quels livres trouve-t-on – de manière imagée ou de fait – dans sa bibliothèque de travail ? Bien entendu, cette approche ne vaut pas uniquement pour saisir le profil des autres. On recourt souvent aussi à la pratique du *name dropping* pour se présenter soi-même : « En tant qu'écrivain je ne peux être compris sans Kierkegaard », affirme Friedrich Dürrenmatt[2]. « Si je suis un élève, alors plutôt celui de Luther », déclare Gerhard Ebeling[3].

Réunit-on les quatre noms cités, et le profil de la personne dont la pensée sera présentée ici de manière transversale est déjà assez précisément situé : Pierre Bühler ne saurait être compris sans Luther, Kierkegaard, Dürrenmatt et Ebeling. À leurs textes s'applique adéquatement ce que Paul Ricœur – probablement le premier nom à ajouter à cette série – identifie comme le moment fondamental du problème de la compréhension, qui accompagne inévitablement la condition humaine : « Se comprendre, c'est se comprendre devant le texte et recevoir de lui les conditions d'un soi autre que le moi qui vient à la lecture. »[4] Ou pour le dire

---

[1] Stanley Hauerwas, « How (Not) to Retire Theologically » [2013], in : id., *The Work of Theology*, Grand Rapids : Eerdmans, 2015, 250–265, citation 265.
[2] Friedrich Dürrenmatt, *Turmbau*, in : id., *Werkausgabe in siebenunddreissig Bänden*, vol. 29, Zürich : Diogenes, 1998, 125.
[3] Gerhard Ebeling, « Gespräch über Dietrich Bonhoeffer. Ein Interview » [1978], in : id., *Wort und Glaube*, vol. 4 : *Theologie in den Gegensätzen des Lebens*, Tübingen : Mohr, 1995, 647–657, citation 647.
[4] Paul Ricœur, « De l'interprétation », in : id., *Du texte à l'action. Essais d'herméneutique II*, Paris : Seuil, 1986, 11–35, citation 31.

dans les termes du titre du présent ouvrage : la rencontre avec ces noms – ces personnes, leurs textes, leurs actions – a été et reste pour Pierre Bühler – pour ses textes, ses actions – une rencontre interpellante.

Cependant, il vaudrait la peine de ne pas seulement retenir des autoportraits de Dürrenmatt et Ebeling ces noms-clés, mais également de prêter attention à leur rhétorique. Les deux désignent une filiation intellectuelle centrale ; ils le font toutefois d'une manière qui diffère significativement l'une de l'autre. Commençons par la première citation – nous pourrions l'appeler la *formule de Dürrenmatt* – : « En tant qu'écrivain je ne peux être compris sans Kierkegaard. » Cette formulation pourrait plaire à Pierre Bühler, en raison de son ouverture. Car elle est ouverte à plus d'un titre. D'une part, du fait de la double négation, elle ne dit qu'une limite inférieure : elle fait ressortir un nom, dont on ne peut assurément se passer si l'on veut saisir le profil de la personne concernée. Ce faisant, elle offre précisément la possibilité d'ajouter davantage de noms pour présenter cette personne de manière plus exhaustive. D'autre part, la formule de Dürrenmatt est également ouverte, parce qu'elle limite d'emblée la validité du nom cité en nommant la sphère dans laquelle il revêt une importance significative : « *En tant qu'écrivain* je… » Cela veut dire, tout au moins implicitement, qu'il peut y avoir et qu'il y aura d'autres identités partielles, éventuellement associées à d'autres noms.

La seconde façon de marquer son propre terrain en désignant un nom – nous pourrions l'appeler la *formule de Ebeling* – consiste en l'effort de se limiter en raison même de cette ouverture. « Si je suis un élève, alors plutôt celui de Luther ». Ebeling s'impose de ne nommer qu'un *seul* nom, qu'*un* « maître ». À l'instar de Ebeling, Pierre Bühler relativiserait probablement cette exigence et restreindrait l'exclusivité du seul nom par un « plutôt ». Et s'il devait accepter de désigner *un* nom, il tenterait de retrouver la pluralité de la formule de Dürrenmatt en limitant sa validité d'une manière ou d'une autre : « Si *en tant que a, b, c* je suis un élève, alors plutôt celui de XY ».

II.

Le fait que les noms de Luther, Kierkegaard, Dürrenmatt et Ebeling ne signalent qu'une limite inférieure, dans le sens indiqué ci-dessus, s'avérera au plus tard à la lecture du présent volume. Ce quatuor (ou quintet, si l'on ajoute Ricœur) n'est certainement pas suffisant pour saisir le profil de Pierre Bühler – ni son profil « en tant que théologien » et, encore moins, son profil « en tant qu'être humain ». Comme le montrent les contributions, l'homogénéité relative de ce cercle d'hommes est clairement brisée et diversifiée à maints égards : de toute évidence, Pierre Bühler est aussi en dialogue avec des femmes et des enfants. En aucune façon, il ne se réclame seulement des notabilités du monde académique, que ce soit en théologie ou en philosophie, mais fait également valoir la littérature[5] et les arts. Là aussi, il ne prête pas uniquement attention aux « grands » noms.

La liste mentionnée doit donc absolument être étendue à d'autres noms, sans lesquels Pierre Bühler ne saurait tout simplement pas être compris en tant que théologien et en tant qu'être humain – tels Etty Hillesum, Sylvie Germain, Kurt Marti, Aylan Kurdi, Don Quichotte, Momo, Ivan Karamazov, les Beatles ou son petit-fils. Et ce sont finalement des noms que l'on ne connaît pas qui sont d'une importance capitale pour lui, comme celui de la « fillette du marché de Maiduguri » ou ceux des milliers de personnes qui se noient de manière anonyme dans la mer Méditerranée.

Le fait que Pierre Bühler tient toujours compte de la diversité des noms de ses destinataires est illustré dans une allocution qu'il a adressée à des bacheliers et dans laquelle il réfléchit à la manière dont l'origine et l'avenir d'une personne, son activité et sa passivité s'entrecroisent de façon créative dans le nom.

III.

Ces remarques signalent déjà la spécificité des textes rassemblés à l'occasion du septantième anniversaire de Pierre Bühler. Une première partie propose une sélection d'*articles*. Mais ce ne sont qu'en partie des articles académiques au sens classique ; de nombreuses contributions sont issues de manifestations et étaient donc d'abord présentées oralement. Outre la leçon inaugurale à l'Université de Zurich (1998), qui aborde de manière programmatique le thème, déterminant tant en théologie et en herméneutique qu'en politique, du passage des frontières et de la finitude, et des confrontations avec les penseurs de prédilection susnommés, on trouvera également les thèses finales d'un séminaire sur la descente du Christ aux enfers (2001) ou l'allocution aux bacheliers susmentionnée (2015).

La deuxième partie comprend un nombre important d'*interventions* dans la politique sociale et la politique d'Église. La plupart de ces textes courts ont paru dans la presse publique ou ecclésiastique, assavoir dans un contexte éditorial qui, par nature, est plus éphémère. Les circonstances qui ont conduit à ces interventions ne sont peut-être plus à l'ordre du jour, mais souvent – et malheureusement – elles ne relèvent pas simplement du passé. La votation sur l'« immigration de masse » fait partie de l'histoire, mais non la manière problématique dont l'Union démocratique du Centre (UDC) défend ses intérêts politiques. L'« Appel

---

5 L'importance que Pierre Bühler accorde à la littérature se donne également à voir dans le volume paru à l'occasion de son soixantième anniversaire : *Hermeneutische Blätter* 1–2 : « … und Literatur. Pierre Bühler zum 60. Geburtstag » (2009).

de Zurich », qui réagissait à un contrat entre l'Université de Zurich et l'UBS, date de 2013 ; le problème du maintien de l'indépendance scientifique reste actuel. Quant à la politique d'asile, elle est depuis des décennies un sujet d'actualité brûlante.

Enfin, la troisième et dernière partie présente un pan de l'activité théologique de Pierre Bühler, qui est peut-être le moins connu : le *prédicateur*. Parmi un riche fonds de sermons, les onze textes sélectionnés sont, pour la plupart d'entre eux, publiés pour la première fois[6]. Conformément à leur genre littéraire, ils illustrent parfaitement ce que signifie pour Pierre Bühler le fait de se comprendre soi-même et de comprendre le monde devant le texte biblique reçu comme Évangile. La difficulté qui peut en découler se donne à voir avec le plus de clarté dans la seule prédication qui n'a pas été prononcée. Sous le choc du tsunami de fin décembre 2004, Pierre Bühler s'est demandé, à la faveur d'une insomnie : « Où étais-tu ? Toi dont on dit que tu as posé les fondations de la terre, n'aurais-tu pas pu empêcher le glissement des plaques tectoniques en Asie du Sud ? […] Et tu veux qu'on se souvienne de Noël avec ça ? » Il cherche des réponses dans un dialogue avec Ex 33, 1 R 19 et Mc 15 – et ses réflexions débouchent finalement sur le poème-prière *Forces bienveillantes* de Bonhoeffer.

Le présent volume vise à mettre en valeur les diverses facettes de Pierre Bühler : le théologien dans l'amphithéâtre, sur l'estrade, dans le courrier des lecteurs – et en chaire. Cela signifie aussi : le passeur entre les cultures, les théologies et les Églises germanophones et francophones. Dès le départ, il était donc évident que cette publication devait être bilingue. Pour la première fois, le livre offre aux lecteurs germanophones la possibilité de connaître des textes centraux de Pierre Bühler en langue française et *vice versa*.

S'il fallait retenir un instantané de chacun de ces textes particuliers, ce serait que Pierre Bühler est en mouvement, qu'il cherche la rencontre et se laisse interpeller par elle. Cela fait de lui le théologien engagé, le citoyen critique et le prédicateur vigilant à qui nous devons beaucoup. Nous sommes heureux que Pierre Bühler ait acquiescé, non sans hésitation, à notre proposition de réaliser un ouvrage de ce type. Nous le remercions de son précieux concours, formons nos meilleurs vœux pour son anniversaire et lui souhaitons de nombreuses rencontres interpellantes – au nom de celui qui s'est révélé dans le passage des frontières et l'abandon de la croix.

À l'occasion de sa retraite, Stanley Hauerwas a réfléchi à ce que signifie prendre sa retraite en tant que théologien. Il nous semble que son attitude correspond bien à celle de Pierre Bühler :

---

6   Les prédications sont classées selon l'ordre canonique des livres bibliques.

Je trouve vraiment fascinant de constater que le Nouveau Testament ne dit rien sur la retraite. Il n'est sûrement jamais venu à l'esprit de Paul de se dire : « J'ai fait de mon mieux, mais je ne parviendrai jamais à redresser ces chrétiens de Corinthe. Je suis fatigué des voyages et des controverses. Je pense qu'il est temps que je prenne ma retraite. » Il n'y a aucun indice dans le Nouveau Testament laissant supposer que les premiers chrétiens pensaient que viendrait un temps où ils seraient à la retraite en tant que chrétiens ou cesseraient d'être chrétiens. Je ne pense pas que cela tienne uniquement à la mort prématurée de nombreux chrétiens. Je crois plutôt que les chrétiens ne peuvent imaginer un sens à leur vie s'ils n'assument pas leurs responsabilités et obligations particulières à mesure qu'ils vieillissent en Christ.[7]

IV.

Le choix des textes a été assuré par Pierre Bühler[8]. En principe, les articles déjà publiés ont été reproduits en l'état, ce qui peut parfois occasionner des répétitions ; n'ont été corrigées que les erreurs manifestes, tandis que les références bibliographiques ont été harmonisées, tout en tenant compte des différentes pratiques éditoriales. Sauf indication contraire, les textes traduits sont le fait de l'auteur ou des éditeurs. Dans les contributions en français, les passages bibliques sont cités d'après la *Traduction œcuménique de la Bible* (TOB, 2010) ; dans les textes allemands, d'après la *Zürcher Bibel* (2007).

L'auteur et les éditeurs remercient les maisons d'édition d'avoir autorisé la réimpression des articles[9] ainsi que les détenteurs des droits d'auteur d'avoir donné leur accord pour reproduire les illustrations et les paroles de chansons[10]. Ils remercient également toutes les institutions qui ont rendu l'impression du présent recueil possible : la Faculté de théologie de l'Université de Zurich, l'Institut d'herméneutique et de philosophie de la religion (IHR), l'Arrondissement jurassien de l'Église réformée du canton de Berne, le Conseil synodal de l'Église évangélique réformée du canton de Zurich et l'Église catholique dans le canton de Zurich. Enfin et surtout, leurs remerciements vont au Theologischer Verlag Zürich (Lisa Briner) et aux éditions genevoises Labor et Fides (Matthieu Mégevand), qui ont accepté de publier le présent recueil d'articles et ont fidèlement accompagné sa réalisation.

---

7 HAUERWAS, « How (Not) to Retire Theologically » (note 1), 254–255.
8 Pour une liste de ses publications les plus importantes, cf. https://www.hermes.uzh.ch/de/personen/buehler/publikationen.html (consulté le 15 juillet 2019).
9 Les références des premières éditions sont indiquées dans la table des sources.
10 Cf. les crédits des illustrations et les droits d'auteur.

Aufsätze – Articles

Bienne – à la croisée des chemins

[2007]

Mes ancêtres ont dû passer par Bienne quand, en provenance de l'Oberland bernois et de l'Emmental, ils sont venus s'installer sur les montagnes du Jura bernois pour y vivre leur foi et y développer leur agriculture. Quelques générations plus tard, j'ai moi aussi « passé » par Bienne : pendant trois ans et demi, je suis descendu chaque jour de Tramelan à Bienne pour y acquérir ma « maturité » au Gymnase français.

« Maturation » importante, dans bien des sens, aussi sur le plan de mes convictions religieuses, puisque c'est dans ces années que « mûrira » la décision d'entreprendre des études de théologie. Ce fut une décision difficile du point de vue de mes origines mennonites, car elle fut ressentie par les Anciens de la communauté comme une décision dangereuse. Selon eux, la théologie universitaire risquait de me faire perdre la foi. Cette relative incompréhension me fit prendre de la distance par rapport à mon ancrage mennonite. Il me fallait prendre ce risque. Bienne devint ainsi un lieu de « passage » à la foi réformée. Mais ce ne fut jamais une rupture. Au fil des ans, j'ai pu redécouvrir bien plus positivement tout ce qui, dans mes racines mennonites, continuait de m'imprégner, de m'habiter.

Aujourd'hui, Bienne est devenu un lieu de passage dans un autre sens : j'y passe plusieurs fois par semaine, lorsque, longeant le pied du Jura, je voyage de Neuchâtel à Zurich et *vice versa*. Mais il m'arrive souvent, dans le train à l'arrêt en gare de Bienne, de repenser à la « croisée de chemins » très personnelle que fut et que restera pour moi cette ville.

Grenzübergang und Begrenztheit
Ein aktueller Prüfstein der theologischen Hermeneutik

[1998]

*Den Neuenburger Studierenden gewidmet,
die mich damals vor dem Sirenengesang
aus der Limmat warnten …*

Neuenburger Studierende

Zur Einleitung

Hermeneutik, als Theorie des Auslegens und des Verstehens, kommt nicht umhin, die Situation, in der etwas geschieht, zu berücksichtigen. Das gilt auch für heute Abend: Was hier gesagt wird, ist mit dem Kontext verbunden, in dem es gesagt wird, dem nicht unproblematischen Rahmen eben einer *Antritts*vorlesung. Dieser Name weist darauf hin, dass ich mit der heutigen Vorlesung öffentlich mein Amt antrete. Im Verb *antreten* liegt eine Herausforderung, die etwas Imperatives hat, dem ich mich stellen muss. «Antreten!», ruft der Offizier. Antreten heisst denn auch *Vortreten*, und so stehe ich nun vor Ihnen, von Ihnen gewissermassen geprüft. Es hat etwas Gutes, dass die Situation der Prüfung nicht immer nur den Studierenden gilt!

Dass das Antreten eines Lehrstuhls nicht ohne Gefahren und Verlockungen ist, das brachten letztes Jahr, als ich noch zögerte, ob ich den Ruf nach Zürich annehmen soll, Neuenburger Studierende mit obenstehender Zeichnung zum Ausdruck: War es nicht alles nur Sirenengesang, dem man besser hätte widerstehen sollen?

Ein Amt antreten, das heisst auch, eine Aufgabe antreten, die einem erwartungsvoll anvertraut wird, und damit verbunden: eine Erbschaft antreten, gekennzeichnet etwa durch die Vorgänger, Gerhard Ebeling und Walter Mostert. Wer bin ich, aus der fernen welschen Schweiz berufen, um hier, im grossen Zürich, anzutreten? Frei nach Jes 41,9: «Du, den ich mit festem Griff von den Enden der Erde geholt habe und den ich herbeigerufen habe aus ihren entlegensten Winkeln und zu dem ich gesprochen habe: Du bist mein Diener, ich habe dich erwählt, und ich habe dich nicht verworfen.»

So bin ich, vom Antreten ausgehend, beim einen Pol meines Themas angelangt, dem der Begrenztheit. Doch zeigt sich diese gerade auch am Ort, woher man kommt. Ich war lange Zeit in Neuenburg, *komme aber nicht aus Neuenburg*. Ich war lange Zeit in Zürich, *komme aber auch nicht aus Zürich*, so dass ich nun wieder nach Hause gekommen wäre. Intellektuell, geistig, philosophisch und theologisch gesehen, komme ich aus Biel, wo ich nun wieder wenigstens viermal pro Woche vorbeifahre. Ob sie die «Stadt der Zukunft» sei, wie sie sich einmal nannte, ist offen; für mich wenigstens hatte sie zukunftsträchtige Folgen, weil sich dort viele Grenzübergänge vollzogen – und damit wäre ich beim anderen Pol meines Themas. Biel, wo sogar alle Strassenschilder zweisprachig sind, steht hier zunächst für die Sprachgrenze, diese Sprachgrenze, deren Bezeichnung bereits einen Streit auslöst, diesseits «Röstigraben» genannt, jenseits eher «Röstizaun», «Röstiberg» oder «Röstivorhang». Mit dem ständigen Übergang, dem Hin und Her dieser Sprachgrenze, die auch zu heftigen politischen Konflikten geführt hat, bin ich aufgewachsen: Damals wurde in Sachen Jura zwischen Separatismus und Antiseparatismus eine scharfe, zum Teil sogar ethnisch begründete Grenze gezogen!

Doch war meine Bieler Zeit durch zwei weitere Grenzübergänge charakterisiert, den der Disziplinen zunächst: War ich als Bauernsohn mit der Absicht ins Bieler Gymnasium gekommen, Agronomie oder Veterinärmedizin zu studieren, so ging es dann über Mathematik und Physik, Soziologie und Philosophie, schliesslich in Richtung Theologie. Diese Wende führte denn auch zu einem weiteren Übergang: von der täuferischen Frömmigkeit zu einem kritischen Glauben, einem Übergang, der nicht ein für allemal vollzogen war, sondern mich immer neu auf den spannungsvollen Lebensbezug der Theologie hinweist. So bleibt mir wohl noch, bei aller kritischen Ausrichtung, etwas von der Verbundenheit zur täuferischen Frömmigkeit, genügend jedenfalls, um es heute Abend als einen kleinen Ausgleich anzusehen, dass Zürich, das ehemals die Täufer verfolgte und den einen oder anderen in der Limmat ersäufte, nun einen fernen Abkömmling zum Ordinarius der Theologischen Fakultät antreten lässt.

So viel zum persönlichen Hintergrund meiner Themenwahl, in der Annahme, dass das Persönliche bei einer Antrittsvorlesung nicht ganz fehl am Platz ist. Doch kommen wir nun sachlich zum Thema. Grenzübergang und Begrenztheit: Mit diesen zwei Begriffen scheint mir eine Spannung markiert, die das theologische Auslegen und Verstehen heute ganz besonders auf die Probe stellt. Dass darin also ein aktueller Prüfstein der theologischen Hermeneutik liegt, das möchte ich jetzt erörtern, und zwar in vier Schritten. Zunächst soll das Problem der Grenzen, das bis hierher nur sehr persönlich thematisiert wurde, als Grundproblem heutiger Lebenserfahrung erläutert werden. Sodann soll gezeigt werden, wie sich die Hermeneutik mit ihm beschäftigt. Dabei ist ferner zu überlegen, wo der spezifische Beitrag der Theologie liegt. Daraus folgen schliesslich konkrete Folgen für die theologischen Aufgaben, die mir anvertraut werden.

Grenze als strittiges Problem heutiger Lebenserfahrung

Es hätte etwas Narzisstisches, mein Thema nur vom persönlichen Erlebnis her zu rechtfertigen. Seine Bedeutung ist viel allgemeiner und tiefgreifender, denn es hängt eng mit heutiger Lebenserfahrung zusammen. Vielleicht wie nie zuvor wissen wir heute um die Zweideutigkeit und um die Paradoxie der Grenzen. Das sei hier etwas entfaltet.

Zweideutigkeit der Grenzen: Schutz und Einengung

Auch wenn es sogenannte natürliche Grenzen gibt, Flüsse, Gebirge, den Rhein etwa oder die Pyrenäen[1], sind die Grenzen doch auch symbolische Grössen, die gefühls- und gedankenmässig befrachtet sind. Die Abgrenzung geschieht aus Angst vor dem Fremden, und so wird die Grenze zum Schutz, wie etwa der alte *limes* des römischen Reiches, als Abgrenzung gegen die nördlichen Barbaren. Heute wird er oft anders gelegt, als Abgrenzung gegen die südlichen Barbaren ... Vom römischen *limes* kommen das englische *limit* und das französische *limite*. Während das deutsche Wort «Grenze», vom slawischen *graniza* abstammend, neutral die Trennungslinie, die Grenzmark meint, bringt die andere, im Englischen und Französischen übliche Wurzel *frontier* und *frontière* die Schutzfunktion militärisch zum Ausdruck: Die Grenze ist zugleich die Front, wo man mit Waffen Grenzen zieht.

Doch ist die Grenze Schutz, so kann sie auch beängstigende Einengung werden. Grenzen grenzen ein, beschränken den Horizont, um auf einen Begriff griechischer Herkunft anzuspielen: Das Verb *horizo* heisst begrenzen, abgrenzen, absondern. Allzu oft ist dieser Horizont nicht Weitblick, sondern vielmehr Kurzsicht (auf Schweizerdeutsch: «es Brätt vor em Chopf»).

Mit dieser Zweideutigkeit von Schutz und Einengung scheinen mir die heutigen Schwierigkeiten des Umgangs mit Grenzen zusammenzuhängen.

Grenzen sprengen und Grenzenlosigkeit

Wir haben in neuerer Zeit eindrücklich miterleben können, wie alte, bedrückende Grenzen plötzlich gesprengt werden. Um nur zwei Beispiele kurz zu erwähnen: Nach jahrzehntelangem, ja jahrhundertelangem Konflikt wurde in Südafrika die Apartheid-Grenze zwischen Schwarz und Weiss aufgehoben. Für Europa vielleicht noch bewegender war die Auflösung des Eisernen Vorhangs, durch den Einsturz der Berliner Mauer symbolträchtig versinnbildlicht.

Solches Sprengen von Grenzen kann leicht das Gefühl aufkommen lassen, dass wir mehr und mehr ohne Grenzen leben können. Dort, wo Grenzen wegfallen oder wo sie immer wieder überschritten werden können, entsteht der Eindruck der Grenzenlosigkeit. Das Schwinden der Grenzen lässt heute die Parole einer neuen Weltordnung oder Weltgemeinschaft aufkommen: *global village*, etwa als weltweite Gemeinschaft am Bildschirm und über Internet oder als ein einziger, weltweiter freier Markt (United Bank of Switzerland, vielleicht bald

---

1 Vgl. Blaise PASCAL, *Gedanken über die Religion und andere Themen*, Stuttgart: Reclam, 1997, 59: «Wahrheit diesseits der Pyrenäen, Irrtum jenseits».

United Bank of the World ...). Es ist wohl nicht zufällig, dass in diesem Winter an der Zürcher Universität «Globalisierung» und «Deregulierung» Themen zweier Ringvorlesungen waren.

Neue Grenzen werden gezogen

Solche globalen Wunschträume werden aber dauernd Lügen gestraft, und darin liegt die eigentümliche Paradoxie der Grenzen. Grenzenlosigkeit lässt neue Grenzen entstehen. Noch können sich einige Leute, etwa in der Dritten Welt, ihren Bildschirm nicht leisten, während andere den ihren fast jährlich austauschen. Noch gibt es viele Opfer des grossen Wunders der deregulierten Globalisierung, etwa durch damit gestiftete Arbeitslosigkeit. Auch geopolitisch lässt sich dieses Umschlagen zeigen. An vielen Orten führte die Aufhebung des Eisernen Vorhangs zum Aufflammen von nationalistischen, ethnischen, ideologischen, religiösen Fanatismen, mit denen neue Grenzen blutig erkämpft wurden. Ex-Jugoslawien und besonders Bosnien markieren diese tragische Realität. Doch auch dort, wo der Übergang relativ glimpflich verlief, sind neue, tiefe Grenzen aufgetaucht, etwa die Kluft zwischen Arm und Reich, die nicht nur in Osteuropa, sondern überall auf der globalisierten Welt ständig zunimmt. Ganz parallel muss man ja betonen, dass die Deregulierung mit der – zum Teil etwas zynischen – Annahme einhergeht, dass sich dabei von selbst oder durch eine «unsichtbare Hand» neue Regeln durchsetzen werden, unter anderem die allerheiligste Regel der Rentabilität. Europa ist ebenfalls ein interessantes Beispiel der Ambivalenz von Grenzen. Nach innen sind mit dem Schengen-Abkommen die Grenzen grösstenteils aufgehoben. Doch für einen Asylbewerber sieht es anders aus, denn nach aussen hin ist Europa zugleich mit Zwangsmassnahmen und informatisierter Polizei zu einer abgeriegelten Festung geworden.

Auch im Religiösen lassen sich solche Wenden beobachten. Man spricht viel vom interreligiösen Dialog: Die Grenzen zwischen Religionen schwinden und viele Leute basteln sich synkretistisch oder eklektizistisch ihre Religion zusammen (*do-it-yourself religion* nennen die Religionssoziologen dieses Phänomen). Doch gerade dieser Identitätsschwund nährt erneut die identitären Abgrenzungen der Integrismen und Fundamentalismen.

Welcher Umgang mit Grenzen?

Alle diese Bemerkungen lassen uns auf eine eigentümliche Paradoxie der Grenzen schliessen: Sie werden dem Menschen immer wieder zum Problem, an dem sich die stete Verfehlung seiner selbst offenbart. Wo Grenzenlosigkeit anvisiert wird, entstehen neue Grenzen; umgekehrt, wo Grenzen absolut gezogen werden, lösen sie sich, kurzfristig oder langfristig, wieder auf. Eine Diskordanz, die wie eine

Spur der Diskordanz mit sich selbst ist, der der Mensch in all seinen Abgrenzungen und Grenzübertritten immer wieder ausgesetzt wird.

Wie ist mit dieser Spannung umzugehen? Gibt es einen Grenzübergang, der nicht gleich in Grenzenlosigkeit mündet, und eine Begrenztheit, die nicht gleich zur resignierten Eingrenzung wird? Diese Fragen möchte ich nun von der Hermeneutik her weiterverfolgen.

Hermeneutische Beschäftigung mit dem Problem der Grenzen

Da das Nachdenken über Auslegung und Verstehen in verschiedener Hinsicht mit dem Problem der Grenzen konfrontiert ist, kann es hilfreich sein, zu beobachten, wie es sich mit diesen auseinandersetzt.

Die Grenzen der Interpretation

Fördert die Interpretation nicht das Auflösen von Grenzen? Denn sie scheint ja fähig zu sein, einen Text fast alles Beliebige sagen zu lassen. Ein Text ist immer vieldeutig, und damit spielend, kann die Interpretation leicht zu einem unendlichen Prozess werden, dadurch noch gesteigert, dass diese Interpretationen auch interpretiert werden können, und ebenso auch diese Interpretationen von Interpretationen, so dass es zu einer Abdrift kommt, in der alle Widerstände gegen das freie Spiel der Interpretationen aufgehoben werden. Diese Streuung des Sinns, von einigen wie etwa Jacques Derrida spielerisch betrieben, beunruhigt andere, die in Reaktion einem fundamentalistischen Rückzug auf den Buchstaben das Wort sprechen.

Um aus dieser sterilen Alternative herauszukommen, hat der italienische Sprachwissenschaftler und Philosoph Umberto Eco versucht, das Problem der Grenzen der Interpretation neu anzugehen.[2] Zwar offenbart der Text nicht einfach so etwas wie den einzigen wahren Sinn. Er setzt aber auch der Beliebigkeit der Abdrift Grenzen, indem er wenigstens gewisse Zeichen setzt, wie er nicht verstanden werden will (von Eco *intentio operis* genannt). Damit sind die Auslegenden dem Text gegenüber zur Rechenschaft aufgerufen und so auf die konstitutive Begrenztheit ihrer Auslegung hingewiesen.

Diese Begrenztheit möchte ich jetzt an den schon erwähnten Grenzübergängen prüfen.

---

[2] Vgl. dazu: Umberto Eco, *Die Grenzen der Interpretation*, München: Deutscher Taschenbuch Verlag, ³2004; vgl. auch: DERS., *Zwischen Autor und Text. Interpretation und Überinterpretation*, mit Einwürfen von Richard Rorty et al., München: Hanser, 1994.

Kritik als Umgang mit der Sprachgrenze

Dass die Sprachgrenze zur Hermeneutik gehört, zeigt sich daran, dass das griechische Verb *hermeneuein* auch das Übersetzen von der einen in die andere Sprache meint. Wer sich intensiv mit der Aufgabe der Übersetzung beschäftigt hat, weiss um die Wichtigkeit dieses Grenzübergangs, aber auch um dessen Schwierigkeiten und Begrenztheit. Sprachunterschiede können bis zum Abbruch der Kommunikation gesteigert werden. Auf der anderen Seite gab es seit dem Babel-Trauma, wie Umberto Eco gezeigt hat, immer wieder den Wunsch nach der vollkommenen Sprache, die alle Unterschiede überwinden soll.[3] Beiden Versuchungen gegenüber muss betont werden, dass grenzüberschreitende Mitteilung immer wieder geschehen kann, aber nur als sehr zerbrechliche, unvollkommene, bedrohte und deshalb stets neu aufzunehmende Mitteilung. Diese Mitteilung ist in einem umfassenden Sinne Prüfstein heutiger Hermeneutik, denn in ihr geht es nicht nur um Übersetzung über Sprachgrenzen hinweg, sondern auch grundsätzlich um sprachliche Verständigung überhaupt. Um es theologisch auszudrücken: Wie kann der heutige Mensch in aller Zeit- und Kulturdifferenz das Evangelium Jesu Christi neu verstehen? In welcher Sprache kann es ihn heute noch ansprechen?

Solche Probleme lassen sich nur in kritischer Haltung angehen, kritisch hier im wörtlichen, vom Griechischen her zu verstehenden Sinne: unterscheidend und deshalb grenzbewusst und so auch urteilsfähig. All das ist im Verb *krinein* enthalten, von dem auch der Begriff «Kriterium» herkommt. Dieses Grenzbewusstsein war ja auch der Sinn der Kritik bei Immanuel Kant, als Festlegung der Grenzen der Erkenntnis. Es wäre zu einfach, dies als modernes Erbe abzutun, um postmoderne Abdrift zu betreiben. Auch der Postmoderne, und vielleicht gerade ihr, wird Grenzbewusstsein vonnöten sein.

Interdisziplinarität: konstruktive Differenz

Dass auch in wissenschaftlicher Forschung hinter Grenzen Schutz gesucht und nur ängstlich über sie hinausgeschaut wird, zeigt sich auch am heute noch bekannten Phänomen der Fachidioten. Solchen will die Einsicht, dass die Forschung durch interdisziplinäre Horizonterweiterung bereichert werden kann, nur schwer einleuchten. Die Grenzen werden hier zwar durchaus in Kauf genommen, doch dienen sie der disziplinären Abkapselung, die jeden Grenzübergang als unsinnig oder zumindest als Zeitvergeudung erscheinen lässt. Freilich gibt es im Wissenschaftsbetrieb auch das Gegenteil: dass man etwas schwärmerisch meint, die Grenzübergänge bis hin zur Auflösung jeglicher disziplinären Grenzen betrei-

---

3 Umberto Eco, *La recherche de la langue parfaite dans la culture européenne*, Paris: Seuil, 1994.

ben zu können, um so etwas wie ein umgreifendes System der Erkenntnis aufzubauen. Weder das Abkapseln noch das Auflösen sind ein sinnvoller Umgang mit Disziplinen.[4] Interessant wird ja gerade, wenn Interaktionen zwischen ihnen stattfinden, wenn, mit Gerhard Ebeling gesprochen, erörtert wird, «was eine der anderen zu denken gibt».[5] Doch dieses interaktive Moment setzt voraus, dass Differenz bewahrt wird, nicht als trennende, sondern als konstruktive, befruchtende Differenz, die das Gespräch offen lässt und immer wieder nährt. Das wäre, sowohl zwischen den theologischen Disziplinen als auch nach aussen hin, im Verhältnis der Theologie mit anderen Disziplinen, ein kritisches, das heisst: ein grenzbewusstes Umgehen mit Grenzen, das stets Grenzübergang und Begrenztheit miteinander bedenkt. Ein solches Gespräch, das die Grenze als Ort der kreativen Differenz betrachtet, will die Hermeneutik fördern.

Verhältnismässig könnte man wohl Ähnliches vom ökumenischen Gespräch sagen: Im Sinne einer Einheit in versöhnter Verschiedenheit müssen sich gemeinsame Erklärungen der Herausforderung stellen, die Differenz nicht zu überspielen und deshalb zu sterilisieren, sondern sie konstruktiv und kritisch durchzuarbeiten.

Lebensbezug und kritische Distanz

Einer verfestigten Frömmigkeit, wie sie etwa bei gewissen Ältesten meiner damaligen Täufergemeinde zu finden war, erschien Universitätstheologie als lebensgefährlich. Für sie ist kritische Distanz unvereinbar mit dem Glaubensleben. Diese Unvereinbarkeit kann leider durch die Lebensferne und Lebensfeindlichkeit gewisser Formen hochkultivierter Wissenschaftlichkeit nur bestätigt werden. So können sich denn beide Aspekte trennen – eine Trennung, an der viele Theologiestudierende leiden. Wenn Theologie den Grenzübergang zum Leben nicht mehr wagt, ist sie nur noch toter Stoff. Umgekehrt kommt es dem Lebensvollzug des Glaubens zugute, wenn er der Prüfung des Zweifels, des kritischen Fragens und Hinterfragens ausgesetzt wird. Zwar versetzt ihn das vielleicht in eine Krise. Doch auch der Begriff der «Krise» kommt vom griechischen *krinein*, was darauf hinweisen könnte, dass die Krise auch ein Wachsen an Grenzbewusstsein, und deshalb auch an Urteilsfähigkeit, an Reife, bedeuten kann. Diese Grenze muss deshalb immer wieder hermeneutisch reflektiert werden.

Was ist nun aber an diesem hermeneutischen Umgang mit den Grenzen das eigentlich Theologische? Auf diese Spezifität müssen wir nun noch eingehen.

---

4   Zu diesen Spannungen im interdisziplinären Dialog vgl. Isabelle STENGERS (Hg.), *D'une science à l'autre. Les concepts nomades*, Paris: Seuil, 1987.
5   Gerhard EBELING, Theologie und Philosophie, in: *Die Religion in Geschichte und Gegenwart*, Bd. 6, Tübingen: Mohr, ³1962, 782–830, hier 829.

Theologie: menschliche Grenzerfahrung als Gottesfrage

Die stete Durchdringung von Eingrenzung und Grenzenlosigkeit, so sagten wir, sei wie ein Zeichen dessen, dass sich der Mensch bei all seinen Grenzerfahrungen immer wieder verfehle, mit sich in Diskrepanz trete. Der Hermeneutik entnehmen wir, dass dem durch ein dialektisches Eingehen in die Spannung von Grenzübergang und Begrenztheit entgegengewirkt werden kann. Bleibt das ein frommer Wunsch, oder kann dieses Anliegen konkretisiert werden? Für die Theologie gibt es auf diese Fragen nur dadurch eine Antwort, dass die Verbindung mit der Gottesfrage vollzogen wird, so dass die Auseinandersetzung mit den Grenzen zu einer Auseinandersetzung mit Gott wird.

«Gott ist mitten in unserm Leben jenseitig» (Dietrich Bonhoeffer)

Im biblischen Glauben, etwa im Schöpfungsglauben, wird Gott als der ausgesagt, der Grenzen setzt, von dem also unsere Grenzen abhängen und dem wir in unseren Grenzen begegnen. Diese Verbindung von Gott und Grenze lässt aber gleich ein Missverständnis entstehen. Es könnte nun allzu schnell scheinen, Gott zeige sich nur am Rande unseres Lebens, dort wo wir auf unsere letzten Grenzen stossen, etwa die des Todes. Diese Grenzsituationen dürfen aber theologisch nicht abwertend beurteilt werden. Dass Gott auch dort dem Menschen begegnet, wo er am Ende seiner Möglichkeiten ist, gehört zu den Grundüberzeugungen des Glaubens. Problematisch wäre es aber, wenn sein Wirkungsfeld bloss auf diese Ränder beschränkt bliebe. Das käme allzu sehr einer Arbeitshypothese gleich, in der Gott nur noch als Lückenbüsser auftritt, wenn der Mensch nicht mehr weiterweiss. Eine solche Arbeitshypothese braucht auch die Theologie nicht, wie es bereits der Physiker Pierre-Simon Laplace Napoleon nahelegt hatte, als dieser ihn in einem Gespräch nach dem Platz Gottes in seiner Theorie fragte: Er hätte diese Hypothese gar nicht mehr nötig gehabt.

Mit Scharfsicht hat es Bonhoeffer in seinen Briefen und Notizen aus der Haftzeit zum Ausdruck gebracht: Wenn Gott für uns von Bedeutung sein soll, dann muss er nicht irgendwo am Rande, sondern «mitten in unserm Leben jenseitig» sein.[6] Damit ist zugleich in Hinsicht auf unser Thema ein wichtiger Hinweis gegeben: Nicht nur an den äussersten Rändern unseres Lebens sind wir begrenzt, sondern vielmehr mitten im Leben, im alltäglichen Leben, dort wo der Mensch leibt und lebt, erfahren wir unsere konkrete Begrenztheit. Das gilt auch

---

6   Dietrich BONHOEFFER, Widerstand und Ergebung. Briefe und Aufzeichnungen aus der Haft, in: DERS., *Werke*, Bd. 8, Gütersloh: Gütersloher Verlagshaus, 1998, 407–408 (Brief vom 30. April 1944).

für den Tod, im Sinne von Luthers Kirchenlied *Mitten wir im Leben sind mit dem Tod umfangen.*[7]

Grenzübergang in die menschliche Begrenztheit hinein

Der christliche Glaube geht davon aus, dass Gott nicht ein ferner, jenseits des Menschlichen bleibender Gott ist, sondern dass er in die menschliche Welt einbrach, «Fleisch wurde» (Joh 1,14). Das hängt mit dem Christusglauben als dem Herzstück des Ganzen zusammen. Um es mit unserem Thema in Verbindung zu bringen: Der Gott des christlichen Glaubens hat die Abschrankung zwischen dem Göttlichen und dem Menschlichen überschritten. Er unternahm den Grenzübergang in die menschliche Begrenztheit hinein. Dadurch soll jedoch diese Grenze nicht aufgehoben werden. Ganz im Gegenteil: Sie soll eingeschärft werden, nicht aber als Ort der Absonderung, sondern als Ort der kreativen, lebenserneuernden und lebensstiftenden Differenz. Lebenserneuernd und lebensstiftend ist sie, weil sie den Menschen vom verkrampften Versuch befreit, durch den Übertritt ins Grenzenlose seiner Begrenztheit Herr zu werden. Damit umschreibe ich, was die Tradition «Sünde» nannte und was wir vorhin bereits als Verfehlung, Diskordanz des Menschen mit sich selbst bezeichnet haben.

Kreuzestheologie: Eintreten in doppeltem Heraustreten

Auf diese Sünde kann Gott nur so befreiend eingehen, dass er sich ihr gleich auch entzieht, damit sie ihn nicht ihrem verwegenen Versuch dienstbar macht. In den neutestamentlichen Erzählungen des Kreuzestodes Jesu wird das durch zwei narrative Momente zum Ausdruck gebracht, die eng mit unserem Thema der Grenzen verbunden sind. Um auch wirklich in die Welt der Menschen einzubrechen, muss Gott aus dem Ort heraustreten, den ihm die Menschen zugeteilt haben. Er tritt aus dem Allerheiligsten hervor, die Grenze des Vorhangs durchbrechend, der nun von oben bis unten zerrissen wird (Mk 15,38 par.). Doch zugleich geht Gott nicht irgendwohin, er geht zur Hinrichtungsstätte Golgota – auch hier: den Menschen gegenüber ein Heraustreten, das der Hebräerbrief mit der Formel «ausserhalb des Tores» betont[8], nicht innerhalb der Stadtmauern, sondern ausserhalb des Lagers der Menschen, *extra muros*. Das betont die paradoxe Externität

---

7   Martin LUTHER, *Ausgewählte Schriften*, Bd. 5, hg. von Karin Bornkamm und Gerhard Ebeling, Frankfurt am Main: Insel, 1982, 247–248.
8   Hebr 13,12–14: «Darum hat auch Jesus, um durch sein eigenes Blut das Volk zu heiligen, ausserhalb des Tores gelitten. Lasst uns also vor das Lager hinausziehen zu ihm und seine Schmach tragen, denn wir haben hier keine bleibende Stadt, sondern die zukünftige suchen wir.»

des Eintretens Gottes. Der Mensch muss ausserhalb seiner selbst versetzt werden, um wieder zu sich selbst zu kommen.[9] Der Grenzübergang des Menschen zu Gott hin, der ihn zu seiner menschlichen Begrenztheit befreit, bedeutet so viel wie: Geschenk, an Gott glauben zu dürfen.

Konsequenzen für die theologischen Aufgaben

Was folgt daraus für die theologischen Aufgaben, die ich nun in Zürich wahrzunehmen habe, als Inhaber des Lehrstuhls für Systematische Theologie, insbesondere Hermeneutik und Fundamentaltheologie?

System und Fragment – Bescheidung des Dogmatikers

Es mag erstaunen, dass ausgerechnet der Dogmatiker auf Begrenztheit hinweist. Haftet doch an seinem Geschäft eher die Gefahr des Grenzenlosen. Er behandelt seinen Gegenstand oft mehrbändig. Die Versuchung ist gross, ein umfassendes System aufzubauen, das das letzte Wort über Gott und Welt sprechen soll. Bei hermeneutischer Sorgfalt wird aber der Dogmatiker immer wieder auf das Fragmentarische seiner systematischen Bemühung stossen und dadurch Bescheidenheit einüben. Im Vorwort zu seiner Dogmatik betont Gerhard Ebeling in Anlehnung an Paul Gerhardt:

> Das Unternehmen einer Dogmatik hat sich wohl überhaupt erst dann gelohnt, wenn der Gesamteindruck auf den Nenner zu bringen ist: «O du unergründter Brunnen, wie will doch mein schwacher Geist, ob er sich gleich hoch befleisst, deine Tief ergründen können?»[10]

Diese konstitutive Begrenztheit hängt damit zusammen, dass der Dogmatiker immer wieder mit der Sprachgrenze kämpft: Es geht ihm darum, die Dogmen, das heisst: die Grundaussagen des Glaubens, so auszulegen, dass sie für heutiges Menschsein neue Bedeutung und neue Relevanz gewinnen können. Diese Verständigung über den Glauben darf sich nicht auf den engen Kreis der Eingeweihten beschränken, sondern muss in öffentlicher Denkarbeit möglichst alle Menschen ansprechen können. Dass dies in der heutigen Situation des Tradi-

---

9 Anspielung auf Luthers Satz (WA 40.I, 589,8): «Deshalb ist unsere Theologie gewiss, weil sie uns ausserhalb unserer selbst setzt.»
10 Gerhard EBELING, *Dogmatik des christlichen Glaubens*, Bd. 1, Tübingen: Mohr Siebeck, ⁴2012, VIII.

tionsverlustes und der religiösen Indifferenz schnell auf Grenzen stösst, soll nicht entmutigen, sondern dazu ermuntern, diese spannende Aufgabe immer neu in Angriff zu nehmen.

Ethische Auseinandersetzung mit den Grenzen

Dass Hermeneutik mit Ethik zu tun hat, möchte ich hier betonen, auch wenn die Ethik nicht direkt zu meinem Lehrstuhl gehört. Deshalb sind uns bei unserem Nachdenken über das Problem der Grenzen immer wieder ethische Aspekte offenbar geworden, etwa im politischen Bereich. Wie kann man sich mit diesem Punkt auseinandersetzen? Ebenso wenig wie bei der Dogmatik ist hier ein Wunderrezept zu formulieren. Es kann höchstens um eine Aufgabenstellung gehen. Wie es einmal der südafrikanische Schriftsteller André Brink formulierte: «Es gibt nur zwei Grundtorheiten in der Welt; die Meinung, man könne nichts tun, und die Meinung, man könne alles tun.»[11] Durch solche Torheiten lässt man sich leicht zu Extremlösungen verleiten. So kann man etwa in die Versuchung kommen, entweder die Grenzen zu verabsolutieren und sich hinter ihnen zu verschanzen oder sie der bedenklichen Grenzenlosigkeit einer völlig deregulierten Globalisierung zu opfern.

Zwischen diesen zwei Exzessen liegt die schwierige Aufgabe eines kritischen Umgangs mit den Grenzen, im Bemühen, Grenzübergänge immer wieder zu unternehmen und zugleich die Begrenztheit skrupulös zu beachten. Dieses urteilsfähige, verantwortungsvolle Verhalten sollte erlauben, den sozialen Zusammenhalt und die Solidarität mit den Benachteiligten aller Art immer wieder zu fördern. Dazu gehört auch Gastfreundschaft für das andere, das Fremde, und deshalb auch für den Fremden.[12] Arbeit an den Grenzen ist nicht als Ort der Abkapselung, sondern der kreativen Differenz zu verstehen. Warum wachsen an unseren weltoffenen Flughäfen Gefängnisse wie Geschwüre?

Wahrnehmung der existenziellen Grenzen

Dass die Theologin und der Theologe auch Menschen sind, gehört zu den Selbstverständlichkeiten, an die man ab und zu erinnern muss. Auch hier gilt kritisches Umgehen mit den Grenzen, den leiblichen sowie den geistlichen. Wie auch in anderen Fächern und Gebieten könnte die Begrenztheit des theologischen Arbeitens viele Anlässe zur Resignation geben. Die Gefahr ist deshalb

---

11 André BRINK, *Une saison blanche et sèche*, Paris: Stock, 1980, 303.
12 Vgl. dazu aus hermeneutischer Perspektive: Theo SUNDERMEIER, *Den Fremden verstehen. Eine praktische Hermeneutik*, Göttingen: Vandenhoeck & Ruprecht, 1996.

gross, sich in vermessene Grenzenlosigkeit zu stürzen. Auch hier gilt im Umgang mit den Grenzen eine dynamische Dialektik von Grenzübergang und Begrenztheit, wie sie dem menschlichen Leben entspricht. Theologie geschieht nicht vom Standpunkt Gottes aus, sondern immer vom Standpunkt des Menschen vor Gott. Um es in Walter Mosterts Grundunterscheidung auszudrücken: Theologische Erkenntnis ist nie als weltgeschichtliche Sinntotale zu haben, sondern nur als endliche Gewissensgewissheit.[13] Diese bescheidene Gewissheit kann getrost unter das Zeichen von Gottes Antwort an Paulus gestellt werden: «Du hast genug an meiner Gnade, denn die Kraft findet ihre Vollendung am Ort der Schwachheit.» (2Kor 12,9)

Humor, zwischen Sünde und Glaube

Kierkegaard hat den Humor als Grenzwächter zwischen dem Menschlichen und dem Göttlichen aufgefasst.[14] Er soll an dieser Grenze stets die Diskordanzen aufweisen, die Widersprüche, die Konflikte, um so durch sein Lachen über den Übergang in den Glauben zu hüten, auf diesen hinzuweisen, ohne jedoch zugleich seine Schwierigkeiten zu verschweigen. Deshalb befasst er sich auch mit der Sündigkeit des Menschen: Er offenbart diesem die Verfehlung seiner selbst, seine Diskordanz mit sich selbst, indem er ihn zugleich auf die andere Möglichkeit, die der Befreiung zu sich selbst, hinweist. In diesem Sinne gehört der Humor zur theologischen Auseinandersetzung mit den Grenzen: Im Umgang mit diesen stehen Sünde und Glaube stets zur Entscheidung.

Schluss

Fast wäre ich am Anfang dieser Vorlesung in die Gefahr gekommen, krampfhaft für mein Antreten zu sorgen. Der Humor befreit von solchem krampfhaften Sorgen. Er lässt andere Modalitäten des Antretens erahnen, spielerische Modalitäten, denn, wie das Wörterbuch betont, kann man auch *zum Tanz, zum Spiel* antreten. So sollen wir denn, wenn uns aufgespielt wird, zum Tanzen antreten

---

13 Walter MOSTERT, *Sinn oder Gewissheit? Versuche zu einer theologischen Kritik des dogmatistischen Denkens*, Tübingen: Mohr, 1976.
14 Bei Kierkegaard wird die Kategorie des Humors vor allem in der *Abschliessenden unwissenschaftlichen Nachschrift zu den philosophischen Brosamen* erläutert: Søren KIERKEGAARD, *Philosophische Brosamen und Unwissenschaftliche Nachschrift*, München: Deutscher Taschenbuch Verlag, 1976 (vor allem: Zweiter Abschnitt, Sectio II, 556–759, in Verbindung mit dem existenziellen Pathos).

(vgl. Mt 11,17). Nochmals anders ausgedrückt: Ich möchte mein Amt als eine Reise antreten, im Sinne einer *theologia viatorum*, einer Theologie der Wandernden, und nicht der bereits Angekommenen (*theologia beatorum*). War doch auch Don Quijote, als paradoxer Ritter des Glaubens, stets unterwegs, mit Riesen kämpfend.

Damit lässt sich gut schliessen, hat mich ja das Einläuten der Pause schon daran erinnert, dass alles, auch diese Vorlesung, begrenzt ist. Diese Begrenztheit und heilvolle Bescheidung will ich denn auch respektieren und Ihre Aufmerksamkeit nicht länger strapazieren.

Entre exégèse et théologie, une herméneutique à géométrie variable

[2014]

Je suis très honoré d'ouvrir ce 24ᵉ congrès de l'ACFEB, et cela à un triple titre : votre association est française, et vous confiez l'introduction à un Suisse ; votre association est catholique, et vous donnez d'abord la parole à un protestant ; votre association est essentiellement composée de biblistes (« pour l'étude de la Bible »), et vous demandez à un systématicien de faire la première mise en perspective ! Je vais m'efforcer de répondre aux attentes ainsi exprimées !

Mon exposé sera effectivement une *mise en perspective* : on n'en attendra donc pas des réponses aux questions dont le congrès veut traiter pendant quatre jours, mais plutôt une clarification de la problématique et une esquisse de pistes de réflexion permettant de poursuivre le travail des journées à venir, dans les séances plénières et dans les ateliers.

Cette mise en perspective sera celle d'un systématicien, mais, comme l'indique mon titre, sous un angle essentiellement herméneutique. J'entends par là (à partir du verbe grec *hermèneuein* : « interpréter », « comprendre ») une réflexion systématique centrée sur les problèmes qui se posent au travail d'interprétation selon ses différents registres. Dans ce sens, on peut dire que le thème du congrès est un thème fondamentalement *herméneutique*. Ainsi, mon propos principal sera de développer un modèle herméneutique permettant de traiter du statut de la Bible dans les interactions entre exégètes et théologiens. C'est ce que j'appellerai une « herméneutique à géométrie variable ». Mais auparavant, il convient de procéder à quelques clarifications préliminaires, en vue de saisir les problèmes de manière plus précise.

Quelques clarifications préliminaires

La discussion du statut de la Bible : à combien de partenaires ?

Un premier point à clarifier est celui des partenaires impliqués dans la discussion. Le titre du congrès suggère qu'il s'agit d'une discussion à deux : « entre exégètes et théologiens ». Mais l'exégète et le théologien sont-ils tellement distincts l'un de l'autre ? L'opposition entre eux comporte certaines limites. Ainsi, dans une conception protestante classique, l'exégèse biblique fait pleinement partie des disciplines qui constituent la théologie. Faut-il dès lors considérer qu'on pense avec

« théologien » au systématicien ? Mais qu'en est-il alors de l'historien de l'Église ou du théologien pratique ? Dans le deuxième paragraphe du texte de présentation du congrès, il est question de trois disciplines impliquées : l'exégèse, la théologie biblique et la théologie systématique. Mais quels sont alors les liens entre exégèse et théologie biblique ? Cette dernière est-elle conçue comme une sorte de passerelle entre les deux autres, dont les exégètes pourraient se distancier ? Enfin, dans ce même texte de présentation, au premier paragraphe, un quatrième partenaire vient s'ajouter, à côté des trois autres : la pastorale, si bien qu'on pourrait donc parler d'un échange à quatre partenaires. Mais la liste ne s'arrête peut-être pas là : dans l'atelier d'Élian Cuvillier, il sera question des rapports entre théologie et sciences des religions ; dans celui de Sophie Schlumberger, il en ira de la question du statut de la Bible sous l'angle de l'animation biblique. Mais on pourrait aussi imaginer d'autres partenaires, comme la critique littéraire ou l'histoire de l'Antiquité, etc.

Dans mon exposé, je proposerai d'abord un modèle d'herméneutique à quatre partenaires ; puis je travaillerai à l'intersection de l'exégèse et de la théologie systématique, en explorant l'intersection dans les deux directions.

Différents contextes à considérer

La problématique abordée dans ce congrès n'est pas dissociée de tout contexte. Il convient ici de rappeler l'historicité de la théologie qui fait qu'au fil des siècles, elle s'inscrit dans diverses structures, avec des régulations institutionnelles variables. Selon le contexte dans lequel on se situe, la question sera connotée différemment, et il faudra donc en tenir compte. Les *situations historiques* se suivent et ne se ressemblent pas : la question se serait posée autrement au Moyen Âge que dans les Temps modernes ; l'orthodoxie protestante avait une autre approche de la doctrine de l'Écriture sainte que celle de la méthode historico-critique des exégètes des Lumières ; la pluralité des méthodes de lecture qui prévaut aujourd'hui[1] modifie la perspective d'ensemble par rapport à une situation de monopole comme celle qui a prévalu pendant des générations ; etc. De même, le contexte *confessionnel* peut avoir pour effet que la question se pose autrement. Les interactions entre exégèse et théologie systématique se modifient selon qu'elles sont placées sous le signe d'un magistère réglementant le rapport à l'Écriture ou sous celui du *sola scriptura* des Réformateurs du XVIe siècle, avec ses risques de biblicisme. Enfin, le contexte *disciplinaire* peut jouer un rôle, et c'est ce point précisément qui

---

1 Ulrich Luz (dir.), *La Bible : une pomme de discorde. Un livre unique – différents chemins d'approche*, Genève : Labor et Fides, 1992.

est au cœur du thème du congrès : comment la Bible est-elle lue selon la discipline dans laquelle s'effectue cette lecture, et y a-t-il continuité ou incompatibilité ? Mais cette question se posera peut-être différemment selon qu'on se trouve en situation de pluralité ou de monopole, ou encore selon qu'on est en régime protestant ou catholique. Dans ce sens, les contextes évoqués peuvent interagir entre eux, ce qui rend la question d'autant plus complexe.

La visée fondamentale

En même temps, toute problématique comporte une visée fondamentale. Nous pourrions aborder la question d'un point de vue strictement épistémologique, en articulant différents types d'interprétation, ou dans une perspective institutionnelle, en discutant les rapports entre le travail biblique effectué dans le cadre universitaire et le rapport à la Bible en Église. Mais le texte de présentation du congrès nous invite à prendre en considération un contexte bien plus large, puisqu'il souligne la nécessité de saisir les disciplines impliquées sous l'angle de « leurs contributions à la vie des croyants en dialogue avec le monde de ce temps ». La visée n'est donc ni strictement épistémologique, ni purement institutionnelle. En langage herméneutique, on dira qu'il en va aussi et fondamentalement du moment de l'appropriation dans la vie quotidienne, en prise avec le monde dans lequel des êtres humains vivent leurs engagements de foi.

Linéarités et non-linéarités

Un quatrième élément important est souligné par une petite phrase trouvée, elle aussi, dans le texte de présentation du congrès et qui dit qu'il n'est plus possible « d'ordonner les disciplines en séquence linéaire ». Dans les schémas traditionnels, on peut imaginer deux séquences possibles :

a) l'exégèse obtient certains résultats ; ces résultats sont transformés et intégrés dans la théologie biblique ; sur cette base, ils sont ensuite actualisés dans la théologie systématique, pour être finalement appliqués en pastorale, pour la vie des croyants dans le monde ;

b) à l'inverse, la pastorale signale les difficultés de la lecture de la Bible dans la vie quotidienne des croyants ; ces difficultés sont travaillées en théologie systématique, pour être transmises à la théologie biblique ; invitation est alors faite aux exégètes de les traiter sous l'angle de leur travail scientifique.

De telles linéarités ne fonctionnent plus, ou seulement très partiellement. C'est pourquoi il convient d'adopter une approche résolument non linéaire. On remplacera l'idée de *séquence* par celle de *réseau*, pour envisager un système d'interactions multiples entre différents types de lecture. C'est ce que je tenterai de faire ci-après en parlant d'une herméneutique à géométrie variable.

La fécondité d'un « conflit des interprétations » (Paul Ricœur)

En 1969, Paul Ricœur a publié un recueil d'essais sous le titre *Le conflit des interprétations*[2]. Les articles de ce volume se situent à l'intersection de quatre méthodes d'interprétation que Ricœur s'attachait à entrecroiser dans les années 1960 : l'exégèse biblique de type historico-critique, l'approche phénoménologique, la psychanalyse freudienne et l'analyse structurale. La conviction herméneutique qui porte cet effort de Ricœur est que la pluralité des démarches ne doit pas susciter l'ignorance mutuelle, la méfiance ou la condescendance réciproque, mais que le conflit peut être très fécond, de *valeur heuristique*. Dans ce sens, il convient de ne pas le résoudre trop vite, de le creuser plutôt que de le dépasser, parce que les tensions découvertes à l'entrecroisement sont enrichissantes.

Il pourrait en aller de même pour la problématique du congrès et, pour cette raison, j'essaierai de développer un modèle herméneutique qui pourrait permettre de faire jouer entre elles diverses modalités de lecture, en tension constructive les unes avec les autres.

À titre d'hypothèse : l'herméneutique B de Pierre-André Stucki

J'aimerais m'inspirer pour la suite d'un ouvrage d'herméneutique d'un philosophe de Suisse romande qui n'a pas eu les répercussions qu'il aurait mérité d'avoir et qui me paraît susceptible de nous aider dans le traitement de notre problématique[3].

Herméneutique A et herméneutique B

Après avoir précisé les rapports entre théologie, philosophie et herméneutique, l'auteur développe sa réflexion herméneutique à proprement parler en deux temps : dans son « Herméneutique A » (113–171), il explicite et discute diverses procédures d'interprétation de l'exégèse biblique ; dans son « Herméneutique B » (173–261) – c'est cette partie qui nous intéresse ici –, il développe ce qu'il appelle le « modèle B », qui permet d'articuler différents types de lecture de la Bible fonctionnant selon leurs règles propres. De manière assez proche de ce que nous avons dégagé plus haut du texte de présentation du congrès, Stucki inscrit quatre différents modes d'interprétation dans son modèle :

a) l'exégèse, qui procède selon des méthodes scientifiquement mises à l'épreuve ;

---

2   Paul Ricœur, *Le conflit des interprétations. Essais d'herméneutique*, Paris : Seuil, 1969.
3   Pierre-André Stucki, *Herméneutique et dialectique*, Genève : Labor et Fides, 1970.

b) une lecture de la Bible à partir de principes relevant de la dogmatique ou de la théologie systématique ;

c) une lecture homilétique, c'est-à-dire effectuée dans le contexte de la prédication ;

d) la lecture de la Bible telle qu'elle s'opère dans l'existence croyante, que Stucki caractérise comme le langage de l'aveu et de la prière.

Sans entrer dans tous les détails de chacune de ces lectures, j'aimerais esquisser la manière dont l'auteur conçoit le réseau d'interactions que constitue son modèle B. Il l'explicite en le démarquant de trois dangers.

Danger du monopole : une pluralité légitime de lectures de la Bible

Le premier danger est celui du *monopole* que l'une ou l'autre de ces lectures pourrait revendiquer par rapport aux autres. À titre d'exemple, on pourrait évoquer ici la possibilité que l'exégèse se déclare la seule légitime, parce qu'elle serait, elle seule, fondée sur des principes scientifiques. Un tel « scientisme » pourrait conduire à contester le bien-fondé de toute autre démarche de lecture. De même, on pourrait imaginer qu'une instance de type dogmatique, un magistère ecclésial, par exemple, ou une Écriture sainte déclarée source infaillible de toute connaissance, revendique une autorité interprétative absolue. Si un monopole s'impose, on peut être ramené à des séquences très linéaires. Face à ce danger, le modèle B revendique la légitimité de principe d'une pluralité de lectures diverses de la Bible. Autrement dit : le croyant a le droit de lire la Bible selon d'autres registres que l'exégète écrivant son commentaire, et une prédication est autre chose qu'un exercice d'exégèse appliquée !

Danger du cloisonnement : un réseau d'interactions

Le deuxième danger est celui du *cloisonnement* : les diverses lectures sont reconnues, elles se tolèrent les unes les autres, mais restent dans un rapport d'indifférence et d'ignorance réciproques, ce qui signifie en même temps qu'elles ne peuvent pas se féconder les unes les autres. Elles se côtoient de manière plus ou moins pacifique, sans interactions entre elles. C'est ce qui arrive souvent du point de vue du thème qui nous occupe : dans sa lecture quotidienne de la Bible, le croyant n'est pas informé des travaux exégétiques, tandis que les exégètes universitaires se déconnectent de plus en plus de la vie ecclésiale ; parallèlement, les instances dogmatiques et les prédicateurs se désintéressent des dernières hypothèses exégétiques. Pour contrer ce cloisonnement, le modèle revendique l'instauration d'un réseau d'interactions : aucune de ces lectures ne devrait être déconnectée des autres ; elles devraient être constamment à l'écoute les unes des autres.

Danger de la dépendance réciproque : une autonomie relative

Le troisième danger, finalement, est celui de la *dépendance réciproque* : l'une des lectures impose ses principes aux autres, leur contestant le droit de se développer de manière autonome. Ainsi, la lecture du croyant peut être dictée par une instance dogmatique qui lui impose une conception bien précise de ce qu'il est légitime d'attendre de la Bible pour la vie croyante dans le monde. De même, le texte biblique peut être capturé par l'exégèse, tant et si bien qu'il devient difficile au prédicateur de le faire rejaillir comme une parole interpellatrice : la prédication devient alors une simple reproduction du commentaire exégétique, à moins que le prédicateur ne décide de s'émanciper, faisant fi de ce que dit l'exégète. Dans un sens inverse, une lecture psychologisante telle qu'elle est parfois pratiquée en animation biblique devient tellement contraignante qu'il n'est plus possible à l'exégète de faire valoir le dessein même du texte biblique. Dans son discours édifiant *Pour un examen de conscience recommandé aux contemporains* (1851), Søren Kierkegaard a formulé le problème à l'aide de la métaphore du miroir : si l'on peut parler de la Bible comme d'un miroir dans lequel le lecteur peut se reconnaître lui-même, il se trouve que l'exégète vient fausser ce rapport, en s'attachant à regarder le miroir au lieu de s'y regarder. Il n'en reste pas moins que du point de vue du langage de l'aveu au sens de Stucki, que Kierkegaard désigne comme celui de l'édification, « il ne te faut pas regarder le miroir, mais t'y regarder ». La chose n'est pas facile, car à cause de « cette foule de savants, cette multitude d'opinions doctes ou non sur la manière dont il faut entendre tel ou tel passage », le miroir « se recouvre d'une telle buée que je ne pourrai jamais y voir mon image »[4].

Par rapport à de telles dépendances, le modèle B exige que soit respectée une autonomie relative entre les lectures afin que des interactions sans dépendance, sans soumission des unes aux autres, soient possibles.

La fertilité des interactions

Comme dans l'ouvrage de Ricœur cité plus haut, le présupposé de base du modèle développé par Stucki est celui de la fertilité des interactions. Lorsqu'on parvient à éviter les pièges du monopole, du cloisonnement et des dépendances réciproques, un jeu d'interactions peut s'instaurer, susceptible de relancer de manière créative les différents types de lecture. À titre d'exemples, on pourrait ici évoquer la possibilité, comme ce fut le cas en Amérique latine, que l'exégèse scientifique soit renouvelée par le fait de se mettre à l'écoute des découvertes herméneutiques faites dans les lectures bibliques des communautés de base, ou encore la possibilité qu'une instance dogmatique revoie sa doctrine de l'Écriture au vu de la multi-

---

4   In : Søren KIERKEGAARD, *Œuvres complètes*, vol. 18, Paris, Orante, 1966, 83.

perspectivité se dégageant du travail exégétique, en s'attachant à repenser dogmatiquement la pluralité des voix au sein du canon biblique.

Stérilisations et fertilisations possibles

Évidemment, une telle fertilité des interactions est exposée à des freins ou, pour rester dans le même jeu de langage, à des stérilisations. Ainsi, comme l'a montré l'histoire de la théologie à plusieurs reprises, une instance dogmatique a pu, sur la base d'une lecture traditionnelle de la Bible, suspendre la liberté académique de l'exégèse. De même, lorsque le principe de l'inerrance de la Bible est élevé au rang d'une confession de foi, il devient impossible de faire jouer la créativité herméneutique non seulement en exégèse, mais aussi dans la prédication et dans la pratique de la lecture personnelle de la Bible. Ou encore, comme nous l'avons vu plus haut, une certaine manière de faire valoir l'unique légitimité de l'exégèse scientifique peut, elle aussi, étouffer tous les autres modes de lecture.

Pour contrer de telles stérilisations, il est urgent de développer des fertilisations visant à réalimenter les interactions. À cet égard, on peut citer l'exemple de la revue *Lire et dire*, dont le but premier est de travailler à l'intersection de l'exégèse et de l'homilétique, pour susciter des interactions créatives entre le commentaire et la prédication. De manière semblable, l'animation biblique en paroisse s'attache à favoriser l'interaction entre l'exégèse académique et la lecture vécue du croyant, en faisant circuler des informations médiatrices de l'une à l'autre, et si possible *vice versa*.

Pour concrétiser cette hypothèse du modèle B de Stucki, qui me paraît fructueuse pour penser les rapports entre les divers types de lecture de la Bible au sens d'une herméneutique à géométrie variable, j'aimerais maintenant explorer plus avant l'interaction entre exégèse et théologie systématique, qui est au cœur de la thématique de notre congrès. Je le ferai dans les deux directions, en m'attachant à deux auteurs, représentants importants de la théologie protestante, tous deux très conscients des enjeux herméneutiques de leur travail : d'abord à un exégète pour lequel l'exégèse est impensable sans la théologie systématique, ensuite à un systématicien pour lequel la théologie systématique est impensable sans l'exégèse.

Une exégèse impensable sans la théologie systématique : Rudolf Bultmann

Formé à l'école de l'histoire des religions, Rudolf Bultmann (1884–1976) a travaillé en exégèse néotestamentaire selon les principes de la méthode historico-critique qu'il a lui-même enrichie par la méthode de l'histoire des formes, appliquée à la tradition synoptique. Exégète incontesté, connu surtout pour son grand commentaire de l'évangile de Jean, mais aussi pour sa théologie du Nouveau Testament, il a enseigné l'exégèse du Nouveau Testament pendant plusieurs décennies à l'Université de Marbourg. Mais il avait aussi acquis une grande capacité en théologie systématique, en particulier auprès de Wilhelm Herrmann, et il était donc tout particulièrement préparé à assumer les interactions entre les deux disciplines. C'est ce que j'aimerais montrer dans les quelques points qui suivent.

Le danger du positivisme, historiciste ou dogmatiste

Durant toute sa vie, Bultmann s'est efforcé d'accompagner son activité d'exégète d'une réflexion autocritique sur les présupposés et les implications herméneutiques de ce travail. Il y prend de la distance par rapport à deux positivismes qui menacent constamment : d'une part, le positivisme historiciste, faisant du texte un simple document historique et inculquant à l'exégète, conformément à l'idéal de Leopold von Ranke, de s'en tenir strictement à la tâche d'établir ce qui s'est véritablement passé, en s'abstenant d'impliquer son propre intérêt par souci d'objectivité ; d'autre part, un positivisme dogmatiste, faisant des textes l'expression d'une doctrine à endosser comme la vérité donnée objectivement, la foi devenant un simple « tenir-pour-vrai ». Dans les deux cas, on appauvrit le texte et son message, en en faisant une donnée objectivée, sur laquelle on s'assure la mainmise.

L'interprétation existentiale comme enjeu herméneutique de l'exégèse

Pour contrer ces deux positivismes, Bultmann engage une réflexion herméneutique[5] : dans tout texte est mise en jeu une chose (*Sache*), et le texte ne peut donc être véritablement interprété que si l'interprète est en relation vitale avec cette chose du texte. C'est pourquoi la compréhension d'un texte présuppose toujours une précompréhension de la chose qu'il met en jeu. L'interprète ne doit donc pas retirer sa subjectivité par souci d'objectivité. Il doit bien plutôt se laisser solliciter par le texte dans sa subjectivité. « L'interprétation "la plus subjective" est ici "la plus objective", c'est-à-dire que celui-là seul peut percevoir l'exigence du texte qui se sent concerné par le problème de sa propre existence. »[6] Par conséquent, la compréhension d'un texte s'articule comme la possibilité d'une nouvelle compréhension de soi ouverte par ce texte. Plus tard, Paul Ricœur exprimera cette même idée en disant :

---

5   Cf. surtout, de manière privilégiée, Rudolf BULTMANN, « Le problème de l'herméneutique », in : ID., *Foi et compréhension*, vol. 1 : *L'historicité de l'homme et de la révélation*, Paris : Seuil, 1970, 599–626.
6   *Ibid.*, 620.

Dès lors, comprendre, c'est *se comprendre devant le texte*. Non point imposer au texte sa propre capacité finie de comprendre, mais s'exposer au texte et recevoir de lui un soi plus vaste […]. La compréhension est alors tout le contraire d'une constitution dont le sujet aurait la clé. Il serait à cet égard plus juste de dire que le *soi* est constitué par la « chose » du texte[7].

Chez Bultmann, cet accent conduira à la mise en place du programme de l'interprétation existentiale des textes bibliques, reprenant les catégories de la philosophie de l'existence, sous l'influence de Heidegger notamment, mais aussi et surtout de Kierkegaard, à l'arrière-plan. Ainsi, pour Bultmann, l'interprétation existentiale constitue l'enjeu herméneutique de l'exégèse. Mais elle constitue également, pour cette raison même, la plate-forme d'interaction entre l'exégèse et la théologie systématique.

Foi et compréhension comme cadre pour un prolongement systématique de l'exégèse

Malgré les craintes à l'égard d'une objectivation doctrinale des textes, l'enjeu existential habitant le travail d'interprétation trouve son prolongement dans un effort de réflexion systématique. C'est ce qui se traduit dans les quatre recueils d'articles *Glauben und Verstehen*, publiés au fil des décennies[8]. Comme le montrent ces recueils, les intuitions de l'exégète touché par la chose du texte l'incitent à une réflexion sur la responsabilité à l'égard de cette chose dans le monde qui est le sien. Ainsi, l'exégète devient systématicien, parce que la foi découverte dans le Nouveau Testament doit également s'articuler de manière pertinente pour les êtres humains d'aujourd'hui. À côté d'articles plus strictement exégétiques, Bultmann n'hésite pas à aborder de manière systématique des thèmes tels que la question de Dieu aujourd'hui, la compréhension actuelle du péché et de la grâce, ou encore la discussion moderne sur l'histoire ou sur la liberté, etc. Les trois articles sur « La crise de la foi », issus de trois conférences données en 1931[9], expriment peut-être de la manière la plus marquante ce souci de la foi dans le présent. L'exégète ne peut pas se retirer dans la tour d'ivoire de son travail d'érudit : s'il est habité par une relation vitale à la chose en jeu dans le texte biblique, il ne peut rester indifférent à la crise que traverse cette chose dans le monde actuel. Ce pro-

---

7 Paul Ricœur, « La fonction herméneutique de la distanciation », in : id., *Du texte à l'action. Essais d'herméneutique II*, Paris : Seuil, 1986, 116–117.
8 Édités en traduction française sous la direction d'André Malet, ces quatre recueils sont publiés en deux tomes : pour le premier, cf. ci-dessus, note 5 ; pour le second : Rudolf Bultmann, *Foi et compréhension*, vol. 2 : *Eschatologie et démythologisation*, Paris : Seuil, 1969.
9 Cf. Bultmann, *Foi et compréhension*, vol. 1 (note 5), 375–394.

longement systématique est assumé en interaction vivante avec l'exégèse biblique, mais sans dépendance, en régime d'autonomie relative, parce que le questionnement systématique a sa spécificité.

Le kérygme, ou une exégèse qui relance la pastorale

Par le biais de l'herméneutique et de la théologie systématique, Bultmann peut également développer une autre interaction dans le réseau du modèle B : les effets sur l'homilétique. En effet, de nombreux articles de *Foi et compréhension* sont consacrés à la question de la proclamation de la foi chrétienne aujourd'hui, ce qui correspond au moment de la pastorale dans le programme de notre congrès. Ici aussi, la racine est exégétique au départ : c'est la notion de kérygme, développée à partir du Nouveau Testament comme message existentiel, qui guide la réflexion critique sur la tâche actuelle de la proclamation chrétienne, en lien d'ailleurs avec une pratique régulière de la prédication à Marbourg, notamment durant le temps de la montée du nazisme et de la Seconde Guerre mondiale[10].

Démythologisation et compréhension de soi : responsabilité théologique jusque dans l'espace public

Le souci de l'exégète ira même au-delà de la pastorale, dans le sens de notre visée fondamentale, dégagée ci-dessus : il se demande ce qu'il en est d'une nouvelle compréhension de la foi pour « les croyants en dialogue avec le monde de ce temps ». La foi, telle est la conviction fondamentale de Bultmann, offre aux croyants une nouvelle *compréhension de soi* dans ce qui constitue le tissu de leur vie, dans le monde, dans leurs relations avec autrui et devant Dieu. Cela conduira Bultmann à débattre de la question de la conception du monde (*Weltanschauung*) : la conception mythologique du monde véhiculée par les textes bibliques risque d'exiger un sacrifice intellectuel de la part du lecteur actuel, car celui-ci est marqué par une conception scientifique du monde, qui s'avère incompatible avec la conception mythologique de jadis. D'où l'exigence pour Bultmann de procéder, sur la base de l'interprétation existentiale, à une *démythologisation* des textes bibliques, tant par honnêteté intellectuelle que par souci de la proclamation de la justification par la foi seule et de la possibilité de vivre la liberté chrétienne dans le monde actuel.

L'exégète devra assumer son herméneutique jusque dans l'espace public. En effet, l'article de 1941 dans lequel il définit son programme de démythologisa-

---

10 Cf. Rudolf Bultmann, *Marburger Predigten*, Tübingen : Mohr, 1968², et *Das verkündigte Wort. Predigten – Andachten – Ansprachen 1906–1941*, Tübingen : Mohr, 1984.

tion[11] provoquera un large débat dans les années d'après-guerre dans les Églises et la société. Comme jamais depuis, l'herméneutique sera au cœur d'un débat de société, et Bultmann, l'exégète soucieux de théologie systématique, devient une personne publique.

Une théologie systématique impensable sans exégèse : Gerhard Ebeling

Gerhard Ebeling (1912–2001) est moins connu dans l'espace francophone, parce que moins traduit en français aussi[12]. Ayant fait une partie de ses études à Marbourg, il est influencé par Bultmann, mais aussi par Bonhoeffer, chez lequel il a fait sa formation pastorale. Après avoir été pasteur de l'Église confessante à Berlin durant la Seconde Guerre mondiale[13], il a mené sa carrière théologique d'abord comme historien de l'Église, de la Réforme luthérienne surtout, à Tübingen, puis comme systématicien à Zurich. Mais, comme il le dira constamment, il est resté pendant toute sa vie historien *et* systématicien, assumant ces deux disciplines en tension constante[14]. Je le prendrai en considération ici sous l'angle du systématicien soucieux d'histoire et donc aussi d'exégèse.

L'objectivation en dogmatique : un « sac de dogmes » abstrait de la situation historique

Comme chez Bultmann, on peut commencer la présentation de Ebeling par sa critique de l'objectivation, danger fréquent de la dogmatique[15] : alors qu'il en va d'abord dans la foi d'un mouvement existentiel de confiance, elle a sans cesse subi

---

11 Rudolf BULTMANN, « Nouveau Testament et mythologie. Le problème de la démythologisation de la prédication néotestamentaire », in : ID., *Nouveau Testament et mythologie*, suivi de Paul RICŒUR, *Démythologisation et herméneutique*, Genève : Labor et Fides, 2013, 45–109 ; pour une reprise du thème de la démythologisation, cf. Pierre-Luigi DUBIED, « Imprévisible et réel commun », in : Pierre BÜHLER, Clairette KARAKASH (dir.), *Science et foi font système. Une approche herméneutique*, Genève : Labor et Fides, 1992, 95–132.
12 Parmi les quelques traductions françaises d'ouvrages et d'articles, on mentionnera surtout *L'essence de la foi chrétienne*, Paris : Seuil, 1970 ; *Théologie et proclamation*, Paris : Seuil, 1972 ; *Luther. Introduction à une réflexion théologique*, Genève : Labor et Fides, 1983 ; *Répondre de la foi. Réflexions et dialogues*, Genève : Labor et Fides, 2012.
13 Cf. de cette époque, mais publié après coup, un recueil de prédications du jeune pasteur : *Prédications illégales. Berlin 1939–1945*, Genève : Labor et Fides, 1997.
14 Pour une présentation sommaire de la vie et de l'œuvre de Ebeling, cf. Pierre BÜHLER, « En guise de postface : une présentation de la vie et de l'œuvre de Gerhard Ebeling », in : EBELING, *Répondre de la foi* (note 12), 281–322.
15 À cet égard, cf. surtout EBELING, *L'essence de la foi* (note 12), 21–32 (dans un chapitre consacré à l'histoire de la foi).

le malentendu d'être comprise comme le « tenir-pour-vrai » d'un certain nombre d'articles. Pour marquer concrètement le danger, Ebeling développe l'image de la foi comme « sac de dogmes » :

> la foi, si l'on peut dire, serait un sac vide, servant essentiellement à contenir des objets déterminés. Si elle contient les objets de foi prescrits par le christianisme, alors, à ce titre, elle est foi chrétienne. [...] Qui veut prendre la foi au sérieux s'efforce de remplir ce sac jusqu'en haut, et d'assumer ainsi tout ce qui constitue le contenu nécessaire de cette foi, même s'il ploie sous le faix. Certes, celui qui est moins scrupuleux a la vie plus facile ; mais il ne goûte pas en toute quiétude la certitude d'avoir satisfait à ses obligations en ce qui concerne la foi chrétienne. C'est à peu près ainsi qu'on entend d'ordinaire la foi chrétienne[16].

Pour lutter contre ce danger d'objectivation, Ebeling donne à son travail dogmatique une orientation herméneutique : en formulant et en interprétant les énoncés fondamentaux de la foi chrétienne, il en va d'un *comprendre dogmatique*. Autrement dit : le croyant est invité à comprendre ce que signifie pour lui, dans le monde actuel, le fait de se confier en le Dieu de Jésus-Christ, afin qu'il puisse comprendre de manière intelligente ce qu'il croit. Il s'agit donc d'articuler de manière cohérente et pertinente ce qui fait la spécificité du point de vue de la foi chrétienne dans le débat avec d'autres convictions et positions. Ebeling développe ainsi une conception herméneutique de la théologie systématique, notamment dans les trois volumes de sa *Dogmatik des christlichen Glaubens*, publiée en 1979[17].

« *L'expérience seule fait le théologien* » (Martin Luther)

Pour cette raison, la foi est toujours abordée dans son lien avec l'expérience vécue : la foi s'inscrit dans la vie, la travaille, la fait mûrir et la fait croître, et la tâche de la dogmatique sera justement de réfléchir sur cette relation entre foi et expérience vécue, de la penser dans ses tenants et ses aboutissants, de l'expliciter et de l'assumer de manière responsable en dialogue avec la réalité du monde présent. C'est pourquoi une phrase de Luther revient souvent chez Ebeling : « L'expérience seule

---

16 *Ibid.*, 21.
17 Gerhard EBELING, *Dogmatik des christlichen Glaubens*, 3 vol., Tübingen : Mohr Siebeck, 2012[4] [1979] ; pour une présentation succincte, cf. Pierre BÜHLER, « Une dogmatique existentielle. À propos de la dogmatique de Gerhard Ebeling », *Revue de théologie et de philosophie* 113 (1981), 139–153 ; ID., « En guise de postface » (note 14), 298–311 et 315–316.

fait le théologien. »[18] Pour cette confrontation avec la tâche d'assumer l'expérience vécue de la foi dans le monde présent, Ebeling s'inspirera de l'interprétation non religieuse des concepts bibliques que Bonhoeffer a développée de manière programmatique dans ses lettres et notes de captivité[19]. On découvre ici un élément tout à fait comparable au programme de démythologisation chez Bultmann.

Un « événement de parole » inscrit dans l'histoire comme donnée fondamentale

Le lien entre la foi et la vie dans ses multiples relations est enraciné dans l'histoire, parce que, au départ de la foi, il y a un événement de parole (*Wortgeschehen*). Cette catégorie centrale chez Ebeling correspond d'assez près à celle de kérygme chez Bultmann. Elle marque l'irruption de la Parole de Dieu dans l'histoire des hommes, et c'est elle qui constitue la foi, la crée sans cesse chez les humains, en se transmettant de génération en génération par la chaîne des témoins. C'est pourquoi, les quatre recueils d'articles publiés au fil des décennies par Ebeling s'intitulent *Wort und Glaube* (« Parole et foi »)[20].

La proclamation : entre théologie historique et théologie systématique

Pour cette raison, la théologie tout entière est inscrite dans le mouvement de la proclamation, qui constitue aussi son unité d'ensemble[21]. La proclamation de l'événement de parole fondateur a toujours déjà eu lieu : c'est la tâche des sciences bibliques et de l'histoire de l'Église d'explorer et d'interpréter les multiples constellations de cette proclamation aux origines et à travers la tradition. En même temps, cette proclamation de l'événement de parole doit toujours à nouveau avoir lieu : c'est la tâche de la théologie systématique et de la théologie pratique d'étudier les conditions et modalités de cette proclamation présente et à venir. Ces deux démarches, l'une tournée plutôt vers le passé, l'autre vers le présent et l'avenir, sont étroitement liées, et c'est ce qui permet à Ebeling de souligner le lien entre l'effort historique et la réflexion systématique.

---

18   La phrase provient d'un propos de table du Réformateur (WAT 1, 16,13 ; n° 46). Sur le thème de l'expérience, cf. Gerhard EBELING, « La plainte au sujet du défaut d'expérience en théologie et la question de son objet », in : ID., *Répondre de la foi* (note 12), 39–64.
19   Cf. Dietrich BONHOEFFER, *Résistance et soumission. Lettres et notes de captivité*, Genève : Labor et Fides, 2006.
20   Gerhard EBELING, *Wort und Glaube*, 4 vol., Tübingen : Mohr, 1960–1995.
21   Pour la suite, cf. Gerhard EBELING, « Diskussionsthesen für eine Vorlesung zur Einführung in das Studium der Theologie », in : *ibid.*, vol. 1, 1967³, 447–457.

L'exégèse comme fertilisation de la théologie systématique

Étant donné ce lien étroit entre les disciplines, Ebeling thématise également la manière dont le systématicien doit se rapporter au donné biblique. Il voit ici aussi le danger de raccourcis objectivants : en effet, les systématiciens se contentent souvent de prendre la Bible comme un recueil de *dicta probantia*, de sentences que l'on peut citer à titre de preuves scripturaires pour les énoncés dogmatiques, en les arrachant à leur contexte et en en faisant des vérités éternelles. C'est pourquoi Ebeling exige du systématicien un travail plus précis et plus consciencieux d'un point de vue herméneutique : il doit entrer lui-même dans le mouvement du travail exégétique, s'il veut que l'exégèse fertilise véritablement sa réflexion systématique[22]. À titre d'illustrations, on signalera ainsi que Ebeling s'est engagé activement dans ce qu'il est désormais convenu d'appeler la deuxième quête du Jésus historique, aux côtés de Ernst Fuchs, de Ernst Käsemann et de Günther Bornkamm, en débat avec Bultmann[23] ; qu'il a plusieurs fois débattu avec Käsemann sur la question du canon du Nouveau Testament et de la compréhension des origines du christianisme ; dans sa dogmatique, on peut observer qu'à plusieurs reprises, il consacre tout un chapitre à élaborer de manière nuancée le donné biblique concernant les grands énoncés de la foi ; enfin, pour le dernier cours de sa carrière académique, il a choisi de donner un cours d'exégèse sur l'épître aux Galates[24].

« La théologie est nécessaire pour rendre au prédicateur la tâche de prêcher aussi difficile que nécessaire. »

Comme chez Bultmann, l'interaction entre théologie systématique et exégèse en suscite d'autres dans le cadre du modèle B, notamment celle avec l'homilétique : Ebeling a lui aussi réfléchi de manière répétée aux problèmes de la prédication, en lien avec une pratique homilétique régulière, attestée par des recueils de prédications sur le Notre Père, le Décalogue et un choix de psaumes. Je me contenterai ici de deux citations marquant bien ce souci de l'homilétique : « La théologie est nécessaire pour rendre au prédicateur la tâche de prêcher aussi difficile que nécessaire. […] La théologie n'est nécessaire que dans la mesure où elle se rend elle-même superflue et rend la proclamation nécessaire. »[25] Par ailleurs, non seulement

---

22 Pour une réflexion de fond sur les rapports entre exégèse et dogmatique, cf. Gerhard EBELING, « Dogmatik und Exegese », in : ID., *Wort und Glaube* (note 20), vol. 4, 1995, 492–509.
23 Cf. EBELING, *Théologie et proclamation* (note 12), surtout 36–134.
24 Gerhard EBELING, *Die Wahrheit des Evangeliums. Eine Lesehilfe zum Galaterbrief*, Tübingen : Mohr, 1981.
25 EBELING, « Diskussionsthesen » (note 21), 447–448.

les prédications sur le Notre Père, mais aussi des articles sur le thème de la prière témoignent d'un intérêt de Ebeling pour ce que Stucki appelle le langage de l'aveu et de la prière. Cet intérêt conduira à reprendre le thème de la prière dans la théologie systématique, puisque, dans sa dogmatique, Ebeling inscrit tout son développement de la doctrine de Dieu dans la situation fondamentale de la prière[26]. Cette interaction entre théologie systématique et prière illustre bien la richesse de notre modèle B.

En guise de conclusion : quelques perspectives à reprendre...

Mon but n'était pas d'insinuer qu'avec Bultmann et Ebeling, tous nos problèmes sont résolus. Mon exposé était de nature introductive : il s'attachait à expliciter le problème et à proposer des pistes de réflexion pour la suite. Il est bien clair que les pensées de Bultmann et de Ebeling ne peuvent être reprises telles quelles aujourd'hui : ce serait faire fi de l'historicité de la théologie soulignée au début et dont ils étaient tous deux très conscients. En particulier, il leur manque une explicitation plus précise des implications sur le plan sociopolitique. Mais il me paraîtrait possible de concevoir l'herméneutique B aussi sous l'angle d'une théologie de la libération.

Néanmoins, j'aimerais retenir quelques perspectives chez Bultmann et Ebeling susceptibles de nous inspirer pour notre travail.

a) Dans une interview, le comédien André Bourvil disait : « Quand on est artiste, il faut savoir faire dans tous les genres. » Dans ce sens, Bultmann et Ebeling sont peut-être des « artistes » de la théologie. Ils nous exhortent à lutter contre la spécialisation à outrance qui a tendance à se propager en théologie aussi, pour le bien de jeux ouverts d'interdisciplinarité. Le risque de ne savoir presque rien sur presque tout est-il vraiment plus grand que celui de savoir presque tout sur presque rien ?

b) Tant chez Bultmann que chez Ebeling, le présupposé de base est celui de la légitimité de principe d'une pluralité de registres selon lesquels on peut lire les textes bibliques. Ils nous montrent, en lien avec le thème du congrès, qu'exégèse et théologie peuvent faire bon ménage. Autrement dit : conformément à l'herméneutique B empruntée à Stucki, il paraît prometteur de faire jouer des interac-

---

26 Cf. EBELING, *Dogmatik*, vol. 1 (note 17), chap. « Gott », 158–261. Après avoir parlé des difficultés et problèmes de la manière traditionnelle d'aborder la question de Dieu dans le paragraphe 8 intitulé « Parler sur Dieu », il développe sa propre conception dans le paragraphe 9, intitulé « Parler à Dieu », ce qui le conduit ensuite à développer les notions de révélation et de Parole de Dieu dans le paragraphe 10, intitulé « Parler à partir de Dieu ».

tions entre les différents registres de lecture, en régime d'autonomie relative, sans revendication de monopole et sans ignorance ou condescendance réciproques. En toute fragilité, en toute vulnérabilité, il se pourrait bien que de tels jeux relancent l'intérêt pour les textes bibliques et les méthodes variées pour les lire.

c) La visée fondamentale est bien formulée par Ebeling quand il dit que l'effort ne parvient à son véritable but que lorsque l'interprétation *du* texte se renverse en une interprétation *par* le texte, ou pour le dire autrement : lorsque l'interprète devient l'interprété[27]. Ce renversement d'une activité d'interprétation en une expérience passive consistant à se trouver interprété constitue le critère décisif du sérieux de la lecture de la Bible, tant pour l'exégète que pour le systématicien, le pasteur ou le croyant.

d) S'il est ainsi conçu, le travail d'interprétation pourra demeurer une tâche sans cesse renouvelée, à remettre constamment sur le métier, comme un défi stimulant. Cela pourrait confirmer, dans ce dessin de PIEM[28], la réponse de la dame qui, lisant la Bible, doit répondre à la question « Et ça finit comment ? » : « Ça finit pas ».

PIEM, *Dieu et vous* (1996)
© cherche midi éditeur, Paris

---

27 Cf. Pierre BÜHLER, « L'interprète interprété », in : ID., Clairette KARAKASH (dir.), *Quand interpréter c'est changer. Pragmatique et lectures de la Parole*, Genève : Labor et Fides, 1995, 237–262.
28 Dessin tiré de PIEM, *Dieu et vous*, Paris : Le Cherche Midi, 1996.

Gottes Angesicht in den Brüchen der Erzählung von Peniel

[2012]

Zum Einstieg: einige Fragen und ihr hermeneutischer Hintergrund

Kann alles, was zu erzählen ist, in eine Erzählung integriert werden, so dass sie nachher glatt und eben ablaufen kann? Oder liegt bei einer Erzählung nicht gerade Wichtiges in Überschüssigem, das sich gegen eine lineare Abfolge sperrt? Kommt es nicht ausgerechnet dort zum erzählerischen Höhepunkt, wo die Erzählung auf Grenzen, auf Aporien der Erzählbarkeit stösst? So dass das Grundlegende, das es zu erzählen gilt, nur indirekt aufleuchtet, in Brüchen, in Rissen, in Widerständigkeiten? Könnte es vielleicht sogar das Wahrzeichen einer tiefschürfenden Erzählung sein, dass sie aporetisch bleibt, den Hörer/-innen oder den Leser/-innen viele Leerstellen zuspielt, mit denen sie sich auseinandersetzen müssen?

Auf unser Thema bezogen: Sind solche Brüche und Aporien nicht gerade die Bedingung dafür, dass aus der Textwelt erzählerische Herausforderungen in die Lebenswelt des Lesers hineinreichen? Oder umgekehrt gefragt: Könnte es sein, dass diese Brüche und Aporien dafür Gewähr sind, dass die Spannungen und Widerständigkeiten, welche die Lebenswelt des Lesers prägen, auch in der Textwelt erzählerisch aufgenommen, und nicht verschwiegen, verbrämt werden? In diesem Sinne könnte es sein, dass in unserer Erzählung prägnant zum Ausdruck kommt, dass die Interaktionen zwischen Textwelt und Lebenswelt sich über solche Brüche vollziehen.

Diese Fragen seien hier kurz noch hermeneutisch vertieft. In seiner Erzähltheorie betont Paul Ricœur, dass sich jede Erzählung mit einer mehr oder weniger starken Spannung zwischen Konkordanz und Diskordanz auseinandersetzt. Indem der Erzähler einen Plot erarbeitet, stellt er sich der Aufgabe, durch die Verbindung einer zeitlichen Sequenzierung der Geschehnisse und deren semantischer Deutung die Diskordanz in eine grundlegende Konkordanz aufzuheben. Der Plot (auf Französisch: *intrigue*) ist deshalb für Ricœur wesenhaft ein «Konkordanzmodell», was ihn dazu führt, für die Erzählung von einer *discordance incluse*, einer «eingeschlossenen Diskordanz» zu sprechen.[1] Wenn wir davon ausgehen, dass die Narration auf Grenzen und Bruchstellen stösst, müssen wir diese *discordance incluse* kritisch hinterfragen. Ricœurs Betonung der Konkordanz

---

1 Vgl. dazu: Paul Ricœur, *Temps et récit*, Bd. 1, Paris: Seuil, 1985, 65–75. Diese Auffassung wird hier vor allem als das Proprium der tragischen Erzählung herausgestellt.

gegenüber muss vielmehr die Widerständigkeit der Diskordanz stärker fokussiert werden, weil vielleicht gerade dort, wo sich die Diskordanz gegen das «Einschliessen» sperrt, Wesentliches zum Ausdruck kommt.[2]

So viel im Moment zum hermeneutischen Hintergrund, auf den wir am Schluss des Aufsatzes zurückkommen werden. Wir wollen uns nun aber mit einer Erzählung auseinandersetzen, mit der unsere Fragen exemplarisch behandelt werden können. Es ist wohl eine der bekanntesten Geschichten aus den Erzählzyklen der alttestamentlichen Erzväter, die sowohl in der Malerei als auch in der Literatur eine breite Wirkung ausgelöst hat, auf die wir punktuell Bezug nehmen werden.[3] Sie ist in Gen 32,23–33 zu finden[4]:

> [23] Noch in jener Nacht aber stand er auf, nahm seine beiden Frauen, seine beiden Mägde und seine elf Kinder und ging durch die Furt des Jabbok. [24] Er nahm sie und brachte sie über den Fluss. Dann brachte er hinüber, was er sonst noch hatte. [25] Jakob aber blieb allein zurück. Da rang einer mit ihm, bis die Morgenröte heraufzog. [26] Und er sah, dass er ihn nicht bezwingen konnte, und berührte sein Hüftgelenk, so dass sich das Hüftgelenk Jakobs ausrenkte, als er mit ihm rang. [27] Und er sprach: Lass mich los, denn die Morgenröte ist heraufgezogen. Er aber sprach: Ich lasse dich nicht, es sei denn, du segnest mich. [28] Da sprach er zu ihm: Wie heisst du? Und er sprach: Jakob. [29] Da sprach er:

---

2   Ausführlicher zu diesem Punkt, in Verbindung mit dem Aspekt der unvorhergesehenen Wende: Pierre BÜHLER, Le renversement imprévu dans la narration, à partir du récit comique et tragi-comique, in: DERS., Jean-François HABERMACHER (Hg.), *La narration. Quand le récit devient communication*, Genf: Labor et Fides, 1988, 267–284.

3   Vgl. etwa in enger Verbindung mit dem Gemälde, das Eugène Delacroix dieser Szene gewidmet hat (in der Kirche Saint-Sulpice in Paris zu sehen): Jean-Paul KAUFFMANN, *La lutte avec l'ange*, Paris: Gallimard, 2002. Auch im Werk der französischen Schriftstellerin Sylvie Germain spielt Jakobs nächtlicher Kampf eine Schlüsselrolle; vgl. in diesem Band: Entre interprétation et surinterprétation: relectures littéraires de la Bible chez Sylvie Germain, 197–208. Zu Paraphrasen und Parodien, vgl. Bernard SARRAZIN, *La Bible parodiée. Paraphrases et parodies. Dessins originaux de Jean-Charles Sarrazin*, Paris: Cerf, 1993, 112–135 («Où Jacob boxe avec quelqu'un au gué de Jabbok ou la Rencontre avec l'innommé»).

4   Die hebräische Urfassung wurde mitberücksichtigt, bleibt hier im Aufsatz jedoch im Hintergrund. Als Kommentar zu dieser Stelle sei empfohlen: Claus WESTERMANN, *Genesis 12–36*, Neukirchen-Vluyn: Neukirchener Verlag, ²1989, 624–635 (für den ganzen Zyklus der Rückkehr Jakobs und seiner Begegnung mit dem Bruder Esau: 612–647; für exegetische Literaturangaben: 634–635. Zur Auslegungsgeschichte vgl. Gottfried HAMMANN, Le songe de Jacob et sa lutte avec l'ange (Genèse 28 et 32). Repères historiques d'une lecture et de ses variations, *Revue d'histoire et de philosophie religieuses* 66 (1986), 29–42. Als jüdische Meditation vgl. Élie WIESEL, Jakob oder der Kampf mit der Nacht, in: DERS., *Adam oder das Geheimnis des Anfangs. Legenden und Porträts*, Freiburg im Breisgau: Herder, 1980, 106–138.

Du sollst nicht mehr Jakob heissen, sondern Israel, denn du hast mit Gott und mit Menschen gestritten und hast gesiegt. [30] Und Jakob fragte und sprach: Bitte nenne mir deinen Namen. Er aber sprach: Was fragst du nach meinem Namen? Und dort segnete er ihn. [31] Und Jakob nannte die Stätte Peniel. Denn, sagte er, ich habe Gott von Angesicht zu Angesicht gesehen und bin mit dem Leben davongekommen. [32] Und als er an Penuel vorüber war, ging ihm die Sonne auf. Er hinkte aber wegen seiner Hüfte. [33] Darum essen die Israeliten bis auf den heutigen Tag den Muskelstrang nicht, der über dem Hüftgelenk liegt, denn er hat Jakobs Hüftgelenk, den Muskelstrang, angerührt.

Im Umgang mit diesem eindrücklichen, aber auch schwierigen Text wählen wir folgendes Vorgehen: In einem ersten Teil wollen wir versuchen, exegetisch die Widerständigkeiten, Spannungen und Brüche im Text wahrzunehmen. In einem zweiten Teil sollen die hermeneutischen Implikationen erörtert werden, die für die Begegnung zwischen Textwelt und Lebenswelt aus diesen Widerständigkeiten hervorgehen.

Ein widerständiger Text und seine offenen Fragen

Luther, der sonst gerne von der sonnenklaren *claritas* der Heiligen Schrift spricht, betont in seiner Genesisvorlesung, dass dieser Text zu den dunkelsten des ganzen Alten Testaments gehöre.[5] Und das meint er nicht etwa nur als exegetische Bemerkung, sondern diese *obscuritas* bestehe *propter magnitudinem rei*, wegen der Grösse der Sache selbst: Es geht hier für Jakob um die höchste Anfechtung, nicht nur mit Fleisch und Blut oder mit dem Teufel, sondern mit Gott selbst zu kämpfen (*sed adversus Deum ipsum*), und dieser Kampf ist *horribilis pugna*. An dieser Dunkelheit seien denn auch viele Interpreten gescheitert, und Luther schliesst nicht aus, dass es auch ihm passieren könnte!

Die Schwierigkeit dieses Kampfes führte auch dazu, dass man ihn in der Wirkungsgeschichte tendenziell abzuschwächen, zu entschärfen versuchte. Das beginnt bereits in biblischer Intertextualität, indem der Kampf *adversus Deum ipsum* in einen Kampf mit einem Engel umgedeutet wurde, wie in Hos 12,4–5 zu beobachten ist: «Und als er stark war, kämpfte er mit Gott. Und er kämpfte mit einem Boten und bezwang ihn, er weinte und flehte ihn um Gnade an.» Diese Umdeutung hat in der Malerei ihre Spuren hinterlassen: Die meisten bekannten Gemälde stellen den Gegner als Engel dar, und zwar öfters auch so, dass die Szene nicht nach Kampf aussieht, sondern Jakob vom Engel friedlich umschlungen zu

---

5 Martin LUTHER, WA 44, 93,2–3: «Hic locus ab omnibus habetur inter obscurissimos totius veteris Testamenti.» Für die weiteren Zitate und Anspielungen vgl. WA 44, 93,3–11.

Eugène Delacroix, *Jakobs Kampf mit dem Engel* (1856–1861) Paris, Kirche Saint-Sulpice, Kapelle der Heiligen Engel

sein scheint.⁶ Im Text wird der Kampfcharakter jedoch eindeutig betont: Das betreffende Verb könnte wörtlich mit «sich im Staub rollen» übersetzt werden. Eugène Delacroix schildert in seinem Gemälde diese Kampfsituation – freilich mit einem Engel!

Von einem Engel ist aber im Text keine Rede. Es ist zwar auch nicht eindeutig gesagt, zumindest nicht von Anfang an, dass der Gegner Gott selbst ist. Auf die Frage, wer denn der Gegner sei, werden wir noch ausführlich zurückkommen müssen, denn diese Frage weist gerade auf einen der Brüche der Erzählung hin.

In seinem Urteil, dass der Text schwiwig, dunkel sei, hat Luther durchaus recht. Ein Stück weit muss man mit diesem Text ringen, wie Jakob mit seinem nächtlichen Gegner! Aus dieser Parallele wird später eine hermeneutische Impli-

---

6 Das ist der Fall sowohl bei Rembrandts Gemälde von 1659 als auch in Chagalls Darstellung im betreffenden Kirchenfenster des Zürcher Fraumünsters.

kation für unsere Thematik hervorgehen. Doch um nicht vorzugreifen, sei nun auf exegetische Beobachtungen eingegangen, die uns erlauben, die narrativen Widerständigkeiten des Textes wahrzunehmen.

a) Bereits auf der Ebene der *Textkritik* zeigen sich einige Probleme, denn von seiner Gestalt her ist unser Text ziemlich uneben und uneinheitlich. All dies auszuführen, würde uns zu weit führen. Ich greife nur ein Element heraus: In den Versen 31–32 fällt auf, dass von Peniel und von Penuel die Rede ist. Letztere Ortsbezeichnung ist bekannt und kommt auch an anderen Stellen im Alten Testament vor, während die erste nur hier vorkommt. Es könnte wohl sein, dass die Geschichte, wie wir gleich sehen werden, eine Erklärung für die bekannte Ortsbezeichnung leisten muss, indem sie explizit mit der Offenbarung des Angesichts Gottes in Berührung gebracht wird, was zur Verschiebung von Penuel zu Peniel führen könnte.

b) Schwierige Fragen stellen sich in Hinsicht auf die *literarische Gattung*. Die *ätiologische* Dimension fällt ziemlich unmittelbar auf, wobei sie als vielschichtig und etwas verwirrend erscheint. Von hinten her (Vers 33) wird die Geschichte als Erklärung einer Essensregel ausgelegt: Sie soll das Verbot begründen, den Muskelstrang zu essen, der über dem Hüftgelenk liegt. Diese Ätiologie ist ziemlich seltsam, denn dieses Verbot kommt sonst nirgends im Alten Testament vor. Unüblich ist auch, dass eine Essensregel mit einer menschlichen Gestalt begründet wird, während es sonst immer eher um Tiere geht. Schliesslich ist unklar, was mit dem Hüftgelenk und dem dazu gehörigen Muskelstrang eigentlich gemeint sei.[7]

Eindeutiger ist die Funktion der Erzählung in Hinsicht auf ätiologische Begründungen von Ortsbezeichnungen. In diesem Kontext fallen zwei Namen auf. Zuerst, wie bereits erwähnt, Peniel, was wohl als religiöse Deutung für den Ort Penuel zu verstehen ist. Der zweite Ortsname ist Jabbok, als Bezeichnung für die Furt, an welcher der Kampf stattfindet. Auch dieser Ort wird in anderen Texten erwähnt, meistens zur Abgrenzung der durch Israel eroberten Gebiete, als Grenze zu den Ammonitern hin (vgl. etwa Dtn 3,16; Jos 12,2). Diese Grenze wird hier anscheinend zu einem wichtigen Grenzübergang auf Jakobs Weg in die Heimat zurück. Der metaphorische Gehalt schimmert hier durch: Jakob steht an einer wichtigen Furt seines Lebens. Könnte es sogar sein, dass der Ort wegen der Nähe der zwei Namen gewählt wurde: Jakob am Jabbok? Eine Inversion der Konsonanten, die auf eine mögliche Umkehr hinweisen könnte? Sollte diese metaphorische Dimension mitgespielt haben, dann wäre die Furt vielleicht auch eine Ortsanweisung für die Lesesituation: «Wie Jakob am Jabbok, so stehst vielleicht

---

[7] Es wurde unter anderem gemutmasst, es handle sich vielleicht um das Geschlechtsteil, was zu psychoanalytischen Auslegungen führen konnte.

auch du, Leserin oder Leser, beim Lesen an einer Furt; hier könnten Textwelt und Lebenswelt kollidieren ...»

Noch eine weitere ätiologische Dimension liegt im Namenswechsel, den Jakob in Vers 29 erlebt: «Du sollst nicht mehr Jakob heissen, sondern Israel». Damit verbinden sich verschiedene Assoziationen. Der Name Jakob trägt negative Konnotationen: Von seiner Wurzel her hat er wahrscheinlich mit Betrügen zu tun, und im Zeichen dieses Betrugs steht Jakobs ganzes Leben, von seiner Geburt an (Gen 25,26: seinem Zwillingsbruder Esau, der vor ihm zur Welt kommt, hält er die Ferse, «und man nannte ihn Jakob»). Der neue Name, der im Kontrast zum alten von seiner Wurzel her ein Kampfesmotiv enthält («Gott kämpfe, Gott zeige seine Stärke»), wird folgendermassen erläutert: «Denn du hast mit Gott und mit Menschen gestritten und hast gesiegt», was auch den Kampf selbst zu deuten erlaubt (vgl. weiter unten). Wichtig ist hier aus ätiologischer Sicht, dass mit diesem Namenswechsel der Erzvater Jakob und das Volk Israel in Verbindung gebracht werden: Im Geschick Jakobs vollzieht sich das Geschick des Volkes. Wie in ihm der Betrüger zum siegenden Gesegneten wird, so gilt es auch für das Volk: Wie oft war es seinem Gott untreu, und doch bekam es immer wieder die Verheissung des göttlichen Segens! Auf diese Verbindung zwischen Erzvater und Volk weist unser Text im Vers 33 explizit hin, indem erwähnt wird, dass die Israeliten (wörtlich im hebräischen Text: «die Söhne Israels») deswegen den Muskelstrang über dem Hüftgelenk nicht essen.

Etwas erstaunlich ist jedoch in Hinsicht auf diese Ätiologie, dass trotz des verheissenen Namenswechsels ab Vers 31 Jakob weiterhin Jakob genannt wird. Obschon gesegnet, bleibt er anscheinend der alte Jakob. Die Verheissung des Namenswechsels wird in Gen 35,9–10 wiederholt, erfüllt sich dann aber erst im Josephzyklus (vgl. Gen 37,3), wobei auch da «Jakob» neben «Israel» erhalten bleibt. Welcher Name gilt nun? Die Antwort ist nicht so leicht zu geben, so dass die Frage wohl offenbleiben muss.

c) Lässt sich die Frage nach der Gattung einfacher von der *Traditionsgeschichte* her lösen? Auch hier gibt es verschiedene Schwierigkeiten, denn die Erzählung erweist sich bei genauerem Hinschauen als sehr uneinheitlich, was sie ja gerade für unsere Reflexion über die Grenzen der Narration interessant macht. Man hat versucht, diese Uneinheitlichkeit exegetisch aufzuschlüsseln, indem man verschiedene Traditionsschichten unterschieden hat. Das führte zu mehreren Hypothesen, in einem komplexen «Konflikt der Interpretationen». Es wurde nach einer archaischen, wohl nicht mehr rekonstruierbaren Urerzählung gefragt, indem überlegt wurde, wer sich hinter der sehr unbestimmten Bezeichnung «einer» verbergen könnte, wenn es im Vers 25 heisst: «Da rang einer mit ihm» (auf Hebräisch einfach: *'isch*, «einer», «jemand»). Da eine Furt als gefährlicher Ort gilt, wurde vermutet, es könnte in archaischer Gestalt ein Kampf mit einem Flussdämon erzählt werden. Weil er die Morgenröte fürchtet (Vers 26: «Lass mich los, denn die Morgenröte ist heraufgezogen»), kam man auch auf die Hypothese eines Nachtdämons, der dadurch besiegt würde, dass er dem Sonnenlicht ausgesetzt wird. Damit könnte man die Geschichte so lesen, dass Jakob nicht mit Gott selbst gekämpft hat, wie das etwa Luther betont, sondern durch Gott von der ungeheuren nächtlichen Macht erlöst wurde. Die Erfahrung des Angesichts Gottes bei anbrechender Morgenröte wäre dann die Erfahrung dieser Erlösung.[8]

Ungeachtet einer fehlenden Antwort zur archaischen Urform der Erzählung hat man versucht, in ihr frühe und spätere Schichten aufzuspüren. Als eindeutig spätere Schicht wird die Verbindung mit der Essensregel im Vers 33 erachtet. Weil dort jedoch von den «Söhnen Israels» die Rede ist, könnte es auch sein, dass das ganze Motiv der Verknüpfung zwischen dem Erzvater und dem Volk Israel und des in den Versen 28–30 damit verbundenen Namenswechsels auch zu dieser späteren Schicht gehört. Dann hätte man als reduzierte Grundform: Jakob bleibt allein an der Furt des Jabbok zurück; einer kämpft mit ihm bis zur Morgenröte; Jakob ringt diesem einen Segen ab; Peniel wird als Bezeichnung des Kampfortes gewählt, um zum Ausdruck zu bringen, dass hier Gottes Angesicht offenbar wurde. Wenn das die Urform gewesen sein soll, wird es sich als recht schwierig erweisen, diese Kurzerzählung im Kontext des grösseren Erzählzyklus einzuordnen.

d) Damit sind wir bei einem weiteren Aspekt, nämlich dem des *Kontextes*. Die Erzählung des nächtlichen Kampfes steht ein wenig wie ein erratischer Block innerhalb des grossen Erzählzyklus von Jakobs Rückkehr. Diese Rückkehr steht ganz im Zeichen der Bedrohung durch eine mögliche Rache des betrogenen Bruders Esau, der mit einem Heer von 400 Männern auf den zurückkehrenden Betrüger wartet. Deshalb hat man exegetisch auch erwogen, ob dieser «jemand», der in der Nacht mit Jakob kämpft, ursprünglich hätte Esau sein können.[9] Auf jeden Fall versucht Jakob seinen Bruder vorgreifend zu besänftigen, indem er ihm Geschenke vorausschickt. Er will vermeiden, dass seine ganze Familie und sein Hab und Gut der Rache zum Opfer fällt. Warum kommt es plötzlich zum nächtlichen Kampf? Es fällt auf, dass der narrative Übergang recht umständlich ist (vgl. Verse 23–24), bis schliesslich der Kampf einsetzt. Nach hinten hin führt die Erzählung sogleich,

---

[8] In diese Richtung tendiert WESTERMANN, *Genesis 12–36* (Anm. 4). Ähnlich ausgerichtet ist Élie Wiesels Auslegung, wie die Überschrift bereits zeigt: «Jakob oder der Kampf mit der Nacht», in: WIESEL, *Adam oder das Geheimnis des Anfangs* (Anm. 4), wobei die Nacht hier nicht dämonologisch ausgelegt wird, sondern vielmehr psychologisch, als Kampf mit nächtlichen, dunklen Seiten in Jakob selbst, und deshalb als ein Kampf mit sich selbst.

[9] Auch erwogen wurde, ob es sich um Jakobs Schwiegervater Laban hätte handeln können, der ja auch gute Gründe hat, sich betrogen zu fühlen und deshalb Rachegedanken zu hegen.

eigentlich nahtlos, in die Begegnung mit dem Bruder Esau hinüber. Das macht uns auf eine Verknüpfung aufmerksam, die erst später eingeflochten wird, jedoch rückblickend die Kampfszene auslegt. In Gen 33,10 sagt Jakob zu seinem Bruder Esau, der seine Geschenke ablehnt: »Nicht doch! Wenn ich Gnade in deinen Augen gefunden habe, so nimm mein Geschenk von mir an. Denn ich habe dein Angesicht gesehen, wie man das Angesicht Gottes sieht, und du hast mich freundlich angenommen.« Wenn ich richtig sehe, wurde in der Exegese relativ wenig auf diese narrative Verknüpfung geachtet: Könnte es sein, dass Jakob das Angesicht Gottes in Peniel hat sehen müssen, um dann auch das Angesicht seines Bruders sehen zu können? Könnte es sein, dass Jakob, weil er Gott von Angesicht zu Angesicht sieht und doch mit dem Leben davonkommt, nun auch seinen Bruder von Angesicht zu Angesicht sehen kann, ohne umzukommen?

e) Bis hierher haben wir versucht, auf historisch-kritischer Ebene Schwierigkeiten und Spannungen der Peniel-Erzählung zu thematisieren. Wir wollen nun den Text, wie er vorliegt, den *textus receptus*, betrachten, um in ihm *narrative Brüche* wahrzunehmen, die sich teilweise mit den exegetischen Beobachtungen überschneiden, hier jedoch noch einmal in narratologischer Perspektive vertieft erfasst werden.

Wenn wir auf die *narrative Grundstruktur* der Erzählung achten, lassen sich interessante Beobachtungen machen. Die Verse 23–25a vollziehen eine relativ umständliche Inszenierung: Sie schildern, wie Jakob seine Frauen, Mägde und Kinder sowie sein Hab und Gut durch die Furt führt und schliesslich allein dort zurückbleibt. Die Verse 31–33 bilden hingegen eine Kommentierung der Handlung, verbunden mit einer doppelten Ätiologie: die Ortsbezeichnung Peniel samt ihrer theologischen Auslegung durch den hinkend davonziehenden Jakob, und die mit Jakobs Hüftverletzung verknüpfte Essensregel der Söhne Israels. Das heisst, dass die eigentliche Kampfszene nur die dazwischenliegenden Verse 25a–30 ausmacht, knapp sechs Verse also. In diesem Sinne ist die Erzählung durch eine grosse Spannung zwischen Erzählzeit und erzählter Zeit geprägt. In äusserst knapper Erzählzeit (in einem Satz!) erzählt der Vers 25b die lange Nacht des Ringens bis zum Anbrechen der Morgenröte. Die folgenden Verse 26–30 erzählen hingegen ausführlich den Abschluss des Kampfes. Der Gegner versucht, Jakob loszuwerden, indem er ihm das Hüftgelenk ausrenkt (Vers 26). Anscheinend löst dieser Schlag das Problem nicht, denn er bittet nun Jakob, ihn loszulassen (Vers 27a), woraufhin zwischen den zwei Kämpfern ein hastiges Gespräch um Segen und Namen folgt (Verse 27b–30).

Folgen wir nun den Hauptmomenten der Erzählung, um genauer zu beobachten, wo narrative Überraschungseffekte zum Tragen kommen. Gleich am Anfang der Kampfszene (Vers 25b) entsteht eine solche Überraschung, und zwar in der bereits diskutierten Unbestimmtheit des Gegners: Wer ist dieser *'isch*, dieser «einer», der Jakob angreift? Weder für Jakob noch für den Leser ist die Identität des Gegners klar. Das steigert die Unheimlichkeit des Kampfes, und deshalb auch den Bruch mit der alltäglichen Lebenswelt: Vor kurzem noch ging es darum, Hab und Gut durch die Furt zu führen, und nun bricht plötzlich eine andere Welt auf, in der sich Unbekanntes, Unerahntes vollzieht, in Gestalt eines nächtlichen Kampfes. Das zweite Spannungselement, das an dieser Stelle eingeführt wird, um die lange Nacht des Kampfes sofort auf ihren Ausgang hin auszurichten, ist die anbrechende Morgenröte: Während Jakob eine ganze Nacht zu kämpfen hat, wird der Leser gleich zum Abschluss dieses Kampfes hingeführt. Für den nächtlichen Gegner scheint die Morgenröte bedrohlich (Vers 27), so dass der Kampf unbedingt ein Ende finden müsste. Diese Furcht vor dem Tageslicht hat die Exegeten zur Hypothese eines Nachtdämons geführt. Aufgrund des weiteren Erzählverlaufs könnte sie auch darauf hinweisen, dass der Gegner sein Angesicht nicht zeigen, es Jakob gegenüber im Dunkeln lassen will. An dieser Stelle ist zwar noch nicht vom Angesicht die Rede, retrospektiv jedoch läge es nahe, dass der nächtliche Gegner die für Jakob gefährliche Enthüllung seines Angesichts vermeiden will (vgl. Vers 31).

Der nächtliche Gegner kann Jakob nicht bezwingen (Vers 26a). Deshalb führt ihn die drohende Morgenröte zu zwei Versuchen, Jakob loszuwerden. Zunächst (Vers 26b) erfolgt der Schlag auf Jakobs Hüftgelenk, der hier wohl als ein listiger Schlag, sozusagen als ein Schlag unter der Gürtellinie, zu gelten hat. Das Hüftgelenk renkt sich zwar aus, doch damit ist der Sieg noch nicht erreicht, wie implizit im Übergang zu Vers 27 anzunehmen ist, denn es folgt nun die Bitte: «Lass mich los, denn die Morgenröte ist heraufgezogen.» Aus dieser Bitte des nächtlichen Gegners folgt nun der hastige Dialog (fast hört man dabei das Schnaufen der erschöpften Kämpfer!).

Jakobs Antwort auf die Bitte seines Gegners enthält eine unvorhergesehene Wende: «Ich lasse dich nicht, es sei denn, du segnest mich.» Der Text schweigt über die Gründe dieser Antwort. Was hat Jakob wohl erahnt? Weiss er insgeheim darum, wer hier mit ihm kämpft? Er wendet sich nicht einem anderen zu, einem *deus ex machina*, der von anderswoher einzugreifen hätte. Dem *'isch*, dem Unbekannten, der mit ihm die ganze Nacht gekämpft hat, wird ein Segen abverlangt. Aus der nächtlichen, dunklen Drohung soll ein offenbarendes Segenszeichen oder Segenswort kundwerden.

Wenn die von den Exegeten herausgeschälte Grundform der Erzählung (vgl. oben) stimmen würde, müsste nun der Segen erfolgen (vgl. Vers 30c: «Und dort segnete er ihn.»). Doch ist narratologisch interessant, dass trotz drohender Morgenröte der Segen des Gegners eine Verzögerung erfährt, indem die Segensthematik überraschend mit der Namensthematik verquickt wird. «Wie heisst du?», fragt der um einen Segen Gebetene. Jakob muss zu sich stehen, zu seinen vielen Betrügereien, er muss sich selbst benennen: «Jakob». Doch nun erfolgt eine weitere

Wende: Dieser alte Name wird vom Gegner durch einen neuen Namen ersetzt, begründet mit einer etymologischen Anspielung: «Denn du hast mit Gott und mit Menschen gestritten und hast gesiegt» (Vers 29). Darin ist eigentlich bereits ein Segen enthalten: «Wenn du gesiegt hast, dann, weil Gott seine Stärke gezeigt hat, weil er mit dir und für dich gekämpft hat.»

Was steht mit dieser Namensthematik auf dem Spiel? *Nomen est omen*: In alten Kulturen gilt, dass wer den Namen eines Menschen kennt, ja diesen Namen sogar verändern darf, auch befugt ist, über diesen Menschen zu verfügen, sein Geschick zu bestimmen, Macht über ihn auszuüben. In diesem Sinne ist die Aussage: «Du sollst nicht mehr Jakob heissen, sondern Israel», ein Machtwort, ein göttlicher *speech act*. Um so auffallender ist deshalb, dass in Vers 30 Jakob ebenfalls nach dem Namen seines Gegners fragt. Menschlich gesehen ist es ein verständliches Anliegen: Wenn der eine den Namen des anderen kennt, dann dürfte das doch umgekehrt auch gelten. Doch die Auskunft wird ihm vehement verweigert: «Was fragst du nach meinem Namen?» Das heisst: Du verfügst nicht über mich, du hast keine Macht über mich. Erst nachdem diese Asymmetrie geklärt ist, kann der Segen ausgesprochen werden: «Und dort segnete er ihn.» In diesem knappen Satz ist eine weitere, überraschende Unbestimmtheit enthalten: Was dieser Segen ist, wie er zum Ausdruck kommt, darüber erfährt der Leser nichts: Er erfährt nur das *Dass* dieses Segens.

Wohl aber erfährt er nachher die Folgen dieses Segens, in drei sukzessiven Erzählzügen der Verse 31–33:

- Jakob gibt dem Ort seines nächtlichen Kampfes einen Namen, der eine *retrospektive Relektüre* des Geschehens vollzieht[10]: Der Ort Peniel (im Hebräischen wörtlich: «Gottes Angesicht») wurde ein Ort des Segens als ein Ort der Gottesbegegnung. Jakob hat Gott von Angesicht zu Angesicht gesehen und ist mit dem Leben davongekommen.
- Nun kann ihm die Sonne aufgehen (Vers 32a): Die Morgenröte, das Tageslicht bringen zum Ausdruck, dass eine Klärung stattgefunden hat, dass aus dem nächtlichen Kampf ein morgendlicher Segen hervorgegangen ist.
- Die Gottesbegegnung lässt nicht unverwundet. Jakob ist zwar am Leben geblieben; er trägt jedoch ein Zeichen davon, und kein unbedeutendes: Als Nomade wurde er an einem entscheidenden Körperteil verwundet, am Hüftgelenk, so dass er nun gehbehindert ist. «Er hinkte aber, wegen seiner Hüfte»: So trägt Jakob von seinem nächtlichen Kampf eine Widerständigkeit in seine Lebenswelt hinüber. Diese Verwundung prägt nun auch die Identität der Söhne Israels, durch die Essensregel markiert (Vers 33). In narratologischer

---

10 Zum Motiv der Relektüre vgl. Jean ZUMSTEIN, *Kreative Erinnerung. Relecture und Auslegung im Johannesevangelium*, Zürich: Theologischer Verlag Zürich, ²2004.

Terminologie zum Ausdruck gebracht: Die verwundete Hüfte wird zum Zeichen einer narrativen Identität, die von der Textwelt in die Lebenswelt hineinwirkt.

Hermeneutische Implikationen in den Reibungen zwischen Textwelt und Lebenswelt, oder: Kampf als Modell des Lesens

Wir haben oben unseren ersten Teil mit einem Hinweis auf Luthers *claritas* der Heiligen Schrift begonnen. Sie steht in Spannung mit dem schwierigen, dunklen, nächtlichen Text von Gen 32. Aber vielleicht liegt darin auch eine hermeneutische Verheissung: Es könnte ja sein, dass sich, wie bei Jakob, so beim Leser in der retrospektiven Relektüre dieser Geschichte eine Morgenröte einstellt. Es läge dann in diesem Text ein hermeneutisches Modell, das den reformatorischen Begriff der «*claritas* als *nomen actionis*» zu verstehen erlaubte: *claritas* also als sich vollziehende *clarificatio*, als einen immer neu in Angriff zu nehmenden Prozess der Klärung.[11] So wie Jakob durch die Nacht hindurch um Klärung gekämpft hat, so ringt der Leser mit dem Text um Klärung. Dass damit Kämpfen und Lesen einander nahe rücken, wäre der hermeneutische Gewinn unserer Beschäftigung mit Jakobs nächtlichem Kampf.

Dann gilt aber auch, dass dieser Klärungsprozess nicht linear geschieht, sondern, wie der Segen in der Geschichte selbst, den Brüchen, Spannungen und überraschenden Wenden abgerungen wird. Der Klärungsvorgang geht durch die Widerständigkeiten hindurch, so dass es hermeneutisch fruchtbar ist, sich mit den Diskordanzen der Erzählung auseinanderzusetzen, anstatt sie zu schnell in Konkordanz auflösen zu wollen.

Was klärt sich nun retrospektiv in unserer Erzählung? Es seien hier kurz vier Elemente hervorgehoben.

a) Im Nachhinein klärt sich die Identität des nächtlichen Gegners: War er in Vers 25 noch *'isch*, «einer», so heisst es in Vers 29, dass Jakob «mit Gott und mit Menschen gestritten» habe, was bereits eine Spezifizierung des Gegners vollzieht. Diese wird in Vers 31 dann noch radikalisiert, in Jakobs eigener Kommentierung seines Kampfes: «Ich habe Gott von Angesicht zu Angesicht gesehen». In sukzessiven Etappen der Entschlüsselung offenbart sich der dunkle *'isch* als Gott selbst.

b) Vergleichbar geschieht eine progressive Läuterung in Hinsicht darauf, wer denn aus diesem Kampf als Sieger hervorgeht. Zunächst einmal hält Jakob seinem Gegner stand, so dass dieser ihn nicht bezwingen kann und zu einem listigen

---

11 Vgl. dazu ausführlicher: Pierre BÜHLER, Le lecteur éclairé: la clarté comme clarification, *Études théologiques et religieuses* 71 (1996), 245–258.

Schlag greifen muss. Auch das jedoch genügt nicht, so dass der Gegner Jakob anflehen muss: «Lass mich los». Jakob kämpft jedoch weiter, nämlich um einen Segen. Obschon der Gegner Jakob nun auch das Siegen anerkennt («du hast mit Gott und mit Menschen gestritten und *hast gesiegt*»), stellt sich in den Versen 28–30 ein asymmetrisches Verhältnis zu Gunsten des Gegners ein: Er verfügt über Jakob, dieser jedoch nicht über ihn. Doch zugleich siegt Jakob, indem er den verlangten Segen bekommt (Vers 30c). Aber hätte er nicht sterben müssen, da er Gott von Angesicht zu Angesicht gesehen hatte? Gott hat ihn jedoch am Leben erhalten, und so geht er nun in sein Leben zurück, versehen mit dem Hinken als Zeichen der Verwundung, der Niederlage, aber vielleicht auch des ihn zum Sieger machenden Segens. Anders gesagt: Diese Geschichte kennt keinen eindeutigen Sieger und keinen eindeutigen Verlierer. Eine Rechnung nach Punkten geht nicht auf. Oder um es mit den Worten zum Ausdruck zu bringen, mit denen Kierkegaard das Gebetsgeschehen beschrieb: «Der rechte Beter streitet im Gebet und siegt – damit, dass Gott siegt»[12].

c) Wenn Peniel «Gottes Angesicht» heisst, wo zeigt sich nun dieses Angesicht? Als Leser wissen wir nicht, wo genau Jakob Gott gesehen hat. Diese Offenbarung geschieht nicht unmittelbar, in direkter Mitteilung. Jakob kann es nur im Nachhinein sagen, als retrospektive Erfahrung, die sich auch dem Leser anbietet: In den überraschenden Brüchen und Wenden dieser Geschichte öffnet sich die Möglichkeit, Gottes Angesicht in den überraschenden Brüchen und Wenden der eigenen Lebensgeschichte wahrzunehmen. Peniel verlassend zieht Jakob seinem Bruder entgegen: Diese Begegnung wird zur Bewährungsprobe der Gottesbegegnung (vgl. Gen 33,10): Wie er Gott von Angesicht zu Angesicht gesehen hat, so kann er nun auch Esau von Angesicht zu Angesicht begegnen.

d) Es gehört zur Dramatik dieser Erzählung, dass sie bis zu den Grenzen der Erzählbarkeit vorstösst, und so wird ihr narrativer Gehalt an diesen Grenzen aufs Schärfste erprobt. Deshalb wäre es verfehlt, allzu schnell davon auszugehen, dass die Diskordanzen in der Erzählung zu *discordances incluses* im Sinne Ricœurs werden. Trotz aller Beständigkeit und Nachhaltigkeit sind auch unsere Lebensgeschichten voller Diskordanzen, und man sollte sie nicht zu schnell durch Einebnung domestizieren. Ein Lebenslauf täuscht durch seine Konkordanz stiftende Linearität: Anderthalb Seiten bringen nur sehr beschränkt zur Sprache, welche Jakobskämpfe in einem 95 Jahre langen Leben geführt wurden.[13]

---

12 Überschrift einer erbaulichen Rede von 1845, in: Søren KIERKEGAARD, *Gesammelte Werke*, Abt. 13–14, Düsseldorf: Diederichs, 1952, 86–110.

13 Anspielung auf den Tod meiner Mutter, Frieda Bühler, ein paar Tage vor dem Referat, das diesem Aufsatz zugrunde liegt.

Zum Abschluss

«Und als er an Penuel vorüber war, ging ihm die Sonne auf»: Geht uns Leser/-innen nun auch die Sonne auf? In Luthers Terminologie: Wird uns nun auch die Heilige Schrift klar? Wir könnten antworten: nur insofern wir auch mit ihr rangen, eine Nacht lang manchmal, im Bangen um eine sich nur langsam einstellende Morgenröte ...

Daraus liesse sich eine hermeneutische Metapher für die Figur des Lesers erschliessen: Bei Morgenröte verlässt er hinkend den Kampfplatz der Textwelt, um Jakobs Ringen in seiner Lebenswelt fortzusetzen. Oder um die Metapher mit Humor zu variieren, wie es in der Zeichnung von Jean-Charles Sarrazin zum Ausdruck kommt.[14]

Wie Jakob kommen wir als Leser/-innen mit einem blauen Auge und mit ziemlich verwüsteter Kleidung davon. Dass aber der Engel – gesetzt, es war ein Engel! – auch nicht ganz ungeschoren davonkommt, das bezeugt die schwebende Feder, die er beim schnellen Verschwinden hinterlässt. Eine Feder wenigstens hätte er also im Kampf verloren! Mit ihr lassen sich vielleicht neue Geschichten schreiben, und so neue Textwelten eröffnen, die unsere Lebenswelt herausfordern ...

Jean-Charles Sarrazin,
Jakob und die Engelsfeder

---

14 Sarrazin, *La Bible parodiée* (Anm. 3), 112.

L'étranger comme point de cristallisation de l'autre

[2015][1]

> *Rien n'est précaire comme vivre*
> *Rien comme être n'est passager*
> *C'est un peu fondre pour le givre*
> *Et pour le vent être léger*
> *J'arrive où je suis étranger.*[2]

Le poète français Louis Aragon évoque le caractère précaire de la vie humaine dans la réalité du vieillissement, la perte de ses forces et la conscience de l'approche de la mort. Il se donne à voir dans le développement d'une dissonance avec soi-même qui aboutit au sentiment d'être étranger à soi-même : « J'arrive où je suis étranger. »

Dans les pages qui suivent, j'aimerais examiner de plus près une forme particulière d'altérité : l'altérité de l'étranger. L'étranger peut être considéré comme le point de cristallisation de l'autre. Si le fait de rencontrer l'autre peut être une expérience tout à fait normale de la vie humaine, rencontrer l'étranger a ses propres obstacles. L'étranger semble présenter une forme plus nette d'altérité. Les étrangers viennent d'une autre culture, ils parlent une autre langue, ils ont des règles et des habitudes de vie différentes, des valeurs éthiques différentes, peut-être aussi une autre religion, etc. Par conséquent, ils subissent souvent des mesures d'exclusion, générées par des sentiments de peur, d'insécurité et de danger. Plus que l'autre qui, même dans son altérité, peut être proche de nous, appartenant à la même communauté de vie, l'étranger est vécu comme une menace, ce qui rend la rencontre avec lui beaucoup plus difficile. Recourant au grec, nous parlons de « xénophobie », ce qui signifie précisément la « peur devant l'étranger », et cette peur peut facilement être radicalisée en une hostilité envers les étrangers et, dans le cas extrême, elle peut se transformer en haine de l'étranger. Ce thème constitue un défi particulier pour le christianisme, et de nombreuses implications éthiques et politiques y sont liées dans le monde actuel. Face aux étrangers, le monde actuel est un monde d'exclusion plutôt que d'intégration. Implicitement, notre thématique peut évoquer cer-

---

1 Traduit de l'anglais par Lucie Kaennel.
2 Louis ARAGON, *Enfer V*, in : ID., *Le voyage de Hollande et autres poèmes*, Paris : Seghers, 1981, 93.

tains lieux géopolitiques cruciaux, tels que l'île de Lampedusa où se noient des milliers d'immigrés, la frontière entre les États-Unis d'Amérique et le Mexique où des étrangers sont tués, le mur absurde qui scinde la Palestine.

Un peu d'étymologie

Commençons par des considérations étymologiques. En anglais, il est assez courant d'utiliser le mot *alien* pour désigner l'étranger. Il vient du latin *alienus* et signifie l'« autre ». Si nous voulions concentrer notre attention sur ce seul mot, notre propos pourrait facilement être ramené au thème principal de ce recueil d'hommages. L'étranger serait réduit à une forme d'altérité parmi d'autres.

Étymologiquement, les termes anglais *foreigner* et *stranger* ainsi que le terme français « étranger » ont toutefois un accent plus spécifique : ils ont leurs racines dans les adjectifs du bas latin *foranus* et *extraneus*, qui signifient « venant de l'extérieur ». Ils font référence aux prépositions latines *foras/foris* et *extra*, qui toutes deux veulent dire « dehors », « hors de ». Par conséquent, l'association décisive pour notre réflexion sur l'étranger n'est pas l'altérité, comme dans *alienus*, mais l'*extériorité*. Le concept d'extériorité implique une radicalisation fondamentale de notre thème : rencontrer celui qui vient de l'extérieur.

Comprendre l'étranger : une tâche herméneutique

Theo Sundermeier, théologien allemand né en 1935, spécialiste de missiologie et de sciences des religions, a publié une petite étude fort intéressante pour notre réflexion : *Den Fremden verstehen*[3]. La manière de comprendre l'étranger y est conçue non comme une herméneutique théorique, mais comme une herméneutique pratique, à appliquer dans des situations de conflit. Une question précise traverse l'ouvrage : comment vais-je rencontrer l'étrangère qui habite dans l'appartement du dessus ? Le défi de Sundermeier est de parvenir à « une coexistence réussie, dans laquelle chacun peut rester lui-même, personne n'est assimilé et un échange a tout de même lieu, qui respecte et renforce la dignité de l'autre. »[4]

---

3   Theo SUNDERMEIER, *Den Fremden verstehen. Eine praktische Hermeneutik*, Göttingen : Vandenhoeck & Ruprecht, 1996. Pour une présentation plus précise du livre de Sundermeier, cf. Pierre BÜHLER, « L'étranger et ses enjeux d'herméneutique théologique », *Variations herméneutiques* 12 (2000), 11–31.
4   SUNDERMEIER, *Den Fremden verstehen* (note 3), 183.

L'étude de Sundermeier sur l'herméneutique pratique de l'étranger s'inspire des nombreuses expériences qu'il a vécues au cours d'un séjour prolongé au Brésil. On peut par conséquent noter l'influence de la théologie latino-américaine de la libération. Sundermeier choisit une approche interdisciplinaire : des apports de l'anthropologie, de la philosophie, de la théorie de la communication, de l'histoire de l'art et de l'histoire des religions l'aident à concevoir une perspective dynamique. Ces diverses disciplines proposent des outils variés pour mener à bien la tâche de la compréhension. Une tâche qui n'est pas aisée, car en comprenant l'étranger, je pourrais lui dérober son identité d'étranger. Sundermeier parle alors d'une « herméneutique de l'assimilation » (*Vereinnahmungshermeneutik*) et voit une telle herméneutique à l'œuvre chez Hans-Georg Gadamer, pour qui la distance est considérée comme problématique. Si la distance est surmontée, l'étranger cesse d'être un étranger : il a été assimilé. Mais est-il possible de concevoir un concept de compréhension permettant à l'étranger de conserver son identité d'étranger ? Pour désigner un tel concept, Sundermeier parle d'une « herméneutique xénologique »[5].

Afin de clarifier ce qu'il entend par herméneutique xénologique, il élabore différents modèles de rencontre. Le premier est le modèle d'égalité : il nie le statut d'étranger, car il suppose que tous sont égaux, de sorte qu'il n'y a pas de différence possible. Le deuxième modèle, le modèle de l'altérité radicale, a le problème opposé : l'étranger est tellement différent qu'il n'y a pas de reconnaissance possible. Cet autre radical peut provoquer la peur ou la fascination, mais non le respect mutuel. Dans le troisième modèle, dit modèle de complémentarité, l'étranger est compris comme un *alter ego* : il est reconnu comme mon complément, dans la mesure où il me donne ce qui me manque. Sundermeier en vient finalement à un quatrième modèle inspiré de l'approche systémique et qu'il appelle le modèle d'homéostasie. Ce qui fait la différence entre deux êtres est aussi ce qui les relie l'un à l'autre. Ainsi chacun peut conserver son identité, tandis qu'entre les différentes identités est créé un lien qui établit la reconnaissance mutuelle.

À partir de ce quatrième modèle, Sundermeier développe une méthode de compréhension de l'étranger comme « vis-à-vis » (*Gegenüber*). Le modèle progresse en décrivant et approfondissant la rencontre à quatre niveaux successifs (voir tableau ci-dessous).

---

5 D'une certaine manière, on pourrait dire que la conception de la distanciation de Ricœur est proche de l'herméneutique xénologique de Sundermeier, car elle attribue un sens positif à la distance dans le processus de compréhension, cf. Pierre BÜHLER, « Ricœur's Concept of Distanciation as a Challenge for Theological Hermeneutics », in : Joseph VERHEYDEN, Theo L. HETTEMA, Pieter VANDECASTEELE (dir.), *Paul Ricœur. Poetics and Religion*, Leuven : Peeters, 2011, 151–165.

Étapes pour la compréhension de l'étranger[6]

le vis-à-vis étranger	attitude subjective	appréhension objective	niveau de l'action
niveau des phénomènes	*epochè*	analyse descriptive	perception à distance
niveau des signes	sympathie	contextualisation	observation participante
niveau des symboles	empathie	interprétation comparative	identification (partielle)
niveau de l'effectivité	respect	traduction/ transfert vers nous	convivialité

Il n'y a pas d'accès direct au vis-à-vis. Au premier niveau, je ne peux le percevoir que par des manifestations qui permettent de saisir sa présence. Cette analyse descriptive distante est placée sous l'*epochè* phénoménologique, la suspension du jugement. À un deuxième niveau, l'étranger présente des signes caractéristiques, des marqueurs identitaires spécifiques (règles de vie, habillement, habitudes culinaires, etc.). Je m'implique davantage : mon observation devient participative, je commence à contextualiser ce que je perçois, de manière à générer de la sympathie. À un troisième niveau, mon vis-à-vis peut communiquer des symboles, c'est-à-dire qu'il me montre des expressions symbolisées de ses convictions profondes sur la vie et la mort, ses valeurs ultimes, son sens de l'existence, sa religion, etc. Grâce à une identification partielle, je peux commencer à ressentir de l'empathie et à interpréter ses propres croyances profondes en les comparant aux miennes. Mais la compréhension la plus profonde est uniquement atteinte avec le quatrième niveau, le niveau de l'effectivité : c'est la convivialité dans laquelle une véritable coexistence peut être apprise. La reconnaissance et le respect peuvent avoir lieu, exprimés dans un transfert de l'un à l'autre. C'est une communauté vivante, revêtant trois formes principales : s'entraider pour résoudre des problèmes, apprendre ensemble en partageant des talents ou compétences, célébrer ensemble des fêtes significatives.

L'herméneutique xénologique que développe Sundermeier repose sur un présupposé crucial : la distance et la différence comme moment essentiel dans le processus de compréhension de l'étranger. Elles revêtent une signification centrale pour ma relation à l'étranger et ma relation à moi-même – en tant que sujet dans cet effort de compréhension. Je dois faire face au fait que je suis aussi mon propre

---

6   SUNDERMEIER, *Den Fremden verstehen* (note 3), 155.

étranger. Par conséquent, si je suis prêt à traiter de manière adéquate l'étranger en moi-même, je suis également prêt à traiter de manière adéquate l'étranger en face de moi[7].

À ce stade, le défi de l'étranger devient aussi un défi théologique. Il est intéressant de noter que Sundermeier considère la théologie comme une source centrale de sa réflexion, en sus des autres disciplines déjà mentionnées. Sa conviction est que la confrontation avec l'étranger doit être inspirée et motivée par une autre identité d'étranger, celle de Dieu. Explorer l'identité d'étranger de Dieu sera notre prochaine étape.

Perspectives bibliques sur l'étranger

Si le terme « étranger » évoque l'extériorité de « celui qui vient de l'extérieur », on peut dire que le christianisme met l'accent sur l'extériorité de Dieu : Dieu est *extraneus* et *foranus*. Nous ne pouvons pas l'enfermer dans nos catégories, nous ne pouvons pas le confiner dans nos représentations et nos velléités, nous ne pouvons pas le posséder à nos propres fins. Il vient de l'extérieur, nous met au défi, nous interpelle et nous interroge, nous entraîne dans des histoires qu'il veut vivre avec nous.

Dans l'Exode et le Lévitique, l'extériorité de Dieu est signifiée par les nombreuses occurrences de l'expression « en dehors du camp ». C'est le lieu privilégié de la rencontre avec Dieu, comme le montre la « tente de la rencontre » : « Moïse prenait la tente, la déployait à bonne distance en dehors du camp et l'appelait : "Tente de la rencontre". Et alors quiconque voulait rechercher le Seigneur sortait vers la tente de la rencontre qui était en dehors du camp. » (Ex 33,7)

En jouant avec ces associations vétérotestamentaires, l'épître aux Hébreux exprime l'extériorité de Dieu dans sa théologie de la croix : le Christ est mort non à l'intérieur, mais à l'extérieur de la ville. « C'est la raison pour laquelle Jésus, pour sanctifier le peuple par son propre sang, a souffert en dehors de la porte. » (He 13,12) Dans le verset suivant, cette déclaration christologique est immédiatement suivie de l'impératif de quitter le camp, de sortir hors des murs avec le crucifié : « Sortons donc à sa rencontre en dehors du camp, en portant son humiliation. » Ainsi, l'extériorité de la croix devient l'extériorité des croyants face au monde. Leur vie est un cheminement eschatologique : « Car nous n'avons pas ici-bas de cité permanente, mais nous sommes à la recherche de la cité à venir. » (He 13,14) Parlant des descendants d'Abraham, la même épître peut alors dire qu'ils ont été « reconnus pour étrangers et voyageurs sur la terre » (He 11,13).

---

7   Paul Ricœur thématise l'altérité du point de vue du soi dans *Soi-même comme un autre*, Paris : Seuil, 1990, 367–410.

Le fait d'être des étrangers devrait nous pousser à accueillir des étrangers. C'est pourquoi l'épître aux Hébreux exhorte les croyants à pratiquer l'hospitalité, évoquant implicitement Abraham accueillant trois étrangers qui s'avéreront des messagers de Dieu : « N'oubliez pas l'hospitalité, car, grâce à elle, certains, sans le savoir, ont accueilli des anges. » (He 13,2 ; cf. Gn 18,1–15)

Il est intéressant de noter qu'un tel accueil des étrangers peut être décrit comme une convivialité empreinte d'amour. Le commandement « Aime ton prochain comme toi-même » peut se transformer en « Aime l'étranger [ou l'émigré] comme toi-même », comme le souligne Lv 19,33–34 :

> Quand un émigré viendra s'installer chez toi, dans votre pays, vous ne l'exploiterez pas ; cet émigré installé chez vous, vous le traiterez comme un indigène, comme l'un de vous ; tu l'aimeras comme toi-même ; car vous-mêmes avez été des émigrés dans le pays d'Égypte. C'est moi, le Seigneur, votre Dieu.

De la même manière que l'épître aux Hébreux, le Lévitique fait appel au statut d'étranger de ses destinataires pour justifier le commandement divin : « car vous-mêmes avez été des émigrés dans le pays d'Égypte ».

Une parabole littéraire : *Le festin de Babette*

L'auteur danoise Karen Blixen (1885–1962) a publié son œuvre en partie en danois et en partie en anglais, sous différents pseudonymes. La nouvelle *Le dîner de Babette* a d'abord paru en 1950 dans un magazine états-unien ; elle a été rééditée dans *Anecdotes of Destiny*, recueil publié en 1958 sous le pseudonyme de Isak Dinesen[8].

La nouvelle se déroule à Berlewaag, une petite ville de Norvège, à la fin du XIXe siècle. Deux sœurs âgées, Martine et Philippa y dirigeaient une petite congrégation luthérienne fondée par leur défunt père, appelé « le pasteur ». Menant une vie très ascétique, elles étaient dévouées aux membres de la communauté, s'occupant des pauvres et des malades de la ville. Les disciples du pasteur « avaient blanchi ; leurs cheveux s'étaient clairsemés et ils étaient devenus durs d'oreille.

---

8   Karen BLIXEN, *Le dîner de Babette*, Paris : Gallimard, 1961, 25–74. Gabriel Axel (1918–2014) a réalisé un très beau film à partir de cette histoire, *Le festin de Babette* (1987). Pour une analyse plus complète de l'histoire, cf. Pierre BÜHLER, « Le repas, parabole du Royaume ? Lecture théologique du *Festin de Babette* de Karen Blixen », in : Gilles BERTRAND (dir.), *Le goût. Actes du Troisième colloque transfrontalier, Dijon, 12–13 septembre 1996*, Dijon : Dicolor, 1998, 231–237.

Avec le temps, ils prenaient même un caractère un peu maussade et querelleur, de sorte que de petits schismes se formaient dans la congrégation. » (26)

Dans la maison des deux sœurs vivait une Française nommée Babette. Elle était arrivée jadis, « l'air hagard et les yeux égarés, pareille à une bête traquée » (38), avec une lettre de recommandation d'un vieil ami de la famille. Elle avait dû fuir la guerre civile à Paris. Les deux sœurs l'avaient adoptée, même si elles « avaient éprouvé une certaine inquiétude à l'idée de recevoir une "papiste" sous leur toit » (38). « Babette sait faire la cuisine », disait la lettre de recommandation (37), et cela s'était vite avéré : elle était devenue une servante de confiance et dévouée, préparant les repas pour les pauvres et aidant les deux sœurs dans leur travail social. « Son maintien paisible, son regard ferme et profond exerçaient une influence magnétique. Sous ses yeux, les choses prenaient sans bruit leur vraie place. » (38) Si « au début, les "vieux frères" et les "vieilles sœurs" avaient considéré avec méfiance l'étrangère qui s'installait parmi eux » (40), elle avait été progressivement acceptée dans la communauté.

Avant de quitter Paris, Babette avait acheté un billet de loterie. Un jour, une lettre arriva à Berlewaag, annonçant qu'elle avait gagné une grosse somme d'argent. Alors que la congrégation planifiait la célébration du centenaire du pasteur, Babette demanda une grande faveur : l'autorisation de préparer pour la congrégation un véritable dîner de fête français qu'elle paierait avec l'argent qu'elle avait gagné. Après beaucoup d'hésitation, les deux sœurs acceptèrent, même si le luxe français les effrayait.

Babette commanda les ingrédients nécessaires à Paris et ils arrivèrent, envoyés par bateau en Norvège. Plus les produits arrivaient, plus l'anxiété augmentait. Pour les deux sœurs, cela ressemblait de plus en plus à « un sabbat de sorcières » (50), et pendant la nuit, elles rêvaient d'empoisonnements. Les membres de la congrégation se réunirent pour discuter du problème.

> Avant de se séparer, ils avaient échangé réciproquement la promesse de ne pas dire un mot concernant la nourriture et la boisson au cours du dîner de fête [...]. Quoi qu'on leur offrît, que ce fussent des grenouilles ou des escargots, rien n'arracherait une parole à leurs lèvres. (50–51)

Le grand jour arriva et la congrégation se rassembla. Ils commencèrent à manger en silence et dans la soumission. Pendant qu'ils étaient en train de manger, un miracle se produisit. À mesure que les plats exquis et les meilleurs vins se succédaient, les langues se déliaient, les vieux frères et sœurs se mirent à raconter des histoires, à plaisanter. Ils appréciaient la soirée. Soudain, il n'y avait plus de conflits. Le repas créa un esprit de réconciliation, rendant les choses légères. « Les convives se sentaient devenir de plus en plus légers, légers matériellement, et légers de cœur au fur et à mesure qu'ils mangeaient et buvaient. Inutile à présent de rappeler les uns aux autres le serment qu'ils avaient fait. » (62) Un convive spécial de la soirée, le général Loewenhielm, un homme du monde capable d'apprécier la haute qualité gastronomique du repas, parla de la grâce infinie qui englobe tout et tout le monde. Comme si cette grâce devenait réalité autour de la table, la joyeuse convivialité des personnes âgées était nimbée de paix et de miséricorde : « De vieilles gens taciturnes reçurent le don des langues ; des oreilles sourdes depuis des années s'ouvrirent pour les écouter. Le temps lui-même se confondit dans l'éternité. » (66) Pendant le repas, la neige était tombée sur la ville. Ainsi, lorsque la compagnie se sépara, il était devenu difficile de marcher.

> Les invités [...] vacillaient sur leurs jambes, trébuchaient, tombaient assis, tombaient sur les genoux, tombaient face contre terre. Lorsqu'ils se relevaient couverts d'une neige immaculée, il semblait que leurs péchés avaient été lavés à l'exemple de la laine blanche des agneaux. Dans leur innocence retrouvée, ils bondissaient en effet comme des agneaux. (68)

Ce que Blixen commente ainsi : « "Dieu vous bénisse ! Dieu vous bénisse !" Ces mots revenaient sans cesse, comme un écho de la musique des sphères. » (69)

« Autrefois, j'étais cuisinière au Café Anglais », révéla Babette (70), disant aux deux sœurs qu'elle avait utilisé tout l'argent gagné pour leur dîner. Après leur étonnement, une des sœurs dit à Babette : « Au paradis, vous serez la grande artiste que Dieu a faite de vous. [...] Combien vous enchanterez les anges ! » (70)

Conclusion

La nouvelle de Karen Blixen est une remarquable illustration de l'exhortation de He 13,2 à ne pas oublier d'accueillir les étrangers, car, ce faisant, « certains, sans le savoir, ont accueilli des anges ». Karen Blixen va encore plus loin en faisant de Babette une figure christique. Jouant implicitement avec des références bibliques, elle écrit : « La pierre qu'avaient presque rejetée ceux qui bâtissaient était devenue la principale de l'angle. » (40)[9] En même temps, pour les deux sœurs âgées, cette « "pierre angulaire" portait une marque mystérieuse et inquiétante, comme si elle eût été apparentée de quelque manière à la Pierre noire de La Mecque, la Kaaba elle-même. » (40) L'étranger n'a pas disparu, ce que souligne ici la contextualisation de la pierre angulaire dans l'islam. Pour que celle-ci soit véritablement une pierre angulaire, l'étranger doit être accepté en tant qu'étranger et ne pas être domestiqué. La nouvelle de Blixen est une expression adéquate de l'herméneutique xénologique ou, pour le dire avec les mots d'Aragon : « J'arrive où je suis étranger ».

---

9 Cf. Ps 118,22 ; Mt 21,42 ; Mc 12,10 ; Lc 20,17 ; Ac 4,11 ; 1 P 2,7.

Beim Namen gerufen
Eine Maturarede

[2015]

Liebe Maturandinnen und Maturanden, liebe Eltern, Grosseltern, Geschwister und weitere Angehörige, liebe Lehrerschaft und Schülerschaft!

Sie haben es soeben gehört, ich heisse Pierre Bühler. Mein Heimatort ist Sigriswil, am Thunersee, im Berner Oberland, aber aufgewachsen bin ich im Berner Jura, in einer deutschschweizerischen Bauernfamilie, aber in einem französischsprachigen Dorf, und zwar zu einer Zeit, als die Jurafrage alle sehr sprachsensibel machte. Im Zivilstandsamt haben mich meine Eltern als Peter Daniel Bühler einschreiben lassen, aber in der französischsprachigen Schule ging das nicht: Ohne meine Eltern zu fragen, hat man mich auf Pierre umbenannt, und so blieb durch meine ganze Ausbildung und Karriere hindurch dieser französische Vorname an mir haften, eigentlich eine schulische Identitätsfälschung! Meine zwei Vornamen Peter und Pierre wurden lebenslang das Kennzeichen meiner Zweisprachigkeit, die mich ständig über den «Röschtigraben» hin und her gehen liess.

Was soll dieser persönliche Einstieg? Interessiert Sie das denn überhaupt, die Geschichte meiner Vornamen? Der Grund ist folgender: Wir haben bereits einige Vornamen und Namen gehört, von ausgezeichneten Schülerinnen und Schülern und von pensionierten Lehrern, und wir werden nachher, bei der Übergabe der Maturitätszeugnisse, noch ganz viele hören: 244 Vornamen und Namen werden es sein! Deshalb habe ich dieses Thema für meine Ansprache gewählt. Ich möchte Sie einladen, mit mir für einige Minuten über Namen nachzudenken (und bitte Sie, liebe Maturandinnen und Maturanden, bis zur Übergabe der Zeugnisse noch etwas Geduld aufzubringen).

* * *

Teils ins Leben mitbekommen, teils gewählt, gehören Namen zu uns. Wir können über sie glücklich oder unglücklich sein, ganz los werden wir sie nicht, auch wenn vielleicht einmal ein Vorname oder ein Familienname ausgewechselt wird. Sie machen ein Stück unserer Identität aus, nicht nur auf dem Pass oder auf der Identitätskarte, sondern auch im Lauf unseres Lebens: Wir sind damit aufgewachsen, und sie werden uns weiterhin begleiten. *Nomen est omen*, heisst ein lateinisches Sprichwort. Das bedeutet: Der Name bildet ein Prägezeichen, ein Vorzeichen, zum Guten oder vielleicht zum Schlechten, er kann zu einem Lebensgeschick werden, eben wie bei mir: Einprägung der Zweisprachigkeit. Ihr Rektor, zum Beispiel, trägt mit seinem Vornamen den heiligen Martin von Tours mit sich, den Heiligen, der mit dem Notdürftigen seinen Mantel teilt. Ob er das als Rektor oft hat machen müssen? Lassen wir diese Frage offen.

Wir wissen oft nicht mehr, dass Namen auch eine Geschichte und eine Bedeutung haben, etwa durch den Bezug auf grosse Gestalten aus der Geschichte, eben Heilige, wie bei Bernadette, Dominik, Stephanie oder Sebastian; Engel, wie bei Gabriel oder Michael; oder grosse Herrscher: Wer Alexander, Alexandra oder Sandra heisst, steht unbewusst oder bewusst im Schatten von Alexander dem Grossen, und eine Julia hat mit Julius Cäsar zu tun! So haben denn auch die meisten Vornamen ihre eigene Bedeutung: Letizia heisst vom Lateinischen her «Freude», während Sophia auf «Weisheit» anspielt, und Désirée ist auf Französisch «die Gewünschte». Als Theologe bin ich besonders auf Namen mit biblischem Hintergrund aufmerksam, und da gibt es einige, auch mit schönen Bedeutungen: Sarah, auf Hebräisch «die Prinzessin»; Deborah, auf Hebräisch «die Biene»; Salome, «die Friedliche»; Raffael, «Gott heilt»; Nathan, «das Geschenk», und Nathanael und Jonathan beide sogar «das Geschenk Gottes».

Auch Familiennamen haben ja meistens eine Bedeutung, manchmal selbstredend: Bischof ist kirchlich geprägt; Herzog, adliger Herkunft; Freiermuth, freimütig; Hufschmid hatte wohl einmal mit Pferden zu tun, und Amstutz hat wohl einmal am Stutz gewohnt, während Bühler (es gibt eine Maturandin unter Ihnen, die diesen Namen mit mir teilt!) wohl jemanden meint, der vom Bühl, vom Hügel kommt ...

Welch ein Reichtum also ist in den Vornamen und Namen verborgen, und diese Namensnennung geht auf eine uralte Tradition zurück. Am Anfang der Bibel bereits bekommt Adam – das heisst übrigens «der Erdige, der aus Erde Erschaffene» – den Auftrag, allen Tieren einen Namen zu geben. Der Begriff «Name» selbst ist ebenfalls sehr alt. Er geht in den meisten europäischen Sprachen auf dieselbe lateinische Wurzel *nomen* zurück, die selbst auf das griechische *onoma* oder *onyma* verweist. Direkt von dieser griechischen Wurzel kommt das Adjektiv *anonym*, das heisst: «namenlos», «unbekannt». Man schreibt dann «N.N.», als Abkürzung für das lateinische *nomen nescio*: «Ich weiss den Namen nicht.» Es gibt heute leider viele Menschen, die anonym, namenlos verschwinden, etwa zu Hunderten oder zu Tausenden im Mittelmeer, auf der Flucht, oder als Opfer von Attentaten, Kriegen und Hinrichtungen, auch gestern wieder an verschiedenen Orten unseres Planeten, der allzu sehr an der Banalität des Bösen leidet! Am schlimmsten sind Regierungen, in denen die Abschaffung von Namen systematisch betrieben wird: In den Konzentrationslagern des Naziregimes hatten die Häftlinge nur noch die im Arm eingebrannte Matrikelnummer, und wurden so zu einer reinen Zahl entmenschlicht.

Unsere immer stärker zahlenorientierte Gesellschaft kennt auch viele Nummern, und unsere Identität besteht ebenfalls aus einer ganzen Reihe von Nummern: Passnummer, AHV-Nummer, Krankenversicherungsnummer, Bankkontonummer, Kundennummer, Handynummer usw. Stellen Sie sich vor, die Kantonsschule hätte Sie alle zu Nummern anonymisiert und Sie würden bei der Übergabe der Zeugnisse mit Nummern aufgerufen: Nr. 1, bitte! – herzliche Gratulation!; Nr. 2, bitte! – herzliche Gratulation!; Nr. 3, bitte! – herzliche Gratulation!, und so weiter bis zur Nr. 244!

* * *

Gegenüber dieser Horrorvision sind Namen ein Segen, und deshalb: Schützen wir sie und pflegen wir deren Gebrauch achtsam! In diesem Sinne möchte ich sie nun noch auf zwei Spannungen aufmerksam machen, die unseren Umgang mit Namen prägen.

Die *Zweiheit von Vorname und Familienname* ist uns ja sehr bekannt: In allen Formularen, die wir ausfüllen müssen, stehen diese zwei Rubriken meistens am Anfang. Der Vorname soll stärker das Eigenartige einer Person kennzeichnen. Er wurde mehr oder weniger intensiv überlegt und ausgewählt, damit er mit dem heranwachsenden Lebewesen zusammenpasst. Ich könnte mir vorstellen, dass in diesem Saal heute Morgen einige Eltern an die Zeit zurückdenken, als die Mutter schwanger war und darüber nachgedacht und diskutiert wurde, wie das neugeborene Kind heissen soll. Dabei schwingen Erwartungen, Hoffnungen mit, die dem Kind von den Eltern mitgegeben werden. Deshalb betont der Vorname, mit all seinen Bezügen, den Aspekt der *Zukunft*: was aus diesem Kind einmal werden darf. Und heute sitzt dieses Kind unter den Maturandinnen und Maturanden und wartet ungeduldig auf sein Maturitätszeugnis.

Der Familienname markiert hingegen mehr die *Herkunft*, durch die Familienzugehörigkeit, die darin steckt. Man bleibt immer «Tochter von …», «Sohn von …» In gewissen Ländern ist der Familienname einfach der Name des Vaters, wie in der Bibel: Isaak, Sohn Abrahams; Joseph, Sohn Jakobs. Diese Zugehörigkeit ist zugleich eine Sprach- und Kulturzugehörigkeit, und so bringen heute die Familiennamen den grossen Reichtum einer multireligiösen und multikulturellen Gesellschaft zum Ausdruck. Wer Müller, Döbeli, Wehrli, Zuber oder Stierli heisst, wird seine deutschschweizerische Herkunft schwer verbergen können. Hingegen klingen ferne, vielfältige, farbige Horizonte an, wenn man Yılmaz, Terkourafis, Antonijevic, Ramadani, Paramby, Pushpamangalathu hört! Chance der Vielfalt, der Pluralität der Kulturen, die wir heute feiern dürfen (und die leider von gewissen Parteien so verpönt wird …).

Liebe Maturandinnen und Maturanden, Matur, Maturität heisst vom Lateinischen her «Reife». Durch das Zeugnis anerkennt Ihnen die Schule, dass Sie sich durch Ihre Ausbildung eine gewisse Reife angeeignet haben. Ich sage bewusst «eine gewisse Reife», denn die heutige Feier ist eine Etappe, eine wichtige, sicher, aber doch nur eine Etappe. Das Reifwerden geht weiter, sogar das ganze Leben lang. Mit fortschreitenden Jahren merkt man, wie sehr man in vielen Dingen doch noch unreif ist, weil das Leben immer neue Herausforderungen stellt. Vielleicht ist gerade die beste Reife das Wissen darum, dass sie nie ein für allemal erreicht ist.

Was heisst das für unser Thema? Man könnte sagen, dass Reife die Fähigkeit ist, Vorname und Familienname immer besser miteinander in Verbindung zu bringen, oder etwas offener formuliert: die Fähigkeit, *Her*kunft und *Zu*kunft immer kreativer zu verknüpfen. Heute sind Sie wie die Vögel auf der Einladungskarte zur heutigen Feier, die in die weite Welt fliegen. Doch das Nest bleibt, und da sind Ihre Wurzeln, Ihre Zugehörigkeiten, Ihr Gewordensein. Und das Bild täuscht ein wenig: Das Nest verlässt man nie ein für allemal, denn da sind Orientierungen, Werte und Ideale erlernt worden. Nur so können Sie letztlich zu ihrem Namen stehen, und das heisst auch: zu Ihrer Person stehen, wenn Ihr *Woher* und Ihr *Wohin* zusammenklingen, manchmal vielleicht dissonant, und manchmal konsonant, das gehört zum Leben.

* * *

Die zweite Spannung, die ich hier erwähnen möchte, ist die *zwischen aktivem und passivem Umgang mit dem Namen*. Wir bemühen uns alle, mehr oder weniger intensiv, darum, uns einen Namen zu machen: Aussehen und Ansehen, arbeiten, etwas leisten, gute Ergebnisse erreichen, erfolgreich sein, seine Ziele erreichen, seine Pflichten erfüllen. So haben sich die zwei Lehrpersonen, die heute verabschiedet werden, durch ihre langjährige Lehrtätigkeit einen Namen gemacht. Auch Sie haben sich bereits durch den erfolgreichen Abschluss Ihrer Matura einen Namen gemacht. Und man wird Ihnen in dieser Kantonsschule wohl ab und zu von einem berühmten Schüler gesprochen haben, der sich später durch seine Forschungen weltweit einen Namen gemacht hat, wie etwa Albert Einstein, der vor genau 60 Jahren gestorben ist. Das nenne ich die *aktive Dimension*: Man erarbeitet sich ein Ich, das es zu etwas gebracht hat.

Das ist alles recht und gut. Es ist aber nur die eine Seite. Demgegenüber steht, was ich den *passiven Umgang* nenne, nämlich, dass wir uns nicht nur einen Namen gemacht haben, sondern dass wir einen Namen geschenkt *bekommen* haben. Durch die Namensgebung wurden wir von Anfang an umsorgt. Bevor wir etwas machen konnten, wurden wir mit Namen angesprochen, bei unserem Namen gerufen. «Carlos, komm!», «Nergis, hör auf!», «Ich gratuliere Dir, Shirin!», «Schön hast Du's gemacht, Saskia!» So entwickelten wir uns von Anfang an als ein Ich in einem Geflecht von Beziehungen, in die unser Heranwachsen eingebettet war. In diesem Sinne hat der jüdische Philosoph Martin Buber (auch ein Martin!) in seinem Büchlein *Ich und Du* gesagt: «Alles wirkliche Leben ist Begegnung.»[1] Und er

---

1 Martin Buber, Ich und Du, in: ders., *Das dialogische Prinzip*, Heidelberg: Lambert Schneider, 1965, 15.

hat davor gewarnt, diese Begegnung ja nicht zu verpassen; er nannte das eine «Vergegnung». Beim Propheten Jesaja, im Alten Testament, gibt es einen schönen Zuspruch, der oft bei der Taufe eines Kindes zitiert wird: «Und nun, so spricht der Herr, dein Schöpfer [...]: Fürchte dich nicht, denn ich habe dich erlöst, ich habe dich bei deinem Namen gerufen, du gehörst zu mir.» (Jes 43,1)

Hier ist das Beim-Namen-Rufen religiös bestimmt; es gilt aber auch in den zwischenmenschlichen Beziehungen, in der Eltern-Kind-Beziehung, in der Freundschaft, in der Liebe: Wir sind zuerst Angesprochene, Aufgerufene; wir sind zuerst ein Du, und können nur aus der Erfahrung dieses Du zu einem Ich werden. Um noch einmal einen Schlüsselsatz von Martin Buber zu zitieren: «Der Mensch wird am Du zum Ich.»[2] Aus der Perspektive unseres Themas heisst das: Um reif zu werden, müssen sich das Aktive und das Passive verbinden können. Nur aus einem *Bekommen* kann ein *Machen* hervorgehen, ein Machen, das nicht selbstsüchtig ist und nur auf den eigenen Ruhm schaut, sondern ein Machen, das auch wieder zu einem Beschenken, Weitergeben und Teilen werden kann. Das ist *maturitas*, Reife, als das Erlernen von gegenseitiger Verantwortung.

Das klingt nun alles sehr ernst. Aber es darf auch zu einer freien und fröhlichen Lebensaufgabe werden, es darf mit «Letizia», mit Freude, geschehen, es darf als «Nathan», als Geschenk, in Empfang genommen werden.

* * *

Nach einem Stück Musik wird nun die Übergabe der Maturitätszeugnisse stattfinden, der Höhepunkt der Feier für alle diejenigen, die heute ihren Abschluss feiern und schon lange auf ihr Diplom warten. Es werden leider aber auch einige Namen fehlen, die Namen derer, welche die Maturprüfung nicht bestanden haben. An sie wollen wir ebenfalls denken, denn mit diesem Scheitern haben sie ihr Ich, ihr Gesicht nicht verloren. Sie sollen in ihrem Leben neue Chancen bekommen.

Nun aber werden 244 Personen mit Vornamen und Familiennamen aufgerufen. Liebe Anwesende, werden Sie ja nicht müde beim langen Zuhören! Denken Sie stets daran, im Namen steckt jedes Mal ein Gesicht, eine Person, mit ihrer Geschichte, mit ihrer *Her*kunft und mit ihrer *Zu*kunft, ein Mensch, der am Du zum Ich wurde und noch werden wird, nicht anonym, sondern bei seinem Namen gerufen und mit diesem Namen in weitere Lebensetappen geschickt! Ihnen, liebe Maturandinnen und Maturanden, wünsche ich alles Gute auf Ihrem weiteren Bildungs- und Lebensweg.

Ich danke Ihnen für Ihre Aufmerksamkeit.

---

2 Ebd., 32.

Offres fictives d'identité narrative
Quelques personnages des récits de la Passion en transcription littéraire

[2003][1]

De nombreux écrivains se sont donné pour tâche de relire et de transcrire des récits bibliques en fictions littéraires, sous la forme de romans, de nouvelles, de pièces de théâtre ou de poèmes. Ce travail de relecture et de transcription littéraire nous permet de travailler à l'intersection de textes sacrés et de textes profanes, en observant ce qui se passe quand l'écrivain relit de manière profane une histoire tirée de l'Écriture sainte, donne des traits fictifs nouveaux à certains personnages que cette dernière met en scène. Pour explorer cette intersection du point de vue de ses enjeux herméneutiques, nous délimitons notre champ d'investigation : nous choisissons un corpus biblique particulier, les récits de la Passion du Christ dans les quatre évangiles, et nous considérons quelques exemples de transcription littéraire de personnages tirés de ces récits dans des textes du XXe siècle.

Notre démarche s'effectuera en trois temps. Dans une première partie, nous formulerons un cadre théorique, à l'aide de la théorie de la narrativité de Paul Ricœur et de la conception de l'acte de lecture de Wolfgang Iser. La deuxième partie sera consacrée aux exemples de transcription littéraire des récits de la Passion. Dans la troisième partie, il s'agira de dégager quelques enjeux herméneutiques du point de vue de l'interaction entre les études littéraires et la théologie.

Un cadre théorique

Quand les récits bibliques s'usent... – autorité canonique et fiction littéraire

C'est bien connu, les évangiles ne sont pas de simples chroniques historiques. Ils ne s'attachent pas à raconter objectivement ce qui s'est passé, et leur but n'est pas l'exactitude historique. En racontant certaines histoires, ils proclament une vérité.

---

1 Le texte qui suit est une version révisée et augmentée d'un article paru en anglais in : Pierre BÜHLER, Tibor FABINY (dir.), *Interpretation of Texts Sacred and Secular. Proceedings of the International Conference Organized by the Centre for Hermeneutical Research, Budapest, and the Institut für Hermeneutik und Religionsphilosophie, University of Zurich. Pázmány Péter Catholic University Piliscsaba, Hungary, 3–5 September 1998*, Zürich/Budapest : Pano Verlag/Centre for Hermeneutical Research, 1999, 336–348.

Leur narration est simultanément annonce d'un message, communication[2]. Pour le dire dans les termes de l'esthétique de la réception : le récit évangélique est un appel au lecteur[3].

Mais étant donné leur statut canonique, ces textes ont été lus et relus, entendus et réentendus au fil des siècles, en des endroits multiples et sous des formes variées : lecture liturgique dans les églises et lecture d'édification chez soi, enseignement religieux dans les écoles, représentations picturales dans l'histoire de l'art, mises en scène dans les jeux de mystère, mises en musique dans les *Passions* de Bach et d'autres, etc. L'autorité canonique peut conduire à ce que les textes, par excès d'usage, s'usent du point de vue de leur effet de communication. Le lecteur, l'auditeur, le spectateur se sont trop habitués à ceux-ci et ne peuvent plus guère se laisser interpeller, surprendre par eux. L'effet de la canonicité sur la culture suscite la lassitude, et c'est peut-être une des raisons du manque d'intérêt actuel, de l'indifférence de nombreux contemporains à l'égard de ces textes bibliques. L'Évangile n'est plus en mesure d'être bonne nouvelle, étouffé par les habitudes traditionnelles ou l'indifférence ambiante.

Dans ce contexte, la question se pose de savoir si les réécritures littéraires pourraient contribuer à combattre l'« usure canonique » des textes bibliques ainsi que la lassitude et l'indifférence de leurs destinataires. Se pourrait-il que les relectures qu'elles proposent nous permettent de redécouvrir l'appel au lecteur inscrit dans ces textes ? Qu'elles ouvrent un accès nouveau aux textes en cassant leur clôture traditionnelle ? Ainsi, par le travail de réécriture de l'écrivain, le texte canonique pourrait gagner une nouvelle vitalité, offrir de nouvelles surprises au lecteur. Par le récit littéraire, l'histoire biblique pourrait ainsi redevenir, pour le dire avec Dürrenmatt, « une histoire encore possible »[4].

Avant d'illustrer cette hypothèse par quelques exemples, il convient d'expliciter les concepts herméneutiques qui nous permettront de traiter le problème.

Le personnage et le lecteur : un jeu d'identité narrative

Dans sa théorie de la narrativité telle qu'il l'expose dans les trois volumes de *Temps et récit*[5], Paul Ricœur attire notre attention sur la relation entre le personnage dans la narration et le lecteur de la narration. En jouant avec les différents

---

2   Pour ce lien entre narration et communication, cf. Pierre BÜHLER, Jean-François HABERMACHER (dir.), *La narration. Quand le récit devient communication*, Genève : Labor et Fides, 1988.
3   Pour l'esthétique de la réception, cf. notamment Wolfgang ISER, *L'acte de lecture. Théorie de l'effet esthétique*, Bruxelles : Mardaga, 1985.
4   Cf. Friedrich DÜRRENMATT, *La panne. Une histoire encore possible*, Paris : Albin Michel, 1958.
5   Paul RICŒUR, *Temps et récit*, 3 vol., Paris : Seuil, 1983–1985.

personnages, le récit suggère au lecteur différentes possibilités d'identification, différentes « possibilités d'être ». En lisant un récit, le lecteur peut ainsi se découvrir lui-même avec ses questions dans les différents personnages qu'il y rencontre. Ainsi, de nouvelles possibilités s'ouvrent à lui. Ricœur interprète cette relation d'interaction entre les personnages et le lecteur comme un jeu d'identité narrative faisant intervenir trois phases qu'il appelle la « triple *mimèsis* ». Tout d'abord, le récit s'attache à rencontrer le lecteur dans son monde vécu, dans la réalité de sa vie quotidienne, à le prendre là où il se trouve au départ du processus, avec ses présupposés, ses interrogations, ses tracas (*mimèsis I*, ou préfiguration). Partant de là, le lecteur est alors entraîné, emporté dans le monde fictif du récit (*mimèsis II*, ou configuration) : mis à distance de lui-même et de son monde par le « monde du texte », le lecteur découvre dans celui-ci de nouvelles possibilités d'être. Finalement, le récit laisse le lecteur retourner à sa vie de tous les jours, dans son monde vécu, changé, parce qu'enrichi de possibilités nouvelles qu'il pourra maintenant mettre à l'épreuve dans les intrigues de sa vie (*mimèsis III*, ou refiguration)[6]. Le processus est un jeu d'identité narrative en ce sens qu'ayant découvert dans le récit des identités fictives, le lecteur peut ensuite les faire siennes dans sa vie.

Imagination et compréhension de soi, par le biais de la fiction

Pour Ricœur, tout interprète a pour tâche fondamentale de s'approprier la proposition que lui fait le texte ; mais, dit-il, « celle-ci n'est pas *derrière* le texte, comme le serait une intention cachée, mais *devant* lui, comme ce que l'œuvre déploie, découvre, révèle. Dès lors, comprendre, c'est *se comprendre devant le texte.* »[7] Cette dernière formule est essentielle : l'enjeu de toute interprétation est la compréhension de soi. C'est ce qui s'effectue dans la fiction littéraire par les offres d'identité narrative : j'essaie de me comprendre moi-même en essayant les nouvelles possibilités qui s'offrent à moi dans les personnages rencontrés dans le récit. C'est pourquoi la compréhension de soi est en lien avec l'imagination, car c'est cette dernière qui me permet de m'ouvrir au jeu des possibles. S'inspirant librement de Husserl, Ricœur parle des « *variations imaginatives du moi* »[8]. L'appel du texte

---

6 Pour la théorie de la « triple *mimèsis* », cf. *ibid.*, vol. 1, 85–129. Pour le thème de l'identité narrative plus spécifiquement, cf. également, à côté de *Temps et récit*, Paul Ricœur, « L'identité narrative », in : Bühler, Habermacher (dir.), *La narration* (note 2), 287–300, et *Soi-même comme un autre*, Paris : Seuil, 1990, 137–198.

7 Paul Ricœur, « La fonction herméneutique de la distanciation », in : id., *Du texte à l'action. Essais d'herméneutique II*, Paris : Seuil, 1986, 101–117, citation 116–117.

8 Cf., dans le même recueil, l'article « Herméneutique philosophique et herméneutique biblique », 119–133, surtout 132.

n'est pas seulement un appel à la décision, comme Ricœur le souligne en opposition à Bultmann. Pour décider, il faut d'abord que je puisse percevoir les différentes possibilités qui s'offrent à moi et entre lesquelles je devrai choisir. C'est pourquoi l'imagination précède la décision[9].

Un tel travail de compréhension de soi par les variations de l'imagination présuppose une triple fictionnalité :
- il y a bien sûr celle, évidente, du récit littéraire, présentant au lecteur des personnages fictifs qui seront pour lui autant d'offres d'identité narrative qu'il pourra s'approprier et mettre à l'épreuve dans son existence ;
- pour que cette appropriation puisse se faire, le monde du lecteur doit lui aussi comporter une fictionnalité, un espace dans lequel les variations imaginatives que lui propose le texte pourront s'effectuer. Ricœur souligne à cet égard que la fiction est « une dimension fondamentale de la subjectivité du lecteur » : cette dernière « n'advient à elle-même que dans la mesure où elle est mise en suspens, irréalisée, potentialisée ». Quand le lecteur entre dans la narration, il se perd lui-même, et quand il en sort, il se retrouve lui-même dans une lumière nouvelle. Reprenant une formule de l'Évangile, Ricœur caractérise ce processus en disant : « Lecteur, je ne me trouve qu'en me perdant. » Et Ricœur d'en conclure, en se démarquant de manière critique de Gadamer, que la distanciation fait nécessairement partie de l'appropriation, que « la compréhension est alors autant désappropriation qu'appropriation »[10] ;
- s'il en va dans ce processus narratif de personnages bibliques repris de manière littéraire, il y a finalement la fictionnalité du texte biblique lui-même. Pour le dire avec l'esthétique de la réception : pour être des offres d'identité narrative, les personnages bibliques doivent comporter des « blancs » appelant le lecteur à les investir[11], et c'est donc sur ces blancs que l'écrivain travaillera dans sa transcription littéraire. Dans ce sens, on peut dire que même si les récits de la Passion se présentent comme des récits historiques, ils comportent une part de fiction, par laquelle ils appellent, interpellent leur lecteur. Dans sa théorie de la narration, Ricœur souligne que tout récit s'élabore ainsi comme un entrecroisement de l'historique et du fictif et qu'on peut observer l'historicisation de la fiction dans le récit fictif et la fictionnalisation de l'histoire dans le récit historique[12].

---

9   *Ibid.*, 132–133.
10 Toutes les citations de ce paragraphe in : RICŒUR, « La fonction herméneutique de la distanciation » (note 7), 117.
11 Pour la conception des « blancs », cf. ISER, *L'acte de lecture* (note 3), 318–352.
12 Pour cet entrecroisement, cf. RICŒUR, *Temps et récit* (note 5), vol. 3, 264–279.

Les personnages des récits de la Passion et leurs rapports variés à Jésus-Christ

En jouant avec les variations des fictions littéraires, nous pouvons mieux prendre conscience que la Passion du Christ n'est pas fixée, figée dans un récit unique. Elle fait l'objet de plusieurs récits, qui sont autant de mises en scène narratives des événements, travaillant avec des personnages et des intrigues variés. Cette pluralité de récits est ouverte aux jeux d'interprétation. Ainsi, les personnages peuvent être plus ou moins importants, apparaître ou disparaître, jouer différents rôles et ouvrir ainsi diverses possibilités pour le lecteur. Et parce que ces personnages déploient leurs variations imaginatives autour de la figure centrale des récits, Jésus de Nazareth, raconté comme le Christ crucifié et ressuscité, le lecteur est invité à se situer lui-même par rapport à cette figure centrale. Celle-ci est bien sûr aussi un personnage des récits de la Passion, pourtant ces derniers n'offrent pas la possibilité d'une identification avec le Christ lui-même, mais bien plutôt l'identification avec les personnages qui évoluent autour de lui, en tant qu'appel à se situer à son égard.

Cette distinction entre le personnage central et les personnages qui l'entourent s'exprime bien dans le récit historique *L'ombre du Galiléen*, publié par l'exégète allemand Gerd Theissen[13]. Jésus, le Galiléen, n'apparaît jamais dans tout le récit. Il n'est présent que par tout ce que les autres personnages racontent les uns aux autres à son sujet, et ainsi il demeure à travers tout le récit l'ombre qu'il jette sur les autres personnages.

Dans ce sens, nous renonçons à présenter des transcriptions littéraires dont l'intention, plus ou moins évidente, est de proposer le personnage même de Jésus-Christ comme offre d'identité narrative. Un des exemples les plus impressionnants à cet égard est peut-être « Le malentendu » de Arthur Koestler, développant le récit de la Passion comme un dialogue intérieur de Jésus avec son Père, dans lequel se dévoile un grand malentendu[14].

Les récits de la Passion : quelques exemples de relecture littéraire

Partant du cadre théorique qui vient d'être formulé, nous allons maintenant étudier brièvement sept exemples. Nous irons tout d'abord à la rencontre de personnages marginaux des récits de la Passion, puis découvrirons des personnages fictifs insérés par l'écrivain dans les récits bibliques, pour terminer par une figure centrale de ces derniers. Les deux premiers exemples relèvent de la littérature américaine.

---

13 Gerd Theissen, *L'ombre du Galiléen. Récit historique*, Paris : Cerf, 1988.
14 Arthur Koestler, « Le malentendu », in : id., *Les call-girls*, Paris : Calmann-Lévy, 1973, 9–20.

Conversations de soldats – Ernest Hemingway, « Today Is Friday »

Dans les *First Forty-Nine Stories* de Ernest Hemingway, publiées en 1939, nous trouvons une saynète intitulée « Today Is Friday »[15]. L'histoire rapporte les conversations de trois soldats romains buvant du vin dans le débit de boissons d'un marchand de vin juif, après une longue journée de travail. Au départ, la seule allusion directe au motif de la Passion est la mention du jour de la semaine. C'est un vendredi, et peu à peu, au fil des conversations, le lecteur réalisera que ce n'est pas n'importe quel vendredi, mais le vendredi de la crucifixion de Jésus, le premier Vendredi saint. Il est onze heures du soir, et les trois soldats parlent des événements de la journée : la routine en territoire occupé. Mais en fait, le sujet principal de ces discussions à bâtons rompus sera cet homme mort le jour même sur sa croix. Son nom n'est jamais mentionné, sauf de manière indirecte, lorsque l'un des soldats lance un *Jesus Christ*, juron américain typique, en goûtant une mixture spéciale du marchand de vin.

Les soldats parlent un américain caractéristique des couches basses de la population. Les conversations sont triviales, sans cesse interrompues. Mais l'homme crucifié est le seul thème constant, auquel on revient sans cesse. « Il a été pas mal aujourd'hui » (*He was pretty good in there today*) : cette appréciation sera répétée plusieurs fois par le premier soldat. Par bribes, on apprend que les trois soldats ont exécuté un individu hors du commun. Les gens disaient qu'un miracle allait s'opérer, qu'il descendrait de la croix. Cela n'a pas eu lieu, mais ce crucifié les a tout de même impressionnés, par sa manière de se comporter. Ils parlent de la souffrance : l'un souligne le clouage, l'autre la pesanteur du corps qui tire sur les membres cloués (*That must get to you pretty bad*). Ils parlent aussi de sa petite amie (*his girl*), loin d'être moche (*a nice-looker*) : elle pleurait ; elle n'a vraiment pas tiré le gros lot en se mettant avec lui. Le premier soldat est celui qui a donné la mort à Jésus d'un coup de lance ; les autres l'avertissent que cela pourrait lui valoir des ennuis et il répond : « C'est le moins que je pouvais faire pour lui. » (*It was the least I could do for him*). Tout en bavardant ainsi, ils boivent le « rouge du pays » avec le marchand, et de plus en plus, la soirée évoque une sorte de répétition grotesque du dernier repas célébré la veille par Jésus avec ses disciples, mais cette fois-ci partagé entre un juif et des païens. Vient l'heure de la fermeture et les soldats s'en vont dans la nuit.

---

15 Ernest HEMINGWAY, « Today Is Friday », in : ID., *The First Forty-Nine Stories*, London : Random, 1993, 338–341; trad. franç. : « C'est aujourd'hui vendredi », *Arbalète. Revue de littérature* 9 (1944), 85–92. Pour une analyse plus détaillée de ce petit texte, cf. Pierre-Éric MONNIN, « La crucifixion. Quatre interprétations littéraires en anglais », in : Pierre BÜHLER, Clairette KARAKASH (dir.), *Quand interpréter c'est changer. Pragmatique et lectures de la Parole*, Genève : Labor et Fides, 1995, 115–133, surtout 121–125.

*« Now the Servant's Name Was Malchus » – un « jeu de trois minutes »
de Thornton Wilder*

La référence biblique de ce « jeu de trois minutes » (c'est ainsi que Wilder appelle ses saynètes) est le petit récit concernant le serviteur du grand prêtre qui perdit son oreille droite. Lorsque la foule fait irruption au jardin des oliviers pour arrêter Jésus, le disciple Pierre tire l'épée et coupe l'oreille du serviteur. Tous les évangiles racontent cette histoire, mais l'évangile selon Jean est le seul à donner un nom au serviteur, et le titre du texte de Wilder est la reprise de ce passage : « le nom de ce serviteur était Malchus » (Jn 18,10). Publiée pour la première fois en 1928 dans un recueil intitulé *The Angel That Troubled the Water and Other Plays*, la saynète de Wilder présente Malchus au paradis[16]. Il demande une audience au Seigneur, parce qu'il a une requête à lui soumettre. Certes, il est heureux au paradis, mais il se sent ridicule à chaque fois qu'un lecteur lit ce passage dans les récits de la Passion. On doit sans cesse rire de lui avec son oreille coupée sur la terre. C'est pourquoi il demande à Jésus d'enlever de la Bible ce petit passage à son sujet : « Tu pourrais simplement faire que les pages deviennent blanches à cet endroit » (77).

Mais le Seigneur le surprend. Il lui dit que les gens qui lisent ces récits le considèrent lui aussi comme ridicule : toutes ces désillusions, toutes ces attentes déçues, toutes ces grandes promesses qu'il n'a pas su accomplir. Et il conclut sa tirade par la question suivante : « Malchus, veux-tu rester et être ridicule avec moi ? » Étonné, Malchus accepte volontiers de rester, s'il peut ainsi partager le ridicule avec son Seigneur. Il en est même enchanté. Même s'il n'en a pas vraiment le droit, comme il l'explique à Jésus-Christ : il y a eu erreur, il n'était même pas le serviteur du grand prêtre, mais un vagabond, et il lui arrivait aussi de voler parfois, et de plus, ce n'était pas l'oreille droite, mais la gauche. Jésus clôt le dialogue par la petite remarque : « Oui, tu sais, le livre ne dit pas toujours vrai à mon sujet non plus ! » (78)

La destinée d'un rescapé – Pär Lagerkvist, Barabbas

Avec mon troisième exemple, nous changeons de genre littéraire : après deux saynètes, un roman. Son contexte culturel est différent aussi : il est d'origine suédoise. Il s'agit du roman *Barabbas* de Pär Lagerkvist, publié pour la première fois en 1950[17]. Pilate, le gouverneur de la Judée, avait laissé choisir le peuple entre la crucifixion de Jésus, l'innocent, et celle de Barabbas, le brigand. Le peuple s'était prononcé en faveur de la première et Barabbas avait ainsi échappé au supplice.

---

16 Thornton WILDER, « Now the Servant's Name Was Malchus », in : ID., *The Angel That Troubled the Waters and Other Plays*, London : Longmans, Green and Co., 1928, 75–78.
17 Pär LAGERKVIST, *Barabbas*, Paris : Stock, 1986.

« Qu'est-il arrivé au rescapé ? », c'est la question que se pose Lagerkvist. Les récits de la Passion ne répondent pas à cette question : le personnage de Barabbas ne réapparaît plus après cet épisode du choix du peuple. Ainsi, comblant ce « blanc », Lagerkvist imagine la destinée de Barabbas.

Secoué par les événements, intrigué par ce qui lui est arrivé, Barabbas s'interroge sur Jésus : qui était cet homme mort à sa place ? Après la crucifixion, pour en apprendre plus à son sujet, il tente de prendre contact avec les disciples. Ils lui parlent d'une probable résurrection le troisième jour, et il entreprend d'assister à cet événement. Mais il sera déçu : tout se passe tellement vite qu'il n'y verra rien du tout. Il se trouve renvoyé à l'intrigante figure du crucifié. Poursuivant sa quête, Barabbas est traversé par une douloureuse ambivalence : il ne peut pas croire que Dieu se révèle dans l'étrange destinée de Jésus, mais en même temps il est fasciné et ne cesse de se demander si ce n'est pas la vérité. Il tente d'entrer en contact avec les premiers chrétiens, mais ceux-ci se méfient de lui : que nous veut ce brigand qui aurait dû mourir à la place de notre Seigneur ? Après beaucoup d'autres péripéties, il se trouve finalement pris dans les premières persécutions de chrétiens et meurt crucifié. « Quand il sentit venir la mort, dont il avait toujours eu si peur, il dit dans les ténèbres, comme s'il s'adressait à la nuit : "À toi je remets mon âme." Et il rendit l'esprit. » (186) Ce sont les dernières paroles du roman. Le parallèle avec la mort de Jésus dans l'évangile de Luc est frappant. Est-il devenu croyant et meurt-il comme son Seigneur ? Cette fin demeure ambiguë : il est peut-être resté incroyant, parlant dans les ténèbres, adressant sa prière à la nuit. Ou y a-t-il quelqu'un dans cette nuit qui accueille et recueille Barabbas dans sa mort ? L'auteur semble bien vouloir laisser la question ouverte.

Une promesse faite à un brigand – Samuel Beckett, En attendant Godot ; *Manfred Hausmann, « Heute noch »*

Mon quatrième exemple est aussi une histoire de brigand. Que Jésus a été crucifié entre deux brigands, ce motif se retrouve dans les quatre évangiles. Mais alors que chez Marc, Matthieu et Jean, les deux brigands participent aux injures et aux quolibets des passants, l'évangile de Luc (23,39–43) nuance : l'un des deux insulte Jésus, tandis que l'autre, repentant, le reprend, puis s'adresse à Jésus : « Jésus, souviens-toi de moi quand tu viendras comme roi. » Et Jésus lui répond avec la promesse : « En vérité, je te le dis, aujourd'hui, tu seras avec moi dans le paradis. »

Cette petite séquence narrative de Luc fait l'objet d'une conversation entre Vladimir et Estragon dans la pièce de théâtre *En attendant Godot*, publiée par Samuel Beckett en 1952[18]. Vladimir dit : « Un des larrons fut sauvé. *(Un temps)* C'est un pourcentage honnête. » (15) Mais peu après, le sujet est repris : « Com-

---

18 Samuel BECKETT, *En attendant Godot*, Paris : Éditions de Minuit, 1952.

ment se fait-il que des quatre évangélistes un seul présente les faits de cette façon ? Ils étaient cependant là tous les quatre – enfin, pas loin. Et un seul parle d'un larron de sauvé. » (18) Voilà qui rend le salut du larron repentant beaucoup plus improbable ! Pourquoi croire l'un plutôt que les trois autres ? Et pourtant tout le monde le croit. « On ne connaît que cette version-là. » La conclusion d'Estragon est lapidaire : « Les gens sont des cons. » (19) Mais la question de savoir qui est sauvé revient tout au long de la pièce, et au fil des conversations, on se demande si les deux clochards de Beckett ne sont pas un peu les deux larrons des évangiles. À la fin de la pièce, la venue espérée de Godot comporte elle aussi une promesse de salut :

– On se pendra demain. À moins que Godot ne vienne.
– Et s'il vient ?
– Nous serons sauvés. (162)

Un écrivain allemand, Manfred Hausmann, a fait de l'histoire du brigand repentant l'intrigue d'une nouvelle commençant à Noël et se terminant le Vendredi saint. Le récit « Heute noch » (« Aujourd'hui encore »), publié en 1962[19], nous raconte l'histoire de Norre, un jeune marin en train de rentrer chez lui pour Noël. Il est content, car « aujourd'hui encore » il sera à la maison avec ses parents pour les fêtes. Il prendra l'express de 20h38, et en attendant son arrivée, il tente de séduire la jeune fille du débit de boissons sur le quai, s'amusant sans pitié aux dépens du contrôleur de billets. Tentant d'arracher jusqu'à la dernière minute une promesse de rendez-vous à la jeune fille, il s'agrippe à la porte du dernier wagon du train quittant la gare. Mais lorsqu'il tente d'ouvrir la porte, il découvre que, pour se venger, le contrôleur l'a fermée à clé de l'intérieur. Le train roule maintenant à toute vitesse à travers la nuit glaciale. Il est trop tard pour sauter, et il fait trop froid pour tenir longtemps. Le récit nous raconte la lente mort du jeune Norre. Pendu à la porte du train, alors que le froid mordant le transperce de plus en plus, il se souvient de fêtes de Noël passées avec sa famille, les cadeaux, le sapin, les bougies. Aujourd'hui, il pourrait être à nouveau avec sa famille, au lieu d'être agrippé à ce train, mourant de froid. Et plus le froid progresse, plus il se souvient : il y avait, au haut du sapin de Noël, un visage, un visage d'amour et de compassion, le visage du Christ, incliné vers eux. Ce visage devient de plus en plus le visage du crucifié. Et soudain, déjà à demi inconscient, pendu au train, il voit, dans une lumière étrange, ce visage près de lui, pendu au train comme lui. Se

---

[19] Manfred HAUSMANN, « Heute noch », in : ID., *Keiner weiss die Stunde. Erzählungen*, Neukirchen : Neukirchener Verlag, 1970, 79–111.

pourrait-il qu'il ne soit pas seul, qu'un autre soit pendu avec lui au train ? Et bribe par bribe, une phrase résonne dans sa tête : « Aujourd'hui… aujourd'hui encore… aujourd'hui encore… tu seras… avec moi… Tu seras avec moi… »

Mais avant que la promesse faite au brigand repentant soit totalement reconstituée, le jeune marin gelé tombe du train. « L'inspecteur des voies qui le trouva le long des rails le lendemain matin raconta que les jambes étaient horriblement distordues, mais que dans son visage il avait somme toute l'air assez content, si l'on pouvait parler ainsi. » (111)

Y a-t-il un quatrième roi dans la foule ? – Edzard Schaper, La légende du quatrième roi

Le même mouvement de Noël au Vendredi saint s'inscrit dans l'histoire du quatrième roi (mage) quittant son pays pour adorer le nouveau-né, comme les trois autres, mais qui prend du retard et n'arrive que pour sa mort sur la croix. Mais ce qui est intéressant ici, c'est que ce personnage du quatrième roi n'est pas déjà dans les récits bibliques de la Passion, il y est introduit fictivement par l'écrivain. Il existe différentes versions de ce motif narratif. La première, datant de la fin du XIXe siècle, est du pasteur et homme de lettres états-unien Henry van Dyke[20]. L'écrivain allemand Edzard Schaper en écrira une deuxième dans son roman *Der vierte König*, publié en 1961[21]. Finalement, l'écrivain français Michel Tournier reprendra ce même motif sous une troisième forme dans son roman *Gaspard, Melchior et Balthasar* en 1980[22]. Nous nous attacherons ici en priorité à la légende du quatrième roi telle que la raconte Edzard Schaper.

Chez ce dernier, le quatrième roi est un petit roi russe qui, comme les trois mages d'Orient, voit l'étoile et décide de la suivre. Il fait ses préparatifs, charge les plus beaux cadeaux de Russie sur son petit cheval Wanjka. En chemin, il rencontre les trois autres, descendus à l'hôtel avec leur grande suite de serviteurs et leur grande caravane de chevaux. Mais il va très rapidement perdre leur trace, car tandis qu'eux continuent leur route, il s'occupe d'une jeune mendiante en train d'accoucher dans l'étable où il avait passé la nuit, lui donnant une partie des cadeaux destinés au Roi nouveau-né. Sa route continue, mais il s'arrête sans cesse, car partout il voit la misère et la souffrance, et partout il offre son aide, nourris-

---

20   Henry van Dyke, « The Story of the Other Wise Man », in : *Great Short Works of Henry van Dyke*, New York : Harper & Row, 1966, 3–32 (le récit a été publié pour la première fois en 1895/1896).
21   Edzard Schaper, *La légende du quatrième roi. Un conte de Noël d'Edzard Schaper*, Tournai : Casterman, 1966. Pour le roman : id., *Der vierte König*, Köln : Hegner, 1961.
22   Michel Tournier, *Gaspard, Melchior et Balthasar*, Paris : Gallimard, 1980, 175–272.

sant les affamés, rachetant la liberté d'esclaves, distribuant ses cadeaux. L'étoile s'éloigne, et le petit roi russe prend de plus en de retard. Un jour, il ne la voit plus, et dans son errance, il se retrouve bientôt sans cadeaux, et finalement, sans son cheval, qui meurt de fatigue. Il arrive épuisé dans un port au moment où un adolescent devrait monter dans une galère, pour payer une dette en travaillant comme galérien à la place de son père décédé. Le petit roi se propose à la place du jeune homme et restera dans la galère pendant une bonne trentaine d'années.

Finalement libéré sans forces, soigné et requinqué par celui qu'il avait remplacé, il se remet en route et arrive à Jérusalem avec trente-trois ans de retard. Dans les rues, tout le monde parle de ce Jésus qui doit être crucifié parce qu'il dit être le Roi des juifs, et le petit roi russe réalise qu'il doit s'agir du Roi qu'il voulait adorer comme nouveau-né. Dans la foule, il rencontre une vieille femme, qui s'avère être la jeune mendiante qu'il avait assistée pour l'accouchement dans l'étable. Montant avec la foule au Golgotha, il trouve son Roi en croix. Totalement épuisé, il s'écroule au pied du Golgotha, en face du crucifié. Les seuls cadeaux qui lui restent sont son propre cœur et celui de la mendiante, qu'elle lui avait donné jadis en signe de reconnaissance. « Mais mon cœur, Seigneur, mon cœur… et son cœur… nos cœurs, les acceptes-tu ? », telle est la dernière question du quatrième roi avant de s'éteindre (110–111).

Il vaut la peine de comparer d'un point de vue interconfessionnel cette fin du récit avec celle des deux autres versions. La fin de Schaper transcrit narrativement la théologie de la croix de Luther, par un face-à-face dans la mort : s'écroulant au pied de la croix, le petit roi russe offre à son Roi de gloire en croix le seul cadeau qui lui reste, les deux cœurs. Henry van Dyke, qui est de tradition réformée, laisse mourir son quatrième mage sans qu'il puisse voir le Roi qu'il cherchait depuis plus de trente ans. Il meurt à Jérusalem, assommé par une tuile durant le tremblement de terre suscité par la mort de Jésus (chez Matthieu). La seule chose qu'il reçoit est une parole qui lui est soufflée à l'oreille dans la mort : « En vérité, je vous le déclare, chaque fois que vous l'avez fait à l'un de ces plus petits, qui sont mes frères, c'est à moi que vous l'avez fait ! » (31–32 ; voir Mt 25,40) Michel Tournier donne à son récit une fin plutôt catholique : après son long périple, le quatrième roi arrive dans la chambre où Jésus a célébré le dernier repas avec ses disciples, et avant de mourir, il mange un reste de pain et boit un reste de vin. Et l'auteur de conclure : « après avoir été le dernier, le perpétuel retardataire, [il] venait de recevoir l'eucharistie le premier. » (272)[23]

---

23 Pour une comparaison plus détaillée des trois récits, cf. Pierre BÜHLER, « La légende du quatrième roi. Une trace biblique dans la culture littéraire et ses enjeux interconfessionnels », in : Marc Boss, Raphaël PICON (dir.), *Penser le Dieu vivant. Mélanges offerts à André Gounelle*, Paris : Van Dieren, 2003, 109–122.

« Ça m'a fait peur ! » – Bernard Dimey, *« La crucifixion »*

Van Dyke, Schaper et Tournier ont glissé un roi (mage) dans la foule. Mais on peut aussi y glisser un homme du peuple, destiné à devenir un simple badaud parmi d'autres. C'est le cas du « je » qui parle dans le poème « La crucifixion » de Bernard Dimey[24], écrit tout entier dans le style du parler parisien. « Tu viens c't'après-midi à la crucifixion ? » : c'est avec cette question que s'ouvre le texte. Celui qui invite ainsi son collègue à l'accompagner au spectacle de la crucifixion est un petit truand, trafiquant de marché noir. Lui et son clan ont été doublés sur une affaire juteuse de surplus romains par deux des « trois clients qu'ils vont foutre au séchoir ». Il veut aller voir de ses propres yeux comment ses ennemis vont périr sur leurs croix ! « j'dois dire qu'aujourd'hui je vais bien rigoler, comme quoi, mon vieux cochon, y a tout d'même un'justice. »

Du troisième des condamnés, on ne sait pas grand-chose :

> Le troisième, il paraît qu'il marche à la gamberge,
> il jacte à droite à gauche, on l'a vu v'nir de loin,
> il est pas vieux du tout, il n'a pas trente-cinq berges,
> on n'sait pas bien qui c'est, c'est pas un gars du coin,
> c'est un genr' de r'bouteux, il guérit les malades.

Comme le collègue ne veut pas l'accompagner, il promet de venir lui raconter la scène.

C'est à ce rapport qu'est consacrée la deuxième partie du poème. Le petit truand revient totalement bouleversé. Il ne parle plus que de ce troisième, car ce qu'il a vu lui a fait oublier les deux truands : « Les deux autres ? Ah ben oui, pardonn'moi si j't'excuse, hé ben j'les ai pas vus, j'y ai mêm'plus pensé ! » En revanche, en ce qui concerne le sort du troisième : « j'en ai les jambes coupées, j'ai vu assez d'salauds pour le restant d'mes jours ». D'un bout à l'autre, du procès à la mise à mort, tout n'était qu'une horrible mascarade, alors que « j'suis sûr que le gars il est blanc comm' l'agneau. » Et « le populo » a participé du début à la fin. « Faut dir' que l'populo c'est vraiment des horribles, ils sont pour la plupart plus fumiers qu'les bourreaux… » Et le petit trafiquant se sent soudain « tout barbouillé », « lessivé » : « On a beau êtr' voyou, viv' comm' des malhonnêtes, Y a tout d'mêm' des machins qui vous fout'nt le bourdon… » Et de conclure :

> Paulo, tu m'connais bien, tu sais qu'les innocents
> je m'en fous complèt'ment, seulement pour le quart d'heure
> Je dois dir' que c'que j'ai vu, ça m'a tourné les sangs,
> un mot que j'dis jamais, Paulo…, ça m'a fait peur !

---

24 Bernard DIMEY, *Je ne dirai pas tout*, Saint-Cyr-sur-Loire : Christian Pirot, 1991, 51-54.

L'ambiguïté de Pilate – Roger Caillois, Ponce Pilate ; *Friedrich Dürrenmatt, « Pilate »*

Terminons notre parcours par une figure appartenant aux acteurs principaux de l'intrigue de la Passion, Pilate. Ce personnage a fasciné de nombreux écrivains, à cause de son ambiguïté précisément. Le gouverneur romain hésite, cherche à comprendre, offre des solutions, tergiverse, puis, au moment de prendre une décision, entreprend de se disculper. Pour le dire avec l'esthétique de la réception : les blancs de ce personnage sont nombreux et variés. Considérons brièvement deux exemples de reprise fictive.

Dans son roman *Ponce Pilate*, écrit en 1961[25], l'écrivain français Roger Caillois fait prendre à Pilate une décision courageuse. Après de longues hésitations, il décide que Jésus est innocent et le fait libérer. La tragédie de la crucifixion est évitée et Jésus peut poursuivre son œuvre.

> Le Messie, cependant, continua sa prédication avec succès et mourut à un âge avancé. Il jouissait d'une grande réputation et on fit longtemps des pèlerinages au lieu de son tombeau. Toutefois, à cause d'un homme qui réussit contre toute attente à être courageux, il n'y eut pas de christianisme. (150)

Telle est la conclusion de Caillois, formulée non sans ironie !

Dans sa nouvelle « Pilate », écrite en 1946 et publiée pour la première fois en 1952[26], l'écrivain suisse alémanique Friedrich Dürrenmatt relit le personnage de Pilate de manière tout à fait différente. En exergue, l'auteur cite un passage de l'évangile selon Marc (4,11–12), un passage citant lui-même le prophète Ésaïe : « Mais pour ceux qui sont au dehors, tout se passe en paraboles, afin qu'en voyant, ils voient mais n'aperçoivent pas, et qu'en entendant, ils entendent mais ne comprennent point. » (186) Cette citation illustre bien le personnage de Pilate dans la transcription de Dürrenmatt. Dès le départ, Pilate se sent en dehors de ce qui se passe : il perçoit, voit et entend, mais ne comprend pas. Dès le premier regard échangé, Pilate sait que celui qu'on lui présente, « le dieu », est venu pour le perdre : « Entre l'homme et Dieu, il y avait eu un abîme infini ; si le dieu avait décidé de franchir cet abîme, de se faire homme, lui-même était condamné à s'abîmer en Dieu, à se briser contre lui comme un naufragé qu'une vague projette contre un récif. » (195) Ainsi, à travers tout le récit, la confrontation avec Jésus constitue pour Pilate comme un défi : il veut à tout prix faire sortir Dieu du rôle qu'il a adopté et qui est intolérable à Pilate. Finalement, il fait crucifier Jésus, dans la certitude que Dieu ne pourra pas mourir sur la croix, qu'il en descendra.

---

25 Roger CAILLOIS, *Ponce Pilate*, Paris : Gallimard, 1961.
26 Friedrich DÜRRENMATT, « Pilate », in : ID., *La ville et autres proses*, Lausanne : L'Âge d'Homme, 1981, 185–211.

Lorsque Pilate vient pour constater de ses propres yeux que le dieu a quitté la croix et qu'il doit réaliser que contrairement à ses attentes, ce dernier gît mort à la croix, tout est fini pour lui. Même le constat du tombeau vide ne peut plus rien changer : le visage de Pilate est « comme un paysage de mort, blafard aux premières lueurs de l'aube, et quand ses deux yeux s'ouvrirent, ils étaient froids. » (115) Il est définitivement en dehors, perdu pour toujours.

Comparant son œuvre à celle de Kafka, Dürrenmatt dira : « Chez Kafka, il est impossible que la grâce arrive, chez moi, elle suscite la perdition. »[27] Cette sentence s'illustre bien dans l'histoire de Pilate.

Quelques conclusions

Au terme de ce parcours, tentons de formuler quelques enjeux herméneutiques à l'interface des études littéraires et de la théologie.

Intertextualité

Les textes que nous avons présentés dans la deuxième partie sont des textes littéraires, et il est important de les lire comme tels. Parmi les théologiens, la tentation est grande de les lire de manière trop directe, en sautant à pieds joints par-dessus les règles méthodologiques des études littéraires, pour les exploiter d'emblée d'un point de vue théologique. Pour éviter ce travers, il conviendra de faire intervenir l'herméneutique comme médiation nécessaire, appelant à respecter la spécificité des textes étudiés. Sous cet angle, l'intérêt premier de notre exercice n'est pas de pouvoir « récupérer » des textes littéraires, mais bien plutôt d'observer le processus d'intertextualité mis en route par les relectures et transcriptions littéraires. Lisant ces dernières, le lecteur est renvoyé aux récits de la Passion, invité à les relire, eux aussi. La relecture littéraire offre un accès au texte biblique, et de celui-ci, le lecteur retournera au récit littéraire, et ainsi de suite. Et dans ce va-et-vient, il se retrouvera peut-être lui-même, se comprendra lui-même de manière nouvelle, se rencontrant lui-même dans les renvois intertextuels auxquels il est exposé.

Tua res agitur, *ou : à toi de jouer !*

Dans sa théorie de l'acte de lecture, Wolfgang Iser parle de manière répétée de l'*Appellstruktur*, de la « structure d'appel » du texte[28] : le lecteur est appelé, invité

---

27 Friedrich Dürrenmatt, *Werkausgabe in siebenunddreissig Bänden*, vol. 4, Zürich : Diogenes, 1998, 131.
28 Cf. Iser, *L'acte de lecture* (note 3).

à participer de manière créative à la réception du message du texte. Dans les récits que nous avons évoqués plus haut, le lecteur aura pu découvrir cette « structure d'appel » dans la narration : à travers les différents personnages, le lecteur est invité à s'inscrire dans les récits, à entrer dans leur monde, pour y recevoir des offres fictives d'identité narrative. La lecture s'effectue par cette appropriation narrative. Pour le dire en latin : *Tua res agitur*, ou pour mettre un accent sur l'aspect ludique des variations imaginatives : à toi de jouer !

Dans la tradition herméneutique, l'appropriation a souvent été considérée comme le dernier pas du processus d'interprétation, comme son application finale. Aujourd'hui encore, le travail exégétique est conçu de cette manière, et il en va peut-être de même dans les études littéraires. Toutefois, du point de vue de l'identité narrative, il nous faut plutôt considérer le moment de l'appropriation comme un élément constitutif de tout processus d'interprétation, et cela dès le départ et jusqu'à son aboutissement final. Il y a un défi herméneutique important dans l'effort de prendre au sérieux le *Tua res agitur* comme un souci constant de l'interprétation.

Face au crucifié : la communication indirecte (Søren Kierkegaard)

Comme nous l'avons vu avec Ricœur, les personnages d'un récit sont autant de possibilités pour le lecteur d'entrer dans le monde du texte pour y essayer des identités narratives. Dans ce sens, les reprises littéraires des récits de la Passion offrent diverses possibilités de se situer face au crucifié. Pour que cela puisse s'effectuer, il faut que ces reprises ne soient ni trop proches, ni trop éloignées des récits eux-mêmes. L'appropriation étant nécessairement aussi désappropriation, la communication passant par le moment de la distanciation, les reprises doivent viser une sorte de « proximité distante » à l'égard des récits bibliques, offrant ainsi l'espace nécessaire aux jeux de la fiction.

Pour l'exprimer avec Kierkegaard, on dira qu'à travers cette proximité distante s'opère la « communication indirecte » de la parole de la croix[29]. Pour Kierkegaard, il ne peut y avoir de communication directe en matière d'existence. Pour le dire dans les termes de Ricœur[30] : la distanciation est inscrite dans l'interpréta-

---

29 Le thème de la communication indirecte traverse l'ensemble de l'œuvre de KIERKEGAARD ; il est explicité en particulier dans le *Post-scriptum aux Miettes philosophiques* et dans des papiers inédits rédigés en vue d'un cours sur le thème de la communication, cf. *Œuvres complètes*, 20 vol., Paris : Orante, 1961–1987, ici vol. 10, notamment 69–76 ; vol. 14, 359–390. Cf. Pierre BÜHLER, « Liebe und Dialektik der Mitteilung », in : Ingolf U. DALFERTH (dir.), *Ethik der Liebe. Studien zu Kierkegaards « Taten der Liebe »*, Tübingen : Mohr Siebeck, 2002, 71–87.
30 Cf. RICŒUR, « La fonction herméneutique de la distanciation » (note 7).

tion, parce que la vérité qui est en jeu est une vérité qui doit être appropriée dans le monde vécu du lecteur. Le processus d'interprétation lui-même ne peut pas maîtriser cette communication, il ne peut qu'être à son service.

La forme narrative de la communication indirecte découverte dans les récits que nous avons étudiés est une forme possible parmi d'autres. Elle nous rappelle que nous sommes, en tant qu'interprètes et en tant qu'existants, « empêtrés dans des histoires »[31].

Essayer diverses « réponses de lecteur » – ou le défi de l'imagination

Par le biais des jeux d'identité narrative, le lecteur est invité à essayer diverses *reader's responses*, « réponses de lecteur »[32]. Dans mon acte de lecture, qui serai-je ? L'un des soldats fatigués et, si oui, lequel des trois ? Ou devrais-je devenir le serviteur ridicule du Christ ? Y a-t-il une promesse pour moi, comme pour le brigand repentant ? Est-ce que j'ai encore un cœur à donner, mon dernier cadeau au pied de la croix ? Est-ce que je reviendrai du Golgotha les jambes coupées, la peur au ventre ? Est-ce que je resterai à l'extérieur de la parabole, incapable de la comprendre, ou me réserve-t-elle une place ?

Le processus stimulant des variations imaginatives du moi s'ouvre au lecteur, sollicitant son imagination. Ce défi est-il vraiment relevé par l'interprète ? L'imagination ne semble pas toujours être le fort des exégètes…

L'interprétation ouverte et la vie ouverte…

Les transcriptions littéraires nous dévoilent le caractère ouvert de l'interprétation. Elles ne nous disent pas de manière directe ce que le texte veut dire, mais ce qu'il pourrait dire. Elles travaillent sur les potentialités de sens qui se déploient dans le texte biblique, soulignant que le lecteur de ce dernier se situe toujours à l'entrecroisement de l'histoire et de la fiction[33], par le jeu des variations imaginatives. C'est pourquoi ces transcriptions littéraires nous rendent attentifs à la pluralité « kaléidoscopique » des sens[34]. Le fait que le processus d'interprétation soit ouvert ne conduit pas au règne de l'arbitraire, car le lecteur doit constamment assumer

---

31 Cf. Wilhelm SCHAPP, *Empêtrés dans des histoires. L'être de l'homme et de la chose*, Paris : Cerf, 1992.
32 La notion de *reader's response* est devenue centrale dans les théories exégétiques s'inspirant de l'esthétique de la réception.
33 Comme nous l'avons déjà vu plus haut, cet entrecroisement est au centre de la théorie du récit de RICŒUR, *Temps et récit*, vol. 3 (note 12).
34 Cf. Sylvie GERMAIN, « Lecture kaléidoscopique de la Bible », *Bulletin du Centre protestant d'études* 50/1 (1998), 17–21.

ses variations imaginatives devant le texte, et simultanément par rapport au monde dans lequel il vit.

Pour cette raison, il est important que le processus d'interprétation reste en lien avec le monde du lecteur, relevant le défi des mises à l'épreuve existentielles de la compréhension de soi. La tâche du retour à la réalité vécue (*mimèsis III*) demeure ouverte. Et si cette tâche est prise en charge, les histoires pourront être redécouvertes comme des « histoires encore possibles », des histoires encore possibles avec Dieu.

Une interprétation non sacrificielle de la croix ?

[1993]

Pour une très large part de la tradition chrétienne, il est d'usage d'interpréter la crucifixion de Jésus-Christ au Golgotha de manière sacrificielle : cette mort est le sacrifice d'un innocent versant son sang pour la réparation de nos péchés[1]. Une telle lecture de l'événement fondateur du christianisme a été sévèrement critiquée dans les Temps modernes. Il nous faudra partir de ce contraste entre tradition et modernité pour bien poser le problème. Dans un deuxième temps, un bref détour par la théologie paulinienne de la croix nous sensibilisera au problème herméneutique inhérent à toute interprétation de la mort du Christ. En nous inspirant d'un motif christologique découvert chez Luther, celui du joyeux échange, nous nous interrogerons finalement sur la possibilité d'une interprétation non sacrificielle de la mort de Jésus-Christ, qui nous conduira à une évaluation critique du langage sacrificiel.

Le sacrifice : clé centrale de la foi ou notion périmée ?

La notion de sacrifice et la pratique de sacrifices rituels sont très répandues dans les traditions religieuses. En effet, rares sont les religions qui ne connaissent pas, sous une forme ou une autre, le sacrifice, l'offrande de biens, de produits de la terre, d'animaux, parfois même, mais plus rarement, d'êtres humains, d'enfants ou de jeunes filles vierges notamment. En règle générale, ces pratiques visent, comme d'ailleurs aussi les cultes, les prières, les pratiques d'action de grâces ou de repentance, à se rendre la divinité favorable, à apaiser sa colère, à obtenir sa grâce. Le philosophe allemand Immanuel Kant l'a bien exprimé en disant : « Orienter à leur avantage la puissance invisible qui dirige la destinée des hommes est le dessein qu'ils visent tous ; le seul point où leurs pensées se distinguent concerne la manière de s'y prendre. »[2]

---

[1] Le modèle théologique développé dans le cadre de l'« Expo tabernacle 1992 » à Vennes, sous la tente d'actualisation, relisant le culte juif à partir d'une histoire du salut culminant dans la mort sacrificielle de Jésus sur la croix, illustre bien cette interprétation traditionnelle.

[2] Immanuel Kant, *La religion dans les limites de la seule raison*, Paris : PUF, 2016, 240.

La tradition judéo-chrétienne ne fait ici guère exception. Le langage biblique est fortement imprégné par des motifs sacrificiels. Dans l'Ancien Testament, c'est tout particulièrement le cas dans les traditions cultuelles liées au temple. Dans le Nouveau Testament, ce trait conduit à interpréter de manière sacrificielle la mort du Christ. L'accent peut porter tantôt sur Jésus-Christ comme la victime offerte, tantôt sur Jésus-Christ comme celui qui accomplit le sacrifice, le souverain sacrificateur. Parfois, les deux représentations peuvent se lier l'une à l'autre, comme par exemple dans l'épître aux Hébreux, qui représente la forme la plus achevée d'une telle théologie chrétienne du sacrifice (notamment dans les chapitres 9 et 10). Mais ce langage se retrouve à travers tout le Nouveau Testament : le Christ est « mort pour nos péchés », « en expiation pour nous » ; il est la victime innocente, qui, par sa mort ignominieuse, répare le mal que nous avons suscité. Son sang a été « versé pour nous », il nous lave de notre culpabilité et nous réconcilie avec Dieu. Pour le dire en toute clarté avec He 9,22 : « Sans effusion de sang, pas de pardon. »

Cette représentation a nourri de manière multiple toute la tradition de la piété chrétienne. Il suffit pour s'en rendre compte de citer quelques paroles de cantiques du recueil romand *Psaumes et cantiques*[3], qu'il nous arrive de chanter le dimanche matin, notamment dans le temps de la Passion :

- « Agneau de Dieu, tu t'es donné / Dans ton amour suprême / Pour l'homme injuste et condamné / Tu t'es livré toi-même / Quand sous la croix tu fléchissais / C'est nos péchés que tu portais. » (290,1) ;
- « De quelle offense portes-tu la peine / Quand, au supplice, les bourreaux te traînent ? / Christ, le seul juste, rachetant nos crimes / S'offre en victime ! » (293,1) ;
- « Contemple et vois, ô monde / Dans une horreur profonde / Jésus crucifié ! / Le fils du Dieu de vie / À notre place expie / Portant le poids de nos péchés. » (296,1).

Pour ceux qui se savent attachés à cette tradition marquante, la notion de sacrifice constitue la *clé centrale* de la foi chrétienne, inscrite dans la trame même de l'histoire du salut.

D'un point de vue théologique, c'est un homme du Moyen Âge qui nous a laissé la forme la plus achevée de cette interprétation sacrificielle : Anselme de Cantorbéry (1033/34–1109). Dans son ouvrage *Pourquoi Dieu s'est fait homme*[4], il développe une démonstration impressionnante de la nécessité du sacrifice du

---

3   *Psaumes, cantiques et textes pour le culte, à l'usage des Églises réformées suisses de langue française*, Lausanne : Fondation d'édition des Églises protestantes romandes, 1976.
4   Paris : Cerf, 1963.

Christ, inspirée du système de la féodalité. Le péché des hommes a offensé Dieu, en ne lui rendant pas l'honneur qui lui revenait. Pour apaiser la colère de Dieu, il faut s'acquitter de la satisfaction qu'il exige. Mais l'homme ne pouvant pas le faire, Dieu vient le faire à sa place. Il se fait homme pour mourir à la place des hommes et ainsi les réconcilier avec lui-même.

Une telle théologie est aujourd'hui contestée. Les Temps modernes ont introduit, à plusieurs niveaux, une prise de distance critique à l'égard de la notion de sacrifice. Avant d'esquisser ces niveaux, précisons toutefois que la chose n'est pas totalement nouvelle. Très tôt, les critiques se font entendre à l'égard de la pratique sacrificielle, et cela déjà dans l'Ancien Testament. Ainsi, les prophètes s'élèvent, au nom de Yahvé, contre l'hypocrisie des sacrifices. Citons ici deux textes, à titre d'exemples : « Que me fait la multitude de vos sacrifices, dit le Seigneur ? Les holocaustes de béliers, la graisse des veaux, j'en suis rassasié. Le sang des taureaux, des agneaux et des boucs, je n'en veux plus. [...] Cessez d'apporter de vaines offrandes : la fumée, je l'ai en horreur ! » (Es 1,11–13) ; « quand vous faites monter vers moi des holocaustes ; et dans vos offrandes, rien qui me plaise ; votre sacrifice de bêtes grasses, j'en détourne les yeux. » (Am 5,22)

La lutte des prophètes porte ici sur une pratique à réformer. L'ardeur avec laquelle ils se battent montre qu'ils ne s'en distancient pas, mais qu'ils visent une nouvelle compréhension, plus authentique. Les Temps modernes, eux, par contre, ont introduit une distance radicale, sous différents aspects, souvent en tension les uns avec les autres. J'en mentionne brièvement quatre.

a) Dans notre vie quotidienne, nous avons perdu le sens profond des pratiques sacrificielles, parce que nous avons cessé depuis longtemps d'en faire. Ce langage ne nous parle plus. Il se trouve évacué de notre langage quotidien ou n'y apparaît que dans des usages très insignifiants. Ainsi, on dira peut-être, dans un discours politique, qu'étant donné les restrictions budgétaires, il faut « faire des sacrifices » ; ou encore, à table, on dira : « D'accord, je me sacrifie », lorsqu'il s'agit de finir un plat alors qu'on n'en peut plus. Ces exemples montrent bien que nous n'avons plus directement accès au sens véritable de la notion de sacrifice.

b) En même temps, des études historiques, psychologiques et sociales nous ont rendus attentifs au danger de ce qu'on peut appeler les « mécanismes sacrificiels ». En effet, il n'est pas rare de voir dans l'histoire, sous la bénédiction des autorités religieuses, procéder au sacrifice d'un peuple, considéré comme bouc émissaire, condamné comme celui qui porte le mal et qui devient ainsi la victime désignée pour l'expiation. Il en va de même dans certaines sociétés, où un groupe se trouve sacrifié, ou encore dans des familles, où tel membre devra payer de sa santé ou parfois même de sa vie pour tous les autres. « Bouc émissaire », « brebis galeuse » : les expressions rappellent bien les origines de ces pratiques. Toute la multitude des sacrifiés, des victimes innocentes de l'humanité vient ici protester contre un usage irréfléchi de la représentation sacrificielle.

c) Trop souvent, l'idée d'un sacrifice coûte à l'être humain son humanité : lorsque je dois me sacrifier pour une cause, pour un idéal, pour un Dieu qui me revendique tout entier, n'est-ce pas parfois, trop souvent, au prix de ma vie, de mon humanité ? On connaît ici tous les travers de l'aliénation religieuse des hommes et femmes piégés dans une exigence absolue de sacrifice, aliénation religieuse dont les fanatismes religieux ne sont souvent que la pointe de l'iceberg.

d) Mais c'est finalement et surtout du point de vue de l'image de Dieu que le langage sacrificiel est contestable. N'est-ce pas un Dieu sanguinaire, ce Dieu qui réclame le sang de l'innocent, qui demande que le sang soit versé pour laver les offenses des hommes ? Il n'est pas rare d'entendre ici une interrogation critique adressée à la foi chrétienne : est-ce bien là le Dieu que l'Évangile de Jésus voulait ?

À la fin du XIXe siècle, plus clairement qu'aucun autre, le philosophe allemand Friedrich Nietzsche (1844–1900) a formulé cette critique, dans son livre *L'Antéchrist* de 1888. Il oppose sur ce point l'Évangile de Jésus à la foi des premiers chrétiens et surtout de l'apôtre Paul. N'y a-t-il pas, demande Nietzsche, un malentendu qui se serait subrepticement introduit dans le christianisme ? Jésus voulait anéantir la rupture entre Dieu et l'homme, il voulait la paix et le bonheur, sans l'ombre pesante de la faute et de la punition. Et voilà que les chrétiens, et en tout premier l'apôtre Paul, introduisent l'horreur d'un Dieu barbare réclamant le sang de l'innocent répandu sur les coupables.

> Comme c'en était fait d'un coup de l'Évangile ! Le *sacrifice de réparation*, et dans sa forme la plus répugnante, la plus barbare, le sacrifice de l'*innocent* pour les fautes des coupables ! Quel horrible paganisme ! […] À la « bonne nouvelle » succéda sur-le-champ *la plus mauvaise de toutes* : celle de Paul. S'incarne en Paul le type opposé du « joyeux messager », le génie dans la haine, dans une vision de haine, dans la logique sans merci de la haine. *Que* n'a-t-il pas sacrifié à la haine, ce Dysangéliste ? Avant tout il sacrifia le rédempteur ; il le cloua sur *sa* croix.[5]

Comment faut-il ici se situer, entre Anselme et Nietzsche, pour ainsi dire ? Devons-nous nous en tenir à la lecture traditionnelle, et donc ignorer la critique moderne ? Ou devons-nous, au contraire, donner raison à cette dernière, mais en même temps perdre toute référence à la théologie de la croix ? Est-il possible d'échapper à cette alternative fatale ?

Pour répondre à cette question, revenons un instant à la théologie de l'apôtre Paul.

---

5   Friedrich NIETZSCHE, *L'Antéchrist*, Paris : Union générale d'éditions, s.d., 64–65.

La croix chez Paul : différents langages pour un même message

Dans le texte que nous venons de citer, Nietzsche fait de Paul le grand coupable : c'est lui qui a étouffé la bonne nouvelle de Jésus par son « Dysangile », sa mauvaise nouvelle, son modèle de la haine sanglante.

Qu'en est-il exactement chez Paul ? Peut-on confirmer le jugement de Nietzsche ? Est-il vraiment à l'origine de la conception sacrificielle de la mort de Jésus ? Pour aborder de telles questions, nous devons apprendre à renoncer aux préjugés massifs, devenir attentifs aux problèmes historiques, aux problèmes de compréhension et d'interprétation que posent ces questions.

À plusieurs reprises, nous avons parlé de la notion ou de la représentation du sacrifice, ou encore du langage sacrificiel. Il y a là un indice important : il en va de notions, de représentations, d'un langage. Or, un langage n'est jamais sans histoire, et il faut faire l'effort de s'interroger sur cette histoire : qu'en est-il exactement de ce langage sacrificiel et de sa place dans la foi chrétienne ? Lorsqu'on aborde sous cet angle la théologie paulinienne, on aboutit à un jugement plus nuancé que Nietzsche. Je retiens ici quelques éléments importants.

a) Il est aisé de constater que Paul n'exprime pas toujours le message de la croix du Christ de la même manière. Bien au contraire, il peut utiliser différents langages. Si dans Rm 3,22–26, par exemple, il utilise clairement le langage du sacrifice d'expiation, il peut exprimer le même message dans 1 Co 7,23 en parlant du rachat des esclaves, ou encore dans 1 Co 1,22–25 en proclamant la folie de Dieu contre la sagesse des hommes. Mais Paul connaît encore d'autres langages, par exemple celui de la réconciliation dans 2 Co 5,17–21 ou celui du partage de la destinée dans Rm 6,3–11 (notamment le verset 5 : « Car si nous avons été totalement unis, assimilés à sa mort, nous le serons aussi à sa résurrection. »).

b) Ainsi, dès le début de la prédication chrétienne, différents langages sont utilisés pour exprimer un même message, et le langage sacrificiel n'en est qu'un parmi d'autres. C'est là un fait important : il y a dès le départ multiplicité d'expressions théologiques. L'unité du christianisme ne se fait pas autour d'un langage unique et seul autorisé. Paul utilise plusieurs langages. D'autres auteurs du Nouveau Testament, à côté de lui, en utilisent d'autres encore : ainsi, dans l'évangile de Jean, la mort sur la croix est la glorification et la manifestation de la lumière dans les ténèbres, qui ne la reçoivent pas ; l'évangile de Matthieu, lui, conçoit la mort du Christ comme l'accomplissement de la loi.

c) Ces différents langages sont issus de contextes divers, ont des origines diverses, qui déterminent leur signification. Ainsi, par exemple, le langage de l'expiation a son lieu dans la tradition du culte juif, tandis que le thème du rachat est en rapport avec la pratique sociale antique de l'affranchissement des esclaves par le versement d'une certaine somme d'argent. Le troisième, par contre, celui de la folie, s'enracine chez Paul dans une confrontation avec l'idéal culturel grec de la sagesse.

d) Comme nous l'avons déjà dit, ces langages ont une histoire. Ils circulent, se répandent ou se perdent, se transforment, repris par certains auteurs, délaissés par d'autres. Ainsi, on peut dire que pour Paul, le langage du sacrifice d'expiation, comme celui du rachat des esclaves, n'est qu'un langage d'emprunt. À la différence de celui de la folie de la croix, il ne le développe pas lui-même. Il le reprend parce qu'il le trouve déjà répandu dans les premières communautés.

e) Cette variété de langages qui se concurrencent, se complètent ou s'interpénètrent les uns les autres, ne conduit-elle pas à un relativisme ? N'aboutit-on pas à une sorte de tour de Babel se construisant autour de Jésus-Christ ? Ce danger, certes, existe, et il se reflète dans certains conflits dont nous parle le Nouveau Testament. Mais, implicitement, une règle herméneutique s'instaure, qui permet de réguler les langages. Les différents langages ont pour but de dire, de proclamer la signification de l'Évangile, en l'exprimant dans des termes qui parlent aux contemporains : Jésus-Christ, c'est comme quand quelqu'un paie la somme pour affranchir un esclave ; Jésus-Christ, c'est comme quand le souverain sacrificateur verse le sang de l'agneau sur l'autel ; etc.

Ces langages doivent se mesurer au message qu'ils sont chargés de proclamer. Ils ne peuvent pas dire n'importe quoi à son sujet. Les langages interprètent l'événement de Jésus-Christ ; mais, à leur tour, ils sont interprétés par l'événement lui-même, mesurés, évalués dans leur capacité à le dire, à l'exprimer de manière adéquate. C'est donc ici un mouvement d'interprétation réciproque qui s'opère entre l'événement et les langages. Le langage sacrificiel, qui n'en est qu'un parmi d'autres, doit être soumis à cette même évaluation critique, comme tous les autres.

Que résulte-t-il de ces observations pour notre propos ? Nous ne sommes pas enfermés dans l'alternative évoquée plus haut, entre Anselme et Nietzsche, parce que nous ne sommes pas restreints au seul langage sacrificiel pour exprimer la signification de la croix. Comme l'apôtre Paul, nous sommes libres d'évaluer les langages, d'en utiliser certains au détriment d'autres ou même d'en inventer de nouveaux. Il est essentiel pour la théologie chrétienne de ne pas figer son message dans un seul langage, par exemple celui du sacrifice d'expiation. La liberté chrétienne est ici une liberté herméneutique, liberté pour un travail d'interprétation ouverte.

Comment proclamer la message de la mort du Christ aujourd'hui ?

Après ces diverses considérations, reprenons, pour terminer, quelques éléments de manière plus systématique, pour réfléchir à la manière de proclamer le message de la mort du Christ aujourd'hui.

Nous partirons d'un exemple de la Réforme.

Le « joyeux échange » chez Luther

Dans nos efforts d'exprimer le message chrétien de la manière la plus adéquate possible, nous pouvons nous inspirer de la tradition, là en particulier où elle a tenté de développer librement de nouveaux langages susceptibles de nous aider.

Si l'on considère ici l'exemple de la Réforme, moment privilégié de la tradition chrétienne du point de vue protestant, il faut dire que, dans leur christologie, les Réformateurs ont très souvent repris les langages traditionnels. Ainsi, ils n'hésitent pas à utiliser largement l'idée de l'expiation sacrificielle. Mais il est frappant tout de même de les voir soudain imaginer d'autres expressions, non sacrificielles. C'est le cas de Luther, par exemple, dans son *Traité de la liberté du chrétien* de 1520. S'inspirant de la mystique allemande, le Réformateur exprime la relation entre le Christ et l'âme du croyant comme un mariage conduisant à un « joyeux échange » entre les deux conjoints. « La foi […] unit […] l'âme au Christ comme une épouse à son époux. ». Il en résulte que leurs biens sont mis en commun :

> Ce que le Christ possède est la propriété de l'âme croyante ; ce que l'âme possède devient la propriété du Christ. D'un côté, le Christ détient tout bien et toute béatitude ; ils sont la propriété de l'âme. De l'autre côté, l'âme détient tous les vices et tous les péchés ; ils deviennent la propriété du Christ.

Et Luther de demander : « N'est-ce pas une joyeuse fête nuptiale, que celle où le Christ, l'époux riche, noble et juste, prend en mariage la pauvre petite prostituée, méprisée et méchante, et qu'il la débarrasse de tout mal et l'orne de tous les biens ? »[6]

Le langage sacrificiel est ici remplacé par un langage carrément nuptial, d'inspiration mystique.

Un langage non sacrificiel pour aujourd'hui ?

Comment peut-on exprimer aujourd'hui le noyau central du message de la croix dans un langage susceptible d'être compris par les contemporains et surtout de les interpeller ? On ne peut répondre à cette question qu'en proposant à ses risques et périls le langage estimé le plus pertinent possible dans l'épreuve ouverte de l'interprétation. C'est ce que nous tenterons ici en axant tout sur la perspective de la *relation*.

Pour l'être humain, la mort est le « dernier ennemi » (1 Co 15,26), parce qu'elle signifie la rupture, la cassure de toutes les relations. C'est ce qui fait son

---

6 Cf. Martin LUTHER, *De la liberté du chrétien*, in : ID., *Œuvres*, vol. 1, Paris : Gallimard, 1999, 839–863, citations 846–847.

caractère diabolique, au sens propre[7] : elle est séparation d'avec tout ce qui m'a constitué, des autres, du monde, de Dieu, et donc solitude dernière qui m'angoisse. Sous une forme ou une autre, les langages de la croix expriment tous qu'un autre, en mourant la mort ignominieuse du maudit pendu au bois, a vécu jusqu'au bout la destinée humaine, jusque dans le plus grand abandon, et qu'en ce dernier des derniers, Dieu s'est dévoilé (le voile du temple se déchire). Mais par là même, cette mort devient paradoxalement victoire sur la mort, sens profond du message de Pâques. Si Dieu s'est identifié avec le crucifié, la mort ne peut plus placer les humains en situation de solitude dernière. Elle ne peut plus couper les humains de l'amour de Dieu (cf. Rm 8,38–39). Dans la vie comme dans la mort, jusque dans l'abandon le pire, Dieu n'abandonne pas les humains. La relation à Dieu n'est pas vaincue par la mort. Il devient ainsi possible, sous le signe de la croix, de s'abandonner à Dieu dans l'abandon et ainsi de vivre sa vie et sa mort dans l'acceptation libre et sereine de ses limites. La condition humaine trop humaine est le lieu où Dieu nous offre ainsi de vivre la lumière pascale, « ce trésor, nous le portons dans des vases d'argile » (2 Co 4,7)[8].

Et qu'en est-il du langage sacrificiel ?

Trois questions méritent d'être posées pour procéder à une évaluation critique de ce langage.

1. S'il y a eu dès le début plusieurs langages, comment se fait-il que celui du sacrifice se soit si largement imposé dans le christianisme, au point de devenir le seul valable ou presque ? Il n'est pas aisé de répondre à cette question. Il me semble qu'un élément de réponse pourrait être le suivant : peut-être le langage du sacrifice s'est-il imposé parce qu'il correspond le plus directement à la conception archaïque de la justice rétributive. À chacun ce qu'il mérite par ses fautes. Mais alors seul l'innocent peut, en subissant la punition, essuyer les fautes. En ce sens, on pourrait se demander si ce langage n'est pas tout simplement le plus spontané, le plus humain, mais, pour cette raison aussi, peut-être le plus simplificateur.

2. Ce langage est-il aujourd'hui encore pleinement utilisable ? Ici aussi, la question est difficile. En tout cas, nous l'avons vu, ce langage ne va plus de soi pour nous. Il a perdu son évidence, et il suscite beaucoup de malentendus. Cela

---

7 *Diabolos* en grec signifie celui qui sépare, qui désunit.
8 Pour une explicitation d'une telle interprétation non sacrificielle de la croix, cf. Pierre-Luigi DUBIED, *L'angoisse et la mort*, Genève : Labor et Fides, 1991, surtout 67–81. Pour une réflexion systématique, cf. Günter BADER, *Symbolik des Todes Jesu*, Tübingen : Mohr, 1988 ; Gerhard EBELING, « Der Sühnetod Christi als Glaubensaussage. Eine hermeneutische Rechenschaft », in : ID., *Wort und Glaube*, vol. 4 : *Theologie in den Gegensätzen des Lebens*, Tübingen : Mohr, 1995, 557–582.

devrait nous rendre très prudents dans son utilisation, notamment dans l'évangélisation. Cela dit, il est bien sûr possible de retrouver son sens profond, mais cela demande une interprétation patiente et nuancée de son usage premier. On doit retourner au cœur de la symbolique cultuelle, qui nous est donnée par les textes bibliques, par exemple dans Lv 17,11 : « car la vie d'une créature est dans le sang, et moi, je vous l'ai donné, sur l'autel, pour l'absolution de votre vie. En effet, le sang procure l'absolution parce qu'il est la vie. » Le sang est ici principe vital. Le coupable, coupé de Dieu par son péché, et donc menacé de mort, voit sa relation à Dieu renouée par le sang de la victime, versé sur le propitiatoire, c'est-à-dire la plaque qui recouvrait l'arche de l'alliance dans le temple, plaque qui symbolise ainsi la relation au Dieu de l'alliance comme fondement de la vie. Ainsi, le rite d'expiation, unissant le coupable et la victime, marque la victoire de la vie sur la mort, de la relation avec Dieu sur la séparation d'avec lui. Versant son sang dans celui de la victime, l'homme retrouve vie dans la réconciliation avec le Dieu de l'alliance. Ainsi réinterprété, le sens sacrificiel de la croix est très proche de l'expression que nous avons tenté de lui donner plus haut.

3. Peut-on utiliser ce langage aujourd'hui, ou vaut-il mieux l'abandonner ? La question mérite qu'on s'y arrête. Certes, à cause de ses difficultés, il ne faudrait pas l'utiliser de manière inconsidérée, en particulier avec des auditoires incapables de l'interpréter. Mais il ne s'agit pas non plus simplement de le rejeter. Soigneusement réinterprété, il pourrait peut-être nous faire redécouvrir des éléments que nous avons perdus. À titre d'exemples :
- quelle importance y a-t-il à ce que Dieu se proclame dans la solidarité avec une *victime*, dans un monde qui ne compte plus ses victimes ?
- dans un monde utilitariste, soucieux des seuls intérêts propres, quelle chance y a-t-il à redécouvrir le vrai sens du *sacrifice de soi*, dans lequel un être humain peut pleinement se donner ?
- sommes-nous toujours attentifs dans l'*offrande* à ce qui vient *s'offrir* à nous ? Aux possibilités qui s'ouvrent, aux chances qui se dessinent pour nous ?

Mais ce langage ne pourra redevenir vivant et fructueux que par l'interaction avec d'autres. Ce qui vient s'offrir dans le sacrifice *s'offre* aussi dans d'autres images, sous d'autres traits. C'est en ce sens qu'il convient d'évoquer, en guise de conclusion, un autre langage, plus inattendu, plus surprenant pour nous, mais exprimant bien cette lumière que les ténèbres n'ont pas reçue, sous les traits d'une fille qui danse et qui chante à midi sur la place de la ville.

Sur la place
Sur la place chauffée au soleil
Une fille s'est mise à danser
Elle tourne, toujours pareille

Aux danseuses d'antiquités
Sur la ville, il fait trop chaud
Hommes et femmes sont assoupis
Et regardent par le carreau
Cette fille qui danse à midi

Ainsi, certains jours, paraît
Une flamme à nos yeux
À l'église où j'allais
On l'appelait le Bon Dieu
L'amoureux l'appelle l'amour
Le mendiant la charité
Le soleil l'appelle le jour
Et le brave homme la bonté

Sur la place vibrante d'air chaud
Où pas même ne paraît un chien
Ondulante comme un roseau
La fille bondit, s'en va, s'en vient
Ni guitare ni tambourin
Pour accompagner sa danse
Elle frappe dans ses mains
Pour se donner la cadence

Ainsi, certains jours, paraît
Une flamme à nos yeux
À l'église où j'allais
On l'appelait le Bon Dieu
L'amoureux l'appelle l'amour
Le mendiant la charité
Le soleil l'appelle le jour
Et le brave homme la bonté

Sur la place où tout est tranquille
Une fille s'est mise à chanter
Et son chant plane sur la ville
Hymne d'amour et de bonté
Mais, sur la ville, il fait trop chaud
Et pour ne point entendre son chant
Les hommes ferment les carreaux
Comme une porte entre morts et vivants

Ainsi, certains jours, paraît
Une flamme en nos cœurs
Mais nous ne voulons jamais
Laisser luire sa lueur
Nous nous bouchons les oreilles
Et nous nous voilons les yeux
Nous n'aimons pas les réveils
De notre cœur déjà vieux

Sur la place, un chien hurle encore
Car la fille s'en est allée
Et comme le chien hurlant la mort
Pleurent les hommes leur destinée[9].

---

9   Auteur-compositeur : Jacques Brel © Universal Music Publishing France et Éditions Jacques Brel, Bruxelles, 1954. Premier éditeur : Les éditions Montmartre.

Höllenfahrt Christi – ein umstrittenes Stück der Kreuzestheologie
Versuch einer kleinen Synthese

[2001]

1. Die Aussage der Höllenfahrt Christi steht zwar im apostolischen Glaubensbekenntnis, ist aber unter verschiedenen Gesichtspunkten umstritten.
1.1. Die Aussage stand nicht von Anfang an im Bekenntnis, sondern kam erst später, gegen Ende des 4. Jahrhunderts, hinein; sie ist also altkirchlicher Prägung.
1.2. Das Motiv der Höllenfahrt ist nicht spezifisch christlich, sondern findet sich bereits in unterschiedlichen Formen in anderen Religionen, wie auch in der griechischen Mythologie.
1.3. Es ist nicht sicher, dass die Höllenfahrt im christlichen Glauben ein eigenständiges Motiv ist; es scheint sich im Kontrast zur *Himmel*fahrt Christi entwickelt zu haben.
1.4. Um diese Verknüpfung zu unterstreichen, wird hier in traditioneller Terminologie von «Höllenfahrt» gesprochen, obschon diese Bezeichnung fragwürdig ist und es heute für *descensus ad inferos/inferna* wohl bessere Übersetzungen gäbe.

2. Eine weitere Schwierigkeit ist, dass es für die Aussage der Höllenfahrt Christi keine sehr eindeutigen biblischen Belege gibt.
2.1. Aus dieser Feststellung ein dogmatisches Argument gegen die Aussage selbst zu machen, wäre jedoch ein biblizistisches Verfahren.
2.2. Es gibt andere dogmatische Aussagen des christlichen Glaubens, die biblisch ebenso schlecht bezeugt sind, so etwa die zentrale Aussage der göttlichen Trinität.
2.3. Eine mangelnde biblische Begründung erfordert, dass man die betreffende Aussage umso mehr von ihrem Sachzusammenhang her versteht, was hier heisst: vom Sachzusammenhang von Kreuz und Auferstehung Christi her.

3. Schliesslich ist die Aussage schwierig, weil sie von einem mythologischen Weltbild abhängig ist, das uns fremd geworden ist.

3.1. Wollen wir die Aussage der Höllenfahrt Christi heute noch verstehen, muss sie im Sinne Rudolf Bultmanns[1] entmythologisiert werden.

3.2. Entmythologisieren heisst nicht entleeren, entfernen, wegwerfen; es geht vielmehr darum, die Aussage so zu interpretieren, dass deren sachlicher Gehalt unter neuen Verstehensbedingungen erfasst werden kann.

4. In diesem Sinne kann das Höllenfahrt-Motiv als eine Weise betrachtet werden, wie die Heilsbedeutung von Kreuz und Auferstehung Christi formuliert wird.

4.1. Als solche steht sie am Schnittpunkt zwischen Christologie und Soteriologie.

4.2. Die Christologie der ersten Christ/-innen beginnt mit den Erscheinungsberichten und -erzählungen; anders gesagt: Erst vom Osterlicht her erschliesst sich, was es mit dem Leiden und Sterben Christi auf sich hat.

4.3. Die Aussage von der Höllenfahrt ist eine Weise unter anderen, die österliche Botschaft zum Ausdruck zu bringen, dass im Tod Christi der Tod besiegt wurde.

4.4. Der alte Streit, ob die Höllenfahrt die letzte Erniedrigung des Gekreuzigten oder der erste Siegeszug des Erhöhten sei, ist müssig, denn in der Höllenfahrt wird die Erniedrigung des Leidens und Sterbens als Sieg über den Tod verkündigt.

5. Im Zeichen der Entmythologisierung werden Hölle und Himmel als relationale Dimensionen verstanden.

5.1. Sie bezeichnen weder Orte in einer endzeitlichen Topografie (Unterwelt und Oberwelt), noch Ansammlungen von bereits verstorbenen Menschen (die Verdammten, die Seligen und dazwischen vielleicht die Läuterungsbedürftigen), sondern verschiedene Modi des Gottesverhältnisses, die Gottesferne und die Gottesnähe.

5.2. Diese Modi des Gottesverhältnisses sind nicht bereits festgelegt, sondern stehen für alle Menschen in der Frage nach Glauben und Unglauben zur Entscheidung.

5.3. Vom Lebensbezug her werden die Menschen gerade im Leiden und Sterben vor die radikale Frage der Gottesferne oder Gottesnähe gestellt.

---

1 Rudolf BULTMANN, *Neues Testament und Mythologie. Das Problem der Entmythologisierung der neutestamentlichen Verkündigung*, Nachdruck der 1941 erschienenen Fassung, hrsg. von Eberhard Jüngel, München: Kaiser, 1985.

6. In diesem Rahmen bedeutet die Höllenfahrt Christi: Indem er den Tod am Kreuz als äusserste Gottesferne bis ans Ende starb, hat er diese Gottesferne des Todes auch *ausgestorben*.
6.1. Im Lichte der österlichen Erscheinungen wird rückblickend das Aussterben der Gottesferne am Kreuz zur Zukunft eröffnenden Gottesnähe.
6.2. Die «natürliche» Bewegung vom Leben in den Tod hinein ist somit umgekehrt: Aus dem Tod geht neues Leben hervor.
6.3. Diese Wende wird beim Höllenfahrt-Motiv in mythologischer Fantasie durch Christi Besiegen des Teufels, Aufbrechen der Höllenpforte und Befreien der gefangengenommenen Verstorbenen ausgedrückt.
6.4. Von der Fantasie her enthält das Höllenfahrt-Motiv ein humoristisches Potenzial, das etwa im Osterlachen zum Tragen kommen kann.[2]
6.5. Wenn diese mythologische Ausgestaltung allzu schnell im Sinne eines Heilsuniversalismus gedeutet wird, entsteht die Gefahr einer Allversöhnung oder Apokatastasis.
6.6. Was mit den bereits Verstorbenen geschehen soll, ist nicht unsere Sache, sondern darf der göttlichen Vorsehung anvertraut werden.

7. Vom Lebensbezug her heisst die Höllenfahrt Christi: In aller Gottesferne, die mich im Leiden und Sterben immer wieder anficht, gilt die Gewissheit, dass diese Gottesferne in Christi Leiden und Sterben überwunden wurde.
7.1. Diese Überwindung befreit mich nicht vom Leiden und Sterben, sondern schenkt mir die Möglichkeit, sie nicht mehr als Gottesferne, sondern als paradoxe Gottesnähe in der sich trotz allem immer wieder einstellenden Gottesferne erleben zu dürfen.
7.2. Diese Gewissheit ist Glaubensgewissheit: Sie ist nicht ein für allemal erreicht, sondern muss einem in der Anfechtung immer wieder neu geschenkt werden.
7.3. In diesem Sinne gilt, dass die Höllenfahrt Christi in der Passion, im Garten Getsemani und auf Golgota, stattgefunden hat.
7.4. Am Kreuz wird die Gewissheit errungen, dass der mich verlassende Gott «mein Gott, mein Gott» bleibt (Mk 15,34; Mt 27,46), dass in aller Verlassenheit auf ihn Verlass ist.
7.5. In solcher Interpretation kann das Motiv der Höllenfahrt die Kreuzestheologie unabhängig von Sühnegedanken und Satisfaktionstheorie zum Ausdruck bringen.

---

2 Vgl. Michael A. SCREECH, *Laughter at the Foot of the Cross*, London: Penguin Books, 1997.

8. Soteriologisch wird durch die Höllenfahrt der Übergang von einem Leben in der Macht des Todes in ein Leben in der Macht des Lebens ausgesagt.
8.1. In diesem Sinne gilt, dass Christus «Höllenfahrten» bereits in seinem irdischen Leben vollzogen hat, «so oft er Frauen, Männer von der Herrschaft der Dämonen erlöst hat, die ihnen das Herz nagten, das Fleisch und den Geist quälten».[3]
8.2. Das gilt für uns auch in unserem Sterben: Auch wenn der Tod gerade dann seine Macht auf uns besonders stark ausübt, steht er doch im Zeichen der Macht des Lebens.

9. Im apostolischen Glaubensbekenntnis könnte es deshalb an dieser Stelle heissen: «gekreuzigt, gestorben und begraben, hinabgestiegen in die tiefste Gottesferne, um mitten in ihr die befreiende Gottesnähe anbrechen zu lassen».

---

3 Sylvie GERMAIN, *Mourir un peu*, Paris: Desclée de Brouwer, 2000, 103.

Une approche herméneutique des interactions entre texte et image
La réception de Don Quichotte par Friedrich Dürrenmatt

[2011][1]

> *Au Centre Dürrenmatt Neuchâtel,*
> *à l'occasion de son dixième anniversaire.*

Mon objectif principal dans cet article est d'ordre méthodologique : esquisser une méthode simple et concise d'interprétation des images dans leurs interactions avec des textes. Je le ferai de manière pragmatique en me concentrant sur un exemple concret, assavoir un tableau lié à des dessins et des textes décrivant un même personnage. Je vais donc travailler simultanément sur les interactions entre des images et des textes, des textes et d'autres textes, des images et d'autres images. En combinant ces perspectives, cet article s'intéresse à l'« intertextualité », à l'« interpicturalité » et à l'« inter-textualité-et-picturalité ». Ce dernier terme est un néologisme que j'ai inventé. À ma connaissance, il n'y a pas de terminologie reconnue parmi les érudits pour désigner ce type d'approche. Au sens large, nous pourrions dire que nous considérons différentes facettes de l'intermédialité.

Ma démarche s'inspire de l'herméneutique, en particulier des catégories herméneutiques reprises de Rudolf Bultmann[2] et Paul Ricœur[3]. Les étapes progressives de mon analyse correspondent en gros aux trois étapes du modèle d'interprétation des images développé par Erwin Panofsky[4].

---

1 Traduit de l'anglais par Lucie Kaennel.
2 Rudolf BULTMANN, « Le problème de l'herméneutique », in : ID., *Foi et compréhension*, vol. 1 : *L'historicité de l'homme et de la révélation*, Paris : Seuil, 1970, 599–626.
3 Paul RICŒUR, *Du texte à l'action. Essais d'herméneutique II*, Paris : Seuil, 1986, en particulier « La fonction herméneutique de la distanciation », 101–117.
4 Cf. Erwin PANOFSKY, « Ikonographie und Ikonologie. Einführung in die Kunst der Renaissance », in : ID., *Sinn und Deutung in der bildenden Kunst*, Köln : Dumont, 1975, 36–67.

« Premier regard » : la précompréhension

Jetons un premier regard au tableau (fig. 1) que nous allons interpréter.

Fig. 1 : Friedrich Dürrenmatt, *Don Quichotte* (1987)
© Centre Dürrenmatt Neuchâtel/Schweizerische Eidgenossenschaft

Panofsky appellerait cette étape la « description pré-iconographique ». Avec Bultmann on pourrait parler de « précompréhension » (*Vorverständnis*). Le but est de prendre conscience de notre première perception de l'image et de réaliser le type de réaction qu'elle provoque auprès des observateurs que nous sommes. À un niveau élémentaire, ce « premier regard » cherche à reconnaître notre « rapport vital à ce qui est en jeu dans le tableau »[5].

Au centre de l'image, nous voyons un homme plutôt âgé, portant une longue barbe blanche, et un cheval tout aussi vieux et maigre, tombant du coin supérieur droit vers le coin inférieur gauche de l'image. Nous pourrions dire qu'ils se précipitent en direction de l'observateur. Dans leur chute, ils sont pris dans des fils électriques. Dégringolant avec eux, mais pointant vers le coin supérieur gauche, on aperçoit une lance qui flotte dans les airs. Sur le côté gauche, il y a un grand pylône, relié par de nombreux fils à d'autres pylônes à l'arrière-plan du tableau. Au-dessus du pylône, nous pouvons voir un grand cercle. Est-ce un soleil ou une lune ? Ou peut-être une grosse tête ? Peut-être une tête, si nous voulons voir dans les deux taches orange de chaque côté des cheveux. Suspendus au pylône dans la direction opposée à l'homme et au cheval qui choient, du coin supérieur gauche vers le coin inférieur droit, on peut voir les bouts d'un tissu pourpre ressemblant aux lambeaux d'une traîne et contrastant avec le blanc et le bleu turquoise de l'homme et du cheval. Dans le bord inférieur, au centre, on peut apercevoir une partie du visage d'un observateur, un homme plutôt gros. La combinaison des trois faces, celle du cheval, de l'homme qui tombe et de l'observateur, suscite un climat de surprise et de peur. Cette impression de grande frayeur est soulignée par des trous grand ouverts : les oreilles, les yeux et les narines du cheval ; les yeux et la bouche de l'homme qui tombe ; les yeux de l'observateur. La scène est tragique : cela ressemble à une défaite, exprimée dans la chute. Mais en même temps, il y a une sorte d'exagération grotesque, donnant une dimension comique à la scène. Que peut bien signifier cette scène étrange ?

« Second regard » : la distanciation par la contextualisation

Panofsky qualifierait cette deuxième étape d'« analyse iconographique ». En enquêtant sur le contexte du tableau, son artiste, les circonstances concrètes de sa réalisation, les sources possibles du personnage représenté, les thèmes, types et représentations similaires dans la culture, etc., nous pouvons prendre de la distance par rapport au « premier regard » fondé sur une réponse immédiate au tableau et créer un espace pour une compréhension plus raisonnée de l'image en

---

5   Formule librement inspirée de Bultmann, « le rapport vital de l'interprète à la chose que le texte exprime », « Le problème de l'herméneutique » (note 2), 605–606.

tant qu'image, en tant qu'œuvre artistique. Avec Ricœur, nous pouvons parler d'une « distanciation créative », obtenue par une contextualisation qui nous aide à appréhender le tableau dans son propre style, comme une œuvre aux caractéristiques spécifiques.

Dans cette deuxième étape, différentes connexions nous aideront à situer l'œuvre que nous interprétons et à percevoir les contours initiaux de ce que Umberto Eco nomme *intentio operis*[6].

a) Il y a un petit texte, annexé au cadre, qui nous aide à contextualiser notre image : sa légende. Le tableau s'intitule *Don Quichotte*. Bien sûr, cela crée instantanément une interaction avec un autre texte, un roman célèbre du début du XVIIe siècle : le tableau semble être consacré au personnage éponyme du roman de Miguel de Cervantes Saavedra, Don Quichotte de la Manche. Cette image serait donc une illustration du roman de Cervantes, mais de quelle manière ?

b) Une deuxième indication est que ce tableau se trouve au Centre Dürrenmatt à Neuchâtel[7]. Il appartient à la collection de tableaux réalisés par l'écrivain, peintre et dramaturge suisse Friedrich Dürrenmatt (1921–1990). C'est le seul grand tableau consacré à ce personnage par Dürrenmatt. Il a été peint tardivement, en 1987, après une vaste œuvre de romans, de pièces de théâtre, d'essais, de dessins et de tableaux[8]. Durant ces années, Dürrenmatt travaille à de nombreux personnages apocalyptiques, et ce tableau est, lui aussi, imprégné d'une atmosphère apocalyptique. La relation entre le tableau et son artiste ouvre un vaste champ d'interactions possibles que nous pouvons explorer : existe-t-il d'autres images, par exemple des dessins, dans l'œuvre de Dürrenmatt, qui pourraient nous aider à interpréter le tableau de 1987 ? Dürrenmatt fait-il référence au personnage de Don Quichotte dans son œuvre dramaturgique, romanesque et essayistique ? Peut-être existe-t-il des textes qui fournissent des commentaires explicites de ses propres tableaux ? Y a-t-il des scènes dans ses pièces de théâtre dans lesquelles apparaît le personnage de Cervantes ?

c) En même temps, nous devons nous rappeler que ce tableau n'est pas la première illustration du personnage de Cervantes. L'histoire de l'art connaît de nombreuses images de Don Quichotte. Une question intéressante serait donc de

---

6 Umberto Eco, *Les limites de l'interprétation*, Paris : Grasset, 1992.
7 https://www.cdn.ch/cdn/fr/home.html (consulté le 29 avril 2019).
8 Pour une édition complète en allemand, cf. Friedrich Dürrenmatt, *Werkausgabe in siebenunddreissig Bänden*, Zürich : Diogenes, 1998. Les traductions françaises des écrits de Dürrenmatt ont paru de manière éparse. Pour les principaux tableaux et dessins : id., *Bilder und Zeichnungen*, Zürich : Diogenes, 1978 ; Ulrich Weber *et alii* (dir.), *Friedrich Dürrenmatt Schriftsteller und Maler*, Zürich : Diogenes, 1994 ; Vincenza Russo (dir.), *Les mythes de Dürrenmatt. Dessins et manuscrits. Collection Charlotte Kerr Dürrenmatt*, Genève : Fondation Martin Bodmer/Skira, 2005 ; *Dürrenmatt dessine. Œuvres de la collection du Centre Dürrenmatt Neuchâtel*, Paris : Buchet/Chastel, 2006.

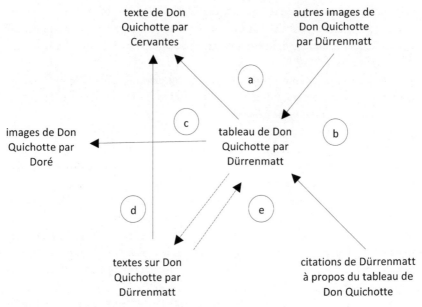

Fig. 2 : Schéma de la réception de Don Quichotte

savoir si Dürrenmatt s'est inspiré d'autres images consacrées au chevalier de la Manche. Les caricaturistes français Honoré Daumier (1808–1879) et Gustave Doré (1832–1883) faisaient partie de l'environnement artistique de Dürrenmatt ; certains de leurs recueils de gravures se trouvent dans sa bibliothèque. Par conséquent, une comparaison avec les célèbres gravures de Gustave Doré de 1869 pourrait présenter un intérêt particulier pour notre enquête[9].

Pour tenter de mieux comprendre le tableau, nous explorerons l'une après l'autre ces différentes interactions. Le schéma ci-dessus (fig. 2) nous permet de résumer ces étapes successives.

Troisième étape : vers une compréhension plus profonde

La troisième étape, qui constitue la partie centrale de notre article, peut être appelée, selon la terminologie de Panofsky, étape de l'« interprétation iconologique ». Le but est de découvrir le « sens réel » de cette image, c'est-à-dire son contenu

---

9   Cf. Miguel DE CERVANTES SAAVEDRA, *L'ingénieux hidalgo don Quichotte de la Manche*. Avec 370 compositions de Gustave Doré, gravées sur bois par Héliodore Pisan, 3 vol., [Genève] : Arnaud de Vesgre, 1981 (reproduction de l'édition de 1869).

intrinsèque et sa symbolique, comme aboutissement de notre analyse par étapes, afin d'établir un lien avec la *Lebenswelt* de l'observateur.

Comme nous l'avons peu à peu découvert, notre tableau doit être placé à l'entrecroisement d'une multiplicité d'interactions avec d'autres images et textes. Ces différentes interactions nous aideront dans l'« interprétation iconologique » du tableau. Pour reprendre Ricœur, nous pourrions dire que ces différents moments seront les degrés d'un arc interprétatif conduisant à une compréhension plus profonde.

Le tableau de Dürrenmatt et le roman de Cervantes (a)

À un certain niveau, bien sûr, notre tableau peut être considéré comme une interprétation picturale du roman de Cervantes, comme le suggère sa légende. Le décor évoque la scène-clé rapportée au chapitre 8 : aveuglé par la passion de sa chevalerie, Don Quichotte considère les moulins à vent comme de grands géants menaçants et les assaille à cheval. Mais il perd la bataille : les ailes des moulins à vent les soulèvent, lui et son cheval, et les jettent à terre. L'écuyer de Don Quichotte, Sancho Panza, assiste impuissant aux ravages de la défaite ; effrayé, il accourt pour aider son maître à sortir de cette situation douloureuse !

Le tableau représente cette bataille. Nous pouvons reconnaître Don Quichotte et son cheval Rocinante défaits et, dans le bord inférieur, Sancho Panza qui, effrayé, observe la scène. Mais pourquoi le peintre introduit-il alors des fils électriques et des pylônes au lieu des moulins à vent ? Pour répondre à cette question, il va nous falloir une autre interaction.

Citations et autres images de Dürrenmatt liées au tableau (b)

Dans *Les mythes de Dürrenmatt*, livre publié après le décès de Dürrenmatt, sa seconde épouse Charlotte Kerr Dürrenmatt décrit comment le couple, en mémoire de Don Quichotte, a découvert la région de La Mancha au cours d'un voyage en Espagne en octobre 1986. Le long de la route, ils ont observé de grands pylônes électriques, ressemblant à des géants. Dürrenmatt a soudain dit à son épouse : « Si Don Quichotte vivait de nos jours, il se battrait contre eux et non contre les ailes des moulins à vent ! » Le même soir, il a commencé à esquisser dans son carnet de croquis les pylônes, Don Quichotte et son cheval pris dans les fils électriques[10]. Nous pouvons observer comment ces dessins ont en fin de compte abouti au tableau final.

---

10 Russo (dir.), *Les mythes de Dürrenmatt* (note 8), 184 ; pour les dessins des pages suivantes, *ibid.*, 189–191.

Dans un premier dessin (fig. 3), nous voyons uniquement les pylônes et les fils électriques s'élevant au-dessus des arbres, tels des géants. Dans la partie inférieure, il y a quelques poteaux plus petits, qui ressemblent à des croix de cimetière ou évoquent peut-être les croix du Golgotha.

Fig. 3 : Friedrich Dürrenmatt
© Centre Dürrenmatt
Neuchâtel/Schweizerische
Eidgenossenschaft

Fig. 4 : Friedrich Dürrenmatt
© Centre Dürrenmatt
Neuchâtel/Schweizerische
Eidgenossenschaft

Dans une deuxième esquisse (fig. 4), l'artiste introduit son personnage : une figure humaine (avec un heaume ?) semble prise dans les fils électriques et, au-dessus d'elle, on pourrait deviner une lance qui vole. Les deux pylônes ressemblent à des ébauches de géants.

Dans le troisième dessin (fig. 5), il n'y a plus de vue grand angle sur la scène. L'attention est maintenant concentrée sur le personnage humain pris dans les fils électriques, avec son cheval Rocinante, disposés comme ils le seront dans le tableau final. La lance apparaît derrière le chevalier en train de tomber. Le fond est noir et il n'y a qu'un seul pylône géant sur le bord gauche du dessin. Mais Don Quichotte et Rocinante tombent déjà dans la même direction que sur le tableau final. Au regard du lien entre les pylônes et les géants dans les esquisses, nous pouvons maintenant interpréter le grand cercle situé dans le coin supérieur gauche du tableau comme une tête de géant et les bouts du tissu pourpre à l'arrière-plan comme la cape du géant.

Si nous associons le tableau à ces dessins et à la remarque faite dans la voiture, nous comprenons dès lors pourquoi Dürrenmatt a remplacé les moulins à vent par des pylônes électriques. Cela peut être interprété comme une intuition pour actualiser la scène, la transférer du XVIIe au XXe siècle, afin que la défaite de Don Quichotte puisse davantage faire effet sur les observateurs contemporains.

Fig. 5 : Friedrich Dürrenmatt
© Centre Dürrenmatt
Neuchâtel/Schweizerische
Eidgenossenschaft

Le tableau de Dürrenmatt et les gravures de Gustave Doré (c)

La comparaison avec les célèbres gravures de Gustave Doré[11] affine encore notre interprétation. Pour la scène des moulins à vent, Doré utilise deux images pour décrire deux moments de la bataille – le début et la fin.

Fig. 6 : Gustave Doré

---

11 Cf. CERVANTES, *L'ingénieux hidalgo don Quichotte de la Manche* (note 9).

La première image (fig. 6) présente un vaste paysage avec une longue rangée de moulins à vent. Au premier plan, nous voyons comment Don Quichotte s'empêtre dans l'aile du moulin et est arraché du sol. En d'autres termes : la gravure montre le début de la défaite. À droite de l'image, nous voyons Sancho Panza et son âne qui se lamentent sur ce qui se passe ! Le mouvement sur l'image est un mouvement de bas en haut, mais nous savons que bientôt Don Quichotte et son cheval seront renversés, dans un mouvement de haut en bas, comme dans le tableau de Dürrenmatt !

Avec la seconde gravure de Doré (fig. 7) nous passons à un gros plan : elle montre le résultat de la bataille. Don Quichotte et Rocinante sont couchés sur le

Fig. 7 : Gustave Doré

dos au pied du moulin. Sancho Panza, qui assiste de près à la scène, se lamente toujours, tirant son âne vers lui, tout en craignant de s'approcher davantage.

Il est intéressant de noter que le tableau de Dürrenmatt représente l'instant précis qui sépare les deux gravures de Doré : tandis que Doré décrit le début et la fin de la bataille, Dürrenmatt dépeint le moment même de la défaite, la chute de Don Quichotte et de Rocinante, leur plongeon dans les dangereuses lignes à haute tension. Il semble s'intéresser au moment de la défaite en tant que situation apocalyptique.

Nous pouvons maintenant voir s'il existe un lien quelconque entre le tableau et les références explicites de Dürrenmatt au personnage de Cervantes dans ses propres écrits.

Textes de Dürrenmatt sur Don Quichotte (d)

Il y a une quinzaine de références à Don Quichotte dans l'œuvre écrite de Dürrenmatt, certaines plus allusives et d'autres plus développées, certaines plutôt accidentelles et d'autres plutôt essentielles[12]. J'ai délibérément choisi quatre occurrences présentant la tendance générale de l'interprétation du chevalier de Cervantes par Dürrenmatt. Elles peuvent nous aider à interpréter notre tableau.

Dans une « Note sur la comédie » (« Anmerkung zur Komödie »), Dürrenmatt explique sa conception du comique par opposition au tragique. Après avoir évoqué diverses références théâtrales, il souligne que sa conception du comique trouve également une source d'inspiration importante dans certains romans modernes révélant la réalité humaine à travers des exagérations grotesques : les géants de Rabelais ; le Gulliver de Swift, qui rencontre des nains, des géants et des chevaux intelligents traitant les êtres humains comme des animaux ; le chevalier de Cervantes, Don Quichotte, dont la folie de sa passion révèle la folie du monde. Dans d'autres passages de son œuvre, Dürrenmatt inclut également *Moby Dick* de Herman Melville dans la liste. L'originalité de ces romans modernes réside dans le fait qu'ils créent une distance qui permet de mettre en lumière l'absurdité, la mesquinerie et l'étroitesse du monde. Plutôt que de s'apitoyer, la distance créée par de telles exagérations permet au lecteur de rire de ce monde. « Le grotesque est l'une des grandes possibilités d'être précis. »[13] Le comique introduit donc une

---

12   Il compare par exemple les théologiens à Don Quichotte et les philosophes à Sancho Panza, ou encore la relation de Don Quichotte et Dulcinée à celle de Doc et Ann, deux personnages de l'une de ses pièces de théâtre, *Le collaborateur. Une comédie*, suivi de *Réflexions et récits sur les personnages et le théâtre*, Carouge : Zoé, 2014.
13   Friedrich Dürrenmatt, « Anmerkung zur Komödie » [1952], in : id., *Werkausgabe* (note 8), vol. 30, 25.

nouvelle perspective, inconfortable et dérangeante, mais nécessaire pour une évaluation critique de la position de l'humanité dans le monde.

Des accents similaires apparaissent dans un court texte intitulé « Discours depuis un lit sur la scène » (« Rede von einem Bett auf der Bühne aus »). Interrogé sur ses textes préférés dans la littérature mondiale, Dürrenmatt évoque trois scènes grotesques dans Edgar Poe, Mark Twain et Melville et conclut : « Pour moi, ces trois histoires représentent des situations fondamentales dans lesquelles l'être humain se trouve encore et encore, comme dans l'*Odyssée* d'Homère, dans *Don Quichotte* de Cervantes ou dans *Les voyages de Gulliver* de Swift. »[14] Nous pourrions donc dire que la défaite de Don Quichotte face au moulin à vent (ou au pylône électrique !) ressortit à une telle situation fondamentale.

On trouvera d'autres indications dans le long commentaire théorique de Dürrenmatt sur sa pièce de théâtre *Le collaborateur*. Dans plusieurs passages, il évoque la figure de Don Quichotte pour interpréter des personnages de sa propre pièce. « Du point de vue religieux, Don Quichotte est une parabole de l'homme croyant »[15], confronté à un monde qui ne correspond pas à ses croyances. C'est là ce qui distingue un héros tragique d'un héros comique et qui fait dire à Dürrenmatt :

> J'ai plus de considération pour le comique dans la seule mesure où je place Don Quichotte plus haut qu'Œdipe : il est honorable, quoique inévitable, de périr par les dieux ou par le destin ; j'ai bien plus de respect pour le fait de périr parce que le monde ne correspond pas à l'idée qu'on s'en fait – cette situation éternellement comique dans laquelle l'homme est pris.[16]

On trouvera une synthèse de toutes ces indications dans l'une des pièces de théâtre de Dürrenmatt, *Le mariage de Monsieur Mississippi*, écrite en 1950, mise en scène et produite dans diverses versions. Pour notre enquête, il est révélateur que, dans la scène finale, l'un des personnages de la pièce apparaisse déguisé en Don Quichotte et se bat contre un moulin à vent ! La pièce présente différents personnages masculins défendant des conceptions de la vie fort variées, mais luttant tous avec Anastasia, une femme qui représente le monde que tous les quatre aimeraient, chacun à sa façon, conquérir, influencer, changer, améliorer. Mais Anastasia, « le monde », ne peut être changée et, finalement, elle les trahit tous. Parmi ces hommes, il y a le comte Bodo von Übelohe-Zabernsee, un noble malade et constamment ivre qui représente « un dernier chrétien » et tente de vivre l'aven-

---

14 Friedrich Dürrenmatt, « Rede von einem Bett auf der Bühne aus » [1969], in : ID., *Werkausgabe* (note 8), vol. 32, 140.
15 Dürrenmatt, *Le collaborateur* (note 12), 117 (trad. modifiée).
16 *Ibid.*, 170 (trad. modifiée).

ture de l'amour, « cette noble entreprise dans laquelle la plus haute dignité de l'être humain consiste à réussir ou à échouer »[17]. Cette citation se trouve dans un monologue, dans lequel il présente au public ce que l'auteur a voulu expérimenter : « Il en allait pour lui d'examiner ce qui se produit au choc de certaines idées avec des hommes qui prennent vraiment ces idées au sérieux et s'efforcent de les réaliser avec une énergie téméraire, une folie furieuse et une soif inextinguible de perfection »[18].

Übelohe essaie de sauver Anastasia en l'aimant, mais elle ira jusqu'à trahir cet amour. Ce qui fait dire à Übelohe :

> Ainsi cet amateur de fables cruelles et de comédies frivoles qui m'a créé, ce protestant écrivant avec ténacité, ce fantaisiste perdu me fit me briser, afin de goûter à ma quintessence – ô terrible curiosité ! – ; ainsi il m'avilit pour me rendre semblable non à un saint – dont il n'a que faire –, mais à lui-même, afin de me jeter non comme vainqueur mais comme vaincu – la seule position dans laquelle l'être humain se trouve encore et encore – dans le creuset de sa comédie ; tout cela seulement pour voir si, dans cette création finie, la grâce de Dieu est vraiment infinie, notre seul espoir.[19]

Ce passage paradigmatique peut être lu comme une clé d'interprétation pour comprendre la défaite de Don Quichotte contre les moulins à vent, « la seule position dans laquelle l'être humain se trouve encore et encore ». Par conséquent, il n'est pas vraiment étonnant que dans la dernière scène de la pièce, Übelohe réapparaisse en Don Quichotte, « un casque de tôle cabossé sur la tête, une lance tordue à la main droite, plongé sans cesse dans l'ombre tournante d'un moulin à vent »[20]. Dans une longue tirade, Don-Quichotte-Übelohe défie le dangereux moulin à vent : « Sus donc ! » Mais une fois de plus, la bataille ne peut que se terminer par une défaite :

> Comme tu nous soulèves d'une main sifflante,
> homme et cheval, pitoyables tous deux,
> comme tu nous jettes dans l'argenté flottant
> d'un ciel de verre :
> je tombe avec ma vieille rosse
> par-dessus ta grandeur
> dans l'abîme embrasé de l'infini.

---

17 Friederich [sic !] Dürrenmatt, *Le mariage de Monsieur Mississippi (Die Ehe H. Mississippi)*, Lausanne : Aire, [1979], 45 (trad. modifiée).
18 *Ibid.*, 44 (trad. modifiée).
19 *Ibid.*, 45 (trad. modifiée).
20 Cette description manque dans la traduction française.

Une comédie éternelle !
Afin que reluise Sa gloire,
Nourrie de notre impuissance.[21]

Les textes de Dürrenmatt comme interprétation anticipée de son tableau final ? (e)

Pour un être humain, être défait, vaincu à maintes reprises, est une situation fondamentale qui révèle l'essence d'une personne ou, comme le dit Übelohe, révèle sa « quintessence ». Au sens strict du terme, cette situation est apocalyptique, car le concept grec d'*apokalupsis* signifie « révélation ». Cette révélation passe par une exagération grotesque plutôt comique que tragique. La distance créée par cette dimension grotesque permet au spectateur de porter un nouveau regard sur lui-même.

D'un point de vue religieux, la même situation fondamentale révèle la réalité du croyant. Comme le soulignait Übelohe : « Tout cela seulement pour voir si, dans cette création finie, la grâce de Dieu est vraiment infinie, notre seul espoir. » Par conséquent, lorsqu'il revient sur la scène en Don Quichotte, à la fin de sa tirade, il exprime la même tension : la comédie éternelle est pour la plus grande gloire de Dieu, alimentée par le désarroi de l'humanité.

C'est ainsi que l'on retrouve dans les textes de Dürrenmatt sur Don Quichotte, même s'ils sont beaucoup plus anciens (1950–1976), une interprétation anticipée de son tableau de 1987 : une image grotesque pour décrire, en un seul regard, la défaite dans la bataille contre la réalité comme situation fondamentale dans laquelle « l'être humain se trouve encore et encore ». S'y trouve aussi le croyant dans sa lutte entre le monde et Dieu.

L'appropriation par la distanciation

Je voudrais brièvement évaluer notre enquête. Pour ce faire, je reviens aux catégories herméneutiques de Ricœur[22]. Dans son herméneutique, la visée principale de l'interprétation est la possibilité de l'appropriation : le monde du texte (ou ici le monde de l'image) ouvre une nouvelle compréhension de soi pour le lecteur (ou ici pour l'observateur). Mais cette appropriation n'est possible que par la distanciation. En saisissant l'instantanéité du moment-clé du long roman de Cervantes, le tableau a un effet direct sur l'observateur. Par son actualisation, il interpelle directement l'observateur contemporain, habitué à l'énergie électrique. Comme nous l'avons vu dans notre « premier regard », Don Quichotte et Rocinante semblent

---

21 *Ibid.*, 99–100 (trad. modifiée).
22 Cf. Ricœur, « La fonction herméneutique de la distanciation » (note 3).

plonger en direction de l'observateur, comme s'ils voulaient entraîner le spectateur dans leur chute à travers les dangereuses lignes à haute tension.

Travailler avec différentes interactions entre les textes et les images nous a permis de mettre le tableau à distance, en l'interprétant à partir de perspectives variées. Les étapes successives de l'interprétation nous ont conduits à des observations qui approfondissent nos premier et second regards, permettant progressivement un nouvel accès à l'instantanéité directe de la mise en scène. Par cette distance, il devient possible à l'observateur de réaliser que l'on peut s'approprier le tableau en s'identifiant à Don Quichotte en tant qu'être humain sans cesse confronté à une réalité qui résiste à sa passion existentielle ou, pour le dire selon une perspective religieuse, en tant qu'être humain faisant l'expérience de l'impuissance, sans perdre espoir, mais confiant que c'est là l'épreuve de la grâce infinie de Dieu dans ce monde fini.

Dürrenmatt a souvent parlé ainsi des êtres humains courageux qu'il décrit dans ses pièces de théâtre :

> Il s'en faut de peu pour conclure maintenant que la comédie est l'expression du désespoir, cependant cette conclusion ne s'impose pas. Certes, qui voit l'absurdité, l'absence d'espoir de ce monde, peut désespérer, cependant ce désespoir n'est pas une conséquence de ce monde mais une réponse qu'il donne à ce monde ; une autre réponse serait de ne pas désespérer, sa décision, par exemple, de tenir tête à ce monde dans lequel souvent nous vivons comme Gulliver parmi les géants. Lui aussi prend ses distances, fait un pas en arrière, pour mesurer son adversaire, se préparant à lutter avec lui ou à lui échapper. Il est toujours possible de montrer l'homme courageux.[23]

En ce sens, on pourrait dire que, dans le tableau de Dürrenmatt, Don Quichotte est représenté, en un seul regard, comme un « homme courageux ».

Il convient d'ajouter une dernière remarque : d'un point de vue herméneutique, nous pourrions revenir de ce point final à notre point de départ et réexaminer comment notre interprétation confirme ou modifie notre précompréhension. Ce moment rétroactif dans le mouvement d'interprétation pourrait être la prochaine étape d'un « cercle herméneutique », comme le désigne la tradition herméneutique. Aller et venir entre le début et la fin nous permet d'approfondir notre compréhension dans un processus ouvert. Conclure notre enquête ici n'est donc qu'une pause provisoire, une suspension momentanée.

---

23 Friedrich Dürrenmatt, « Problèmes du théâtre » [1955], in : ID., *Écrits sur le théâtre*, Paris : Gallimard, 1970, 66.

Friedrich Dürrenmatt : un écrivain s'inspire de Kierkegaard

[2013]

« En tant qu'écrivain je ne peux être compris sans Kierkegaard. » Cette phrase, écrite par Friedrich Dürrenmatt (1921–1990) peu avant son décès, dans son dernier ouvrage *Turmbau*[1], exprime un lien fort de l'écrivain suisse alémanique avec le penseur danois. Ce lien, Dürrenmatt en parle à de nombreuses reprises à travers son œuvre, en rapportant certaines lectures des ouvrages de Kierkegaard, en parlant de motifs littéraires qu'il a découverts chez lui ou encore en explicitant la manière dont Kierkegaard a inspiré globalement son travail d'écrivain et de dramaturge. Il y a ainsi, chez lui, plus d'une trentaine de références explicites à Kierkegaard, d'importance variable. Par ailleurs, Kierkegaard a pu influencer l'œuvre littéraire et théâtrale de l'auteur alémanique sans qu'il en soit fait mention explicitement, par l'emploi de certaines catégories ou de certaines stratégies de communication. Cet article entreprend de repérer quelques-unes des traces de ces influences kierkegaardiennes sur l'œuvre de Dürrenmatt, non seulement dans ses pièces de théâtre et ses romans, mais aussi dans ses réflexions théoriques et sa compréhension du travail d'écrivain en tant que tel. Il le fera sans prétendre à l'exhaustivité, se contentant de mettre en évidence quelques traits majeurs de ces inspirations[2].

Quelques indices biographiques de la confrontation à Kierkegaard

Né comme fils d'un pasteur de l'Église réformée bernoise dans la région de l'Emmental, Dürrenmatt sera fortement influencé par la foi protestante de ses parents, même si elle fait l'objet d'une confrontation critique. Elle suscite un intérêt constant pour les questions religieuses et théologiques, présentes à travers l'ensemble de l'œuvre. Se caractérisant comme un athée dans ses dernières années, il continue pourtant de réfléchir à la question de Dieu et de s'interroger sur la foi et

---

1   Friedrich Dürrenmatt, *L'édification*, Lausanne : L'Âge d'Homme, 1999, 192 (trad. modifiée).
2   Pour un repérage exhaustif, cf. Pierre Bühler, « Friedrich Dürrenmatt : A Swiss Author Reading and Using Kierkegaard », in : Jon Stewart (dir.), *Kierkegaard's Influence on Literature, Criticism and Art*, vol. 1 : *The Germanophone World*, Farnham : Ashgate, 2013, 43–59 (avec une bibliographie détaillée 56–59). On trouvera dans cette bibliographie les références des publications dont je m'inspire pour cet article, également mes publications personnelles.

le doute. Pendant très longtemps, il pourra se désigner comme un protestant, associant à cette foi la tâche de la protestation[3]. Mais cette foi marque aussi son travail d'artiste. En effet, réfléchissant aux enjeux du travail du dramaturge, il établit un lien direct : « Les difficultés que l'art du drame pose à un protestant sont exactement celles de sa foi. »[4]

C'est dans ses jeunes années déjà que Dürrenmatt découvre des livres de Kierkegaard dans la bibliothèque de son père, parmi d'autres ouvrages théologiques et philosophiques. De son père, il dira plus tard, dans *Labyrinth* : « Il lut très tôt Kierkegaard, à une époque où ce penseur était encore inconnu parmi les pasteurs des villages avoisinants. » Et il ajoute : « De même, le *Commentaire de l'épître aux Romains* de Barth »[5]. À côté des œuvres de Kierkegaard, Dürrenmatt soulignera également la découverte précoce du texte de Barth, fortement imprégné par Kierkegaard[6], comme une influence décisive. Alors qu'il les mentionne souvent ensemble au début, dans ses années tardives, Dürrenmatt fera une différence de plus en plus marquée entre ces deux auteurs, sur la base de ses lectures dans la *Dogmatique* de Barth : tandis que ce dernier cherche à souligner, de manière problématique aux yeux de Dürrenmatt, la valeur objective du message chrétien, Kierkegaard a maintenu jusqu'à la fin le statut radicalement subjectif de la foi[7]. Il y a donc quelque chose de très kierkegaardien dans la manière dont Dürrenmatt parle de sa foi protestante :

> Or il se trouve que je suis moi-même chrétien, et plus précisément protestant, ou plus précisément encore un protestant d'un genre très singulier, qui rejette toute Église visible, qui considère sa foi comme une chose subjective, une foi qui se trouve faussée par tout essai d'objectivation, et qui attribue plus d'importance à la pensée subjective qu'à la pensée objective.[8]

Cette accentuation de la subjectivité de la foi, Dürrenmatt la trouve dans le *Postscriptum aux Miettes philosophiques*, qu'il « considère comme l'œuvre la plus importante de Kierkegaard »[9].

---

3 Friedrich DÜRRENMATT, *Werkausgabe in siebenunddreissig Bänden*, vol. 32, Zürich : Diogenes, 1998, 32 : « Je suis protestant, et je proteste. »
4 Friedrich DÜRRENMATT, *Écrits sur le théâtre*, Paris : Gallimard, 1970, 69.
5 Friedrich DÜRRENMATT, *La mise en œuvres*, Paris/Lausanne : Julliard/L'Âge d'Homme, 1985, 176 (trad. modifiée).
6 Sur le rapport de Barth à Kierkegaard, cf. Pierre BÜHLER, « L'ambivalence de Barth à l'égard de Kierkegaard », *Revue de théologie et de philosophie* 145 (2013), 315–323.
7 Cette opposition se fait surtout dans *L'édification* (note 1), 139–150 ; 150 : « Barth a fait de moi un athée, et les premiers rats ont fait leur apparition. »
8 Friedrich DÜRRENMATT, *Sur Israël*, Paris : Albin Michel, 1977, 29.
9 Friedrich DÜRRENMATT, « Sur la tolérance », *Revue de théologie et de philosophie* 122 (1990), 449–465, citation 450.

Les premières lectures d'ouvrages de Kierkegaard se sont faites durant les années d'études, à Berne et à Zurich. À côté de la littérature allemande et de l'histoire de l'art, Dürrenmatt étudie surtout la philosophie. Platon, Aristote, et spécialement Kant, mais aussi Schopenhauer et Nietzsche[10] l'occupent, à côté de Kierkegaard précisément, dont il mentionne en particulier *La maladie à la mort*, *Crainte et tremblement* et *Le concept d'angoisse*. En lien avec ces lectures se développe le projet d'une thèse de doctorat sur *Kierkegaard et le tragique*, qui n'aboutira jamais[11]. Il sera remplacé – avantageusement, dira Dürrenmatt plus tard ! – par la production littéraire, puisque dans la seconde moitié des années 1940, Dürrenmatt entame sa carrière d'écrivain et d'homme de théâtre, tout en dessinant et peignant. Dans sa rétrospective tardive, il décrira ce changement en reprenant l'opposition kierkegaardienne entre objectivité et subjectivité : « Désormais, il ne peut plus écrire objectivement sur ce qui aurait été sa tâche, sur Kierkegaard et le tragique, [...] il ne pourra plus parler que subjectivement de lui-même, indirectement (du dehors), dans des paraboles sans cesse contradictoires. »[12]

Après être devenu mondialement célèbre dans les années 1950–1960, par ses romans et surtout ses pièces de théâtre, il connaîtra un revers au début des années 1970 avec sa pièce *Le collaborateur*[13], un échec cuisant qui va le conduire à réorienter sa carrière. Il entreprend d'écrire une histoire de sa vie d'écrivain, en reprenant d'anciens matériaux dont la réalisation n'a jamais pu se faire et en y associant des réflexions théoriques sur sa production artistique et ses enjeux philosophiques. Il va résulter de ce travail de longue haleine plus de vingt mille pages de manuscrits et deux volumes de matériaux (*Stoffe*), déjà cités ci-dessus : *Labyrinth* (*La mise en œuvres*) et *Turmbau* (*L'édification*). Dans cette phase de production, comme il doit parler de lui-même de manière autobiographique, il s'interroge de nouveau de façon intense sur le rapport à soi-même. Peut-on devenir soi-même l'objet de sa propre réflexion ? Des lectures intensives de Kierkegaard lui permettront de creuser cette question[14]. Sur la base de notes marginales, de citations et d'allusions, nous savons qu'il a lu, dans ces années, du moins partiellement : *Le concept d'ironie*, dont il s'inspirera pour définir, dans ses réflexions sur *Le collabo-*

---

10 Au sujet de Nietzsche, cf. *La mise en œuvres* (note 5), 69 : « *Ainsi parlait Zarathoustra*, de Nietzsche, se trouvait dissimulé dans sa bibliothèque [de son père]. Il n'apprécia guère de me voir dénicher l'ouvrage, mais il ne m'empêcha pas de le lire. »
11 Pour ces informations, cf. *L'édification* (note 1), 91–92 (avec beaucoup de problèmes de traduction !).
12 *Ibid.*, 163 (trad. modifiée).
13 Cf., nouvellement traduit en français, Friedrich Dürrenmatt, *Le collaborateur. Une comédie*, suivi de *Réflexions et récits sur les personnages et le théâtre*, Carouge : Zoé, 2014.
14 Cf. sur ce point Ulrich Weber, « "Ob man sich selbst ein Stoff zu werden vermag ?" Kierkegaard und die Entwicklung des subjektiven Schreibens im "Mitmacher-Komplex" », *Quarto* 7 (1996), 65–79.

rateur, un nouveau type de personnage, le héros ironique[15] ; *L'alternative* ; le *Post-scriptum aux Miettes philosophiques*, dont on trouve diverses traces dans les œuvres tardives, en partie déjà citées ci-dessus. Ainsi, c'est dans les *Diapsalmata* qu'il trouvera l'exorde de son roman intitulé *La mission*[16] :

> Que va-t-il arriver ? Que réserve l'avenir ? Je l'ignore, je n'ai aucun pressentiment. Quand, d'un point fixe, une araignée se précipite et s'abandonne aux conséquences, elle voit toujours devant elle un espace vide où, malgré ses bonds, elle ne peut se poser. Ainsi de moi ; devant moi, toujours un espace vide ; ce qui me pousse en avant, c'est une conséquence située derrière moi. Cette vie est le monde renversé ; elle est cruelle et insupportable.[17]

Comment l'inspiration de Kierkegaard se concrétise-t-elle ?

Après avoir esquissé le fil biographique du rapport de Dürrenmatt à Kierkegaard, il nous faut maintenant montrer, à l'aide de quelques exemples privilégiés, comment la reprise de Kierkegaard s'opère concrètement. Nous nous concentrerons dans la suite sur cinq aspects.

Humour et communication indirecte

L'humour est une catégorie décisive pour Dürrenmatt et, comme nous le verrons, elle est directement inspirée par l'analyse de l'humour chez Kierkegaard, en particulier dans le *Post-scriptum aux Miettes philosophiques*. Il permet à Dürrenmatt de concevoir une nouvelle forme de théâtre qu'on pourrait définir comme tragi-comédie et qui rappelle fortement les réflexions de Johannes Climacus sur les rapports entre le tragique et le comique. Dürrenmatt parle souvent simplement de comédie, mais celle-ci se situe toujours à la limite du tragique : la situation tragique est tellement extrême qu'elle bascule dans le comique et, inversement, les figures comiques sont confrontées à de telles difficultés qu'elles en deviennent tragiques. La tragi-comédie, mieux que la simple comédie de vaudeville et que la tragédie, s'avère apte à affronter les réalités tragi-comiques auxquelles les humains d'aujourd'hui sont confrontés :

---

15 L'idée est reprise librement, comme souvent chez Dürrenmatt, Kierkegaard, lui, parlant plutôt d'un sujet ou d'un individu ironique.
16 Friedrich Dürrenmatt, *La mission ou de l'observateur qui observe ses observateurs*, Paris : Librairie générale française, 1990.
17 Søren Kierkegaard, *Œuvres complètes*, 20 vol., Paris : Orante, 1961–1987, ici vol. 3 : *L'alternative. Première partie*, 23.

> Nous pouvons atteindre le tragique à travers la comédie, le toucher en tant que moment terrible, en tant qu'abîme s'ouvrant devant nous, ainsi nombre de tragédies de Shakespeare sont déjà des comédies dont se dégage le tragique. Il s'en faut de peu pour conclure maintenant que la comédie est l'expression du désespoir, cependant cette conclusion ne s'impose pas. Certes, qui voit l'absurdité, l'absence d'espoir de ce monde, peut désespérer, cependant ce désespoir n'est pas une conséquence de ce monde mais une réponse qu'il donne à ce monde ; une autre réponse serait de ne pas désespérer, sa décision, par exemple, de tenir tête à ce monde dans lequel souvent nouss vivons comme Gulliver parmi les géants. Lui aussi prend ses distances, fait un pas en arrière, pour mesurer son adversaire, se préparant à lutter avec lui ou à lui échapper. Il est toujours possible de montrer l'homme courageux.[18]

Cet humour, sous sa forme tragi-comique, et que Dürrenmatt appelle aussi parfois le « grotesque », permet d'instaurer un rapport de communication indirecte, à la manière de Kierkegaard. Le lecteur ou le spectateur est mis à distance de lui-même et ainsi appelé à se situer par rapport à lui-même. Le grotesque empêche simultanément la pitié de la tragédie et les gros rires du vaudeville. C'est pourquoi Dürrenmatt rapproche ses comédies non de celles de Molière, mais de celles d'Aristophane. « C'est à partir de là, dit Dürrenmatt, à partir de ce concept du grotesque que l'on pourra le mieux me saisir. » Et un peu plus bas, en parlant de lui-même comme auteur : « Il a de l'humour, mais la pièce se déroule de manière inquiétante. Il dit la vérité avec une grimace et le rapport qu'il a au public est peut-être à comparer avec celui de deux boxeurs. »[19]

Cet humour permet également à Dürrenmatt d'interpréter les peintures de son ami Varlin (Willy Guggenheim, 1900–1977), un peintre suisse alémanique auquel il était très lié. Parlant, dans un texte consacré à Varlin, de l'humour qui anime ce dernier dans sa manière de peindre les êtres humains autour de lui, Dürrenmatt explicite cet humour en citant les dernières lignes de la thèse de doctorat de Kierkegaard, dans lesquelles ce dernier entreprend de marquer la différence entre l'ironie et l'humour :

> L'*humour* contient une skepsis beaucoup plus profonde que celle de l'ironie ; car ici tout est concentré non pas sur la finitude, mais sur le péché ; la skepsis de l'humour se rapporte à celle de l'ironie comme l'ignorance au vieil adage : *credo quia absurdum* [je crois parce que c'est absurde] ; mais elle contient aussi une positivité beaucoup plus profonde, car elle se meut sur le plan des déterminations non pas humaines, mais théanthro-

---

18 Dürrenmatt, *Écrits sur le théâtre* (note 4), 66.
19 Dürrenmatt, *Werkausgabe* (note 3), vol. 3, 219.

> piques ; il ne lui suffit pas, pour s'apaiser, de faire de l'homme un homme simplement, mais un homme-Dieu.[20]

Commentant ces lignes, Dürrenmatt tente de dégager des aspects kierkegaardiens dans la peinture de son ami : il peint les êtres humains comme des créatures et les rapporte ainsi à Dieu, en fait des êtres *théanthropiques*. Mais en même temps, ces créatures ne sont pas « impeccables », elles sont marquées du sceau de leur *peccabilité*. Pourtant, le peintre les peint avec amour, et donc avec dignité, parce qu'il les aime d'un amour comparable à celui du Créateur pour ses créatures, qu'elles soient des prostituées, des vagabonds ou des écrivains ! Ces êtres humains « ne sont jamais des sous-hommes, mais des créatures, créatures d'un peintre qui les aime, même s'il les voit telles qu'elles sont. Quiconque aime les êtres humains de cette manière leur donne une chance. *Credo quia absurdum.* »[21]

Kierkegaard pense « dramaturgiquement »

> D'un point de vue dramaturgique, Kierkegaard est le seul successeur de Lessing, non seulement parce qu'il dégage la limite du héros tragique et donc de la tragédie, mais parce qu'il pense « dramaturgiquement ». Ce ne sont pas les concepts qui, chez lui, sont considérés de manière dialectique, mais les « positions ».[22]

Dürrenmatt s'inspire ici de l'analyse kierkegaardienne des sphères d'existence : différentes voix s'expriment, proposant leur éclairage sur la réalité, un peu comme des personnages mis en scène, appelés à confronter les uns avec les autres leurs positions respectives. C'est ce qui fait dire à Dürrenmatt que Kierkegaard est un auteur dramaturgique.

La pièce de théâtre qui correspond le plus à cette « dialectique des positions » est *Le mariage de Monsieur Mississippi*, écrite en 1950. Cette pièce met en scène quatre personnages masculins représentant diverses « positions » : un fervent adepte de la loi de Moïse, un féru du *Capital* de Marx, un comte décrépi convaincu du bien-fondé de la foi chrétienne et de l'amour du prochain, et un opportuniste profitant de toutes les situations pour acquérir plus de pouvoir. Ils sont exposés à Anastasia, une femme personnifiant le monde que tous les quatre aimeraient, chacun à sa manière, conquérir, influencer, transformer, aimer. Mais cette « femme-monde » résiste, ne se laisse ni conquérir, ni changer, et finira par les tromper tous. Dans un monologue, l'un des personnages dira de l'auteur :

---

20 Kierkegaard, *Œuvres complètes* (note 17), vol. 2 : *Le concept d'ironie*, 296–297 ; Dürrenmatt, *Werkausgabe* (note 3), vol. 32, 181.
21 Dürrenmatt, *Werkausgabe* (note 3), vol. 32, 182.
22 Dürrenmatt, *L'édification* (note 1), 92 (trad. modifiée).

> Oh, je veux bien croire qu'il ne m'a pas créé à la légère, au gré d'une quelconque passade, mais qu'il en allait pour lui d'examiner ce qui se produit au choc de certaines idées avec des hommes qui prennent vraiment ces idées au sérieux e s'efforcent de les réaliser avec une énergie téméraire, une folie furieuse et une soif inextinguible de perfection, je veux croire cela.²³

Le personnage qui parle ici, Übelohe, le comte chrétien, entreprend de sauver Anastasia en l'aimant d'un amour authentique, qui constitue pour lui l'ultime dignité de l'être humain. Mais Anastasia trompe également cet amour, et Übelohe doit lui aussi vivre sa défaite, comme les autres. Il la commente de la manière suivante, en parlant de l'auteur sur un mode de communication indirecte :

> Ainsi, cet amateur de fables cruelles et de comédies frivoles qui m'a créé, ce protestant écrivant avec ténacité, ce fantaisiste perdu me fit me briser, afin de goûter à ma quintessence – ô terrible curiosité ! – ; ainsi il m'avilit pour me rendre semblable non à un saint – dont il n'a que faire –, mais à lui-même, afin de me jeter non comme vainqueur mais comme vaincu – la seule position dans laquelle l'être humain se trouve encore et encore – dans le creuset de sa comédie ; tout cela seulement pour voir si, dans cette création finie, la grâce de Dieu est vraiment infinie, notre seul espoir.²⁴

Une grâce paradoxale

Comme Übelohe, de nombreux personnages de Dürrenmatt doivent faire l'expérience d'une défaite, creuset de leur mise à l'épreuve. La grâce ne se donne pas de manière immédiate, mais fait irruption de manière surprenante, imprévue, provoquant le scandale, suscitant la perdition. On retrouve ici, sous l'angle des écrits christologiques de Kierkegaard, le thème du paradoxe, source du scandale.

La pièce de théâtre qui illustre le mieux ce motif est *Ein Engel kommt nach Babylon*²⁵. Un ange est chargé d'apporter le cadeau du ciel aux hommes, sous la forme d'une jeune fille nommée Kurrubi, destinée au plus pauvre des hommes. Il arrive à Babylone au moment où le roi Nabuchodonosor, qui veut supprimer la mendicité dans la ville, s'est déguisé en mendiant pour confondre le dernier mendiant, Akki, résistant à ses velléités. Distrait, l'ange, pensant qu'il a devant lui le plus pauvre des hommes, donne Kurrubi au roi déguisé en mendiant. Immédiatement, Kurrubi tombe amoureuse de son mendiant. Mais c'est le roi, confusion tragi-comique. Elle ne pourra l'aimer qu'en tant que mendiant, car elle est pour

---

23 Friederich [sic !] Dürrenmatt, *Le mariage de Monsieur Mississippi (Die Ehe H. Mississippi)*, Lausanne : Aire, [1979], 44 (trad. modifiée).
24 *Ibid.*, 45 (trad. modifiée).
25 Dürrenmatt, *Werkausgabe* (note 3), vol. 4, 5–123.

le plus pauvre des hommes. Le roi devrait donc, pour recevoir le cadeau céleste, demeurer mendiant, abandonner sa royauté. Scandalisé, le roi entre en colère contre l'erreur céleste. Il rejette Kurrubi et décide, pour se venger, de construire une tour qui défiera le ciel. L'amour céleste reste malheureux : rejetée par tous, Kurrubi s'en va dans le désert avec Akki.

Commentant cette pièce, Dürrenmatt parle d'une version antérieure de ce matériau, qu'il avait projeté d'écrire sous la forme d'une pièce radiophonique intitulée *L'horloger*. Un empereur envoie une importante délégation auprès d'un horloger, sujet insignifiant dans une province perdue du vaste empire, pour lui annoncer que la fille de l'empereur est en route vers lui pour l'épouser. La bonne nouvelle de cette grâce inattendue crée un désarroi chez son destinataire qui, en bon horloger, veut comprendre tous les rouages et maîtriser les connexions. Plus il réfléchit à ce qui l'attend et plus cette grâce lui paraît impossible, scandaleuse. L'empereur veut sûrement se moquer de lui, de sa petitesse, en lui envoyant sa fille en mariage. Elle finit par arriver, pleine d'amour pour le petit horloger. Mais celui-ci, au lieu de l'embrasser, l'étrangle.

Dürrenmatt souligne qu'à l'arrière-plan de ce récit, jamais terminé, il y avait une petite nouvelle de Kafka, intitulée *Un message impérial* : un empereur mourant charge un messager de porter un message en province, mais ce message n'arrivera jamais, car le messager doit passer de salle en salle, puis de palais en palais, et de cour en cour, puis de rue en rue ; il ne parviendra même pas jusqu'à l'enceinte de la ville impériale. Mais, à sa propre surprise, Dürrenmatt découvrira ultérieurement chez Kierkegaard le motif narratif qui l'a peut-être inspiré sans qu'il le sache, dans *La maladie à la mort* :

> J'imagine un pauvre journalier et l'empereur le plus puissant de tous les temps : ce dernier a soudain l'idée d'envoyer un messager auprès de son humble sujet [...] l'empereur lui fait savoir par son messager qu'il aimerait l'avoir pour gendre. Que pense le journalier ? Le voici, en homme qu'il est, un peu et même fort déconcerté et embarrassé ; la proposition, humainement (car c'est la réaction humaine), lui semble étrange et folle au plus haut point ; [...] le fait, loin d'apporter au journalier aucune certitude, se réduit à la seule foi à laquelle il s'en remet entièrement s'il a assez d'humble courage pour oser croire la chose [...] ; mais combien de journaliers ont ce courage ? Mais qui ne l'a pas est scandalisé ; l'extraordinaire qu'on lui propose rend un son de raillerie à son adresse[26].

Dürrenmatt commente ces découvertes faites après coup de la manière suivante :

> Ce matériau d'avant Kurrubi, dans lequel la dialectique Kurrubi-Nabuchodonosor devient déjà visible, était influencé par la nouvelle de Kafka *Un message impérial* [...].

---

26 KIERKEGAARD, *Œuvres complètes* (note 17), vol. 16 : *La maladie à la mort*, 240.

Chez Kafka il est impossible que la grâce arrive, chez moi elle suscite la perdition. À mon grand étonnement, j'ai découvert il y a quelques années ma version dialectique de la nouvelle de Kafka dans *La maladie à la mort* de Kierkegaard […]. À ma connaissance je n'avais jamais lu ce passage de Kierkegaard auparavant, et je ne sais pas si Kafka l'a lu. Ainsi, partant de Kafka, j'aboutis à proximité de Kierkegaard, les matériaux littéraires sont un bien commun.[27]

De cette grâce qui suscite la perdition, Dürrenmatt en déduira un principe narratologique, fondamentalement kierkegaardien dans l'esprit, celui de la pire tournure possible, énoncé dans les *21 points au sujet des Physiciens* :

1. Je ne pars pas d'une thèse, mais d'une histoire.
2. Si l'on part d'une histoire, elle doit être pensée jusqu'au bout.
3. Une histoire est pensée jusqu'au bout lorsqu'elle a pris sa pire tournure possible.
4. La pire tournure possible n'est pas prévisible.
5. L'art dramatique consiste à mettre en jeu le hasard de la manière la plus efficace possible.
6. Les supports d'une action dramatique sont des êtres humains.
7. Le hasard dans une action dramatique tient dans la question de savoir quand et où qui rencontre qui par hasard.
8. Plus les êtres humains procèdent avec méthode, plus le hasard peut les toucher de manière efficace.
9. Des êtres humains qui procèdent avec méthode veulent atteindre un but bien précis. Le hasard les touche de la pire manière lorsque par lui ils aboutissent à l'opposé de leur but : à ce qu'ils redoutaient, ce qu'ils cherchaient à éviter (par exemple Œdipe).
10. Une telle histoire est certes grotesque, mais non pas absurde.
11. Elle est paradoxale.[28]

Subjectivité, Dieu et tolérance

Comme nous avons déjà eu l'occasion de le souligner à diverses reprises, Dürrenmatt reprend très fortement, comme un principe fondamental de son activité d'écrivain et d'homme de théâtre, l'insistance kierkegaardienne sur la subjectivité et s'oppose constamment à toutes les formes d'objectivation, qu'il voit se manifester notamment dans les idéologies et les institutions sociopolitiques. De manière très kierkegaardienne, il souligne la catégorie de l'individu, tout en marquant son ancrage religieux, à la manière de Johannes de Silentio dans *Crainte et tremblement* :

---

27 DÜRRENMATT, *Werkausgabe* (note 3), vol. 4, 130–132.
28 *Ibid.*, vol. 7, 91–92.

l'homme religieux est déterminé par sa relation à Dieu. L'homme religieux est pour Kierkegaard l'individu. Ce dernier n'est pas soumis au général. Dans l'individu, le particulier est au-dessus du général. L'individu adopte en somme une position à l'égard de lui-même. Il entre dans une relation, qui ne peut être fondée que dans le paradoxe, pour devenir véritablement une relation. Chez Kierkegaard, ce n'est que par le paradoxe que l'homme religieux devient saisissable en tant qu'être dialectique, et donc aussi saisissable « dramaturgiquement », parce que Dieu ne se révèle que dans la foi[29].

Parce que la relation à Dieu est cette relation subjective de l'individu, Dieu ne peut pas devenir une réalité objectivable, qui pourrait faire l'objet d'un discours métaphysique. Il reste inscrit dans la tension entre la foi et le doute. C'est pourquoi, s'inspirant des termes du philosophe des sciences Arthur S. Eddington, Dürrenmatt peut dire :

> Si la transformation de la matière en rayonnement à l'intérieur du soleil, dans les étoiles, par les novas et supernovas fait partie du savoir *structurel*, il n'y a pas de supernova métaphysique qui renvoie à Dieu. Dieu est un mot de nature *sympathique*, je puis le comprendre, certes, quand quelqu'un l'énonce, mais je ne sais pas ce qu'il s'imagine en le disant, on ne parviendra jamais à le transformer en une connaissance objective. Dieu est quelque chose de subjectif.[30]

De cette subjectivité de l'homme religieux et de son Dieu, Dürrenmatt en déduira, lors de la remise de la médaille Buber-Rosenzweig en 1977, l'idée d'une *tolérance existentielle*, explicitement inspirée par Kierkegaard, tout particulièrement dans le *Post-scriptum aux Miettes philosophiques* : « Pour l'individu, la subjectivité est la dernière chose qui demeure ; l'objectif est l'éphémère, l'identité de la pensée et de l'être une chimère de l'abstraction. [...] Dans le monde des individus, la tolérance devient quelque chose d'existentiel. »[31] Il oppose cette tolérance à la tolérance rationaliste des Lumières :

> dans la parabole des anneaux de Lessing, c'est un juge qui décidera dans « mille mille ans » quel est l'anneau authentique. La tolérance existentielle, par contre, argumente autrement. Le chrétien pense du juif : Dieu s'est révélé à lui autrement qu'à moi ; de l'athée : Dieu s'est caché à lui ; et un athée pense du chrétien ou du juif : quelque chose s'est imposé à lui qui ne s'est pas imposé à moi.[32]

---

29 Dürrenmatt, *L'édification* (note 1), 92 (trad. modifiée).
30 *Ibid.*, 146 (trad. modifiée).
31 Dürrenmatt, « Sur la tolérance » (note 9), 456–457.
32 *Ibid.*, 459.

Une telle tolérance permet non seulement d'envisager un dialogue ouvert entre les religions, mais aussi de limiter fondamentalement l'emprise des pouvoirs politiques et donc de développer une tolérance politique, en apprenant chez Kierkegaard le renoncement à la vérité objective dans les idéologies politiques. Reprenant la critique des totalitarismes de Karl R. Popper dans *La société ouverte et ses ennemis*, Dürrenmatt en conclut l'appel à une raison désabsolutisée, faillible et consciente de ses limites, qui pourrait aussi transformer la conception des États :

> De constructions mythiques, qu'ils deviennent de plus en plus, ils se transforment en ces institutions qu'ils devraient être, ces institutions toujours susceptibles d'amélioration, qu'ils ne peuvent être que s'ils restent constamment critiquables, révisables et modifiables, afin qu'ils deviennent des constructions à l'égard desquelles nous pourrons être tolérants – au sens actif –, afin que nous puissions les admettre. […] Nous devrions les rendre de plus en plus justes et raisonnables, en ne voyant pas en elles des systèmes de contraintes, mais des œuvres d'art qui sont là pour l'homme, et non pas à l'inverse l'homme pour elles.[33]

Un amour partagé pour Socrate

On sait combien Socrate était important pour Kierkegaard. Non seulement il lui a consacré sa thèse de doctorat, mais il s'est constamment référé à lui à travers son œuvre, faisant de lui son allié, s'identifiant parfois avec lui, associant son Copenhague à l'Athènes de Socrate. Cet amour pour Socrate est partagé par Dürrenmatt qui, pendant très longtemps, avait le projet d'écrire une pièce de théâtre consacrée à la mort de Socrate. Il n'en résultera finalement qu'un récit, inclus dans les matériaux de *L'édification*[34]. Mais ce récit, écrit tardivement, est influencé par la lecture du *Concept d'ironie* de Kierkegaard. En effet, Dürrenmatt dira, en évoquant sa confrontation permanente à Platon : « sa relation à Socrate ne cesse de m'intriguer, de même que la thèse de Kierkegaard que c'est Aristophane qui s'est le plus approché de la vérité dans son évocation de Socrate dans *Les nuées*. »[35] Évidemment, cette affirmation de Kierkegaard, lue dans le *Concept d'ironie*, ne pouvait laisser Dürrenmatt indifférent, lui qui comprenait tout son théâtre à partir des comédies d'Aristophane. C'est pourquoi, dans la trame de son récit *La mort de Socrate*, Aristophane jouera un rôle décisif.

La connivence de Dürrenmatt avec Kierkegaard dans le rapport à leur maître athénien commun s'exprime de la manière la plus claire dans cette sentence lapi-

---

33 *Ibid.*, 463.
34 DÜRRENMATT, *L'édification* (note 1), p. 106–129.
35 *Ibid.*, 96 (trad. modifiée).

daire, énoncée dans le contexte de sa réflexion sur la tolérance : « On peut donc dire que le véritable disciple de Socrate n'est pas Platon, mais Kierkegaard. »[36]

En guise de conclusion

Au départ, Dürrenmatt voulait écrire une thèse de doctorat sur Kierkegaard. Il y renonce, parce que ce langage est trop objectivant. Il préfère écrire dans le langage indirect des paraboles, permettant au lecteur un travail sur soi-même. Kierkegaard parlait à cet égard de l'appropriation. Pour la favoriser, il n'a cessé de casser l'argumentation philosophique et théologique en y introduisant des unités narratives, des récits, des journaux, des contes, des paraboles. C'est pourquoi, cet article se termine, lui aussi, par l'une des paraboles de Kierkegaard, qui, à elle seule, exprime peut-être au mieux ce qui fut son souci premier :

> La plupart des faiseurs de systèmes sont comme un homme, qui construirait un immense château, mais n'habiterait qu'à côté dans une grange, ils ne vivent pas eux-mêmes dans cette immense bâtisse systématique. Mais dans les choses de l'esprit, c'est toujours une lacune capitale. Au spirituel, il faut que les pensées d'un homme soit la maison où il habite – sinon tant pis pour elles.[37]

---

36 Dürrenmatt, « Sur la tolérance » (note 9), 457.
37 Søren Kierkegaard, *Journal (extraits)*, t. * : *1834–1846*, Paris, Gallimard, éd. revue et augmentée, 1963, 392 (VII A 82).

Ein Brief von Hilarius Lector Postumus

[2006]

Kirchgasse 9, Zürich,
in der Nacht vom 7./8. Februar 2006

Lieber Herr Professor Bühler

Erlauben Sie mir eine kleine Vorstellung: Ich bin das letzte Pseudonym Søren Kierkegaards. Kurz bevor er starb, am 11. November 1855, hat er mich in einer fiebrigen Nacht noch erfunden, und zwar mit einem besonderen Auftrag: Ich müsse kein neues Werk mehr schreiben, sondern solle mich um seine zukünftigen Leser/-innen kümmern! So geistere ich auch heute noch umher, erfüllt von seinem unruhigen Geist, und tauche überall dort auf, wo man sich mit seinen Werken befasst. Sie können vermuten, wie viel ich in diesem Gedenkjahr zu tun hatte. Manchmal hinterlasse ich auch eine Spur, wie diesen Brief. Ganz besonders gab mir Kierkegaard den Auftrag, bei Professoren und Privatdozenten aufmerksam zu sein: «Denen misstraue ich prinzipiell!», sagte er mir damals. Deshalb stöberte ich heute Nacht in Ihrem Büro herum und stiess dabei auf die Überlegungen Ihrer Studierenden für die Schlusssitzung Ihres Kierkegaard-Seminars.

Ich muss schon sagen, diese Texte haben mich sehr interessiert. Obschon ich skeptisch war (Sie hatten ja ein ganzes Semester zur Verfügung, um als Professor die Studierenden irrezuleiten ...), erkannte ich mehr und mehr, dass viele wichtige Aspekte von Kierkegaards Werk aufgenommen worden waren, sowohl in Hinsicht auf seine Vorgehensweise als auch auf seine Themen. Seine von Sokrates inspirierte Maieutik, die den Umgang mit seinen Leser/-innen prägt, bis hin zu den Pseudonymen, den vielen literarischen Gattungen, mit denen er bewusst seine Sprache immer wieder verfremdet, seinen Versuchen, immer wieder die indirekte Mitteilung zu vollziehen, all das hat bei Ihren Studierenden gebührend Berücksichtigung gefunden. Damit verbindet sich aber auch eine vertiefte Erfassung und Erläuterung der Schlüsselbegriffe seines Werkes: Angst als Schwindel vor der möglichen Freiheit, Sünde als Verzweiflung vor Gott, Wahrheit als Subjektivität, Glaube kraft des Absurden in der Beziehung des Einzelnen zu Gott, das absolute Paradox und die Möglichkeit des Ärgernisses, und immer wieder: Christwerden anstatt Christsein, Bewegung statt Zustand usw. Dass all das nichts bedeutet ohne Lebensbezug, ohne Aneignung in der eigenen Existenz, wird ebenfalls mit viel Geschick betont (das Gleichnis vom riesigen Gebäude der Gedanken und der lottrigen Scheune der Existenz hat gewirkt). Alles in allem also eine recht gute Rezeption! Auch betonen einige, dass das bei Kierkegaard Entdeckte wichtig sein könnte für die Bibelauslegung, die dogmatische Arbeit oder den zukünftigen Pfarrberuf, also ein Stück weit ganz konkrete Aneignungsarbeit.

Aufgefallen ist mir, dass einzelne sogar die gestellte Aufgabe hinterfragt und deshalb umformuliert haben: ein Verfahren, das stark an Kierkegaard selbst erinnert. So wird betont, dass es richtig heisse: «Was habe ich *von* Kierkegaard lernen können?», und nicht: «Was habe ich *über* Kierkegaard lernen können?». Aber andere sind auch mit der ersten Formulierung nicht zufrieden und schlagen vor: «Was hat sich durch die Lektüre von Kierkegaards Texten ‹herausprügeln› lassen?», oder: «Hat Kierkegaard in mein Leben gewirkt? Auf welche Weise wurde ich von Kierkegaard zur Reflexion angeregt?» In solchen Variationen zeigt sich, dass es nicht um ein unmittelbares Lernen, nicht um die Aneignung eines einfachen Wissensstoffes gehen kann. In diesem Sinne war Kierkegaard ein «Lehrer» gemäss der sokratischen Maieutik, ein «Lehrer» sozusagen als Hebamme. Auch in den erbaulichen Reden scheint er mir nicht *der autorisierte* Lehrer zu sein, sondern *ein* «Lehrer ohne Vollmacht», der auf den «Lehrer mit Vollmacht» verweist.

Besonders faszinierend fand ich aber die Stellen, wo Fragen oder kritische Überlegungen formuliert werden. Da ich direkt aus seinem Geist entstanden bin, darf ich ein Stück weit in Anspruch nehmen, über ihn Bescheid zu wissen (obschon er sehr fiebrig war, als er mich erschuf). Deshalb erlaube ich mir, hier kurz auf diese Fragen und Überlegungen zu reagieren.

1. Einige haben Mühe mit der Unterscheidung der Existenzstadien, und zwar auf verschiedenen Ebenen: Kann man überhaupt solche Stadien so klar unterscheiden, oder geht der Mensch nicht vielmehr ständig hin und her zwischen verschiedenen Haltungen? Und geht nicht immer eine Wertung damit einher, so dass die eine Einstellung als besser, höher, tiefer gilt als die anderen? Schliesslich: Warum sollten Übergänge nur in die eine Richtung möglich sein? Ich habe die Philosophie meines Schöpfers nicht ganz im Griff, aber hier kommen mir folgende Ideen: Es geht in den Existenzstadien nicht um eine lineare Entwicklung, sondern um verschiedene konkurrierende Möglichkeiten, und deshalb scheinen mir die Übergänge relativ offen. Ich schliesse nicht aus, dass ein religiöser Mensch auch wieder zum Ethiker oder Ästhetiker werden könnte. Deshalb würde ich auch keine feste Wertung damit verknüpfen: Jede Grundhaltung hat jeweils den Wert, den der Mensch ihr auch zuspricht. Dass dieser jedoch ständig wechselt, zwischen den Einstellungen hin und her geht, das glaube ich kaum. Natürlich gibt es im Leben ästhetische, ethische und religiöse Momente; wie ich mich aber grundsätzlich dem Leben gegenüber einstelle, das macht meine Lebensauffassung aus, und die wechsle ich nicht wie meine Socken oder mein Hemd. Don Giovanni bleibt Don Giovanni, bis der Tod ihn holt, und der Justizrat Wilhelm wird nur sehr ungern sich selbst untreu. Und nach Johannes de

Silentio war Abraham am Ende seines Lebens immer noch nicht weitergekommen als zum Glauben …

2. Einige betonen im Kontrast zum subjektiven Weg die Berechtigung, auch den objektiven Weg zu gehen, mit dem Ziel, «durch die Analyse unserer Existenz nach etwas Objektivem zu suchen», oder «sich mit anderen über gemeinsam Benanntes auszutauschen». Hier überlegte ich, ob Kierkegaard nicht unterscheiden würde: Zwar ist es klar berechtigt, nach Objektivität zu suchen, etwa in den Wissenschaften, in einer Haltung der immer genaueren Annäherung. Damit jedoch erreicht man nicht Selbsterkenntnis in existenziellem Sinne. Hier nach Objektivität zu suchen, wäre eine verhängnisvolle *Objektivierung* dessen, was nur *subjektiv* erfahren werden kann. Das heisst aber nicht, dass das Subjekt abgekapselt ist. Alle Menschen sind Subjekte, stehen aber als solche im Austausch miteinander, wie Kierkegaard mit seinem Leser, seiner Leserin. Also nicht Objektivität, sondern *Intersubjektivität* wäre hier die entscheidende Herausforderung.

3. Obschon Kierkegaards Systemkritik rezipiert wird, fragen etliche, ob es bei Kierkegaard doch nicht auch ein System gebe. Etwa so, dass er für alles auch immer wieder ein System aufbaue («ein Bauherr, der ständig auf neuen Baustellen lebt»). Auch hier würde ich unterscheiden: Ein System im idealistischen Sinne schaltet das Existieren aus, im Versuch, die gesamte Wirklichkeit auf den Begriff zu bringen. Ein solches System hat Kierkegaard sicher nicht. Demgegenüber gibt es aber die Aufforderung, die menschliche Lebenswirklichkeit denkerisch zu erfassen und zu erörtern, und das darf durchaus «mit System» geschehen, das heisst in klarer Argumentation, in stringenter und relevanter Gedankenführung. In diesem Sinne hat Kierkegaard «System», obschon er es bewusst immer wieder bricht, durch Erzählungen, Aphorismen, Nebengedanken usw.

4. Ist Kierkegaards Anspruch nicht zu hoch? Pflegt er nicht ein zu hohes Ideal – etwa beim Ritter des Glaubens –, das die konstitutive Schwachheit der Menschen übersteigt, und entwickelt er deshalb nicht auch eine elitäre Auffassung des Glaubens, so dass das Christwerden schliesslich wie eine Unmöglichkeit aussieht? Ich möchte hier an einen meiner Kollegen erinnern, an Johannes Climacus. Er gab sich ja zur Lebensaufgabe, in einer Zeit, die alles leicht macht, die Dinge so schwer wie nötig zu nehmen. Ich glaube, das gilt aber nicht in einem elitären Sinne, denn niemand ist von der schwierigen Aufgabe ausgeschlossen, auch der Einfältigste nicht. Es geht also nicht um ein romantisches Genie, das über alle anderen zu stehen kommt, sondern um einen existenziellen Denker, der jeden Menschen als einzelnen anspricht.

5. Am vielfältigsten sind die Überlegungen in Hinsicht auf Kierkegaards Persönlichkeit. Das ist auch für mich eine schwierige Frage, denn Kierkegaard hat seinen Pseudonymen viel verheimlicht! Ein Studierender spricht von der Transparenz von Kierkegaards eigenem Leben in seinem Werk, so dass man damit Zugang zu seiner Persönlichkeit bekommt. Andere jedoch betonen an dieser

Stelle das Schillernde dieser Persönlichkeit. Sie sei faszinierend und abstossend zugleich (das ist übrigens eine interessante Parallele zur Definition der Angst). Wer war Kierkegaard? Krankhaft überdreht, neurotisch? Oder einfach das Beispiel *par excellence* der nordischen Gequältheit? Oder gar ein Romantiker, der sich nur mit einer unerfüllten Liebe zum literarischen Schaffen anspornen konnte? Ich befürchte, dass ich all diese Fragen nicht werde beantworten können. Ein Stück weit hat sich Kierkegaard bewusst inszeniert (etwa als Dandy auf den Spaziergängen durch Kopenhagen, als Verführer in *Entweder – oder* usw.). Teilweise wurde er auch unwillentlich «inszeniert» (im Corsarenstreit etwa) und tief geprägt durch Lebensumstände, durch den schwierigen Vater, durch seine Schwermut usw. In all dem verstand er sein Leben im Dienst seiner *Idee*: das heisst dessen, was im Lebensvollzug jedes Menschen letztlich auf dem Spiel steht. Deshalb sollte seine Biografie nicht zum Schlüssel seines Werkes werden, denn es geht ihm nicht um Selbstdarstellung wie bei den Romantikern. Der Leser soll sich vielmehr mit seiner eigenen «Biografie» befassen: nicht mit Kierkegaard, sondern mit sich selbst «gleichzeitig werden». Deshalb zieht sich Kierkegaard immer wieder zurück, auch wenn er sich selbst zum Stoff, ja zum «Opfer» seines Schaffens machen muss: leidend wohl, aber auch mit der Heiterkeit eines Humoristen, der mit sich selbst immer nur auf einen anderen hinweist. Ich habe vage ein chinesisches Sprichwort in Erinnerung: Wenn der Weise mit dem Finger auf den Mond zeigt, schaut der Tor nur auf den Finger.

So viel als indiskrete Einmischung in die Materialien zur Abschlusssitzung Ihres Seminars. Ich weiss nicht, was meine Hypothesen wert sind. Ich bin ja nur ein Pseudonym der letzten Stunde! Wenn Sie jedoch wollen, dürfen Sie diese Gedanken Ihren Studierenden weiterleiten – sie werden wohl staunen über das ihnen bisher unbekannte Pseudonym. Die Diskussion muss ich dann allerdings ganz Ihnen überlassen. Ich werde schon wieder unterwegs sein, um weitere Kierkegaard lesende Professoren zu prüfen …

Ihr nächtlicher Gast:
H. L. P.

Sterben erzählen im Spielfilm

[2016]

Zum Einstieg: erzählerisch Abschied nehmen

Jon Avnets Film *Fried Green Tomatoes* (USA, 1991) erzählt, wie zwei junge Frauen, Idgie und Ruth, in den 1930er Jahren im Südstaat Alabama ein Restaurant mit Spezialitäten wie Barbecue und eben Fried Green Tomatoes führen. Doch die eine Freundin, Ruth, wird unheilbar krank, was für Idgie unerträglich ist. Seit ihrer Kindheit bereits ist Idgie berühmt für ihre unglaublichen, aus der Fantasie geschöpften Geschichten. Die Todesstunde naht: Ruth liegt im Sterben, Idgie sollte Abschied nehmen, bringt es aber nicht fertig, geht wild im Zimmer herum. Ruth bittet sie darum, ihr noch einmal die schon mehrmals erzählte Geschichte vom Teich und den wilden Enten zu erzählen. Es gebe einen Teich in der Nähe, erzählt nun Idgie, zuerst zögerlich und dann immer begeisterter, auf dem sich immer wieder wilde Enten auf dem Durchflug ausgeruht hätten. Erzählend wendet sie sich langsam zum Fenster und schaut hinaus. An einem eiskalten Wintertag sei dieser Teich so schnell zugefroren, dass alle Enten im Eis gefangen geblieben seien. Doch dann hätten sie plötzlich wie auf Befehl alle ihre Flügel aufgeschlagen und seien weggeflogen. Das Eis hätte aber so sehr an ihren Federn gehaftet, dass die Enten die ganze Eisschicht, die über dem Teich lag, im Flug weggetragen hätten, so dass der Teich plötzlich wieder ganz eisfrei war. Als sich Idgie wendet, um zu schauen, wie ihre Geschichte auf ihre Freundin gewirkt hat, entdeckt sie, dass diese im Laufe ihrer Erzählung gestorben ist. Die Fantasie ist Wirklichkeit geworden: Beim Erzählen ist die Eisschicht des schweren Abschiednehmens mit den wilden Enten weggeflogen. Das Trauern um die verstorbene Freundin darf beginnen, befreit vom Nicht-Abschiednehmen-Können.

Filmische Inszenierungen des Sterbens

Inszenierungen des Sterbens sind in Spielfilmen allgegenwärtig. Da es in Spielfilmen um das Leben der Menschen geht, befassen sie sich auch sehr intensiv mit dem Sterben. In Spielfilmen wird viel gestorben, und auf vielfältige Weise, je nach Inszenierung. Das Motiv des Sterbens kann sehr punktuell vorkommen, in Filmen, in denen auch noch viele andere Themen behandelt werden (das ist zum Beispiel in *Fried Green Tomatoes* der Fall), und es gibt Spielfilme, in denen das

Sterben zum zentralen Motiv wird, so dass man regelrecht von Sterbe-Filmen sprechen kann.

Der Tod kann oft plötzlich eintreffen, mehr oder weniger gewaltsam, etwa durch Unfall oder durch Mord. Aber gerade der sequenzielle Charakter des Filmes erlaubt es auch, in der Reihenfolge der Bilder den *Prozess* des Sterbens darzustellen. Das muss nicht nur linear geschehen, es können Flashbacks oder Vorwegnahmen eingefügt werden, die auch das existenzielle Verarbeiten des Prozesses bei der sterbenden Person und den sie begleitenden Mitmenschen thematisieren.

Die bewusst reflektierte Inszenierung ermöglicht es, mit der bildnerischen Darstellung unterschiedlich vorzugehen: Das Sterben kann hautnah, in direkter Bildsprache repräsentiert werden; es kann aber auch in indirekter Kommunikation geschehen, so dass das Sterben selbst nur wenig «ins Bild» hineinkommt. Ruths Sterben in Jon Avnets Film, das einleitend geschildert wurde, wird gerade nicht gezeigt: Die Erzählung verschont die Freundin Idgie ebenso wie die Zuschauer/-innen davor, diesem Sterben zuschauen zu müssen.

Die Filminszenierungen können ebenfalls unterschiedliche Deutungsmuster ins Spiel bringen, auch hier wieder mehr oder weniger massiv oder diskret, Deutungsmuster, die es erlauben, vom Sterben Abstand zu nehmen oder es in Hinsicht auf Tiefendimensionen, die sich in ihm offenbaren, durchzuarbeiten.

Zur Illustration dieser vielfältigen Arten der filmischen Inszenierung des Sterbens seien kurz drei Filme evoziert, in denen der Prozess des Sterbens mit unterschiedlichen Konnotationen thematisiert wird. Geht es im ersten Spielfilm mehr um eine ästhetische Lebenseinstellung, die im Sterben an ihre Grenze stösst, handelt der zweite mehr von ethischer Verpflichtung dem Sterben gegenüber. Im dritten schliesslich kommen religiöse Deutungsmotive zum Tragen (deshalb wird dieses dritte Beispiel auch etwas ausführlicher behandelt).[1]

Bob Fosse, *All that Jazz* (USA, 1979)

Dieser Spielfilm ist eine teilweise autobiografische Fiktion: Der Filmemacher thematisiert seine eigene schwierige Situation im Jahre 1975, als er an der Inszenierung des Broadway Musicals *Chicago* arbeitete, sich für die Edition seines Films über den Stand-up-Komödianten Lenny Bruce einsetzte und zugleich mit grossen Ermüdungs- und Gesundheitsproblemen kämpfte. In der Fiktionalisierung des Filmes ist die Hauptgestalt, Joe Gideon, wie Bob Fosse selbst auch, Theaterdirektor und Choreograf. Kettenraucher, medikamentenabhängig und

---

1 Nicht ganz zufällig entsprechen die drei Spielfilme den drei Existenzsphären bei Søren Kierkegaard.

sexsüchtig. Mit einem total erschöpften Körper kämpfend, arbeitet er unablässig – äusserlich gesehen an der Inszenierung eines Musicals, aber zuerst und vor allem an der Inszenierung seines Lebens. Nach dem Grundprinzip *The show must go on* gestaltet er sein ganzes Leben als eine ständige Show, völlig auf Bühnenerfolg ausgerichtet. Alle um ihn herum mahnen ihn auszuruhen, doch kann er das nicht mehr, weil er in einem Teufelskreis gefangen ist. Er spürt die Verschlechterung seines Gesundheitszustandes, ahnt die Gefahr des Todes, kann sich ihr aber nicht stellen, sondern flieht vor seiner Sterblichkeit in noch mehr Arbeit, Sex, Medikamente und Zigaretten. Er muss wegen eines Herzinfarkts ins Spital eingeliefert werden, und es wird immer unsicherer, ob er noch fähig sein wird, das Musical zu Ende zu inszenieren. Auch für die Edition seines Filmes bekommt er immer schlechtere Nachrichten. Mehr und mehr versetzt sich Gideon in Halluzinationen hinein, in denen er sich selbst als tanzende Hauptgestalt auf der Bühne inszeniert, so dass sich die Show in seiner Fantasie mehr und mehr zu einer Art Totentanz entwickelt (er tanzt denn auch mit einer Art Todesengel, der Tänzerin Angélique). Noch einmal wird er in einem grossen Finale das, was er immer schon sein wollte, der bewunderte Star einer erfolgreichen Show. Die Szene, mit der der Film schliesst, steht jedoch in krassem Widerspruch dazu: Sie zeigt, wie Gideons toter Körper in eine Leichenhülle verpackt wird.

Interessant ist, dass immer wieder, als Ausschnitt aus Joe Gideons Film, eine Nummer in Lennys Stand-up-Komödie eingespielt wird, in der sich dieser über die fünf Etappen der Auseinandersetzung mit dem Sterben gemäss Elisabeth Kübler-Ross lustig macht.[2] Durch diese ironische Distanzierung wird Joe Gideons Sterbeprozess indirekt beleuchtet, denn er muss merken, dass er im Kampf mit seiner Lebenskrise diese fünf Gemütszustände ungewollt durchmachen muss: Stets schwankt er hin und her zwischen Wut, Verneinung, Verhandlung mit dem Tod, Depression und Zustimmung, ohne das Ganze des Prozesses wirklich wahrhaben zu wollen, stets vor ihm fliehend. Doch mehr und mehr scheint die Show seines Lebens zu scheitern, was eigentlich nur seine Lust steigert, in einer imaginären Show noch ein letztes Mal ganz vorne zu sein. Mit der Leichenhülle endet diese Show, und die Bühnenlichter gehen aus. Das Ideal eines Lebens als einer unablässigen Parade kommt an seine Grenze, obschon Bob Fosse selbst diese Krise von 1975 überlebt (er stirbt dann an einem Herzinfarkt im Jahre 1987).

---

2   Ihr erstes, bahnbrechendes Buch *On Death and Dying* war 1969 erschienen; auf Deutsch: Elisabeth KÜBLER-ROSS, *Interviews mit Sterbenden*, Freiburg im Breisgau: Kreuz Verlag, [6]2014.

Cesc Gay, *Truman* (Spanien/Argentinien, 2015)

Julián und Tomás sind zwei argentinische Männer mittleren Alters, die seit ihrer Jugend eng befreundet sind. Der erste lebt in Madrid, geschieden und vereinsamt; der zweite lebt, verheiratet und Familienvater, in Kanada. Dieser weiss darum, dass es seinem Madrider Freund, der krebskrank ist, schlecht geht, und so überrascht er ihn mit einem Besuch für ein paar Tage. Seine Absicht ist unter anderem, den Freund dazu anzuhalten, sich weiteren Therapien zu unterziehen, gegen den nahenden Tod anzukämpfen. Doch dieser Versuch scheitert schnell: Julián hat endgültig entschieden, nichts mehr zu unternehmen, sondern sich nun auf sein Sterben vorzubereiten, seine Sachen in Ordnung zu bringen und alles Nötige zu regeln. Jeder stirbt so gut, wie er kann, das ist Juliáns Überzeugung, und da nun der Freund aus Kanada da ist, soll er ihm bei seinen Sterbevorbereitungen behilflich sein. Und so wird der kurze Besuch in Madrid zu einer ungeahnten Überraschung für Tomás. Er wird plötzlich ganz konkret, viel konkreter, als er es gewünscht hätte, mit dem Sterben konfrontiert, indem er die verschiedenen Abklärungen seines Freundes begleiten muss: den letzten Besuch beim Arzt, um diesem mitzuteilen, dass die Therapien abgebrochen werden; den Besuch im Bestattungsgeschäft, um einen passenden Sarg auszuwählen usw. Zum «Aufräumen» gehört auch die Verarbeitung der Vergangenheit: Mit Reue schaut Julián auf ein etwas zerrüttetes Leben, mit viel Untreue und Betrug, eine gescheiterte Ehe, einen vernachlässigten Sohn (deshalb fliegen die zwei Freunde auch nach Amsterdam, um mit dem dort studierenden Sohn eine Aussöhnung zu vollziehen). In vielen Gesprächen zwischen tiefer Melancholie und befreiendem Humor schwankend erleben sie so in Ernst und Gelassenheit zugleich, was ihre letzte gemeinsame Zeit sein wird. Beide wissen um den kommenden Abschied, nehmen aber immer wieder spielerisch davon Abstand.

Ganz zentral im ganzen Film ist auch Truman, der dem Film seinen Titel verliehen hat: ein alter, riesengrosser Hund, Juliáns jahrelanger treuer Begleiter. Was soll nach Juliáns Tod mit ihm geschehen? Sehr besorgt um seinen Hund (den Tierarzt fragt Julián sogar, ob denn Hunde nach dem Tod ihres Herrn auch trauern) sucht er nach einem neuen Besitzer oder einer neuen Besitzerin, und Tomás muss auch hier seinen Freund bei den Treffen mit den verschiedenen Interessenten begleiten. Irgendwie kommt keine Lösung zustande, und als sich die zwei Freunde am Flughafen verabschieden, kommt alles ganz anders: Julián hat alle Billette und Ausreisepapiere für Truman insgeheim vorbereitet, so dass er mit Tomás nach Kanada fliegen darf! Truman, das treueste Tier, soll mit dem treuesten Menschen weiterleben dürfen. So wird der alte Hund zum Kristallisationspunkt der Freundschaft, besiegelt sie beim schmerzhaften endgültigen Abschied.

Ingmar Bergman, *Schreie und Flüstern* (Schweden, 1972)[3]

Die Gestalten in Bergmans Filmen setzen sich mit existenziellen Themen auseinander: Sie kämpfen mit der Vereinsamung und leiden an schwierigen zwischenmenschlichen Beziehungen, ringen mit der Aussicht auf den Tod, fragen nach Schuld und Vergebung, scheitern am Unsinn des Lebens und suchen leidenschaftlich nach Gott. Viele dieser Themen finden sich im Film *Schreie und Flüstern* [*Viskningar och rop*] wieder. Der Film spielt auf einem schönen Gutshof am Ende des 19. Jahrhunderts. Erzählt wird, mit unterschiedlichen Flashbacks, ein Abschnitt aus dem Leben vierer Frauen, die auch die Hauptgestalten des Films sind: Agnes, die ältere Schwester, die schwerkrank ist und im Sterben liegt; Maria und Karin, die zwei Schwestern, die auf Besuch gekommen sind, um Agnes in ihrem Leiden und Sterben zu begleiten; Anna, die Magd, die die kranke Agnes pflegt. Der Film beschreibt sowohl das Leiden und Sterben von Agnes als auch die unterschiedlichen Arten der drei anderen Frauen, darauf zu reagieren, darauf einzugehen oder sich davon zu distanzieren.

Nachdem Agnes gestorben ist, kommt der Pfarrer, um die Beerdigung vorzubereiten, und spricht am Sterbebett ein Gebet. Nach der Beerdigung, bevor die zwei Schwestern mit ihren Ehemännern wieder wegziehen, wird die Magd entlassen. Als Andenken wünscht sie sich das Tagebuch von Agnes, aus dem im Film ab und zu in Off-Stimme gelesen wurde. Auch in der Schlussszene des Films wird eine Passage zitiert, in der Agnes einen Spaziergang mit den Schwestern im Park des Gutshofes beschreibt:

> Ich hatte die Augen ganz fest geschlossen, wollte den Augenblick festhalten und dachte: Das hier ist auf jeden Fall Glück. Ich kann mir nichts Besseres wünschen. Nun darf ich einige Augenblicke Vollkommenheit erleben. Und ich empfinde eine grosse Dankbarkeit gegenüber meinem Leben, das mir so viel gibt.[4]

Bergmans Film ist vielschichtig und kann auf unterschiedlichen Ebenen interpretiert werden. Wir heben hier eine dieser Ebenen hervor: die diskreten metaphorischen Anspielungen auf die Passionsgeschichte Jesu in den neutestamentli-

---

3 Der Film wird zitiert nach der Filmerzählung in deutscher Übersetzung: Ingmar BERGMAN, Schreie und Flüstern, in: DERS., *Wilde Erdbeeren und andere Filmerzählungen*, München: Hanser Verlag, 1977, 403–444. Für eine ausführlichere Interpretation, vgl. Pierre BÜHLER, Ein Film erzählt das Sterben einer kranken Frau. Suche nach religiösen Spuren, in: Natalie FRITZ, Marie-Therese MÄDER, Daria PEZZOLI-OLGIATI, Baldassare SCOLARI (Hg.), *Leid-Bilder. Die Passionsgeschichte in der Kultur*, Marburg: Schüren Verlag, 2018, 156–166.

4 BERGMAN, Schreie und Flüstern (Anm. 3), 444.

chen Evangelien. Verschiedene Hinweise lassen sich bei genauer Betrachtung wahrnehmen:

- Während des ganzen Films ticken die Wanduhren und läuten die Glocken, immer wieder an die laufende Zeit mahnend: Das erinnert stark an die Thematik der Stunden in der Passionsgeschichte: «es war die sechste Stunde, als ...», «siehe, es war die neunte Stunde» usw.
- Ferner kann der Vorname Agnes ein weiteres Indiz sein: Er kommt vom lateinischen *agnus*, und verweist damit auf das Passionsmotiv *agnus Dei*, wie es etwa in Joh 1,29 als Zeugnis des Johannes des Täufers zum Ausdruck gebracht wird: «Seht, das Lamm Gottes, das die Sünde der Welt hinwegnimmt». Im Hintergrund steht auch das griechische *hagnos*, das «rein», «unschuldig», auch in kultischem Sinn, bedeutet. Damit könnte Agnes als unschuldiges Opfer interpretiert werden.
- Agnes ist mit einem lauten Todesschrei gestorben (ähnlich wie Jesus bei Markus und Matthäus[5]). Sie liegt im Bett, es werden ihr die Augen geschlossen, und ihr Leib wird aufgedeckt. Die Beine liegen, wie sie oft beim Gekreuzigten in der Kunstgeschichte dargestellt werden: das eine gerade, das andere angewinkelt. Die Arme waren wie beim Gekreuzigten weit ausgebreitet; sie werden nun zum Leib zurückgebracht und die Hände gefaltet.

An einer entscheidenden Stelle des Films geschieht die christologische Metaphorisierung der Agnes als *gesprochene* Ergänzung zu den Bildmotiven. Diese explizit religiöse Spur ist mit dem Auftreten des Pfarrers verbunden. Nach den Begrüssungen tritt der Pfarrer ans Sterbebett, um ein Gebet zu sprechen. Auffallend an dieser Szene ist die Aufteilung des Gebets in zwei sehr unterschiedliche Momente. Zunächst spricht der Pfarrer ein liturgisch geprägtes Gebet *für* die Verstorbene:

> Gott, unser Vater, hat in seiner Allweisheit beschlossen, dich in der Blüte deiner Jugend heimzurufen. Vorher befand er dich für würdig, ein schweres und langwieriges Leiden zu tragen. Du hast dich ihm geduldig unterworfen, ohne zu klagen, in der Gewissheit, dass deine Sünden dir durch den Kreuzestod deines Herrn Jesus Christus vergeben würden. Möge dein Vater im Himmel sich deiner Seele erbarmen, wenn du vor ihm hintrittst. Mögen dich seine Engel der Erinnerung an deinen irdischen Schmerz entheben.[6]

---

5 Mk 15,37 (par. in Mt 27,50): «Da stiess Jesus einen lauten Schrei aus und verschied.» In beiden Evangelien steht in der Nähe dieses Todesschreis ein anderer lauter Schrei des Gekreuzigten, der in der neunten Stunde ausgesprochen wird: «Mein Gott, mein Gott, warum hast du mich verlassen!» (Zitat aus Ps 22,2)
6 BERGMAN, Schreie und Flüstern (Anm. 3), 421.

An dieser Stelle verstummt der Pfarrer plötzlich. Verlegen zögert er – und tritt plötzlich aus seiner Rolle: Er kniet nieder vor Agnes, und die anderen im Raum, ebenfalls verlegen, tun es ihm gleich. Er betet nun nicht mehr *für sie*, sondern vielmehr *zu ihr*, ihr würdiges Leiden nun ganz anders aufnehmend: als ein stellvertretendes Leiden.

> Wenn du unser Leiden in deinem armen Körper vereint hast, wenn du es mit dir durch den Tod getragen hast, wenn du Gott dort in dem anderen Lande begegnest, wenn er sein Angesicht dir zuwendet, wenn du dort eine Sprache sprechen kannst, die dieser Gott versteht, wenn du dort sprechen kannst zu diesem Gott ... Wenn es so ist – bitte für uns, Agnes, liebes Kindchen, höre, was ich dir jetzt sage. Bitte für uns, die wir hiergeblieben sind auf dieser dunklen, schmutzigen Erde unter einem leeren und grausamen Himmel. Lege deine Bürde des Leidens Gott zu Füßen und bitte ihn, uns zu begnadigen, bitte ihn, uns endlich zu befreien aus unserer Angst, unserem Überdruss und unserem tiefen Zweifel. Bitte ihn um einen Sinn für unser Leben, Agnes, die du so unfassbar und so lange gelitten hast, *du musst würdig sein, für uns zu sprechen*.[7]

Nachdem der Pfarrer wieder aufgestanden ist, bleibt er einen Augenblick verlegen, spricht davon, dass Agnes seine Konfirmandin war, dass sie viele Gespräche führten und ihr Glaube stärker war als seiner, und verabschiedet sich. Die Wirkung seiner Worte aber bleibt: Durch sein Gebet ist Agnes zu einer *christologischen Figur* geworden. Mit all ihrem Leiden soll sie vor Gott unsere Fürbitterin werden und für uns eintreten.

Dieser christologischen Figur gegenüber werden die drei anderen Frauen anhand ihrer Reaktionen auf das Sterben in ihren unterschiedlichen Lebenseinstellungen enthüllt: in einer Art Grundtypologie, die noch einmal Kierkegaards Existenzsphären rekapituliert.

In *Maria* zuerst nimmt man Spuren von Angst wahr, aber zugleich eine schmeichelnde Leichtigkeit, die auch dazu führt, dass sie vor dem Sterben ihrer Schwester immer wieder erschrocken flieht, der eigentlichen Herausforderung mit Ausreden ausweicht. Sie stellt einen Menschen dar, der stets an der Oberfläche des Lebens bleibt, immer wieder ins Unbestimmte flieht, weil er stets nach dem Prinzip der Lust lebt, ganz in der Nähe dessen, was Joe Gideon in Bob Fosses Spielfilm vertritt.

Karin hingegen ist stets am Abrechnen, Gewinn und Schuld auflistend. Sie lebt in einem unendlichen Gefühl von Schuld und Reue, das sie auch zu schrecklichen Akten der Selbstbestrafung führen kann. Mit grosser Überzeugung bringt sie die radikale Gnadenlosigkeit des Lebens zum Ausdruck. Das Leben wird von

---

7   Ebd., 422.

einer unendlichen Pflicht her wahrgenommen, die nie ganz zu erfüllen ist. Damit ist sie dem Julián in *Truman* nicht ganz unähnlich, nur viel verzweifelter.

Anna schließlich, die Magd, versteht ihre Aufgabe, vornehmlich ihre Pflegefunktion, als einen Liebesdienst gegenüber den verschiedenen Familienmitgliedern, aber in erster Linie gegenüber Agnes, die sie bis zum Schluss in den Tod hinein begleitet. Durch das Lesen des Tagebuches wird sie Agnes' Erbe pflegen, in einer Art religiöser, gläubiger Verehrung.

Zum Abschluss: eine filmische Pietà …

In der auf den Tod folgenden Nacht, in einer traumartigen Szene, wird die verstorbene Agnes wieder «wach» und lässt ihre zwei Schwestern zu sich rufen: Sie könne nicht sterben, es sei ihr eiskalt, sie fühle sich einsam und verlassen, und sie brauche Hilfe, Wärme und Zärtlichkeit. Die zwei Schwestern schrecken davor zurück, verweigern ihr die erbetene Hilfe; die Magd hingegen bleibt bei ihr, setzt sich auf das Bett, nimmt sie auf ihren Schoss, legt ihr Haupt an ihre nackte Brust und schenkt ihr so die gewünschte Wärme. Das Bild der ruhig im Schoss der Magd liegenden Verstorbenen wurde zum offiziellen Filmposter. Es gleicht ganz erstaunlich einer Pietà-Szene, wie wir sie aus der Kunstgeschichte kennen: die Mutter Maria, die weinend ihren verstorbenen Sohn auf dem Schoss hält. Es könnte aber auch eine verleibliche Darstellung dessen sein, was *Spiritual Care* am Lebensende bedeutet …

Ingmar Bergman, *Schreie und Flüstern* [*Viskningar och rop*] (Schweden, 1972), 01:20:18
DVD © 1973 AB Svensk Filmindustri © 2011 Studiocanal GmbH

Karikatur als heilsame Herausforderung an die Religion

[2012][1]

Zum Einstieg

Wie sich vor einigen Jahren bei den durch die dänische Tageszeitung *Jyllands-Posten* publizierten Mohammed-Karikaturen gezeigt hat, können Karikaturen zu religiösen Themen heftige Reaktionen auslösen. Freilich empörten sich damals vor allem fundamentalistische Kreise des Islams, während doch der traditionelle Islam durchaus für Humor offen war. Die Karikaturen boten also auch die Gelegenheit, eine gewisse Spaltung zwischen integristischen Vertretern einer Religion, die sogar bereit waren, Gewalt anzuwenden, und gemässigten Anhängern, die eher gelassen reagierten, ja sogar ihre Freude an den Karikaturen hatten. Eine gewisse politische Manipulation steckte ebenfalls dahinter: Ein dänischer Imam schürte damals bewusst die emotionsgeladene Stimmung, indem er darauf hinwirkte, die Mohammed-Karikaturen bekannt zu machen, in der Hoffnung, dass es in arabischen Ländern zu antiwestlichen Demonstrationen kommen würde.

Wie dem auch sei, klar wird an diesem Beispiel, dass Karikaturen, gerade im religiösen Bereich, unerwartete Wirkungen zeitigen können. Sie sind heikel, weil sie leicht religiöse Gefühle verletzen, so dass sich die Gläubigen in ihren Grundüberzeugungen angegriffen fühlen. Der Karikaturist sieht dann wie ein Zauberlehrling aus, der etwas ausgelöst hat, worüber er die Kontrolle verliert. In eindrücklicher Weise hat das der Karikaturist Chappatte zum Ausdruck gebracht, indem er einen Karikaturisten zeichnet, der entsetzt zusieht, wie aus seiner Mohammed-Karikatur fanatische Horden zum Kampf emporsteigen.

Muss das Verhältnis notwendigerweise konfliktgeladen sein? Oder könnte es auch fruchtbar, bereichernd sein, und wenn ja, unter welchen Bedingungen? Was

---

1 Dieser Beitrag verdankt sich teilweise einer Tagung zum Thema «Religion und Karikatur», die ich im September 2008 im Centre Dürrenmatt Neuchâtel in Zusammenarbeit mit der Schweizerischen Theologischen Gesellschaft organisiert und geleitet habe, sowie der Dissertation von Monika Glavac, *Der «Fremde» in der europäischen Karikatur. Eine religionswissenschaftliche Studie über das Spannungsfeld zwischen Belustigung, Beleidigung und Kritik*, Göttingen: Vandenhoeck & Ruprecht, 2013. Einige Aspekte der Tagung wurden im Heft «Religion und Karikatur» der Zeitschrift *facultativ* publiziert, die im Auftrag der Theologischen Fakultät der Universität Zürich von den Reformierten Medien, Zürich, herausgegeben wird: vgl. *facultativ* 2 (2008).

Patrick Chappatte
© Chappatte; www.chappatte.com

könnte eine positive Funktion der Karikatur im Bereich der Religion sein, so dass sie dieser zu einer heilsamen Herausforderung werden könnte? Das sind die Fragen, die im Folgenden kurz behandelt werden sollen.

Ein paar Hinweise zur Geschichte der Karikatur

Der Begriff «Karikatur» kommt aus dem Italienischen. Der Gebrauch von *caricatura* wurde im 17. Jahrhundert recht üblich, wobei man sich nicht einig ist, wer das Wort zuerst entwickelt hat. Es wurde «erstmals in einer theoretischen Abhandlung des Italieners Giovanni Antonio Massani aus dem Jahr 1646 schriftlich festgehalten».[2]

Es geht auf das Adjektiv *caricato* zurück, das «beladen», «überladen» heisst, womit bereits ein wichtiges Kennzeichen zur Sprache gebracht wird, nämlich das Stilmittel der Übertreibung, das dazu führt, dass eine Person, ein Gegenstand oder eine Situation durch diese Übertreibung verfremdet, ja vielleicht sogar ganz entstellt wird, freilich so, dass sie weiterhin als verfremdete, als entstellte erkennbar bleibt.

---

2 Glavac, *Der «Fremde»* (Anm. 1), 22.

Ein berühmtes Beispiel aus der klassischen Tradition der Karikatur ist Charles Philipons Verwandlung des Kopfes des französischen Königs Louis-Philippe I. in eine Birne:

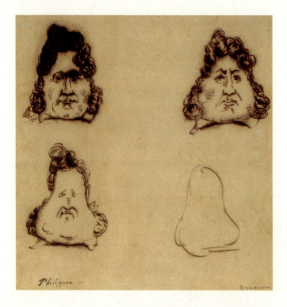

Charles Philipon, *La métamorphose du roi Louis-Philippe en poire* (1831) Paris, Bibliothèque nationale de France

Die mehr oder weniger subtile oder grobe Verschiebung der Darstellung kann unterschiedliche Wirkungen anstreben. Am einen Ende der Palette kann es um reine Polemik gehen, die recht humorlos werden kann und deshalb auch eher beleidigend; am anderen Ende kann humorvolle Belustigung anvisiert werden. Eine Dimension der (boshaften oder liebevollen) Kritik, durch die in der Karikatur Abstand genommen wird, um eine bestimmte Wirklichkeit aus der Distanz darzustellen, ist jedoch immer enthalten. Sie hat in diesem Sinne etwas Emanzipatorisches: Durch das Karikieren wird Widerstand geleistet gegen Unterdrückung durch Herrschaftsstrukturen und Ideologien. Dieser gesellschaftskritische Aspekt, der durch die Presse sehr gefördert wird, entwickelte sich im Laufe der Moderne, insbesondere im 18. und 19. Jahrhundert in England und in Frankreich. Auch die Religion wurde mehr und mehr zum Gegenstand von Karikaturen, unter anderem in der antiklerikalen Bewegung in Frankreich. Zuerst wurden die kirchliche Institution und ihre Vertreter angegriffen, später das Religiöse selbst als Entfremdendes enthüllt; erste humoristische Zeichnungen des christlichen Gottes selbst oder Jesu Christi gab es seit Ende des 19. Jahrhunderts.

Was dem Islam neuerdings geschah, musste das Christentum anfänglich auch erleben. Es gab heftige Reaktionen auf antiklerikale Karikaturen, die als Gotteslästerungen wahrgenommen und teilweise auch bestraft wurden. Im Laufe der Neuzeit hat jedoch der christliche Glaube unter dem Druck der Karikaturisten eine selbstkritischere Sicht seiner selbst erlernen müssen. Progressiv hat schliesslich eine gewisse Aneignung von Karikatur als Mittel zur Kritik und Selbstkritik stattgefunden, so dass weite Teile des Christentums heute gegenüber karikierenden Darstellungen fast allzu gleichgültig geworden sind.

Eine alte «Karikatur»: der Gekreuzigte mit Eselskopf

«Es gab zwar bereits in der Antike und im Mittelalter karikaturähnliche Darstellungen, wie beispielsweise *graffitos* (Wandmalereien), Grotesken und humoristische Zeichnungen, doch die Bezeichnung ‹Karikatur› war noch nicht erfunden.»[3] In Hinsicht auf diese Beobachtung von Monika Glavac sei darauf hingewiesen, dass wohl die früheste Darstellung des gekreuzigten Christus (Ende 2. bis Anfang 3. Jahrhundert) eine «Karikatur» ist, die ihn mit einem Eselskopf repräsentiert.

Der Gekreuzigte mit Eselskopf
© Jacqueline Berthoud, Fleurier

3 Ebd.

Diese Wandkritzelei wurde in einer Pagenschule auf dem Palatin in Rom gefunden. Der Autor spottet über den Glauben eines christlichen Mitschülers, wie es die unter der Zeichnung angebrachte griechische Inschrift zum Ausdruck bringt: «Alexamenos betet Gott an», und dieser christliche Gott ist der Gekreuzigte, als Chimäre mit einem Menschenleib und einem Eselskopf dargestellt! Dieser Eselskopf scheint auf die jüdische Herkunft des Christentums anzuspielen.[4]

Papstkarikaturen: Abstand vom Rechthaberischen

Im 16. Jahrhundert, zur Zeit der interkonfessionellen Auseinandersetzungen, gehörten auch karikaturhafte Zeichnungen zu den polemischen Kampfmitteln. Die soeben entwickelte Buchdruckerei erlaubte denn auch eine grosse Verbreitung solcher «Karikaturen», etwa in Form von Flugschriften, durch die man sich gegenseitig zu verunglimpfen suchte. Das Eselsmotiv taucht hier ebenfalls auf, unter anderem in Gestalt einer Chimäre namens «Papstesel».

Der Bapstesel zu Rom (1523)
Flugschrift, Wittenberg

---

4 So deutet Tertullian in Anlehnung an Tacitus die anscheinend verbreitete Verdächtigung, die Christen verehrten einen Eselskopf (vgl. TERTULLIAN, *Apologeticum/Verteidigung des Christentums*, Lateinisch und Deutsch, München: Kösel, ²1961, 115–119). In diesem Kontext erwähnt Tertullian auch ein Spottbild mit der Inschrift *Der Christengott Onokoites* («Eselbeischläfer») (ebd., 119).

Dieser Holzschnitt, der mit dem Titel *Der Bapstesel zu Rom* versehen ist und vermutlich nach einem italienischen Kupferstich von Lucas Cranach dem Älteren angefertigt wurde, ist in einer Flugschrift zu finden, die von Luther und Melanchthon herausgegeben wurde.[5] Er karikiert den Papst durch eine Kombination von unterschiedlichen tierischen Elementen: ein Körper mit Schuppen, eine hufförmige Hand und ein hufförmiger Fuss, ein Fuss mit Krallen, ein Schwanz mit Vogelkopf usw.; besonders auffallend sind dabei der Eselskopf und der weibliche Menschenrumpf.

In seinem zeichnerischen Werk hat sich Friedrich Dürrenmatt, der mit vielen Karikaturisten wie etwa Tomi Ungerer, Paul Flora und Roland Topor befreundet war, auch mit dem Papstmotiv befasst. Es wären hier verschiedene Figuren zu erwähnen. Zunächst entstehen verschiedene Kopfkarikaturen, wie etwa auf folgendem Skizzenblatt:

Friedrich Dürrenmatt, *Papstköpfe*
© Centre Dürrenmatt Neuchâtel/
Schweizerische Eidgenossenschaft

---

5   Philippus MELANCHTHON, *Doct. Martinus Luther, Von dem PapstEsel zu Rom vnd Münchkalbs zu Freyburg in Meyssen funden, ain deüttung der zwu grewlichen figurn*, Wittenberg, MDXXIII (Rückseite des Titelblatts). Vgl. dazu: Martin LUTHER, *Image de la papauté/Abbildung des Papstum, 1545*, Grenoble: Jérôme Millon, 1997 (mit Bildern von Lucas Cranach); Konrad LANGE, *Der Bapstesel. Ein Beitrag zur Kultur- und Kunstgeschichte des Reformationszeitalters*, Göttingen: Vandenhoeck & Ruprecht, 1891.

Diese Karikaturen markieren eine kritische Distanznahme gegenüber der Tendenz der Religion zur Rechthaberei. In Dürrenmatts Komödien kommen immer wieder Theologen vor, die rechthaberisch sind. Alle religiösen Strömungen, die glauben, im Besitz der absoluten Wahrheit zu sein, bezeichnete Dürrenmatt als «päpstlich», seien sie katholisch oder protestantisch. Schon sein erstes Theaterstück *Es steht geschrieben* behandelt solche rechthaberischen Fanatiker, nämlich die Täufer, die in Münster einen christlichen Staat einrichten wollten, mit dem Anspruch, Gottes Reich auf Erden zu verwirklichen. In Dürrenmatts Verständnis gehört zur Religion notwendigerweise immer auch der Zweifel, und dieser geht in der Rechthaberei verloren. In diesem Sinne hat Dürrenmatt das Papstmotiv zum Gegenstand von Federzeichnungen gemacht, wie etwa im Bild *Zwölf Päpste, die Bibel auslegend*.

Friedrich Dürrenmatt, *Zwölf Päpste, die Bibel auslegend* (1973)
© Centre Dürrenmatt Neuchâtel/Schweizerische Eidgenossenschaft

So kommentiert Dürrenmatt selber seine Papstbilder:

> Dramaturgisch und nicht blasphemisch sind auch die *Papst*-Szenen gemeint: Ist es doch etwas Skandalöses, dass jemand behauptet, er sei der Stellvertreter Christi auf Erden, unfehlbar usw. [...] Der Papst ist das Sinnbild des Theologischen und damit des Rechthaberischen, des Glaubens, im Besitz der Wahrheit zu sein. [...] Darum gibt es immer wieder viele Päpste – religiöse und politische –, und darum finden die Streitereien unter

Friedrich Dürrenmatt, *Der letzte Papst* (1975)
© Centre Dürrenmatt Neuchâtel/Schweizerische Eidgenossenschaft

ihnen kein Ende: Immer wieder steht Wahrheit gegen Wahrheit, bis der letzte Papst auf dem Mammut seiner Macht in die Eiszeitnacht der Menschheit reitet und in ihr verschwindet.[6]

Karikatur und Humor: eine Deutungshypothese

Wie wir weiter oben gesehen haben, ist eine Karikatur nicht immer humoristisch. Sie kann satirische Züge annehmen, bissige Sozialkritik vollziehen, mit scharfem Blick auf tragische Missstände hinweisen. Damit vollzieht sie in unterschiedlichen Registern eine Bewegung der Distanznahme, der Verfremdung, um etwas aus überraschender Perspektive aufzudecken. Diese Bewegung könnte man hermeneutisch mit Paul Ricœurs Kategorie der *distanciation* vertiefen, auf Deutsch

---

6　Friedrich Dürrenmatt, Persönliche Anmerkung zu meinen Bildern und Zeichnungen, in: ders., *Werkausgabe in siebenunddreissig Bänden*, Bd. 32, Zürich: Diogenes, 1998, 201–216, hier 205.

üblicherweise mit «Verfremdung» übersetzt.[7] Der durch ein kreatives Abstandnehmen gestiftete Überraschungseffekt stellt einen Zug dar, den die Karikatur mit dem Lacheffekt des Humors teilt.[8]

Man könnte dieses Lachen, und so auch das Karikieren, als ein reines Lächerlichmachen verstehen. In der Tradition gibt es illustre Vertreter einer solchen Auffassung. Neben Aristoteles, Thomas Hobbes oder Sigmund Freud erhebt vor allem Henri Bergson in seinem Buch *Le rire* diesen Humor der Herabsetzung, der Erniedrigung zum Programm: Das Höhere, Edlere lacht über das Niedrigere, das Bewegliche über das Starre, das Starke über das Schwache, das Natürliche über das Mechanische. Damit ist im Lachen, und so auch in der Karikatur, das Moment eines Sozialtadels entscheidend.[9]

Dieser Auffassung gegenüber kann man in der Ideengeschichte einen zweiten Strang ausfindig machen, in dem es nicht mehr darum geht, sich vom Niedrigen abzusetzen, sondern dass im Lachen und Humor Spannungen, Gegensätze, Unstimmigkeiten im menschlichen Leben verarbeitet werden. Man könnte diese andere Auffassung als Humor der Diskordanz bezeichnen. Auf dieser Linie haben zwei Philosophen des 20. Jahrhunderts versucht, Humor als eine fruchtbare Tätigkeit darzustellen. In *The Act of Creation*[10] spricht Arthur Koestler vom «Bisoziationsprinzip»: Zwei Dimensionen, die nichts miteinander zu tun haben, werden miteinander in Berührung gebracht, so dass daraus überraschend Neues entstehen kann. In einem Aphorismus geschieht diese Bisoziation ganz besonders prägnant: «Beamte sind Menschen, die sitzen, ohne verurteilt worden zu sein.» Im Buch *Le rire, suite*[11] hat Jean Fourastié, sich klar von Bergson abgrenzend, Koestlers Idee weitergeführt, indem er von einem «Bruch des Determinismus» spricht: Im Humor werden übliche Gedankengänge durchbrochen, Vorgesehenes auf Unvorhergesehenes verschoben, so dass der Mensch aus dem Determinismus der *pensée unique*, des Einbahndenkens herausgerissen wird. Kreativität heisst hier überraschender Perspektivenwechsel: So wird im Humor die Fähigkeit eingeübt,

---

7 Vgl. Paul Ricœur, La fonction herméneutique de la distanciation, in: DERS., *Du texte à l'action. Essais d'herméneutique II*, Paris: Seuil, 1986, 101–117; in englischer Übersetzung: Paul Ricœur, The Hermeneutical Function of Distanciation, in: DERS., *Hermeneutics and the Human Sciences. Essays on Language, Action and Interpretation*, Cambridge: Cambridge University Press, 1981, 131–144.

8 Für das Folgende ausführlicher im Heft «Ethik des Alltäglichen» der *Berliner Theologischen Zeitschrift*: Pierre Bühler, Humor als Alltagsweisheit, *Berliner Theologische Zeitschrift* 24/2 (2007), 278–289.

9 Henri Bergson, *Das Lachen. Ein Essay über die Bedeutung des Komischen*, Hamburg: Meiner, 2011.

10 Arthur Koestler, *Der göttliche Funke. Der schöpferische Akt in Kunst und Wissenschaft*, Bern: Scherz, 1966.

11 Jean Fourastié, *Le rire, suite*, Paris: Denoël/Gonthier, 1983.

von Problemen Abstand zu nehmen, indem sie unter anderen Gesichtspunkten betrachtet werden.

Es scheint mir, dass man Ähnliches von der Karikatur sagen könnte. In vielem ist sie vergleichbar mit dem Humor. Sie will nicht nur tadelnd lächerlich machen. Sie kann durch Bisoziation unerwartete Aspekte zum Vorschein bringen, in denen Widersprüchlichkeiten und Diskordanzen verarbeitet werden können, zum Beispiel die Spannung zwischen Selbstwahrnehmung und Fremdwahrnehmung, die Nähe des Menschen zum Tierischen und zum Dinglichen usw.

Karikatur – eine Chance für die Religion?

Aus dieser Sicht könnten wir der Karikatur im Umgang mit Religion eine positive Funktion zuweisen. Wie der Humor kann sie verzeichnend und überzeichnend, verschiebend oder bewusst kollidierend (bisoziierend im Sinne von Koestler) auf Diskordanzen, Widersprüchlichkeiten, Spannungen in der Religion hinweisen. Es stimmt natürlich, dass eine Karikatur sehr schnell religiöse Gefühle verletzen kann. Das gilt besonders dann, wenn die Karikatur nur als herabsetzend, erniedrigend wahrgenommen wird. Es könnte aber in der Karikatur auch so etwas wie eine «heilsame Anfechtung» liegen. Solche Karikaturen geben der Religion die Möglichkeit, sich selbstkritisch zu betrachten, Abstand zu nehmen von sich selbst und sich gelassen zu überlegen, wo die Probleme liegen und wie mit ihnen umzugehen sei. Insofern können Humor und Karikatur durchaus befruchtend wirken gegen die Gefahr, zu absolutistisch, zu fanatisch zu werden. Sie würden erlauben, Dürrenmatt korrigierend, das Theologische vom Rechthaberischen zu unterscheiden.

Andererseits kann man sagen: Karikaturen sind dann am tiefgründigsten, wenn sie die der Religion zugrundeliegende Spannung aufgreifen: die Spannung zwischen dem immanenten, leiblichen, sterblichen Menschen und dem transzendenten, ewigen, letztinstanzlichen Gott. Dadurch lernt der Glaube, mit dieser Spannung, die im Gottesverhältnis des Menschen liegt, umzugehen und sich ihr freimütig zu stellen. Die Grenze, wo eine Karikatur zu heilsamer Selbstkritik animiert und wo sie beleidigend, zerstörerisch wirkt, ist sehr schwierig auszumachen. Die Toleranzschwelle ist je nach Religion mehr oder weniger schnell erreicht.

Noch einmal der Gekreuzigte ...

Die Karikatur des Gekreuzigten mit dem Eselskopf wirkt anstössig. Darin liegt vielleicht gerade etwas Heilsames, wird doch das Wort vom Kreuz bei Paulus als Ärgernis und Torheit bezeichnet (vgl. 1Kor 1,23). Dass diese Dimension immer wieder verloren geht, bedarf der Kritik und Selbstkritik. «Das Christentum, das sich nicht als Skandalon begreift, hat keine Berechtigung mehr», sagt Dürrenmatt im Kommentar zu seinen Papstbildern.[12] Um diesem Skandalon der Kreuzestheologie Ausdruck zu verleihen, könnte man vielleicht eine karikierende Bisoziation zwischen Christus und dem närrisch-ritterlichen Don Quijote stiften ...

Pierre Bühler,
Don Quijotes Kreuzigung

---

12 Dürrenmatt, Persönliche Anmerkung (Anm. 6), 205.

Let It Be

[2003]

Als uns das Thema dieses Heftes («Lassen») mitgeteilt wurde, kam der Einfall ganz plötzlich, unerwartet: *Let It Be*, das Lied der Beatles aus den 1960er Jahren! Und schon verfolgte mich für einen Augenblick die bekannte Melodie.[1]

Doch zunächst leistete ich aktiv Widerstand: «Nein, für diese Nummer wirst Du nichts schreiben; Du bist ja überall bereits im Rückstand! Lass diesen Einfall!» – «Let it be» zunächst in einem ganz negativen Sinn: «Lass es doch lieber sein, belaste Dich nicht noch mit dieser zusätzlichen Aufgabe!»

Doch der Einfall wirkte weiter, setzte sich immer mehr gegen meinen Widerstand durch. Eines Tages nahm ich, wie zufällig, die alte Schallplatte aus den 1960er Jahren wieder hervor; später suchte ich nach den Worten ... und fand sie natürlich! Die Beatles krabbelten mir mit ihrem Lied im Geist herum, und ich ahnte immer mehr, dass ich es nicht loswerden konnte. Oder besser: dass ich es nur schreibend loswerden konnte. ‹Let it be› nun im Sinne der Ergebung, des Einwilligens: «Lass es sein, lass es geschehen, was da gereift ist.»

Schreiben als schreiben lassen?

Warum fand der Einfall Anklang?

Ein Einfall fällt nicht einfach auf unvorbereiteten Boden. Was hat ihm Resonanz, Anklang, verschafft? Autobiografisch wäre da wohl auf die 1960er Jahre einzugehen: Jugend, Mittelschule, erste grosse Liebe, erste wichtige Lebensverzweigungen, Hoffnung auf wichtige Antworten: «there will be an answer» (und, wie es in einem anderen bekannten Lied hiess, «the answer, my friend, is blowing in the wind»). Als Jugendjahre waren es aber auch «times of trouble», «hours of darkness». Zeiten, Stunden, in denen die Antwort nicht gleich kam, in denen sich Ungewissheit und Zweifel breitmachten. «And when the night is cloudy, there is still a light that shines on me, shine until tomorrow». Und dass es auch für die «broken hearted people» eine Antwort, eine Chance, gibt, daran wurde heftig geglaubt, darüber wurde eifrig gestritten!

All das schwingt mit beim Lied *Let It Be*, und dadurch konnte es vielleicht Resonanz in mir finden, in mir einen Schreibprozess auslösen. Aber gibt es noch andere Gründe, die enger mit dem Thema selbst verknüpft sind?

---

1 Die Worte des Liedes finden sich am Ende des Artikels.

Seinlassen: aktiv oder passiv?

Das Lied stellt auf neue Weise eine alte Frage. Die Aufforderung «Let it be» erklingt in ihm 26 Mal. Zeugt diese fast zwanghafte Wiederholung nicht von einer Art Unmöglichkeit? Kann Seinlassen überhaupt Gegenstand eines Imperativs sein? Muss man das Seinlassen nicht vielmehr einfach geschehen lassen? Das «muss» zeigt jedoch an, dass es sich nicht automatisch einstellt, ohne das Beteiligtsein des Menschen. Dieser muss das Seinlassen in seinem Lebensvollzug wirken lassen. Dass aber «Beteiligtsein» steht, und nicht «Beteiligung», weist darauf hin, dass das Wirkenlassen nicht reine Aktivität ist: Das Seinlassen schafft selbst sein Wirken im Menschen, jedoch so, dass er auch daran beteiligt ist. Deshalb stellt sich die Frage: aktiv oder passiv? Indikativ oder Imperativ?

Auch im Lied der Beatles ist diese Spannung zu spüren, die Spannung zwischen der Verheissung und der Aufforderung. «There will be an answer, let it be», heisst es mehrmals. Und wenn «Mother Mary» kommt, spricht sie «Worte der Weisheit» in Gestalt eines Zuspruchs, einer Zusage, aus der das Seinlassen entspringen kann: «Speaking words of wisdom, let it be.»

Aus dieser Spannung ist nicht herauszukommen. Indikativ und Imperativ sind nur in diesem Ineinander zu haben, wie sich das biblisch etwa in Phil 2,12–13 zeigt: «Wirkt nun weiterhin mit Furcht und Zittern auf eure eigene Rettung hin! Denn Gott ist es, der in euch das Wollen und das Vollbringen bewirkt, zu seinem eigenen Wohlgefallen.» Diese Paulusstelle spielt eine Schlüsselrolle in einem Buch, das demnächst bei Mohr Siebeck herauskommen wird und der Hermeneutik Gadamers gewidmet ist. Der Autor, Philippe Eberhard, unternimmt es, Gadamers Werk von der «middle voice», vom Medium her zu interpretieren.[2] Das mediale Verbgenus erscheint ihm als eine sprachliche Möglichkeit, die falsche Alternative zwischen aktiv und passiv, zwischen Indikativ und Imperativ schöpferisch zu überwinden: Das Entscheidende geschieht in einem Prozess, in dem sich etwas passiv erschliesst, an dem der Mensch sich aber zugleich aktiv beteiligt.

Das Seinlassen, wie es bei den Beatles gesungen wird, hat genau diesen medialen Charakter. Es vollzieht sich als ein Prozess zwischen Verheissung und Aufforderung, zwischen einer auffordernden Verheissung und einer verheissungsvollen Aufforderung. Das macht wohl auch seinen weisheitlichen Gehalt aus.

---

2   Philippe Eberhard, *The Middle Voice in Gadamer's Hermeneutics. A Basic Interpretation with some Theological Implications*, Tübingen: Mohr Siebeck, 2004.

«Words of wisdom»

Welche Weisheit ist hier gemeint? Wohl nicht ein intellektuelles Wissen oder eine höhere mystische Erkenntnis. Was uns «Mother Mary» hier zuflüstert, ist eher eine Lebensweisheit. Das Seinlassen, zu dem wir eingeladen werden, hat damit zu tun, wie wir mit uns selbst, unserem Leben, unserer Welt umgehen. Wir dürfen all das sein lassen, so wie es ist, mit all seinen Stärken und Schwächen, mit all seinen Schönheiten und Widerlichkeiten. Im Kontrast dazu etwa: Wir müssen nicht aufgehen in einer unendlichen Revolte à la Camus, uns in einer tragischen Auflehnung erschöpfen. Wir müssen uns aber auch nicht mit einer leidenschaftlichen Rechtfertigung des Bestehenden abmühen. «Let it be» heisst die weisheitliche Gelassenheit im Umgang mit all dem, was zu uns und zu unserer Welt gehört. Oft geschieht es mir, seit Jahren, dass ich mir «in times of trouble», «when the night is cloudy», zuflüstere: «Let it be», darin befreiende Distanz finden. Aber einem grossen oder kleinen Glück darf dasselbe «Let it be» gelten!

Im klassischen Französisch des 17. Jahrhunderts, bei Leibniz etwa, gab es noch den Begriff der *acquiescence*, vom lateinischen Verb *acquiescere*. Er bezeichnet die Einstellung des Zustimmens, des Annehmens, des Gutheissens und deshalb auch des Einwilligens (auf Französisch als Verb weiterhin *acquiescer*). Etymologisch ist darin die Wurzel *quies*, «Ruhe», zu finden: *Acquiescere* meint deshalb ursprünglich «zur Ruhe kommen», im Schlaf etwa, und metaphorisch auch im Tod. So kann es auf Grabsteinen heissen «Hic acquiescit N. N.», letztes, schlechthinniges Einwilligen zum Ausdruck bringend. Für unsere Thematik ist interessant, dass die *acquiescence* betont, dass ich im Zustimmen, im Gutheissen Ruhe finde, mich beruhige, mich befriedigt fühle.

Dass es sich hier auch um eine mediale Lebenserfahrung handelt, kommt am besten beim deutschen Verb «einwilligen» zum Ausdruck, das von der Wurzel «Wille» her konzipiert ist, aber zugleich, gerade als aktives Verb, das passive Sichergeben dieses Willens meint. Zu einem solchen medialen Einwilligen lädt uns «Mother Mary» ein, und es ist wohl nicht weit von dem entfernt, was man theologisch als Glaube bezeichnet.

Wer ist «Mother Mary»?

«Mother Mary comes to me, […] she is standing right in front of me, speaking words of wisdom, let it be.» – Wer ist diese «Mutter Maria», auf die hier verwiesen wird, als Quelle der Weisheit, als Lehrerin des «Let it be»? Die Frage muss wohl offen bleiben, denn das Lied verweigert dem Hörer eine klare Auskunft. Die Fantasie des Theologen gerät jedoch in Bewegung, beeinflusst durch die Nähe adventlicher Stimmung: Könnte es womöglich die zukünftige «Mother Mary» sein, das bescheidene Mädchen, das bei der Ankündigung ihrer künftigen Schwangerschaft dem Engel antwortet: «Es geschehe mir», «fiat mihi» (Lk 1,38)? Auf jeden Fall ist das auch wie ein mediales «Let it be». Es bringt in einem schlichten Sinn Empfänglichkeit als Einwilligung zum Ausdruck. «Fiat mihi» als ein *acquiescere*, das in der Zustimmung zur Ruhe kommen lässt.

Die Gefahr des Quietismus

Bei all dem bleibt jedoch ein Unbehagen: Könnte die Gelassenheit der *acquiescence* uns nicht in die Gefahr des Quietismus bringen? Die *quies* könnte sich ethisch tödlich auswirken. Oder um es mit dem «Lassen» auszudrücken: «Let it be» könnte zu einem *Laisser-faire* werden. Im Einwilligen zeigt sich zwar, wie das aktive Wollen sich ergibt. Aus der so gewonnenen Gelassenheit müsste jedoch auch wieder ein aktiver Widerstand hervorgehen.

Mit diesem Problem ringend, betrachte ich erneut das Lied. Dabei zeigt sich plötzlich etwas, was mir bis jetzt entgangen war: Die erste und die dritte Strophe sind in der ersten Person Singular geschrieben, das einzelne Ich zum Adressaten der «Let it be»-Weisheit machend; die zweite Strophe hingegen ist in der dritten Person Plural geschrieben, die Aufmerksamkeit auf die «broken hearted people» richtend, für die weiterhin eine Chance bestehe, «though they may be parted». Damit entsteht plötzlich ein neuer Bezug zu «Mother Mary»: Ich hole mir eine andere alte Schallplatte hervor, die ich mir in den 1960er Jahren gekauft habe, meine erste Schallplatte mit klassischer Musik, und spiele sie ab:

«... dispersit superbos ... deposuit potentes ... exaltavit humiles ... esurientes implevit bonis et divites dimisit inanes ...» – Könnten die «words of wisdom» aus Marias Magnificat kommen, als Verheissung für die «broken hearted people»? Wenn dem so ist, wäre im «Let it be» von «Mother Mary» die Kraft eines nüchternen Widerstandes, eines aktiven Einstehens gegeben, das die Gefahr des Quietismus hinter sich lässt, zugleich aber fern von einem unnützen Aktivismus bleibt. Beim Hören des Magnificat stellt sich ein aktives Einstimmen ein, ausgedrückt in einem «Fiat eis!», «So geschehe es ihnen!»

«I wake up to the sound of music»

Von den Beatles bin ich also überraschend zu Bach gekommen. Soeben habe ich die *acquiescence* musikalisch als Einstimmen charakterisiert. Einstimmen in das «Seinlassen» wäre damit der musikalisch-mediale Prozess, in dem aus Empfänglichkeit neue, schöpferische Tätigkeit wach werden darf. Arbeit, Einsatz, Mühe, aber in der Zuversicht, dass Gott es ist, «der in euch das Wollen und das Vollbringen bewirkt».

In diesem Sinne kann ich nun endlich zu meinen Geschäften zurück!

Die Worte des Liedes

Let It Be

When I find myself in times of trouble
Mother Mary comes to me,
Speaking words of wisdom, let it be.
And in my hour of darkness
She is standing right in front of me
Speaking words of wisdom, let it be.
Let it be, let it be,
Let it be, let it be,
Whisper words of wisdom, let it be.

And when the broken hearted people
Living in the world agree,
There will be an answer, let it be.
For though they may be parted
There is still a chance that they will see
There will be an answer, let it be.
Let it be, let it be,
Let it be, let it be.
There will be an answer, let it be.

And when the night is cloudy
There is still a light that shines on me,
Shine until tomorrow, let it be.
I wake up to the sound of music –
Mother Mary comes to me,
Speaking words of wisdom, let it be.
Let it be, let it be,
Let it be, let it be.
There will be an answer, let it be.
Let it be, let it be,
Let it be, let it be.
Whisper words of wisdom, let it be.

Zeit (zurück)geben
Momo und die grauen Herren

[2006][1]

> *Notre temps le temps n'est jamais devant*
> *Le seul temps qui fut c'est le temps perdu*
> *[...]*
> *Notre temps le temps n'est jamais devant*
> *Le seul temps qui fut c'est le temps reçu*
> *[...]*
> *Notre temps le temps n'est jamais devant*
> *Le seul temps qui fut c'est le temps vécu*
>
> Véronique Pestel, *Le temps*

Wenn zum 60. Geburtstag des Rektors über eine Kindergeschichte geschrieben wird, geschieht das nicht, um anzudeuten, dass man in diesem Alter langsam wieder kindisch wird, sondern vielmehr um darauf hinzuweisen, dass für einen Sechzigjährigen das bekannte Jesuswort weiterhin gilt: «Amen, ich sage euch, wenn ihr nicht umkehrt und werdet wie die Kinder, werdet ihr nicht ins Himmelreich hineinkommen.» (Mt 18,3)

Ob die hier kommentierte Kindergeschichte zugleich zu einem Gleichnis für das Universitätsleben werden kann, dem sich der Rektor ganz besonders widmet, das sei der Fantasie der universitären Leser/-innen überlassen. Es genügt, diese ab und zu bei der Wahrnehmung von Bezügen durch knappe Anspielungen zu stützen.

Das Geheimnis der Zeit

«Es gibt ein grosses und doch ganz alltägliches Geheimnis. Alle Menschen haben daran teil, jeder kennt es, aber die wenigsten denken je darüber nach. Die meisten Leute nehmen es einfach so hin und wundern sich kein bisschen darüber. Dieses

---

[1] Michael Endes Roman *Momo* habe ich mehrmals für Laborkurse der Zürcher Kinderuniversität zum Thema «Was ist Zeit, und wie gehen wir mit ihr um?» aufgenommen, zusammen mit Ausschnitten aus dem 11. Buch von Augustins *Bekenntnissen* sowie Zitaten aus Blaise Pascals *Gedanken* und dem Lied *La danse du temps* des französischen Sängers Guy Béart.

Geheimnis ist die Zeit.» So beginnt das sechste Kapitel in Michael Endes Buch *Momo*[2]. Was macht die Zeit zum Geheimnis? Zunächst ist es die Tatsache, dass ihre Messung durch Kalender und Uhren wenig besagt, weil eine einzige Stunde wie eine Ewigkeit vorkommen oder wie ein Augenblick vergehen kann, je nachdem, was in dieser Stunde erlebt wird. «Denn Zeit ist Leben. Und das Leben wohnt im Herzen.» (61) Deshalb gilt auch viel grundsätzlicher, dass man nicht über sie verfügen kann, dass man sie nie im Griff hat, trotz aller Agenden, in denen sie geplant, organisiert, zerstückelt wird. Diese Unverfügbarkeit kommt in seltsamen Paradoxien zum Ausdruck, wie etwa beim Zeitsparen: «Je mehr die Menschen daran sparten, desto weniger hatten sie.» (78)

Deshalb stellt sich auch die geheimnisvolle Frage: Was geschieht, wenn die Zeit den Menschen verloren geht, wenn sie ihnen genommen, gestohlen wird, so dass sie dauernd nach Zeit haschen, schnappen müssen, um Zeit ringen müssen? Denn das passiert einem ja immer: Zeit ist immer schon verlorene Zeit. Ist diese verlorene Zeit unwiederbringlich verloren, oder kann sie den Menschen zurückgegeben werden? Gibt es auch da ein Geheimnis, so dass man sich nicht einfach die fehlende Zeit nehmen kann, dass sie einem nur gegeben, *zurück*gegeben werden kann? Davon handelt Michael Endes Kindergeschichte, und wer sie liest, kann es, während er sie liest, selbst erfahren.

Das Geheimnis der grauen Herren

Der Roman spielt in einer grossen Stadt, in der viele Menschen leben. In letzter Zeit kann beobachtet werden, dass diese Leute immer geschäftiger werden. Am unmittelbarsten bekommen es die Kinder zu spüren, denn die Erwachsenen haben für sie immer weniger Zeit übrig, so dass sie vernachlässigt, sich selbst überlassen und zugleich mit kostbaren Spielzeugen vertröstet werden. Die Menschen stehen unter einem Zwang, immer schneller zu gehen, immer schneller zu fahren, immer schneller zu arbeiten, immer schneller zu leben. Dabei aber scheint ihnen die Zeit immer mehr zu entgehen, so dass sie noch schneller gehen, fahren, arbeiten, leben müssen, wie in einer unendlichen Spirale gefangen.

Was ist mit den Menschen los? Die erzählerische Hypothese des Romans ist folgende: Insgeheim sind graue Herren am Werk. Angezogen sind sie mit grauen Anzügen und grauen Hüten (und unter den Hüten haben sie glänzende Glatzen). Sie rauchen graue Zigarren und tragen graue Aktentaschen. Wenn sie fahren, fahren sie in grauen Wagen. Überall wo sie auftauchen, stellt sich augenblicklich

---

2   Michael ENDE, *Momo oder Die seltsame Geschichte von den Zeit-Dieben und von dem Kind, das den Menschen die gestohlene Zeit zurückbrachte. Ein Märchen-Roman*. Mit Bildern des Autors, Stuttgart: Thienemann, 2005 [1973], 61.

Kälte ein. Man sieht sie nur selten, weil sie ihr Werk am liebsten unerkannt, im Verborgenen vollziehen. Manchmal sieht man aber einen vorbeihuschen. Vielleicht auch in den Gängen der Universität? Da diese heute rauchfrei ist, sind die Zigarren weniger üblich geworden ... Aber sonst?

Es ist nicht ganz klar, woher diese grauen Herren kommen. Anscheinend haben die Menschen sie entstehen lassen, weil sie allzu unbesonnen, gedankenlos mit ihrer menschlich-allzumenschlichen Zeit umgingen. Und nun haben diese Herren unter den Menschen leider auch Helfershelfer. Aber eigentlich stammen sie aus dem Nichts. Um leben zu können, um sich nicht wieder ins Nichts aufzulösen, woher sie kommen, müssen sie den Menschen dauernd ihre Zeit stehlen, denn nur von dieser menschlichen Zeit können sie leben. Und weil sie Zeitvorrat brauchen, arbeiten sie alle für eine «Zeit-Spar-Kasse». Dort können sie sich auch stets wieder die nötige Zeit holen.

Man wird später im Roman vernehmen, dass es das Ziel der grauen Herren ist, die ganze Zeit aller Menschen in Besitz zu nehmen. Was dann aus den Menschen wird, ist nicht ihre Sorge. «Menschen [...] sind längst überflüssig. Sie selbst haben die Welt so weit gebracht, dass für ihresgleichen kein Platz mehr ist. *Wir werden die Welt beherrschen!*» (252) Diese Herrschaft greift immer mehr um sich, und immer mehr Menschen fallen ihr zum Opfer. Wer könnte dagegen ankämpfen?

Das Geheimnis Momos

Da gibt es ein seltsames kleines Mädchen namens Momo. Sie lebt am Rande der grossen Stadt, in der Ruine eines Amphitheaters, wo sie sich eine einfache Nische eingerichtet hat. Klein und ziemlich mager, mit einem wilden, pechschwarzen Lockenkopf und ebenso pechschwarzen Augen, ist sie ärmlich angezogen und geht meistens barfuss. Sie lebt von dem, «was sie irgendwo fand oder geschenkt bekam» (8). Wenn Leute sie fragen, ob sie denn kein Zuhause habe, sagt sie, sie sei im Amphitheater zu Hause. Auf die Frage nach ihren Eltern antwortet sie, indem sie mit einer unbestimmten Handbewegung in die Ferne weist. Wann sie denn geboren sei, fragen die Leute: «Soweit ich mich erinnern kann, war ich immer schon da.» (9) Auf die Frage nach ihrem Alter antwortet sie: «Hundert», und als die Leute nochmals fragen: «Also, ernsthaft, wie alt bist du?», antwortet sie: «Hundertzwei» (10).

Momo besitzt fast nichts, weil sie auch fast nichts braucht. Sie hat aber gute Freunde: Da ist der etwas schweigsame und besinnliche Beppo Strassenkehrer und der lebensfrohe und geschwätzige Gigi Fremdenführer, und da sind viele Kinder, die sie besuchen, um mit ihr zu spielen. Und Erwachsene auch, um mit Momo zu sprechen, denn sie hat eine Begabung, die allen, die ihr begegnen, gleich auffällt: «Was die kleine Momo konnte wie kein anderer, das war: zuhören. […] Wirklich zuhören können nur ganz wenige Menschen. Und so wie Momo sich aufs Zuhören verstand, war es ganz und gar einmalig.» (14) Bei Momos Zuhören werden die Menschen gescheit, entschlossen oder froh.

Doch nun kommen die Leute nicht mehr zu Momo, weil sie keine Zeit mehr haben. Spielen, Sprechen, Zuhören, wie es im Amphitheater gepflegt wird, all das ist Zeitverschwendung. «Früher sind die Leute gern zu Momo gekommen, damit sie ihnen zuhört. Sie haben sich dabei selbst gefunden, wenn ihr versteht, was ich meine. Aber jetzt fragen sie danach nicht mehr viel.» (86) Momo ist besorgt. Sie geht der Sache nach, versucht, mit den Freunden ins Gespräch zu kommen, sie von der tötenden Geschäftigkeit abzubringen. Und so fällt sie denn auch den grauen Herren auf, denn was im Amphitheater geschieht, kommt ihnen schon lange in die Quere. Eines Tages kommt einer der grauen Herren auf Besuch zu ihr, um sie zu fangen. Er versucht, ihr zu zeigen, dass immer mehr und immer perfektioniertere Spielzeuge (von Bibigirl bis Bubiboy!) ein Kind von der Langeweile befreien: «Man muss nur immer mehr und mehr haben, dann langweilt man sich niemals.» (100) Doch das Problem ist ja gerade, dass Momo sich gar nicht langweilt: Sie hat ja ihre Freunde, mit denen sie spielen und sprechen kann. Der graue Herr setzt nun etwas tiefer an: «Das Einzige, […] worauf es im Leben ankommt, ist, dass man es zu etwas bringt, dass man was wird, dass man was hat. Wer es weiterbringt, wer mehr wird und mehr hat als die anderen, dem fällt alles Übrige ganz von selbst zu» (103).

Momos Geheimnis ist das Zuhören. Beim Agenten BLW/553/c (das ist die Identität des grauen Herrn!) fällt es ihr zunächst schwer. Es wird ihr in seiner Nähe immer kälter. Und sie hat beim Zuhören das Gefühl, ins Dunkle und Leere zu stürzen, «als sei da gar niemand» (103). Doch mit Mut entschliesst sie sich, sich in die Dunkelheit und Leere des grauen Herrn zu stürzen, und dadurch kommt es zu einer Offenbarung: Der graue Herr gesteht ihr röchelnd, was die Absicht der grauen Herren ist, wie sie den Menschen die Zeit aussaugen, um selbst davon zu leben, und dass niemand wissen darf, dass es sie gibt und was sie tun. Plötzlich realisiert der Agent, dass sie ihn durch ihr Zuhören ausgehorcht hat, ihm das Geheimnis der grauen Herren entlockt hat, und er stürzt davon, seine Sachen eilend in sein graues Auto packend.

Durch Momos Zuhören offenbart sich das dunkle Geschäft ihrer Feinde.

Das Geheimnis Kassiopeias

Um die grauen Herren zu bekämpfen, muss ihr dunkles Geheimnis öffentlich bekannt gemacht werden. Momo und ihre Freunde entscheiden sich, durch eine Demonstration die Bevölkerung der Stadt auf die Gefahr aufmerksam zu machen:

Sie ziehen mit Schildern durch die Stadt und laden zu einer Diskussionsrunde im Amphitheater ein. Doch zur grossen Enttäuschung der Kinder kommt kein Erwachsener ans vereinbarte Treffen. Die grauen Herren hingegen sind nun hellwach geworden. Der Entscheid fällt: Momo ist gefährlich und muss beseitigt werden. Das erfährt zufällig Beppo, der insgeheim einer nächtlichen Verhandlung auf einer Kehrichtablage beiwohnt. Dort wird zunächst ein Gerichtsverfahren gegen den Agenten BLW/553/c durchgeführt, dessen Ergebnis das Todesurteil wegen Hochverrats ist. Die Hinrichtung geschieht dadurch, dass dem Agenten die Zigarre und die Aktentasche weggenommen werden: Augenblicklich löst er sich in nichts auf. Das Leben der grauen Herren muss also, so der Schluss Beppos, in den Zigarren liegen, und in den Aktentaschen befindet sich vielleicht ein Vorrat an Zigarren. Doch lange kann Beppo nicht darüber nachdenken, denn die grauen Herren fahren mit ihren grauen Wagen los, um Momo im Amphitheater gefangen zu nehmen. Beppo schwingt sich verzweifelt auf sein Fahrrad, um sie zu warnen. Aber als er ankommt, ist sie bereits verschwunden.

Er weiss jedoch nicht, dass sie nicht gefangen wurde. Sie wurde vorher schon abgeholt, und zwar von einer Schildkröte namens Kassiopeia. Ein schönes Gleichnis: Wer könnte besser gegen Eile und Geschäftigkeit kämpfen als eine Schildkröte! Und mit Kassiopeia werden sich die Zeitverhältnisse mehrmals überraschend umkehren. Kassiopeia spricht nicht. Sie antwortet jedoch, indem auf ihrem Rückenpanzer leuchtende Buchstaben in Kurzsätzen erscheinen; und so kann Momo mit ihr kommunizieren. Kassiopeia wurde beauftragt (unklar ist, von wem), Momo in Sicherheit zu bringen. Sie ziehen nun im Schildkrötentempo durch die Stadt, während die grauen Herren in ihren Wagen hastig durch die Stadt rasen, auf der Suche nach Momo. Nie jedoch finden sie das Mädchen, denn in aller Langsamkeit entgeht die Schildkröte den rasenden Wagen, weil sie eine halbe Stunde im Voraus weiss, was passieren wird. So kommen Kassiopeia und Momo langsam, aber sicher (das gilt hier im wörtlichen Sinne!) in einen Bereich der Stadt, in dem alles seltsam wird, einen Bereich am Rande der Zeit und sogar ausserhalb der Zeit. Die rasenden Wagen kommen plötzlich nicht mehr vom Fleck, während sie, Kassiopeia und Momo, unglaublich schnell vorankommen. «Je langsamer, desto schneller», heisst es auf dem Rückenpanzer.[3] Der Weg geht nun durch die Niemals-Gasse: Hier kommt man nur noch voran, indem man rückwärts geht, weil die Zeit dort auch rückwärts geht. Und diese Gasse führt zum Nirgend-Haus: Durch eine kleine Tür mit der Aufschrift «Meister Secundus Minutius Hora» treten sie in das Haus hinein; jetzt sind sie vor den grauen Herren in Sicherheit.

---

3   Ebd., 259. Ein Motto, das der Universität ab und zu auch gut täte!

Das Geheimnis Meister Horas

Da die Verfolgung gescheitert ist, hält der Vorstand der grauen Herren eine Sitzung ab, um zu beraten, was nun zu tun sei. Sie sitzen um einen Konferenztisch. «Die Stimmung – soweit man bei diesen Herren überhaupt von so etwas wie Stimmung reden konnte – war allgemein gedrückt.» (149) Was schon lange befürchtet wurde, habe sich ereignet: Anscheinend habe «der Betreffende» Momo geholfen. Sonst hätte sie nicht entkommen können. Er habe sie in Sicherheit gebracht, in den Bereich ausserhalb der Zeit. Sie werde jedoch zurückkommen, und dann müssten sie angemessen handeln. Beschlossen wird schliesslich, Momo all ihre Freunde wegzunehmen. So, in der Vereinsamung, werde man sie schon zur Mitarbeit zwingen können. Da sie jetzt ja den Weg zum «Betreffenden» wisse, werde sie die grauen Herren zu ihm führen und ihnen damit helfen, endgültig in den totalen Besitz der Zeit zu kommen.

Der «Betreffende», von dem die grauen Herren nur mit grosser Ehrfurcht und Zurückhaltung sprechen, ist Meister Hora, mit dem Momo in einem grossen Saal, der voll von unendlich vielen, unterschiedlichen Uhren ist, Bekanntschaft gemacht hat. Es ist eine seltsame, väterliche oder grossväterliche Figur, manchmal ganz alt und manchmal wieder ganz jung aussehend. Von ihm vernimmt Momo nun viel: dass die grauen Herren sie verfolgen, weil sie den einen Agenten zum Verrat gebracht habe und die Wahrheit aufdecken wollte; dass die grauen Zigarren getrocknete und zerriebene, also eigentlich tote Zeit enthalten und die grauen Herren beim Rauchen tote Zeit einatmen; dass sie deshalb auch immer Vorrat an Zigarren brauchen, den sie in ihren Aktentaschen tragen; dass sie aber auch stets in der Zeit-Spar-Kasse neuen Zigarrenvorrat holen müssen. Aber wichtiger ist, was Momo über die Zeit erfährt. Nachdem sie ein schwieriges Rätsel gelöst hat, in dem es um Vergangenheit, Gegenwart und Zukunft geht, darf ihr ein Geheimnis anvertraut werden: «Hier aus dem Nirgend-Haus in der Niemals-Gasse kommt die Zeit aller Menschen.» Auf die Frage, ob denn Meister Hora die Zeit selbst mache, antwortet er: «Nein, mein Kind, ich bin nur der Verwalter. Meine Pflicht ist es, jedem Menschen die Zeit zuzuteilen, die ihm bestimmt ist.» Auf die Frage, ob er es denn nicht einfach einrichten könne, dass die Zeit-Diebe den Menschen keine Zeit mehr stehlen können, folgt die Antwort, das könne er nicht, weil die Menschen selbst dafür zuständig seien, wie sie mit Zeit umgehen: «Denn so, wie ihr Augen habt, um das Licht zu sehen, und Ohren, um Klänge zu hören, so habt ihr ein Herz, um damit die Zeit wahrzunehmen. […] Aber es gibt leider blinde und taube Herzen, die nichts wahrnehmen, obwohl sie schlagen.» (176)

Das Geheimnis der Stunden-Blumen

Plötzlich fragt Meister Hora: «Möchtest du sehen, woher die Zeit kommt?» (178) Momo flüstert: «Ja». Meister Hora nimmt sie in die Arme und geht einen langen Weg, bis sie unter einer gewaltigen runden Kuppel mit goldener Dämmerung stehen. Aus einer runden Öffnung in der Mitte der Kuppel fällt eine Lichtsäule senkrecht auf einen ebenfalls kreisrunden, dunklen Teich hinunter. In der Lichtsäule bewegt sich langsam ein ungeheures Pendel über dem schwarzen Wasserspiegel hin und her. Mit jeder Bewegung des Pendels taucht eine grosse Blütenknospe aus dem Wasser. «Je näher das Pendel kam, desto weiter öffnete sie sich, bis sie schliesslich voll erblüht auf dem Wasserspiegel lag. Es war eine Blüte von solcher Herrlichkeit, wie Momo noch nie zuvor eine gesehen hatte.» (179) Während sich das Pendel langsam wieder entfernt, beobachtet Momo mit Bestürzung, dass die herrliche Blume langsam verwelkt. «Als das Pendel über der Mitte des schwarzen Teiches angekommen war, hatte die herrliche Blüte sich vollkommen aufgelöst. Gleichzeitig aber begann auf der gegenliegenden Seite eine Knospe aus dem dunklen Wasser aufzusteigen.» (179–180) Daraus wird eine noch herrlichere Blüte, die dann bei der nächsten Bewegung des Pendels auch wieder verwelkt, während anderswo eine nochmals ganz andere, noch schönere Blume aufgeht, um auch wieder zu verwelken usw. Zugleich vernimmt Momo nun auch einen Klang, Musik, Harmonien, und dann nach und nach Worte, «Worte einer Sprache, die sie noch nie vernommen hatte und die sie doch verstand» (182), Worte, die an sie gerichtet waren. Licht, Musik, Worte: all das zusammen erfährt Momo als höchste Beglückung, und zwar nicht irgendwo: «Wo war ich denn?», fragt Momo. «In deinem eigenen Herzen», antwortet Meister Hora (183).

Das Geheimnis der Angst, die in Mut umschlägt

Momo wacht im Amphitheater auf. Aber sie bleibt weiterhin beglückt, erfüllt von der Farbenpracht der Stunden-Blumen und von der sie begleitenden Musik. Sie will ihre Freunde daran teilhaben lassen und macht sich deshalb auf die Suche. Doch da muss sie Enttäuschung um Enttäuschung erleben. Nach langem Suchen gelingt es ihr, auf die Spur von Gigi zu kommen. Doch er hat keine Zeit mehr für sie: Er ist ein beliebter Erzähler geworden, der für seine Auftritte von Ort zu Ort hascht. Beppo ist nicht auffindbar; der Leser vernimmt, dass ihm ein grauer Herr versprochen hat, dass Momo befreit werde, wenn er beim Strassenkehren hunderttausend Stunden einsparen könne, und so kehrt er nun pausenlos alle Strassen in grösster Eile, wie besessen. Auch die Kinder sind unerreichbar: Sie sind in Kinder-Depots untergebracht und haben «Gesichter wie kleine Zeit-Sparer» (207). Momo sucht andere Freunde auf, aber alle sind Opfer der grauen Herren geworden. Beim Umherirren verliert sie auch noch Kassiopeia. Momo vereinsamt und verzweifelt, wird hilflos und bekommt Angst, möchte nur noch fliehen.

In tiefstem Leiden fühlt sie jedoch plötzlich eine seltsame Veränderung: «Das Gefühl der Angst und Hilflosigkeit war so gross geworden, dass es plötzlich umschlug und sich ins Gegenteil verwandelte. Es war durchgestanden. Sie fühlte sich nun so mutig und zuversichtlich, als ob keine Macht der Welt ihr etwas anhaben könnte» (246). Anstatt zu fliehen, will sie nun den grauen Herren standhalten. Die Auseinandersetzung geschieht denn auch gleich: Auf einem verlorenen, leeren Platz wird sie in der Nacht von den grauen Wagen umzingelt. Sie steht im Licht der Scheinwerfer um sie herum und wird von Stimmen im Dunkeln verhört, bedroht, ausgefragt, während sich eine grosse Kälte ausbreitet, an der sie fast erfriert. Als die grauen Herren erfahren, dass nicht sie den Weg zu Meister Hora weiss, sondern Kassiopeia, stürzen sie weg, machen sich auf die Suche nach der Schildkröte. Doch diese taucht plötzlich bei der einsamen Momo auf. Sie entscheiden, zu Meister Hora zu gehen, machen sich auf den Weg, merken aber nicht, dass sie von einigen grauen Herren verfolgt werden, die lauernd in der Nähe geblieben sind. Es werden nun immer mehr, die ihnen auf die Schliche kommen, und dauernd stossen weitere hinzu. Als Momo zur Niemals-Gasse kommt und sich umdreht, sieht sie mit Schrecken die grosse Horde von grauen Herren. Diese können zwar nicht ins Nirgend-Haus eintreten, weil sie die rückwärtsgehende Zeit in der Niemals-Gasse davon abhält. Sie umzingeln nun aber das Haus in dichten Reihen und mit dem Qualm ihrer Zigarren verbreitet sich immer mehr tote Zeit um das Haus herum. Meister Hora ist zutiefst besorgt, denn diese tote Zeit wird die den Menschen notwendige Zeit, die vom Nirgend-Haus ausgeht, vergiften. Es muss unbedingt etwas geschehen.

Das Geheimnis des Sieges

Nach längerer Beratung schlägt Meister Hora Momo einen Plan vor. Er wird für eine Stunde die Zeit stillstehen lassen, was dazu führen wird, dass er selbst einschlafen wird. Momo wird eine Stunden-Blume bekommen und handeln müssen, bevor diese verwelkt. Sie hat also eine Stunde Zeit. Wenn die grauen Herren merken, dass die Zeit stillsteht, werden sie zu ihrem Vorrat in der Zeit-Spar-Kasse rennen. Momo muss ihnen folgen, dafür sorgen, dass sie nicht zu ihrem Vorrat kommen und, sobald sie sich alle in nichts aufgelöst haben, den Vorrat öffnen. Dieser besteht nämlich aus eingefrorenen Stunden-Blumen. Momo soll sie befreien, damit sie wieder den Menschen zuteilwerden.

Momo nimmt den Auftrag an, die Stunden-Blume in der Hand und Kassiopeia unter dem Arm (denn man wird schnell laufen müssen!). Plötzlich steht die Zeit still und nichts mehr bewegt sich, alles versteinert um Momo herum ...

ausser der Horde der grauen Herren, die plötzlich das Nirgend-Haus einnehmen, denn nichts mehr schützt es vor ihnen. Als sie aber merken, dass die Zeit stillsteht, wenden sie sich ab. Das Rennen zur Zeit-Spar-Kasse wird zu einem unglaublichen Gemetzel: Je schneller sie rennen, desto mehr Zeit und Zigarren verbrauchen sie. Beim Rennen reissen sie einander die Zigarren aus dem Mund, stehlen einander die Aktentaschen, kämpfen verbissen um jede Zigarre, bis der eine oder der andere sich in nichts auflöst. Momo gelingt es mühsam, ihnen zu folgen. Als sie beim Vorrat ankommen, sind es nur noch relativ wenige. Es geht hinunter in ein unterirdisches Gebäude. Die restlichen grauen Herren setzen sich an einen Tisch, um zu überlegen, wie man am sparsamsten mit dem Vorrat umgehen soll, denn niemand weiss, wie lange die Zeit stillstehen wird. Die Stunden-Blume in Momos Hand beginnt bereits zu welken. Die Tür zur Vorratskammer steht offen, und weil alles stillsteht, lässt sie sich auch nicht schliessen. Doch Kassiopeias Panzer leuchtet auf: «Mit der Blume berühren!» (290) Momo kriecht bis zur Tür und schliesst sie mit der Stunden-Blume. Die grauen Herren ahnen schnell ihr Unheil, versuchen nun, dem Mädchen die Blume zu entreissen. Mit Hilfe Kassiopeias entkommt ihnen Momo immer. Die grauen Herren kämpfen untereinander, weil jeder die rettende Blume für sich haben will, und so lösen sich schliesslich die letzten in nichts auf. Der Feind ist besiegt. Mit der schon fast ganz verwelkten Blume öffnet Momo wieder die Vorratskammer: Es wird wärmer, wie in einem Treibhaus, und eine Art Frühlingswind beginnt zu wehen. «Wolken von Stunden-Blumen wirbelten um sie her und an ihr vorüber.» (293) Lauter befreite Zeit, die wie ein starker Strom Momo aufhebt und davonträgt, bis zum Amphitheater.

Ein paar Schlussgedanken

Mit einer einfachen Stunden-Blume hat Momo die grauen Herren besiegt, die Zeit aus dem eiskalten Gefängnis der Zeit-Spar-Kasse befreit. Weil die Zeit nun nicht mehr gespart wird, ist sie plötzlich wieder in Fülle da.

> Überall standen Leute, plauderten freundlich miteinander und erkundigten sich ausführlich nach dem gegenseitigen Wohlergehen. [...] die Ärzte hatten jetzt Zeit, sich jedem ihrer Patienten ausführlich zu widmen. Die Arbeiter konnten ruhig und mit Liebe zur Sache arbeiten, denn es kam nicht mehr darauf an, möglichst viel in möglichst kurzer Zeit fertig zu bringen. (296)

Diese Wandlung lässt sich in Beppos Arbeitsauffassung beim Strassenkehren konkretisieren, die wie ein Gegenmodell zu aller (auch universitären?) Planungssucht ist:

> Manchmal hat man eine sehr lange Strasse vor sich. Man denkt, die ist so schrecklich lang; das kann man niemals schaffen, denkt man. [...] Und dann fängt man an sich zu eilen. Und man eilt sich immer mehr. Jedes Mal, wenn man aufblickt, sieht man, dass es gar nicht weniger wird, was noch vor einem liegt. [...] man kriegt es mit der Angst, und zum Schluss ist man ganz ausser Puste und kann nicht mehr. Und die Strasse liegt immer noch vor einem. So darf man es nicht machen. (38)

Wie ist es denn in Angriff zu nehmen? Beppos Weisheit lautet:

> Man darf nie an die ganze Strasse auf einmal denken, verstehst du? Man muss nur an den nächsten Schritt denken, an den nächsten Atemzug, an den nächsten Besenstrich. Und immer wieder an den nächsten. [...] Dann macht es Freude; das ist wichtig, dann macht man seine Sache gut. Und so soll es sein. [...] Auf einmal merkt man, dass man Schritt für Schritt die ganze Strasse gemacht hat. Man hat gar nicht gemerkt wie (38–39).[4]

Das würde aber auch heissen, dass es bei einem solchen Zeitverständnis Leute geben könnte, die verschwenderisch Zeit geben. Man hat dieses Geben zwar kaum im Griff. Es geschieht unvorhergesehen, es widerfährt einem plötzlich, wie ein «kleines Wunder»: *Pequeños milagros,* nach der Überschrift eines schönen lateinamerikanischen Films.[5] Die Planungsherren jedoch wollen solches kaum wahrhaben: Menschen haben effizient zu arbeiten, zeitsparend; und laufende Evaluationen und rollende Planungen erweisen, dass noch mehr drin liegt, dass man es zu noch mehr in noch weniger Zeit bringen kann.

So haben es solche Menschen schwer, die nicht ins Schema der Planer passen. Und doch gibt es sie. Es widerfährt ihnen unversehens, dass sie Zeit geben, manchmal sogar an der Universität, wo man doch Wichtigeres treiben sollte, wo man dafür sorgen sollte, es zu etwas zu bringen (denkt doch an die vielen Rankings!). Und wenn die Planer den Menschen die Zeit stehlen, dann können diese queren Menschen manchmal sogar diese Zeit zurückgeben. Es ist kein Ding der Unmöglichkeit, wohl aber vielleicht die Frucht einer besonderen Gnade. Man wird ja nicht sagen können, dass solche Leute sich die Zeit *nehmen*, Zeit zu geben, denn man wüsste gar nicht, *woher* sie sie nähmen. Sie haben keinen zusätzlichen

---

4 Vergleichbare Formulierungen finden sich in: Blaise PASCAL, *Gedanken über die Religion und einige andere Themen*, Stuttgart: Reclam, 1997, 54–55: «Wir denken fast überhaupt nicht an die Gegenwart, und wenn wir an sie denken, so nur um aus ihr die Einsicht zu gewinnen, mit der wir über die Zukunft verfügen wollen. [...] allein die Zukunft ist unser Ziel. Deshalb leben wir nie, sondern hoffen auf das Leben, und da wir uns ständig bereit halten, glücklich zu werden, ist es unausbleiblich, dass wir es niemals sind.»

5 Vom argentinischen Filmregisseur Eliseo Subiela (1998).

Zeitvorrat. Anscheinend haben sie Zeit zum Verschenken geschenkt bekommen. Vielleicht durften sie manchmal Momos Zuhören erleben, und vor diesem haben ja die grauen Herren bekanntlich keinen Bestand …

Am Anfang des Buches steht als Motto ein Zitat «nach einem alten irischen Kinderlied»:

Im Dunkel scheint dein Licht.
Woher, ich weiss es nicht.
Es scheint so nah und doch so fern.
Ich weiss nicht, wie du heisst.
Was du auch immer seist:
Schimmere, schimmere, kleiner Stern!

«Die beste Gabe der Schöpfung ist ein heiteres und fröhliches Gemüt» (Martin Luther)
Humor und Theologie

[2017]

Es ist mir eine Ehre und Freude, an diesem *Dies academicus* teilzunehmen. Ich danke ganz herzlich für die Einladung an einen reformierten Theologen, den Festvortrag am heutigen *Dies* zu halten. Im Rahmen des Reformationsjubiläums betrachte ich es als ein schönes Zeichen, dass ein Jubiläum gemeinsam gefeiert werden kann. Das scheint mir wichtiger als der Verkauf von Playmobil-Luther-Figuren oder von Luthersocken mit dem legendären Wormser Satz!

Umso mehr, wenn der Werbespruch heisst: «ein Stück Selbstbewusstsein»! Eigentlich etwas traurig, wenn das Selbstbewusstsein in den Socken steckt …

Ich nehme die Einladung zum Festvortrag als ein Zeichen der Ökumene entgegen, und dieser Ökumene will ich denn auch zumindest einen Teil meines Festvortrags widmen. Das mag überraschen angesichts der Themenstellung: Spontan assoziiert man nicht gleich Ökumene mit Humor, sondern eher mit ver-

Luthersocke, Wittenberg (2017)

krampftem Festhalten an unbeweglichen Autoritäten und Traditionen und ängstlicher Vorsicht vor neuen Schritten. Aber lassen wir uns überraschen: Vielleicht könnte diese Verbindung mit Humor befreiend wirken. Zu strenge Autorität, überbetonte Würde und Amtspathos, seien sie reformiert, römisch-katholisch oder orthodox, setzen sich auf jeden Fall der Komik aus, wie etwa folgende Zeichnung offenbart:

Je me fiche que ce soit l'armure du Seigneur.
Ou bien tu l'enlèves, ou bien tu vas dormir sur le canapé.

«Es ist mir egal, dass es die Waffenrüstung des Herrn ist;
entweder ziehst du sie aus oder du gehst auf das Sofa schlafen!»
© Diffusion Ouverture, Le Mont-sur-Lausanne

Friedrich Dürrenmatt hat einmal gesagt: «Uns kommt nur noch die Komödie bei.»[1] Vielleicht gilt das auch ein Stück weit für die Theologie, und vornehmlich für die Ökumene. Deshalb wollen wir nun unsere Reflexion damit beginnen, dass wir uns durch einige Spuren des Humors bei Luther inspirieren lassen.

---

1 Friedrich DÜRRENMATT, Theaterprobleme, in: DERS., *Werkausgabe in siebenunddreissig Bänden*, Bd. 30, Zürich: Diogenes, 1998, 62.

Humor bei Luther

Dass Luther Humor hatte, davon zeugt bereits der Spruch aus den Tischreden, der mir als Überschrift dient.[2] Er sei hier kurz mit einigen Beispielen aus unterschiedlichen Situationen illustriert.

a) In interkonfessioneller Abgrenzung mit ironischer Pointe veröffentlichte Luther 1542, als die Reliquiensammlung des Mainzer Erzbischofs von Halle nach Mainz überführt wurde, ein Flugblatt unter dem Titel *Neue Zeitung vom Rhein*. Darin kündigte er ganz neue Reliquien an, von denen man sich viele Ablässe erhoffen dürfe[3]:

1. Ein schönes Stück vom linken Horn des Mose.
2. Drei Flammen vom Busch des Mose, auf dem Berge Sinai.
3. Zwei Federn und ein Ei vom heiligen Geist.
4. Ein ganzer Zipfel von der Fahne, mit der Christus die Hölle aufstiess.
5. Auch eine grosse Locke, vom Barte des Beelzebub, der an der Fahne kleben blieb.
6. Ein halber Flügel von St. Gabriel, dem Erzengel.
7. Ein ganzes Pfund von dem Wind, der an Elia vorbeirauschte, in der Höhle am Berge Horeb.
8. Zwei Ellen von dem Ton der Posaunen, auf dem Berge Sinai.
9. Dreissig Fürze von der Pauke Mirjams, der Schwester Mose, gehört am Roten Meer.
10. Ein grosses, schweres Stück vom Geschrei der Kinder Israel, womit sie die Mauern Jerichos niedergeworfen haben.
11. Fünf schöne helle Saiten von der Harfe Davids.
12. Drei schöne Haarlocken des Absalom, mit denen er an der Eiche hängen blieb.

b) Pastoral-seelsorgerlich schrieb Luther einen Brief im Dezember 1539 an einen skrupulösen Kollegen, Georg Buchholzer, der von seinem Kurfürsten unter Druck gesetzt wurde, liturgische Gewänder anzuziehen und eine Prozession zum Friedhof durchzuführen, und Luther um Rat bat, ob man das als lutherischer Pfarrer dürfe.[4]

> Wenn Euch Euer Herr, der Markgraf und Kurfürst usw., will lassen das Evangelium Jesu Christi lauter, klar und rein predigen, ohne menschlichen Zusatz, und die beiden Sakra-

---

2   Martin LUTHER, WAT 4, 225,11–12; Nr. 4328: «Optimum donum et creatura est animus hilaris et laetus»; ich zitiere nach: Martin LUTHER, *Ausgewählte Schriften. Ergänzungsreihe*, Bd. 3, München: Kaiser, ³1963, 264.
3   Martin LUTHER, *Ausgewählte Schriften*, Bd. 3, Frankfurt am Main: Insel, 1982, 293–294.
4   Ebd., Bd. 6, 203–204.

mente der Taufe und des Leibes und Blutes Jesu Christi nach seiner Einsetzung und reichen und geben [...], so gehet in Gottes Namen mit herum und tragt ein silbern oder gülden Kreuz und Chorkappe oder Chorrock [...]. Und hat Euer Herr, der Kurfürst, an einer Chorkappe oder Chorrock nicht genug, die Ihr anzieht, so zieht deren drei an, wie Aaron, der Hohepriester [...]. Haben auch Ihre K. F.G. nicht genug an einem circuitus oder Prozession, [...] so geht siebenmal mit herum, wie Josua mit den Kindern Israel um Jericho gingen, machten ein Feldgeschrei und bliesen Posaunen. Und hat Euer Herr, der Markgraf, ja Lust dazu, mögen Ihre K. F.G. vorher springen und tanzen mit Harfen, Pauken, Zimbeln und Schellen, wie David vor der Lade des Herrn tat, da sie in die Stadt Jerusalem gebracht ward; bin damit sehr wohl zufrieden. [...] dass nur nicht eine Notwendigkeit zur Seligkeit und das Gewissen damit zu binden daraus gemacht werde!

c) Luther hatte sich dagegen gesträubt, dass es eine Gesamtausgabe seiner Schriften geben soll. Deshalb nimmt er 1539 in seiner *Vorrede zum ersten Band der Wittenberger Ausgabe der deutschen Schriften* davon Abstand, sich mit vielen Büchern und schönen Predigten zu brüsten.[5]

> Fühlst du dich aber und lässt dich dünken, du habest es gewiss, und schmeichelst dir mit deinen eigenen Büchlein, Lehren und Schreiben, als habest du es sehr köstlich gemacht und trefflich gepredigt, gefällt dir auch sehr, dass man dich vor andern lobe, willst auch vielleicht gelobt sein, sonst würdest du trauern oder nachlassen, – bist du von der Art, Lieber, so greif dir selber an deine Ohren. Und greifst du recht, so wirst du finden ein schön Paar grosser, langer, rauher Eselsohren. So wende vollends die Kosten dran und schmücke sie mit güldnen Schellen, auf dass, wo du gehst, man dich hören könnte, mit Fingern auf dich weisen und sagen: Seht, seht, da geht das feine Tier, das so köstliche Bücher schreiben und trefflich wohl predigen kann. Alsdann bist du selig und überselig im Himmelreich. Vielmehr da, wo dem Teufel samt seinen Engeln das höllische Feuer bereitet ist.

Es muss jedoch gleich betont werden, dass der Humor, diese beste Gabe der Schöpfung, Luther öfters auch gefehlt hat, in tragischen Situationen, wie etwa in Hinsicht auf die Judenfrage in seinen letzten Lebensjahren. Es geht uns jetzt nicht darum, Luthers Humor in allem zu preisen und zu verherrlichen.[6] Die drei Beispiele sollen uns einfach darauf aufmerksam machen, dass dem Humor in schwierigem Kontext eine befreiende Rolle zukommt, als Möglichkeit des kreativen Abstandnehmens. Das soll jetzt in Anlehnung daran, dass in der philosophischen Tradition das Lachen seit Langem als Proprium des Menschen gilt, anthropolo-

---

5   Ebd., Bd. 1, 10–11.
6   Vgl. dazu: Fritz BLANKE, *Luthers Humor. Scherz und Schalk in Luthers Seelsorge*, Hamburg: Furche, 1954.

gisch vertieft werden. Im französischen Renaissance-Humanismus hat ein Zeitgenosse Luthers, François Rabelais, diese Bestimmung ins Zentrum seines Schaffens gerückt, wie das etwa im Exordium des Romans *Gargantua* zum Ausdruck kommt:

> Vray est qu'icy peu de perfection
> Vous apprendrez, si non en cas de rire ;
> Aultre argument ne peut mon cueur elire,
> Voyant le dueil qui vous mine et consomme :
> Mieulx est de ris que de larmes escripre,
> Pour ce que rire est le propre de l'homme.[7]

Rabelais' Riesen zelebrieren dieses Ideal im Kampf mit den Agelasten (das heisst vom Griechischen her: mit den «Nichtlachern»), die es überall in der Gesellschaft gibt, auch und manchmal vornehmlich in der Kirche …

Zu den Agelasten gehört wohl ebenfalls der Prophet Elischa: Als Kinder sich über ihn lustig machen und ihn als Kahlkopf betiteln, verflucht er sie, so dass zwei Bärinnen aus dem Wald kommen und zweiundvierzig Kinder in Stücke reissen (2Kön 2,23–25)!

Ein paar Gedanken zur anthropologischen Bedeutung des Humors

a) Wir steigen zunächst beim Lebensbezug ein: «Überall wo Leben ist, da ist Widerspruch, und wo Widerspruch ist, da findet sich das Komische.» So hat es einmal der dänische Philosoph Kierkegaard formuliert.[8] «Widerspruch» muss man hier nicht im logischen Sinne verstehen, sondern eher als Diskordanz: In ihren unterschiedlichen Gestalten, als Satire, Ironie, Scherz, Humor, enthüllt die Komik verborgene Spannungen, Widerständigkeiten, Gegensätze, und schenkt damit die Möglichkeit, sich spielerisch mit ihnen auseinanderzusetzen. So sieht es Kierkegaard auch für die Religion: Sie braucht den Humor als eine Art kritischen Begleiter, über den religiösen Ernst wachend, um ihn immer wieder vom falschen Ernst zu unterscheiden. Um das mit einer Zeichnung zu illustrieren: Mit viel

---

7   François RABELAIS, *Gargantua (La vie très horrificque du grand Gargantua père de Pantagruel. Jadis composée par M. Alcofribas, Abstracteur de Quinte Essence)*, Paris: Gallimard/ Librairie générale française, 1965, 23.

8   Søren KIERKEGAARD, *Philosophische Brosamen und Unwissenschaftliche Nachschrift*, München: Deutscher Taschenbuch Verlag, 1976, 709. Ähnlich in: Søren KIERKEGAARD, *Die Tagebücher*, Bd. 1, hg. von Hayo Gerdes, Düsseldorf: Diederichs, ²1975, 287: «Der Widerspruch ist eigentlich die Kategorie des Komischen.»

© Diffusion Ouverture,
Le Mont-sur-Lausanne

Überzeugung ruft Moses am Rande des Roten Meers sein Volk auf, vorwärts zu schreiten; er trägt jedoch Flossen an den Füssen und eine Taucherbrille auf dem Kopf, und unter seinem Gewand ahnt man Sauerstoffflaschen ...

Aus philosophisch-anthropologischer Sicht muss man zwei Formen von Humor unterscheiden, die auch unterschiedlichen Formen des Lachens entsprechen.

b) Eine elementare Form, die etwa bei Aristoteles, Thomas Hobbes oder Henri Bergson zu finden ist, versteht die Komik, und damit ebenfalls das Lachen, vornehmlich als ein Lächerlichmachen des Niedrigen, des Kleinlichen, des Schwachen, des Minderwertigen. So behauptet sich das Freie dem Autoritären, das Bewegliche dem Steifen, das Lebendige dem Toten gegenüber. Es ist also ein Abstandnehmen, das durch einen sozialen Tadel geschieht, der das Höhere vor einem Abfall schützen soll. So wird etwa in Molières Komödie über den Geizigen gelacht, um die Grosszügigkeit zu fördern. Diese weitverbreitete Humorpraxis kann natürlich auch in Kirche und Theologie zur Anwendung kommen, denn auch da kann sich das Lebendige seine Befreiung gegenüber dem Starren erkämpfen! Gelacht wird dann aber meistens auf Kosten der anderen.

c) Im Kontrast dazu muss eine geistreichere Form erwähnt werden, die sich nicht mit degradierendem Abstandnehmen begnügt, sondern eine enthüllende Verarbeitung von menschlichen Grundspannungen zum Ziel hat. Sie arbeitet nicht nur mit der Hierarchie von oben und unten, sondern ihr geht es um Lebensschwierigkeiten, denen alle Menschen das eine oder andere Mal ausgeliefert sind.

Das Lachen ist dann weniger ein Gelächter über andere als vielmehr ein Lachen über sich selbst in seinen eigenen Widersprüchen.

Es seien hier zwei Autoren kurz erwähnt, die sich um dieses andere Verständnis des Humors bemüht haben.

In seinem Buch *The Act of Creation*[9] hat der englische Sozialphilosoph Arthur Koestler Humor in der Nähe der wissenschaftlichen Entdeckung und der metaphorischen Sprachschöpfung des Dichters angesiedelt. Alle drei Tätigkeiten sind unterschiedliche Gestalten der Kreativität. Koestler spricht von einem gemeinsamen Bisoziationsprinzip. Das sei zunächst am Beispiel der wissenschaftlichen Entdeckung illustriert. Archimedes (3. Jh. vor Chr.) hat von seinem Tyrannen den Auftrag bekommen, zu prüfen, ob eine Krone reines Gold ist oder nicht. Archimedes kennt das spezifische Gewicht von Gold, und er kann das Gewicht der Krone leicht feststellen. Wie aber kann man das Volumen einer Krone messen, ohne sie einzuschmelzen? Archimedes sucht und sucht. Koestler spricht von Inkubationszeit und stellt es folgendermassen dar: Archimedes sucht auf einer Fläche M1, aber der Punkt T, den er erreichen sollte, ist ausserhalb dieser Matrize.

Seines Suchens müde nimmt Archimedes ein Bad. Er beobachtet, wie beim Einsteigen ins Bad der Wasserpegel steigt. Da hat er plötzlich unerwartet seine Lösung: Die Krone kann ins Wasser getaucht werden und ihr Volumen entspricht dem Volumen des Wassers, das damit evakuiert wird. «Eurêka!», soll er gerufen haben. Was ist passiert? Die Matrize des Badens (M2) und die Matrize des Suchens (M1) haben sich durchkreuzt, so dass der Wissenschaftler beim Baden zu seinem Punkt T kommt.

Eine ähnliche Bisoziation geschieht nach Koestler beim Humor: Zwei Dimensionen, die an sich nichts miteinander zu tun haben, stossen zusammen, so dass ein komischer Effekt ausgelöst wird (im Bild als Blitz dargestellt).

Um das zu illustrieren, wähle ich ein Beispiel, das auch im kirchlich-theologischen Kontext von Bedeutung sein kann: «Ein Beamter ist ein Mensch, der sitzt, ohne verurteilt worden zu sein.» Die Bisoziation wird hier durch einen Doppelsinn im Verb «sitzen» gestiftet, zwischen gewöhnlichem Sitzen, am Tisch, auf einem Lehrstuhl oder einer sonstigen Kathedra, und dem Sitzen im Gefängnis. Vom amerikanischen Filmemacher Woody Allen zirkulieren Aphorismen, die ähnlich in einem einzigen Satz die Bisoziation vollziehen, zum Beispiel: «Das ewige Leben, das dauert lang, lang, lang – vor allem gegen Ende.» Und im Zug am Jura-Fuss entlang begegne ich ab und zu einem Aphorismus von Altbundesrat Willi Ritschard, der folgendermassen lautet: «Gott erschuf die Welt aus dem Nichts, und das schimmert halt immer noch etwas durch.»

---

9   In deutscher Übersetzung: Arthur KOESTLER, *Der göttliche Funke. Der schöpferische Akt in Kunst und Wissenschaft*, Bern: Scherz, 1966.

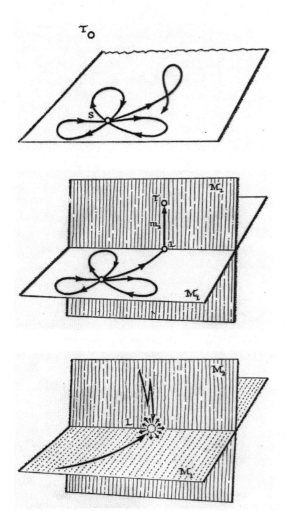

Aus: Arthur Koestler,
Le cri d'Archimède,
Paris: Calmann-Lévy, 1965

Abstand nehmend von Bergsons Theorie, hat der französische Sozialphilosoph Jean Fourastié in seinem Buch *Le rire, suite*[10] Koestlers Ansatz aufgegriffen und weitergeführt, indem er anhand der Erzählstruktur des Witzes den Humor als «Bruch des Determinismus» entfaltet: Ausgehend von bestimmten Prämissen entfaltet der Witz eine Erzähllogik, die beim Zuhörer die Erwartung eines vermuteten, vorhersehbaren Endes stiftet. Doch plötzlich schwenkt die Geschichte ab und führt überraschend zu einem unerwarteten Ende. Die daraus entstehende Spannung löst das Lachen oder Schmunzeln aus. So könnte man es in einem Schema darstellen.

---

10 Jean FOURASTIÉ, *Le rire, suite*, Paris: Denoël/Gonthier, 1983.

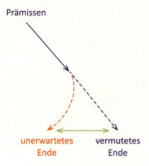

Bruch des Determinismus
(nach Jean Fourastié)

Für Jean Fourastié bedeutet das, dass Humor kreative Beweglichkeit in schwierigen Situationen fördert. Wir stehen oft unter Druck und denken deshalb eindimensional (*pensée unique*). Wir sehen dann oft nur noch eine einzige Lösung. Indem er ständig Determinismen bricht, pflegt der Humor die Einübung des Perspektivenwechsels: Er lehrt uns, wie wir die Probleme auch noch ganz anders angehen könnten. Dadurch schenkt er Mut, Dinge anders in Angriff zu nehmen, gegen Resignation, Erstarrung und Entmutigung.[11] Die Haltung hat Fourastié in verschiedenen Bereichen zur Geltung gebracht, und für unser Thema könnte es ebenfalls in kirchlich-theologischem Kontext interessant sein: Auch da bräuchte es manchmal den Mut zum Perspektivenwechsel, wie wir noch sehen werden.

d) Wie wir es schon bei Koestler beobachten konnten, hat der Humor einiges mit der Entdeckungsfreude zu tun. Das sei hier noch aus anderer Perspektive betont. Im 17. Jahrhundert kam über eine italienische Übersetzung ein persisches Märchen nach Westen: *Reise und Abenteuer der drei Prinzen von Serendip*.[12] Es erzählt, wie drei Prinzen, die von ihrem Vater für ihre Erziehung in die weite Welt geschickt werden, unerwartete Entdeckungen machen, die sie bereichern und freuen und für die sie allerlei Belohnungen bekommen. Die ganze Erzählung ist ein Lob des Entdeckungsgeistes.

Von dort her hat ein Engländer, Horace Walpole, 1754 den Begriff *serendipity* entwickelt: Er meint die unablässige Entdeckungslust und -freude.[13] So bedeutet Serendipität eine Einstellung, die immer darauf aus ist, Neues zu entdecken, und sich darüber freut, was einem damit an kreativen Herausforderun-

---

11 Auf ähnliche Weise betont Paul Watzlawick die Kategorie des «re-framing» als Möglichkeit, Dinge anders anzugehen und unerwartete Lösungen zu finden; vgl. Paul WATZLAWICK, *Die Möglichkeit des Andersseins. Zur Technik der therapeutischen Kommunikation*, Bern: Huber, [7]2015.
12 Serendip ist der frühere Name für Sri Lanka.
13 Für mehr Literatur zum Thema, vgl. Danièle BOURCIER, Pek VAN ANDEL (Hg.), *La sérendipité. Le hasard heureux. Actes du colloque de Cerisy-la-Salle*, Paris: Hermann, 2011.

gen zugespielt werden kann. So hat Humor im Sinne von Koestler und Fourastié vieles gemeinsam mit der spielerischen Serendipität der drei Prinzen, und das gilt für viele Bereiche, wie der zitierte Sammelband ausführlich zeigt.

Wir wollen nun überlegen, wie die soeben geschilderten Dimensionen sich auch auf die Theologie auswirken können.

Humor als theologische Kreativität

Dass die Tendenz zum Eindimensionalen, zur Erstarrung und zu Zwangssituationen auch in Kirche und Theologie zu beobachten ist, bedarf wohl nicht einer längeren Begründung. In diesem Sinne scheint es mir bereichernd, auch hier mit Momenten der Bisoziation, des Perspektivenwechsels und der Serendipität zu spielen. Das möchte ich kurz mit drei Themen illustrieren.

a) Friedrich Dürrenmatt hat sich in einem späten Text als einen Mann bezeichnet, «dem der Zweifel ebenso teuer wie der Glaube ist».[14] Das weist uns auf die Spannung von *Glaube und Zweifel* hin, die auch biblisch stark betont wird (man denke etwa an den Kleinglauben im Matthäusevangelium oder an das Gebet des Vaters in Mk 9,24: «Ich glaube! Hilf meinem Unglauben!»). Einem allzu selbstsicheren Glauben, wie er etwa in integristischen oder fundamentalistischen Kreisen grassiert, hält der Humor bisoziativ den Zweifel entgegen, indem er ihn in eine Grenzsituation versetzt, die ihn einer radikalen Erprobung aussetzt. Das kann etwa mit folgender Geschichte verdeutlicht werden:

> Ein Bergsteiger klettert an einer steilen Wand. Plötzlich rutscht er aus und fällt hinunter, kann sich aber im letzten Moment an einem Felsenvorsprung festhalten. Er hängt nun in der Leere und weiss nicht weiter. «Ist jemand da?», fragt er zunächst etwas schüchtern. Es kommt keine Antwort. Dann ruft er lauter: «Ist jemand da?» Immer noch bekommt er keine Antwort. Nun schreit er laut: «Ist jemand da?» Eine tiefe Stimme erklingt: «Hab keine Angst, ich bin da. Lass Dich fallen, und ich werde Dich in meinen Händen auffangen.» Man hört lange nichts mehr, und dann fragt der Mann: «Wäre nicht sonst noch jemand da?»

Dass Gott manchmal in Hinsicht auf seine Existenz weniger sicher ist als der Mensch, und für den Zweifel offener ist, zeigt folgende Zeichnung Máximos, eines spanischen Karikaturisten in der Zeitung *El País*:

---

14 Friedrich Dürrenmatt, Turmbau, in: ders., *Werkausgabe in siebenunddreissig Bänden*, Bd. 29, Zürich: Diogenes, 1998, 230.

Máximo, «Ich glaube, dass ich existiere, aber ich bin nicht sicher.»
© El País, Madrid

b) Die *Sünde* zu thematisieren ist heutzutage schwierig, weil sich in Hinsicht auf diesen Begriff viele Missverständnisse anhäufen. Für viele Zeitgenossen macht er nur noch Sinn in einem sehr oberflächlichen Gebrauch, wie etwa in der Rede von den «Verkehrssündern» oder wenn man zu viel isst (französische Confiserien heissen denn auch öfters «Au péché mignon», «Zur niedlichen Sünde»). Oft wird der Begriff sehr moralisierend gebraucht, als Bezeichnung für eine schlechte Tat. Auf der anderen Seite wird Sünde, im strengen Sinne als Erbsünde verstanden, zu einer schicksalhaften Erkrankung des menschlichen Geschlechts. Es ist deshalb eine wichtige Aufgabe, sich um eine sachgemässe Interpretation des Sündenbegriffs zu bemühen. Das kann dadurch geschehen, dass man nach neuen Sprachen sucht, welche die Wirklichkeit der Sünde in anderer Perspektive zum Ausdruck bringen. Wenn es in Röm 7,15 heisst: «Was ich bewirke, begreife ich nicht; denn nicht was ich will, treibe ich voran, sondern was ich hasse, das tue ich», dann findet das seine unmittelbare Übertragung in einem ganz einfachen, aber prägnanten Lied des Berner Troubadours Ruedi Krebs, *Ds Eiströphige*:

> Wenn i so chönnt, wie-n-i wett, ja de wär,
> Ja de wär mängs nümme glich!
> Und e ke tag wär verlore und lär,
> D'Sunne, die miech mi scho rich!
> Aber warum isch o das e so schwär,
> Z'si wie me wett, dass me wär?[15]

Als sein Mitarbeiter Melanchthon geplagt wurde von einem zutiefst belastenden Sündenbewusstsein, hat ihm Luther in einem seelsorgerlichen Brief einen kühnen Perspektivenwechsel vorgeschlagen, indem er ihn aufrief, mutig zu sündigen:

---

15 CD: *Berner Troubadours live*, Bern: Zytglogge Verlag, 2003 (Nr. 16) © Zytglogge Verlag.

«Wenn Du ein Verkündiger der Gnade bist, dann verkündige nicht die fiktive Gnade, sondern die wahre. Wenn die Gnade wahr ist, dann trage die wahre Sünde, und nicht die fiktive. Gott errettet nicht die fiktiven Sünder. Sei Sünder und sündige mutig [*Esto peccator et pecca fortiter*]»; er fügt dann gleich hinzu: «Aber noch mutiger glaube an Christus und freue Dich in ihm, der Sieger über Sünde, Tod und Welt ist.»[16]

c) Dass die *Kirche als Institution* auch immer in Gefahr kommt, mit sich selbst in Widerspruch, in Diskordanz zu geraten, liegt auf der Hand. Beim Aufdecken solcher Schwierigkeiten hat der Humor auch eine Rolle zu spielen. «Man sieht Dich nie mehr in der Kirche; hast Du ein Problem mit dem lieben Gott im Himmel?», sagt der Pfarrer zu einem abwesend gewordenen Kirchgänger; und dieser antwortet: «Nein, mit ihm hab ich kein Problem, aber mit seinem Bodenpersonal!»

Den berühmten Satz von Alfred Loisy, «Jesus habe das Reich verkündet und gekommen sei die Kirche»[17], kann man durchaus positiv deuten, und das war auch die ursprüngliche Absicht Loisys: Die Kirche verwirklicht konkret, was in Jesu Verkündigung des Reichs programmatisch angelegt war, setzt es in die geschichtliche Entwicklung um. Man kann den Satz aber auch als einen selbstkritischen Hinweis betrachten, der uns anleitet, die Spannung zwischen Jesu Reich Gottes und der Kirche immer wieder wahrzunehmen, um daran zu arbeiten, um den Schmerz, den sie stiftet, zu lindern.

Der spanische Zeichner Máximo hat die Thematik von Kirche und Politik aus der Perspektive Gottes dargestellt.

Máximo, «Wie kommt es denn, dass mit einem linksstehenden Sohn immer eine rechtsstehende Kirche herauskommt?» «Ein Mysterium?»
© El País, Madrid

Doch kommen wir nun noch abschliessend zum Thema der Ökumene.

---

16 Martin LUTHER, WAB 2, 372,32–35 (Brief vom 1. August 1521).
17 Alfred LOISY, *L'Église et l'Évangile*, Paris: Picard, 1902, 111–112: «Jésus annonçait le royaume, et c'est l'Église qui est venue.»

Humor und Ökumene

Ich möchte hier mit einem kleinen Lied des Berner Troubadours Mani Matter einsteigen:

ir ysebahn
ir ysebahn sitze die einten eso
dass si alles was chunnt scho zum vorus gseh cho
und dr rügge zuechehre dr richtig vo wo
dr zueg chunnt

die andre die sitzen im bank vis-à-vis
dass si lang no chöi gseh wo dr zug scho isch gsy
und der rügge zuechehre dr richtig wohi
dr zug fahrt

jitz stellet nech vor, jede bhouptet eifach
so win är's gseht, syg's richtig, und scho hei si krach
si gäben enander mit schirmen uf ds dach
dr zug fahrt

und o wenn dr konduktör jitze no chunnt
so geit är dem sachverhalt nid uf e grund
är seit nume, was für nen ortschaft jitz chunnt
s'isch rorschach[18]

Meiner Ansicht nach charakterisiert dieses Lied sehr schön die heutige Situation in der Ökumene. Der Zug fährt, und die einen sitzen so, dass sie nach hinten schauen, wo der Zug schon vorbei ist, während die anderen so sitzen, dass sie nach vorne schauen, wo der Zug noch hin sollte. Und ich weiss nicht, ob sie «enander mit schirmen uf ds dach» geben, aber sicher besteht der Streit darüber, wer nun die richtige Perspektive einnimmt.

Das Problem aber, das ich hier ansprechen möchte, ist, dass es viel mehr sind, die in die Richtung schauen, wo der Zug schon war, als die, welche umgekehrt in die Richtung schauen, wo es mit dem Zug hingeht.

---

18 Mani MATTER, *Warum syt dir so truurig? Berndeutsche Chansons*, Oberhofen am Thunersee: Zytglogge Verlag, 2011 [1973], 8 © 2011 Zytglogge Verlag.

Hans Holbein d. J., *Hercules Germanicus*

Was in Mani Matters Lied gleichnishaft zum Ausdruck kommt, kann auch als die Spannung zwischen Resilienz und Serendipität im ökumenischen Dialog thematisiert werden.[19] Der Begriff der Resilienz kommt ursprünglich aus der Festkörperphysik und meint die Kraft, mit der ein Festkörper einem auf ihn ausgeübten Druck widerstehen kann, ohne zu brechen. Er wurde dann sinngemäss in die Psychologie übernommen, um die Fähigkeit einer Person zu bezeichnen, aus extremen Schwierigkeiten Kraft zu schöpfen, um das Leben immer wieder zu bestehen.

Gewiss ist Resilienz eine gute Sache. Doch in Hinsicht auf das ökumenische Gespräch könnte man sagen, dass die Kirchen ihre Resilienz dem Druck gegenüber, voranzukommen, zur Genüge gezeigt haben, und dass nun dringend Serendipität an der Zeit ist. Das wollen die folgenden Überlegungen erläutern.

Humor gegen deterministische Zwänge?

Es scheint mir, dass wir in einer Zeit leben, in der die Konfessionen vermehrt dazu tendieren, ihre Unterschiede schärfer zu betonen und manchmal sogar hochzuprofilieren, oft auf Kosten der Anerkennung der anderen. Auf evangelischer Seite hat das Reformationsjubiläum sicher dazu beigetragen. In diesem Jahr kam es nicht selten vor, dass ich als evangelischer Theologe die römisch-katholische Tradition gegen zu pauschale Urteile in Schutz nehmen musste. Auch gegen die Tendenz zur Selbstverherrlichung musste ich ab und zu ankämpfen: etwa die Meinung, man könne ohne viel Nuancen die Reformatoren als Begründer der Moderne betrachten, oder als endgültige Überwinder des dunklen Mittelalters. Solche Klischees gab es zwar schon lange, wie etwa das berühmte, vielleicht von Hans Holbein dem Jüngeren erstellte Bild von Luther als *Hercules Germanicus*, der in einer Heldentat alle grossen Autoritäten des Mittelalters erschlägt!

Aber auch auf katholischer Seite gibt es diese Tendenz zu einer «Überdeterminierung» der eigenen Lehre. In einem weiteren Dialog zwischen Gott und seinem Engel hat der Karikaturist Máximo diesen Zwang zur Abgrenzung thematisiert, und zwar als einen auf Gott selbst ausgeübten Zwang:

---

19 Vgl. ausführlicher, aber auf Französisch: Pierre Bühler, La résilience et la sérendipité. De deux vertus œcuméniques, in: Michel Deneken, Élisabeth Parmentier (Hg.), *La passion de la grâce. Mélanges offerts à André Birmelé*, Genf: Labor et Fides, 2014, 291–299.

Máximo, «Die katholische Kirche sei die einzig wahre?»
«Hm ... Ratzinger sagt es so. Aber das schliesst mich praktisch von allen anderen Kirchen aus ...»
© El País, Madrid

Auch die Tradition übt Druck aus, dem man sich manchmal schwer entziehen kann. Papst Franziskus hat 2015–2016 ein ausserordentliches Jubiläumsjahr der Barmherzigkeit proklamiert, verbunden mit einer eindrücklichen Vertiefung göttlicher und menschlicher Barmherzigkeit. Doch galt wohl in Rom, dass seit eh und je zu einem Jubiläumsjahr notwendigerweise ein Plenarablass gehört. So geschah es denn auch in diesem Jubiläumsjahr: Obschon Barmherzigkeit als selbstlose Hingabe hervorgehoben wurde, konnte man nun bei praktizierender Barmherzigkeit nicht nur Gott und dem Nächsten selbstlos dienen, sondern auch für sich selbst wieder etwas erwerben. Warum musste denn dieser Ablass sein? Wäre das Jubiläumsjahr nicht viel ausserordentlicher gewesen, wenn Papst Franziskus gesagt hätte: «Diesmal feiern wir ein Jubiläumsjahr ohne Ablass! Ausgerechnet beim Thema der Barmherzigkeit wäre doch das Erwerben eines Ablasses unangemessen! Umso mehr als unsere evangelischen Brüder und Schwestern 2017 ihr Reformationsjubiläum feiern!» Wäre das nicht ein Zeichen von heilsamer Serendipität gewesen?[20]

Die Bisoziation von Einheit und Verschiedenheit

Im ökumenischen Dialog werden die Stärken leicht zu Schwächen, und die Schwächen zu Stärken. Auf katholischer Seite wirft man der evangelischen Seite eine «Unterdeterminierung» vor: eine störende Verschiedenheit, vor allem in ekklesiologischer Hinsicht. Diese Schwäche haben die evangelischen Ökumeniker/-innen

---

20 Zum Jubiläumsablass 2016 ausführlicher: Pierre BÜHLER, Indulgences et justification: était-il nécessaire de proclamer une indulgence plénière à l'occasion du jubilé de la miséricorde?, in: Matthieu ARNOLD, Karsten LEHMKÜHLER, Marc VIAL (Hg.), *«La vie tout entière est pénitence...» Les 95 thèses de Martin Luther (1517)*, Strasbourg: Presses universitaires de Strasbourg, 2018, 313–326.

als Stärke hervorgehoben, indem sie eine Bisoziation im Sinne Koestlers zwischen Einheit und Verschiedenheit vollzogen haben: Es gibt nur Einheit als versöhnte Verschiedenheit. Einheit kann und muss nicht Einförmigkeit werden. Sie ist vielmehr die dynamische Anerkennung der Verschiedenheit als Chance der gegenseitigen Bereicherung, die das Kirchentrennende überwindet.

Die *Gemeinsamen Erklärung zur Rechtfertigungslehre* von 1999 war vom selben Grundprinzip geleitet: Sie will einen differenzierten Konsens formulieren, in dem man gemeinsam sagt, was verbindet und was unterscheidet. Warum hat sie eigentlich so wenig Wirkung gehabt, auch etwa in Lund im Herbst 2016, beim lutherisch-katholischen Treffen zum Reformationsjubiläum? Ist die Bisoziation von Einheit und Verschiedenheit zu verunsichernd, zu dynamisierend und deshalb für resiliente Identitäten zu beängstigend?

Drei relativ realistische Vorschläge

Wie oben schon gesagt, sollte nun Serendipität an der Zeit sein, damit eigentlich schon lange fällige Schritte gemacht werden. In diesem Sinne möchte ich drei meiner Ansicht nach relativ realistische Vorschläge eines reformierten Theologen an die römisch-katholische Kirche formulieren.

1. Auf evangelischer Seite gibt es einen Einheitstext in Hinsicht auf das schwierige, innerevangelisch umstrittene Thema des Abendmahls: die Leuenberger Konkordie, die uns – erst seit 44 Jahren! – eucharistische Gastfreundschaft zwischen Lutheranern und Reformierten ermöglicht.[21] Nach mehrmaligem Lesen finde ich, dass dieser Text durchaus geeignet wäre, um auch zwischen den evangelischen Kirchen und der römisch-katholischen eucharistische Gastfreundschaft zu gewähren (man müsste nur «reformatorischen» in der letzten Zeile streichen):

> 18. Im Abendmahl schenkt sich der auferstandene Jesus Christus in seinem für alle dahingegebenen Leib und Blut durch sein verheißendes Wort mit Brot und Wein. So gibt er sich selbst vorbehaltlos allen, die Brot und Wein empfangen; der Glaube empfängt das Mahl zum Heil, der Unglaube zum Gericht.
> 19. Die Gemeinschaft mit Jesus Christus in seinem Leib und Blut können wir nicht vom Akt des Essens und Trinkens trennen. Ein Interesse an der Art der Gegenwart Christi im Abendmahl, das von dieser Handlung absieht, läuft Gefahr, den Sinn des Abendmahls zu verdunkeln.
> 20. Wo solche Übereinstimmung zwischen Kirchen besteht, betreffen die Verwerfungen der ~~reformatorischen~~ Bekenntnisse nicht den Stand der Lehre dieser Kirchen.

---

21 Vgl. https://www.ekd.de/Leuenberger-Konkordie-11302.htm (letzter Zugriff: 25.06.2019).

Serendipität würde hier heissen: einmal ausprobieren!

2. Schon lange ist die römisch-katholische Kirche bei den Vollversammlungen des Ökumenischen Rats der Kirchen im Beobachterstatus dabei. Es scheint mir, dass es eigentlich nur noch etwas Serendipität bräuchte, um den Schritt zur vollen Mitgliedschaft zu vollziehen. Es wäre ein schönes Zeichen der Anerkennung. Der § 17 in *Dominus Jesus*[22] bekäme dann weniger Abgrenzungsfunktion. Der in diesem § 17 ökumenisch umstrittene Satz heisst:

> Die kirchlichen Gemeinschaften hingegen, die den gültigen Episkopat und die ursprüngliche und vollständige Wirklichkeit des eucharistischen Mysteriums nicht bewahrt haben, sind nicht Kirchen im eigentlichen Sinn; die in diesen Gemeinschaften Getauften sind aber durch die Taufe Christus eingegliedert und stehen deshalb in einer gewissen, wenn auch nicht vollkommenen Gemeinschaft mit der Kirche.

Er könnte folgendermassen umformuliert werden:

> Die kirchlichen Gemeinschaften hingegen, obschon sie den gültigen Episkopat und die ursprüngliche und vollständige Wirklichkeit des eucharistischen Mysteriums im römisch-katholischen Sinne nicht bewahrt haben, sind auch Kirchen im eigentlichen Sinn; die in diesen Gemeinschaften Getauften sind durch die Taufe Christus eingegliedert und stehen deshalb in einer vollkommenen Gemeinschaft mit der römisch-katholischen Kirche.

3. Luther hat öfters an ein Konzil appelliert.[23] Ein Jahr vor seinem Tod hat das Konzil in Trient seine Arbeit aufgenommen, aber nicht im gewünschten Sinne, denn es waren keine Vertreter der evangelischen Kirchen eingeladen. Ich wiederhole den Appell, ein Konzil, diesmal mit allen Konfessionen, also im eigentlichen Sinne ein *ökumenisches Konzil* zu veranstalten. Es könnte zum Beispiel *Vatikanum III* heissen, wenn die anderen Kirchen bereit sind, in den Vatikan zu kommen. Zum Thema überlege ich Folgendes: Die ökumenischen Dialogkommissionen sind weit vorangerückt, aber ihre Ergebnisse werden in den Kirchen wenig oder gar nicht rezipiert. Deshalb wäre die Grundfrage des Konzils: Wie können die Kirchen zusammen, alle Kirchen zusammen, die Ergebnisse der ökumenischen Dialogkommissionen konkret umsetzen?

---

22 Vgl. http://www.vatican.va/roman_curia/congregations/cfaith/documents/rc_con_cfaith_doc_20000806_dominus-iesus_ge.html (letzter Zugriff: 20.06.2019).

23 Zum Beispiel: D. Martin Luthers Appellation oder Berufung an ein christliches freies Konzil von dem Papst Leo und seinem unrechten Frevel, erneuert und repetiert [1520], in: Martin LUTHER, *Ausgewählte Schriften*, Bd. 3 (Anm. 3), 71–76.

Dies sind drei Schritte, die auch für die evangelischen Partnerkirchen eine sehr heilvolle Herausforderungung zur Serendipität darstellen würde.[24]

Zum Abschluss

Ich möchte mit einem hoffnungsvollen Bild schliessen: Papst Franziskus, lachend und mit Lutherhut![25] Ich bin sicher, er würde dem Satz Luthers zustimmen, auch für das ökumenische Gespräch: «Die beste Gabe der Schöpfung ist ein heiteres und fröhliches Gemüt.»

Papst Franziskus mit Lutherhut,
2016
© Die Zeit. Christ & Welt.
Wochenzeitung für Glaube,
Geist und Gesellschaft

---

24 Was ich hier mit Serendipität anvisiere, hat Eva-Maria Faber mit einer «antizipatorischen Struktur der Ökumene» thematisiert. Vgl. Eva-Maria FABER, «Sich ausstrecken auf das Kommende». Plädoyer für eine antizipatorische Struktur der Ökumene, in: André BIRMELÉ, Wolfgang THÖNISSEN (Hg.), *Auf dem Weg zur Gemeinschaft. 50 Jahre internationaler evangelisch-lutherisch/römisch-katholischer Dialog*, Paderborn/Leipzig: Bonifatius/Evangelische Verlagsanstalt, 2018, 209–234.
25 Diese anlässlich des Besuchs des Papstes in Lund im Herbst 2016 entwickelte Fotomontage (manchmal «Lutheroglio» genannt) stammt aus der Beilage der *Zeit*: *Christ & Welt. Wochenzeitung für Glaube, Geist und Gesellschaft* (4. November 2016).

Entre interprétation et surinterprétation : relectures littéraires de la Bible chez Sylvie Germain

[1998][1]

Les textes bibliques ont fait et font encore fréquemment l'objet de relectures littéraires : épopées, romans, nouvelles, pièces de théâtre, poèmes s'attachent à faire revivre certaines figures, à réécrire certains récits, à transcrire narrativement certains messages. Ce travail littéraire ne manque pas d'intérêt herméneutique : qu'en est-il, en effet, du statut interprétatif de telles relectures ? Assurément, par leur genre même, elles ne sont pas confrontées aux mêmes exigences de rigueur et d'objectivité que la lecture des textes qu'opère l'exégète. Elles jouent sur d'autres registres qui leur laissent une bien plus grande marge de liberté pour relire les textes à partir de potentialités narratives imprévues. Cette marge de liberté est-elle même telle qu'il faille parler d'un jeu de reprise totalement arbitraire, fortuit, ce qui rapprocherait la relecture littéraire de ce que Umberto Eco désigne comme la surinterprétation ? Ou y a-t-il dans la relecture littéraire une lutte avec le texte et les « limites de l'interprétation » qu'il pourrait imposer au jeu de l'arbitraire ? Un combat avec l'*intentio operis* qui la rapprocherait alors plutôt du travail de l'interprétation ? Entre interprétation et surinterprétation, comment situer la relecture littéraire ? Telle est la question herméneutique que j'aimerais poser ici, en travaillant à partir de l'œuvre de Sylvie Germain.

Le contexte et l'intention de l'auteur

Umberto Eco nous invite à distinguer l'*intentio operis* de l'*intentio auctoris* et de l'*intentio lectoris* d'un texte, et donc à nous concentrer sur l'œuvre. Cela nous

---

1   L'article qui suit constitue une synthèse de l'atelier dirigé dans le cadre du colloque « Interprétation et surinterprétation » organisé conjointement par la Société suisse de théologie et l'Institut romand d'herméneutique et de systématique et qui s'est déroulé à Neuchâtel les 22 et 23 novembre 1996. Ce contexte explique pourquoi l'introduction s'inspire, pour poser le problème, de réflexions autour du thème du colloque mises en place dans Stefan COLLINI (dir.), *Interprétation et surinterprétation*, Paris : PUF, 1996 (recueil collectif contenant des textes de Umberto ECO, Richard RORTY, Jonathan CULLER et Christine BROOKE-ROSE). Cf. également Umberto ECO, *Les limites de l'interprétation*, Paris : Grasset, 1992.

permet de laisser l'« auteur empirique » à l'arrière-plan. C'est pourquoi je me contenterai à cet égard de quelques brèves indications nous permettant de situer le propos de Sylvie Germain, de saisir ce qu'elle vise en écrivant et le contexte dans lequel elle s'inscrit.

Née à Châteauroux en 1954, Sylvie Germain a fait des études de philosophie, tout en s'intéressant à l'art et à l'esthétique. Après avoir acquis son doctorat en philosophie avec une thèse sur le thème du visage, un thème qui revient très souvent dans son œuvre romanesque, elle enseigna pendant plusieurs années au lycée français de Prague. C'est dans cette ville que se dérouleront plusieurs de ses romans, en particulier *La pleurante des rues de Prague*[2], *Immensités*[3] et *Éclats de sel*[4]. Elle vit actuellement en France où elle travaille comme écrivain[5].

Son intérêt pour l'art se traduit par une forte présence de l'art pictural dans son œuvre littéraire, nous y reviendrons. Quant à la philosophie, son influence est explicitement reconnue par l'auteur. Dans un entretien, elle dit :

> Le passage par la philosophie a dû bien sûr laisser des traces : une certaine façon de creuser des questions, de resserrer ce questionnement, jusqu'à une forme de ressassement peut-être. Mais, ayant un esprit plus imaginatif que conceptuel, plus rêveur qu'analytique, j'ai glissé « en douceur » de la philosophie (où, en fait, je suis toujours restée une débutante, voire une dilettante) à l'écriture romanesque (où je me sens plus à l'aise, même si là aussi j'ai le sentiment de rester une apprentie).[6]

Faut-il voir dans les œuvres suivantes de Sylvie Germain un retour à la démarche philosophique initiale ? Toujours est-il que *Les échos du silence*[7] et *Céphalophores*[8] reprennent le questionnement sous une forme plus méditative que romanesque.

En ce qui concerne le contexte théologique et religieux, il convient de souligner que la formation philosophique s'accompagne de lectures théologiques : « certains textes de théologie, et de la mystique chrétienne »[9]. Par ailleurs, un autre entretien précise l'enracinement religieux et confessionnel de la manière suivante :

---

2   Sylvie GERMAIN, *La pleurante des rues de Prague*, Paris : Gallimard, 1992.
3   Sylvie GERMAIN, *Immensités*, Paris : Gallimard, 1993.
4   Sylvie GERMAIN, *Éclats de sel*, Paris : Gallimard, 1993.
5   Pour une présentation globale de l'œuvre de Sylvie Germain, cf. Alain GOULET, *Sylvie Germain : œuvre romanesque. Un monde de cryptes et de fantômes*, Paris : L'Harmattan, 2006.
6   Denise LE DAUBEC, « Entretien avec Sylvie Germain », *L'École des lettres* 86/1 (15 septembre 1994), 57–60, citation 58.
7   Sylvie GERMAIN, *Les échos du silence*, Paris : Desclée de Brouwer, 1996.
8   Sylvie GERMAIN, *Céphalophores*, Paris : Gallimard, 1997.
9   LE DAUBEC, « Entretien » (note 6), 58.

> Le hasard m'a fait naître dans une famille catholique, mais je me suis intéressée au judaïsme, à la mystique musulmane, au protestantisme, à l'orthodoxie. J'ai une préférence pour les littératures scandinave et allemande. Des thèmes comme le mal, la souffrance, le péché, la rédemption (thèmes que j'aborde dans mes livres) sont traités un peu de la même manière dans les littératures de « fond » chrétien – avec un éclairage particulier, tout de même, lorsqu'il s'agit de littérature protestante.[10]

Dans ce contexte, marqué par l'art, la philosophie et la religion, l'œuvre de Sylvie Germain est tout entière habitée par la tension entre la nuit et la lumière, et de ce fait par les motifs du tâtonnement, de l'extraction, de la clarification, de la quête du sens, comme elle le souligne elle-même dans ses réflexions sur son travail d'écrivain :

> Je ne veux pas chercher à m'inventer une vocation après coup. Je suis venue à l'écriture sans vraiment « m'en rendre compte », c'est-à-dire par le biais d'obscurs tâtonnements. Et c'est d'ailleurs toujours de la sorte (c'est-à-dire avec un sentiment de vagabondage, voire d'errance) que je continue.[11]

Ce travail d'extraction, qui fait de l'acte d'écrire un acte tâtonnant, s'attache aux choses simples et quotidiennes de la vie. Refusant de s'inscrire dans le courant de la littérature fantastique, elle précise :

> Je ne cherche pas à décrire des choses ou des événements extraordinaires, inexistants dans la réalité ou produits par l'imagination de personnages hallucinés. C'est en fait simplement ma façon de traduire ce trouble profond qui habite la réalité, laquelle n'est ni unie, ni close, ni limitée.[12]

Elle poursuit un peu plus bas :

> Tout est pétri de différences, d'inconnu, d'imaginaire. Et jusque dans les plus simples choses, même les plus dérisoires […], on peut déceler de l'étrange, ressentir de l'inquiétude ou de l'enchantement.[13]

Au terme de ce même entretien, Sylvie Germain reformule de manière saisissante son intention fondamentale d'écrivain :

---

10 Séverine Boudier, « Sylvie Germain : chemins de Damas, chemins d'Emmaüs », *Réforme*, n° 2687 (11–16 octobre 1996), 12.
11 Le Daubec, « Entretien » (note 6), 58.
12 *Ibid.*, 59.
13 *Ibid.*

je ne cherche pas à prouver ou à démontrer quelque chose. [...] je cherche en écrivant – sans complément d'objet, sans attribut prédéfini. Et je pourrais aussi bien renverser cette phrase et dire que j'écris en cherchant. En cherchant confusément un sens (à cet insondable et si troublant mystère de notre passage sur la terre), je me suis mise à écrire ; mot à mot, pas à pas, dans le désert (dédale ?) de ce monde plein « de bruit et de fureur », et tout autant plein de murmures, de fins silences, de lueurs lointaines, de chants confus, d'appels. Je cherche par voie d'encre pour ne pas perdre le fil, si ténu et cassant, d'un étonnement face au monde et aux êtres, levé depuis l'enfance, accru à l'adolescence, et toujours tendu au long de l'âge, bien que toujours zigzaguant et souvent empêtré de nœuds. J'écris parce que le monde est fable autant qu'Histoire, poème autant que cris, merveille autant que désastre. Et j'écris des histoires aux couleurs et accents de fables, et cela moins pour « cerner des vérités » que pour ne pas perdre tout à fait de vue la ligne toujours en fuite de cet étrange horizon où se confondent lumière et nuit. J'écris pour ne pas trop m'assoupir : il court dans l'encre des feux follets – minuscules flammes d'une veilleuse.[14]

On notera ici une nouvelle fois la thématique de la lumière et de la nuit, qui habite en particulier les premiers romans de Sylvie Germain, mais qui caractérise également son œuvre de manière globale.

Les différents modes de relecture

La relecture littéraire de motifs bibliques s'opère chez Sylvie Germain selon différents modes qu'il convient d'expliciter plus en détail. Cette pluralité n'est pas sans importance, car elle permet des jeux variés de communication avec le lecteur, en l'interpellant par des voies indirectes.

a) Comme nous l'avons déjà dit, les images, les tableaux sont omniprésents dans les textes de Sylvie Germain, sans parler ici du livre qu'elle a tout entier consacré à l'interprétation de tableaux de Vermeer[15]. Pour citer un exemple caractéristique, on mentionnera le roman *Opéra muet*[16], qui nous raconte la lente usure, puis la disparition d'une grande fresque publicitaire, l'image du Docteur Pierre, peinte sur le mur d'un bâtiment en démolition. Or, du point de vue de notre thème, il faut précisément signaler que la relecture de motifs bibliques se fait parfois par l'irruption de l'art pictural dans la trame du roman. Ainsi, tout le

---

14 *Ibid.*, 60.
15 Sylvie GERMAIN, *Patience et songe de lumière. Vermeer*, Charenton : Flohic éditions, 1996² [1993].
16 Sylvie GERMAIN, *Opéra muet*, Paris : Maren Sell/Gallimard, 1989.

chapitre final de *L'enfant méduse* est placé sous le signe de la fresque *L'annonciation aux bergers* de Taddeo Gaddi. Par le biais de cette œuvre d'art, la perspective du pardon, de la joie, de la lumière s'introduit dans le roman, ouvrant par le motif de la nativité la possibilité d'une nouvelle naissance et donc d'une seconde enfance. « Là-bas, ici, une enfance nouvellement née luit dans la paille blonde. Il faut s'en occuper. Lucie lui donne asile dans son regard. Dans son regard couleur de nuit, toujours. Mais, désormais, nuit de Nativité. »[17] Dans *Éclats de sel*, le tableau de *La Cène* de Léonard de Vinci intervient au début du roman et permet d'introduire le thème biblique du sel de la terre[18].

b) En de nombreux endroits, Sylvie Germain utilise la technique de l'intertextualité pour provoquer l'opération de la relecture biblique chez le lecteur : j'entends par là le fait de placer en exorde d'un roman ou d'un chapitre, ou au terme de ceux-ci, une citation biblique, qui signale un lien à inférer entre la narration et le passage biblique en question. L'exemple le plus caractéristique ici est le roman *L'enfant méduse*, dont chaque partie est introduite par un exergue biblique[19] et dont la parole d'envoi tient, elle aussi, en une citation biblique, Mt 2,20, à savoir l'ordre donné à Joseph de prendre l'enfant et sa mère et de se mettre en route, reprise significative du motif de la Nativité introduit avec la fresque de Gaddi. Par cette intertextualité, textes bibliques et narrations littéraires se font écho, invitant le lecteur à entrer dans ce jeu de va-et-vient interprétatif.

c) La relecture peut aussi s'effectuer par la réduplication narrative d'une scène marquante, faisant vivre à un personnage fictif une situation vécue par une figure biblique. Nous verrons ci-dessous un tel travail s'opérer en rapport avec le récit de la lutte nocturne de Jacob, dans *Nuit-d'Ambre*[20]. De même, dans *Éclats de sel*, Ludvik, après avoir contemplé Judas dans le tableau de Léonard de Vinci, se retrouvera dans la situation de Judas lors d'un repas, avec d'autres gens autour d'une table recouverte d'éclats de sel, en train de se servir de pain en même temps qu'un autre convive au regard salin, aux yeux comme « taillés dans quelque morceau de sel »[21].

d) Le travail de relecture peut également s'opérer au moyen d'une métaphore dont l'arrière-fond est indirectement biblique et qui traverse la trame d'un roman. L'exemple le plus clair de ce mode de faire dans l'œuvre de Sylvie Germain me semble être le motif du sel dans *Éclats de sel*[22]. De manière comparable, le roman

---

17 Sylvie Germain, *L'enfant méduse*, Paris : Gallimard, 1991, 281.
18 Cf. Pierre Bühler, « Retrouver la saveur de la vie : interprétation théologique du roman *Éclats de sel* », *Bulletin du Centre protestant d'études* 50/1 (1998), 23–37.
19 Successivement Am 8,9–10 ; Es 5,30 ; Jb 20,26 ; Sg 17,21 ; Mt 4,16.
20 Sylvie Germain, *Nuit-d'Ambre*, Paris : Gallimard, 1987.
21 Germain, *Éclats de sel* (note 4), p. 38.
22 Cf. Bühler, « Retrouver la saveur de la vie» (note 18).

Jours de colère[23] joue sur le thème de la colère de Dieu, avec le motif liturgique du *Dies irae* en arrière-plan.

e) La relecture des motifs bibliques peut enfin s'effectuer sous la forme plus directe d'une méditation qui se situe aux confins de la philosophie et de la théologie et à laquelle s'intègrent par moments certains aspects narratifs. C'est le cas de deux autres œuvres de Sylvie Germain. Ainsi, méditant sur le problème du mal et le silence de Dieu, le texte intitulé *Les échos du silence* propose une relecture de la protestation de Job, de la destinée de Jésus, de la révélation de Dieu à Élie (1 R 19) et du roi Lear de Shakespeare, accompagnée par la poésie de Paul Celan. De manière comparable, l'ouvrage *Céphalophores* nous propose, en son cœur, parmi d'autres figures, une relecture littéraire de la mort et de la résurrection du Christ sous le signe de la question des évangiles : « Qui dit-on que je suis ? » Le Christ s'y présente comme « le maître du visage » : « Une trace, laissée au creux du temps, en relief dans l'absence, en perspective dans l'invisible ; un silence tintant aux confins de nos questions, de nos doutes, – un chant tu qui attend à l'orée de notre mort. Qui nous attend. »[24]

« Nuit de l'ange » : relecture de Genèse 32 et Jean 21

Pour illustrer de manière plus précise l'effort de la relecture littéraire des motifs bibliques, j'aimerais ici m'arrêter à un exemple tiré des premières œuvres de Sylvie Germain, *Le livre des nuits*[25] et *Nuit-d'Ambre*, et qui touche à la lutte nocturne de Jacob. Le choix s'effectue en fonction d'une remarque de l'auteur elle-même, qui souligne dans une note personnelle le lien étroit entre son travail d'écrivain et ce motif biblique :

> la lutte de Jacob avec l'ange m'a toujours paru l'image par excellence, terrible et magnifique, du destin de chaque homme de passage sur cette terre. C'est à cause de cette image que je me suis mise à écrire, – mais il m'a fallu près de sept cents pages avant d'y parvenir (et encore, elle m'a échappé !).[26]

Les sept cents pages évoquées ici représentent le parcours des deux premiers romans de Sylvie Germain. Ils nous racontent, en une longue épopée, la destinée d'une famille du Nord de la France, s'étalant sur plusieurs générations, à travers la fin du XIXe et tout le XXe siècle, une destinée ponctuée par les guerres et les crises

---

23 Sylvie GERMAIN, *Jours de colère*, Paris : Gallimard, 1989.
24 GERMAIN, *Céphalophores* (note 8), 115–137, ici 136–137.
25 Sylvie GERMAIN, *Le livre des nuits*, Paris : Gallimard, 1985.
26 Lettre du 17 juillet 1996.

successives qui frappent l'Europe. Ce grand récit de famille n'est pas sans rappeler le récit des patriarches dans la Genèse. Ce lien est évoqué par différents moyens, s'imbriquant savamment les uns dans les autres. Ainsi, certains motifs narratifs des récits de patriarches apparaissent dans le récit de Sylvie Germain, comme par exemple celui des étoiles innombrables, image de la descendance nombreuse promise aux patriarches. De manière significative, le nom de la famille est Péniel, nom hautement symbolique lorsqu'on sait qu'ainsi s'appelle le lieu de la lutte nocturne de Jacob, nom signifiant en hébreu « Face-de-Dieu »[27]. Les exordes préparent également le lecteur à son travail d'inférence. Alors que *Le livre des nuits* s'ouvre par la citation de Jg 13,18 : « L'ange de Jahvé lui répondit : "Pourquoi t'informer de mon nom ? Il est merveilleux" », *Nuit-d'Ambre* comporte en exergue quelques versets du récit de la lutte de Jacob en Gn 32. Ainsi, dès le début du volume, on annonce au lecteur le grand dernier chapitre de l'épopée, intitulé « Nuit de l'ange »[28].

Toute l'histoire de la famille Péniel est centrée sur le motif de la nuit, lieu de la mémoire et de l'oubli, de la peur, de la violence et de la mort. Le livre qui, à travers les deux romans, s'ouvre, se déploie, pour ensuite se refermer et même se défeuiller, se défaire, se détruire, nous raconte les nuits successives de la famille Péniel. C'est pourquoi tous les chapitres s'intitulent « Nuit de/du/des... » jusqu'à l'épilogue qui suit la « nuit de l'ange » et qui s'intitule « L'autre nuit », annonçant la transformation de la nuit elle-même.

Le chapitre « Nuit de l'ange », qui nous intéresse plus particulièrement, comporte, à travers toutes les trames narratives qui s'entrecroisent, trois phases principales. La première nous raconte la nuit de l'ancêtre, Nuit-d'Or-Gueule-de-Loup. Par une nuit glaciale d'hiver, ce « patriarche » centenaire se sent appelé par une ancêtre, qui est devenue son ombre, à sortir dans la forêt. Portant le poids de sa destinée, de ses années, il marche et arrive finalement dans une clairière. C'est là qu'il sera successivement visité par tous les siens, appelés un à un par leur nom. Tous les êtres qui ont marqué sa vie centenaire, tous les êtres perdus reviennent à lui, en une scène qui n'est pas sans évoquer indirectement le songe de Jacob (Gn 28). Toute sa vie réapparaît, ponctuée par les noms qui se succèdent. Jusqu'à ce qu'arrive le grand nom, le nom imprononçable, le nom de Dieu. Ce nom finit par se dire dans un grand cri qui fait craquer toute la forêt. Même la vitre du ciel se brise soudain, et la pluie se déverse durant toute la nuit sur l'ancêtre et sur le monde qui l'entoure. Au matin, il se sent lavé, purifié, dans un paysage lui aussi lavé et purifié, et il pourra déposer le fardeau de son siècle pour mourir.

---

27 Nous retrouvons encore une fois le thème du visage, développé ici du point de vue du rapport à Dieu ; nous pourrions dire que toute l'œuvre de Sylvie Germain est *prosopologique* (du grec *prosopon* : « visage »).
28 GERMAIN, *Nuit d'Ambre* (note 20), 361–425.

La deuxième phase du chapitre nous raconte l'épisode qui opère la relecture littéraire de la lutte de Jacob (cf. Gn 32,23–33[29]). Nuit-d'Ambre-Vent-de-Feu, petit-fils du précédent, excédé par des conflits familiaux, s'en va dans la nuit froide et humide, partant dans la forêt pour se pendre. Il s'applique à préparer le nœud. « Ce fut à cet instant que l'autre apparut. Un inconnu, d'un âge égal au sien en apparence, et vêtu comme lui simplement d'une chemise malgré le froid. » Un dialogue s'engage, et à une question de Nuit-d'Ambre, l'inconnu répond : « Ce n'est plus à toi de poser des questions, […] mais à moi. » (401) L'inconnu rappelle à Nuit-d'Ambre un moment de sa vie où il s'était révolté contre Dieu. Lorsque l'autre s'approche de lui, en portant sur lui un regard insoutenable, Nuit-d'Ambre flagelle l'inconnu de sa corde dans l'espoir de « lui faire éclater les yeux sous les paupières, lui briser le regard ». Mais l'homme esquive et lui arrache la corde, puis l'attaque.

> La lutte dura toute la nuit. Ils se battaient sans proférer un mot, les mâchoires obstinément fermées, les yeux rivés l'un à l'autre, et ce silence rendait encore plus violent leur combat. Ils tombaient, roulaient enlacés contre le sol, se relevaient pareillement enlacés. […] Les premières lueurs de l'aube commençaient à poindre et ils luttaient toujours ; Nuit-d'Ambre-Vent-de-Feu […] ne parvenait plus à éprouver les limites de son propre corps, il se confondait avec le corps de l'autre. Les coups qu'il portait à l'autre résonnaient tout autant dans sa propre chair. Mais il résistait toujours.
> « Le jour va se lever, fit l'autre, il faut maintenant en finir », et, disant cela, il empoigna d'une main les deux bras de Nuit-d'Ambre-Vent-de-Feu qu'il lui tordit derrière le dos, et de l'autre main il lui saisit la tête par les cheveux. Alors il l'embrassa sur les yeux. Nuit-d'Ambre vacilla, frappé soudain par un violent sommeil, et s'effondra doucement sur le sol. (402–403)

On l'aura compris, dans ce récit de lutte, l'aspect du regard et des yeux joue un rôle décisif. L'auteur introduit ainsi un élément qui ne figure qu'indirectement dans le récit biblique, par le fait que Jacob dit *avoir vu* Dieu lui-même. La lutte s'engage par un regard insoutenable, et la victoire s'établit non par un coup à la hanche, mais par un baiser sur les yeux. Cet aspect est lié à la destinée de la famille : ses membres se distinguent par une tache dans l'œil, qui donne au regard l'éclat d'une flamme vive. C'est d'ailleurs sur ce plan que va s'opérer l'effet le plus fort de la lutte. Au réveil, Nuit-d'Ambre se retrouve seul. La corde s'est transformée en la mue couleur d'ambre d'une couleuvre. Mais surtout il ne

---

29 Sur ce texte, du point de vue de ses enjeux herméneutiques, cf. Pierre Bühler, « Le lecteur éclairé. La clarté comme clarification », *Études théologiques et religieuses* 71 (1996), 245–258.

distingue plus les couleurs : tout ne lui apparaît qu'en noir, gris et blanc. La tache est désormais « feu renversé consumant son regard du dedans » (403). C'est en ce sens que la lutte le transforme aussi intérieurement. Elle change son regard : celui qui l'a vaincu a terrassé en lui « toute fureur et toute haine ». Il est maintenant apaisé, soumis. « Mais cette soumission n'était pas engourdissement, indifférence et passivité, elle était encore tension, attente et étonnement. » (404) En même temps, dans cet apaisement, il a pourtant l'impression d'être aussi comme destitué, dessaisi de sa colère, de sa haine et de sa fureur, et c'est pourquoi il se sent « comme exilé loin de lui-même. Un exilé hors de soi-même, privé de son regard d'autrefois » (417). Il a la sensation d'être comme un extradé.

Ce sentiment ambigu de Nuit-d'Ambre par rapport à sa transformation rend nécessaire le troisième moment du chapitre, qui, jouant par intertextualité intrabiblique, introduit la relecture d'un autre passage, évangélique cette fois, le récit de la rencontre du Christ ressuscité et de l'apôtre Pierre en Jn 21. En effet, habité par son ambiguïté, Nuit-d'Ambre marche le long d'un fleuve dans la forêt lorsque soudain une voix l'atteint, « un chant plus frêle qu'un soupir d'enfant dans son sommeil ». Mais celui qui chante n'est pas dans le sommeil, il est bien plutôt « dans la quête et l'écoute. Dans la supplication et la perte de soi, depuis toujours. Celui qui chantait était un homme qu'une question, une unique question, avait tourmenté toute sa vie. » (418) Cette question, qui l'a usé jusqu'à la trame, c'est la triple question adressée par le Christ à Pierre : « M'aimes-tu ? », triple question faisant écho au triple reniement de Pierre.

Le personnage ainsi associé à l'apôtre Pierre, confronté à l'écharde de la triple question, est un ermite, le père Delombre – encore une fois le jeu de la lumière et de la nuit ! Et c'est lui qui chante d'une voix grêle le chant qui vient effleurer Nuit-d'Ambre au bord du fleuve. Il chante les mots de l'*Agnus Dei*, et « les mots de ce chant se mirent tout doucement à battre dans son pouls, à rouler sous sa peau, à remonter jusqu'à son cœur. » (423) Ces mots, ondulant entre ombre et clarté, nageant entre détresse et espérance, sont « porteurs de grâce » (424). Tout se concentre dans l'esprit de Nuit-d'Ambre sur le contraste entre *Peccata* et *Pacem*. « Deux mots de radicale désunion entre lesquels seule la grâce pouvait jeter un trait d'union. Et c'était ce mince trait d'union que passait la voix tout de tendresse et de patience du vieux Delombre. » (425)

Cette grâce qui vient se dire dans le frêle chant, c'est elle qui va marquer la transformation de la nuit qu'annonce l'épilogue, intitulé « L'autre nuit » (427–431). Nuit-d'Ambre retourne vers la ferme où l'attend son fils, mais le changement dans la nuit s'est opéré de manière inaliénable.

> L'instant de pure grâce était passé, comme passent les instants d'amour fou. Puis la nuit se referme. Mais elle n'est plus la même. Ne sera plus jamais la même. Désormais la nuit

> porte, quelque part en son flanc gigantesque, un trou. Une trouée par où le jour peut poindre à tout instant ; jaillir et se mettre à luir. La grâce n'est qu'une déchirure, très brève, fulgurante. Mais rien ne peut la refermer. Une minuscule déchirure, et tout alentour se trouve transformé. Non pas magnifié, mais transfiguré. Car tout prend visage. Non pas face de gloire et de puissance, mais profils de pauvres. Et ces profils, innombrables, aux traits fuyants à contre nuit, il faut alors les dénombrer, apprendre à les nommer ; à chaque fois, uniques. La grâce n'est qu'une pause où le temps se retourne, frôlant l'éternité. Après quoi il faut recommencer, se remettre au travail, se remettre à durer. La grâce est une faux qui arase le monde, le met à nu, à cru ; alors on ne peut plus marcher, plus regarder, plus rien toucher, sans prendre garde à la vulnérabilité infinie de ce monde écorché. (429–430)

Ce changement dans la nuit libère Nuit-d'Ambre-Vent-de-Feu, vient radicalement changer son statut. Comme Jacob, il devient un errant, condition du patriarche, condition du croyant :

> Il n'était plus un extradé, pas même un exilé. Il était simplement un errant. Un errant sur sa propre terre. Un vagabond qui portait Dieu sur ses épaules. Car il y a en Dieu une part d'enfance éternellement renouvelée, et qui demande à être prise en charge.
> Il marchait. La nuit était à présent tout à fait descendue. Elle n'était plus d'eau, ni de terre ni de roses, ni de sang ni de cendres […]. Elle n'était plus d'éléments ni de chair, la nuit. Elle était autre. Elle était une marche. Elle était autre, la nuit. Elle était un marcheur, un passeur, un porteur. Nuit-théophore. (430)

C'est ainsi que le livre, ouvert sept cents pages auparavant, peut maintenant se disloquer, se déchirer, se défeuiller. Il s'efface, faisant place à la nuit. « À la nuit sise dans la brisure des mots, des noms, des cris, des chants, des voix. » (431)

Quelques réflexions herméneutiques

Qu'en est-il du statut interprétatif des relectures littéraires ? Au terme de ma présentation, la question peut être reprise. Sans prétendre l'épuiser, j'aimerais proposer quelques pistes de réflexion.

a) Assurément, la relecture littéraire introduit à l'égard de son texte de référence un jeu d'interprétations très libre. Opérant selon différents modes, que nous avons brièvement évoqués chez Sylvie Germain, elle introduit des décalages, des écarts qui suscitent une mise à distance du texte. Une relecture littéraire du texte n'est donc pas une reprise directe, telle que l'effectuerait par exemple une prédication. Comme nous l'avons déjà dit, elle joue sur des potentialités narratives inattendues du texte, et elle s'inscrit donc consciemment dans la perspective de la distanciation, pour parler avec Ricœur[30]. Cet effet doit être pris en considération comme constitutif de la démarche.

b) La relecture littéraire relève du travail de la fiction, et donc du registre de l'imagination. Par conséquent, on ne lui demandera pas d'être précise et rigoureuse à la manière de l'exégèse. L'intérêt interprétatif d'une relecture littéraire n'est pas dans la reprise fidèle du texte, mais bien plutôt dans le fait de l'exposer librement à des « variations imaginatives »[31]. Ces dernières permettront une sorte de « recadrage » du texte, offrant au lecteur d'autres éclairages, imprévus, insolites, qui ne le détourneront pas du texte, mais au contraire viendront aiguiser son attention au texte.

c) Si l'on souligne ainsi la liberté et le travail de l'imagination, on expose d'autant plus fortement la relecture littéraire à l'objection de la surinterprétation. Ne devient-elle pas un jeu totalement arbitraire, dépassant allègrement la finitude des limites de l'interprétation, pour explorer à l'infini les potentialités inédites du texte ? En un sens, probablement, il faut dire que cette objection est vraie, car la relecture littéraire ne respecte pas le strict canon d'une interprétation réglementée. Mais il n'en résulte pas pour autant qu'elle cède nécessairement à la tentation de l'arbitraire. Les « variations imaginatives » ne sont pas d'emblée une dérive ; elles peuvent être une manière de se confronter au texte, de lutter avec lui et son intention, même si cette dernière n'est saisie qu'à travers le jeu des écarts, des décalages.

d) Pour mettre à l'épreuve cet aspect, on pourrait envisager que la relecture littéraire se soumette à l'examen critique d'un certain nombre de conditions herméneutiques qui devraient guider son travail. Sans prétendre à l'exhaustivité, j'en distinguerai brièvement cinq à titre de lieux-test :
– la relecture littéraire des textes bibliques se déroule, pour parler une fois encore avec Ricœur, à l'entrecroisement du récit fictif et du récit historique[32]. J'aimerais souligner cet aspect de l'entrecroisement comme défi herméneutique : celui qui sait qu'il y a entrecroisement y revient sans cesse, s'y confronte, au lieu d'instaurer un mouvement de dérive ;
– comme nous l'avons déjà dit, la relecture narrative travaille à partir de potentialités narratives imprévues. Sur ce point, le défi herméneutique pourrait être celui de se demander constamment si ces potentialités se déploient bien à partir du texte lui-même ou si elles sont importées de l'extérieur dans le texte.

---

30   Cf. Paul RICŒUR, « La fonction herméneutique de la distanciation », in : ID., *Du texte à l'action. Essais d'herméneutique II*, Paris : Seuil, 1986, 101–117.
31   L'expression est de RICŒUR, qui l'emprunte à Husserl, cf. *ibid.*, 132.
32   Cf. à ce sujet Paul RICŒUR, *Temps et récit*, Paris : Seuil, 1983–1985, surtout les volumes 2 et 3, construits selon cette dualité.

Un tel souci pourrait instaurer une limite aux « variations imaginatives » débridées ;
- tout récit se comprend comme communication[33], et une confrontation à cet aspect pragmatique de la narration fait partie des enjeux herméneutiques de la relecture littéraire. Qu'en est-il du lecteur dans la narration biblique, et qu'en est-il du lecteur dans la relecture littéraire ? Dans quelle mesure celui-ci est-il renvoyé à celui-là, et avec quels effets de distanciation ? Même si je n'inscris pas le jeu de communication de ma relecture dans la ligne directe de celui du texte biblique, même si je suscite entre les deux un décalage, je dois pouvoir rendre compte de ce décalage face au texte, comme un éclairage imprévu que j'assume en responsabilité. Lorsqu'elle s'expose ainsi à la question du lecteur, la relecture s'interroge sur la relecture du réel, de l'existence, qu'elle lui propose, par rapport à celle qu'offre le texte qu'elle relit. La relecture du texte ouvre ainsi la perspective de la relecture de l'existence du lecteur, offerte à travers les « variations imaginatives ». Nous sommes en régime de communication indirecte, au sens que Kierkegaard donne à cette notion[34] ;
- l'intertextualité biblique et chrétienne peut également jouer comme un défi herméneutique opérant sur la relecture littéraire un effet d'examen critique. L'exemple que nous en donne Sylvie Germain est intéressant : par l'entrecroisement des deux figures de Nuit-d'Ambre et du père Delombre, la relecture de Gn 32 s'entretisse avec celle de Jn 21, pour culminer dans une relecture des mots de l'*Agnus Dei*. Une telle intertextualité met à l'épreuve la cohérence interne du projet de relecture, l'empêchant de basculer dans l'arbitraire de simples associations immédiates ;
- finalement, on signalera une sorte de clause de modestie, exprimée par Sylvie Germain lorsqu'elle dit : « je ne cherche pas à prouver ou démontrer quelque chose ». La relecture littéraire n'est pas une maîtrise du texte, qui me permettrait de l'utiliser à des fins de démonstration. Elle se met au service du texte, lui faisant écho et lui offrant ainsi la possibilité de rejaillir en un effet de communication nouveau. Celui qui relit ne dispose donc pas du texte, mais lutte avec lui, s'expose à lui, et rien d'étonnant alors à ce que Sylvie Germain puisse dire qu'au terme de sept cents pages, l'image de la lutte de Jacob lui a échappé. C'est peut-être bien par ce genre d'expérience que l'exercice de la relecture littéraire se manifeste comme un véritable travail d'interprétation, conscient et soucieux de ses limites, de sa finitude.

---

33 Cf. Pierre BÜHLER, Jean-François HABERMACHER (dir.), *La narration. Quand le récit devient communication*, Genève : Labor et Fides, 1988.
34 Cf. Marc-André FREUDIGER, « Narration et communication indirecte, à partir de Kierkegaard », in : *ibid.*, 217–229.

Leibliches Beten bei Etty Hillesum
Zu ihrem 100. Geburtstag

[2014]

Zum Einstieg: ein Wittgenstein-Zitat

In einer Notiz Wittgensteins von 1946 heisst es: «Ich kann nicht niederknien, zu beten, weil gleichsam meine Knie steif sind. Ich fürchte mich vor der Auflösung (vor meiner Auflösung), wenn ich weich würde.»[1] Fünf Jahre früher, im unter deutscher Besatzung stehenden Amsterdam schreibt eine junge Jüdin namens Etty Hillesum im November 1941 in ihrem Tagebuch, sie würde gerne eine Novelle zum Thema «Das Mädchen, das nicht knien konnte» schreiben.[2] Einige Seiten später, am darauffolgenden Tag, heisst es dann: «Den Vorgang in mir, wie das Mädchen knien lernte, möchte ich in all seinen Abstufungen schildern.» Deshalb scheint sich nun das Thema der geplanten, aber anscheinend nie geschriebenen Novelle bereits etwas verschoben zu haben: «Das Mädchen, das nicht knien konnte und es dann doch lernte auf einer rauen Kokosmatte in einem unordentlichen Badezimmer.»[3]

Vermutlich weiss man nicht, ob Wittgenstein das Niederknien doch noch erlernt hat. Es ist eher unwahrscheinlich. Die Furcht vor der Auflösung, vor dem Weichwerden, scheint zu gross zu sein. Interessant ist dabei in der kurzen Notiz der Kontrast zwischen «steif» und «weich». Was als ein Gebrechen, ein leibliches Defizit erscheinen könnte, die steifen Knie, wird anscheinend als willkommener Schutz vor der Gefahr des Erweichens erachtet.

Bei Etty Hillesum hingegen lässt sich in den Tagebüchern beobachten, wie sie zu einer regelmässig niederknienden Beterin wird, und zwar nicht etwa in der Synagoge, sondern an alltäglichen Orten wie in ihrer Kammer oder eben im unordentlichen Badezimmer! Was hat diese leibliche Geste des Niederkniens zu bedeuten? Diese Frage ist umso interessanter, als die Geste des Niederkniens

---

1 Ludwig WITTGENSTEIN, *Vermischte Bemerkungen*, Frankfurt am Main: Suhrkamp, 1977, 109.
2 Etty HILLESUM, *Das denkende Herz der Baracke. Die Tagebücher 1941–1943*, Freiburg im Breisgau: Herder, 2014, 102. Diese deutsche Übersetzung bietet leider nur eine Auswahl aus den Tagebüchern und Briefen von Etty Hillesum; deshalb zitiere ich einige Stellen aus der französischen Gesamtausgabe, sie in Anlehnung an das niederländische Original ins Deutsche übersetzend: *Les écrits d'Etty Hillesum. Journaux et lettres, 1941–1943*, édités sous la direction de Klaas A. D. Smelik, Paris: Seuil, 2008.
3 HILLESUM, *Das denkende Herz* (Anm. 2), 106.

eigentlich nicht einer jüdischen Gebetshaltung entspricht, sondern bei Etty Hillesum, weil sie aus einer relativ assimilierten jüdischen Familie stammt, anscheinend aus der christlich geprägten Umwelt übernommen wurde. Doch auch als sie dann unter dem Druck der Judenverfolgung und -deportation im Laufe von 1942 immer stärker ihre jüdischen Wurzeln wiederentdeckte, blieb sie weiterhin bei dieser Gebetshaltung. Im Niederknien kam für sie etwas Entscheidendes zum Ausdruck, und das soll im Folgenden kurz aufgespürt werden.

Doch bevor dem nachgegangen wird, soll zunächst für diejenigen, die sie vielleicht nicht kennen, knapp geschildert werden, wer Etty Hillesum war, deren 100. Geburtstag dieses Jahr gefeiert wird.

Wer ist Etty Hillesum?

Etty Hillesum wurde am 15. Januar 1914 in Middelburg, Niederlande, geboren, als erstes von drei Kindern eines jüdischen Ehepaars. Ihr Vater war Gymnasiallehrer für klassische Sprachen, und ihre Mutter kam aus Russland, wo sie einem Pogrom entfliehen konnte, und gab zunächst Privatunterricht in Russisch. Die Familie war relativ assimiliert, doch gewannen die jüdischen Wurzeln für Etty und ihre Familie in der Zeit der Besetzung Niederlandens durch Deutschland an Bedeutung. Nach Abschluss des Gymnasiums in Deventer kam sie 1932 nach Amsterdam, wo sie Rechtswissenschaft studierte. Danach lernte sie slawische Sprachen, las Dostojewskij und unterrichtete Russisch. Im Frühling 1941 begegnete sie einem deutschen Juden, der in Amsterdam im Exil lebte, Julius Spier. Er wurde für Etty Hillesum ein enger Freund und zugleich ein geistlicher Lehrer. Unter seiner Anleitung las sie Jung, aber auch die Bibel, Augustin, Meister Eckhart, und, wie auch früher schon, viel Rilke. Aber sie begann auch, ein Tagebuch zu schreiben. Zehn Hefte (von März 1941 bis Oktober 1942) sind erhalten geblieben. Sie geben Einblick in die geistliche Entwicklung einer jungen Frau im Zeichen der immer schlimmer werdenden Unterdrückung ihres Volkes, mit dem sie sich mehr und mehr verbunden fühlt. Als die ersten Deportationen der niederländischen Juden nach Auschwitz und anderen Konzentrationslagern einsetzten, liess sie sich als Helferin anstellen, zuerst in Amsterdam, und dann im Transitlager Westerbork. In ergreifenden Briefen an Freunde hat sie die alltägliche Not im Transitlager beschrieben. Nachdem die Helfer ihren Sonderstatus verloren hatten, wurde sie selbst im September 1943, zusammen mit ihren Eltern und einem Bruder, nach Auschwitz deportiert. Vom Roten Kreuz wird der 30. November 1943 als Todesdatum angegeben. Ihr letztes Zeugnis ist eine Postkarte, die sie aus dem Zug warf und die man später auf den Gleisen fand.

«Eine in meinen Leib eingegossene Geste»

Bereits früh in den Tagebüchern taucht die Ahnung auf, dass die Möglichkeit des Betens bestünde, obschon diese Möglichkeit zunächst nicht zur Wirklichkeit wird. In einem Eintrag vom 16. März 1941 notiert sie, wie sie auf der Terrasse, in der Frühlingssonne, eine neue Art Empfindung erlebt, in der sie nicht mehr versucht, alles zu beherrschen und zu durchdringen, sondern sich von Kräften füllen lässt, die sie glücklich machen. Diese Erfahrung nimmt plötzlich leibliche Gestalt an: «Während ich dort an der Sonne sass, habe ich unbewusst den Kopf geneigt, wie um dieses neue Lebensgefühl noch besser zu empfinden». Dieses unbewusste Neigen des Kopfes scheint die Assoziation des Betens zu stiften, denn im darauffolgenden Satz heisst es: «Und so spürte ich plötzlich tief in mir wie ein Mensch tosend auf die Knie fallen und sich dann beruhigen kann, das Gesicht in seinen gefalteten Händen.»[4]

Was Etty Hillesum hier als blosse Möglichkeit, niederkniend aus dem Tosen in die Ruhe zu kommen, erahnt, ohne es selbst zu können, wird im Laufe der Monate mehr und mehr stattfinden. So heisst es, kurz nachdem sie von ihrer Erzählung über das nicht niederkniende Mädchen gesprochen hatte, am 3. Dezember 1941: «Ich knie wieder auf der rauen Kokosmatte», und diesmal verbindet sich damit auch gleich ein ausformuliertes Gebet: «O Herr, lass mich aufgehen in einem einzigen grossen und ungeteilten Gefühl. Lass mich die tausend kleinen alltäglichen Dinge mit Liebe verrichten, aber lass jede kleine Handlung immer mehr zu einer regelmässigen Haltung aus einem einzigen grossen, zentralen Gefühl der Bereitschaft und Liebe hervorgehen.»[5] Obschon sie manchmal von einem Einüben spricht, ist es eigentlich kein Erlernen im strengen Sinne, denn sie kommt spontan in diese Position des Niederkniens, ohne es bewusst zu wollen. Das wird in einer Notiz vom 14. Dezember 1941 betont: «Gestern Abend, kurz bevor ich mich hinlegte, fand ich mich plötzlich auf den Knien mitten in diesem grossen Zimmer, zwischen den Metallstühlen, auf dem Teppich mit hellen Tönen. Einfach so, ohne es gewollt zu haben. Zum Boden geneigt durch einen Willen, der stärker ist als meiner. Und vor einiger Zeit sagte ich mir noch: ‹Ich übe das Niederknien ein.›»[6]

An Karfreitag 1942 kann sie dann von diesem Niederknien als einer für sie natürlich gewordenen Bewegung sprechen, die sie in ihrer zutiefst leiblichen Dimension thematisiert. «Die natürliche Bewegung, niederzuknien, geht manchmal durch meinen ganzen Leib», und diese erste Formulierung wird gleich korrigiert, durch den Versuch, es noch besser zum Ausdruck zu bringen:

---

4   HILLESUM, *Les écrits* (Anm. 2), 63.
5   HILLESUM, *Das denkende Herz* (Anm. 2), 120.
6   HILLESUM, *Les écrits* (Anm. 2), 265.

> Es ist als ob die Geste des Niederkniens in meinem ganzen Leib modelliert wäre, ich spüre sie manchmal in meinem ganzen Leib. Manchmal, in Momenten tiefer Dankbarkeit, kommt mir ein unwiderstehliches Bedürfnis niederzuknien, den Kopf tief nach unten gesenkt, das Gesicht in den Händen. Es ist eine in meinen Leib eingegossene Geste, und die manchmal verwirklicht werden will. Und ich erinnere mich an «das Mädchen, das nicht wusste, wie niederknien», und an die Rauheit der Kokosmatte im Badezimmer.[7]

Im Rückblick auf «das Mädchen, das nicht knien konnte» wird die Geste des Niederkniens als etwas wahrgenommen, das tief zum Leben gehört, hier als Moment der Dankbarkeit, aber an anderen Stellen auch in Momenten der Sorge, der Bedrängnis und der Not zum Vollzug kommend. Und zwar als eine leiblich erfahrene Wirklichkeit: eine in den Leib eingegossene, im Leib modellierte Geste, sodass dieses Niederknien als ein «unwiderstehliches Bedürfnis» erlebt wird. Das Beten scheint hier unlösbar mit der Verleiblichung des Niederkniens verbunden zu sein, und dass die raue Kokosmatte des Badezimmers immer wieder erwähnt wird, zeugt von dieser Verleiblichung, vielleicht mit einem leichten Zug zum Asketischen. Das Badezimmer oder die Kammer dienen hier dem Abgesondertsein, denn das Niederknien ist etwas sehr Intimes. In derselben Notiz heisst es deshalb: «Beim Schreiben darüber doch das Gefühl einer gewissen Hemmung, wie wenn man das Intimste des Intimsten ansprechen würde. Viel mehr Scheue und Zurückhaltung, als wenn ich über mein Liebesleben sprechen würde. Aber was könnte es Intimeres geben als das Verhältnis der Menschen zu Gott?» Deshalb macht sie sich dann auch gleich lustig über ein Treffen der Oxford-Bewegung: «Und deshalb auch eine gewisse Abneigung gegenüber der Oxford-Versammlung vor einigen Tagen. Welcher Exhibitionismus! Wie wenn man mit Gott öffentlich Liebe machen würde!»[8]

Dass beim Niederknien der Kopf nach unten gesenkt wird, scheint nicht mit einer Demutsgeste verknüpft zu sein, obschon sie davon spricht, dass ein stärkerer Wille sie zum Boden neigt. Es bekommt eine andere symbolische Interpretation, mit Hilfe der Metapher des Brunnens: «In mir gibt es einen ganz tiefen Brunnen. Und darin ist Gott. Manchmal ist er für mich erreichbar. Aber oft liegen Steine und Geröll auf dem Brunnen und dann ist Gott begraben. Dann muss er wieder ausgegraben werden.»[9] Dieses Bild eines Grabens in ihr, in dem Gott zu finden ist, in dem er immer wieder ausgegraben werden muss, führt Etty Hillesum gleich zur Unterscheidung zwischen zwei Arten, das Beten auszurichten:

---

7   Ebd., 451.
8   Beide Zitate: ebd.
9   HILLESUM, *Das denkende Herz* (Anm. 2), 81.

Ich stelle mir vor, dass es Menschen gibt, die beim Beten die Augen zum Himmel erheben. Sie suchen Gott ausserhalb ihrer selbst. Es gibt auch andere, die den Kopf senken und in den Händen verbergen, ich glaube, diese Menschen suchen Gott in sich selbst.

«Hineinhorchen»

Dass Etty Hillesum zur zweiten Gruppe gehört, kommt leiblich dadurch zum Ausdruck, dass das Senken des Hauptes und das Verhüllen des Gesichts in den Händen auch immer zur Geste des Niederkniens gehören. Zugleich zeigt sich in vielen Tagebuchnotizen, dass es in der Tat darum geht, Gott in sich selbst zu suchen, in sich selbst auf ihn zu hören, ja sogar ihm in sich selbst Raum zu gewähren. «Es ist das einzige, auf das es ankommt: ein Stück von dir in uns selbst zu retten, Gott. Und vielleicht können wir mithelfen, dich in den gequälten Herzen der anderen Menschen auferstehen zu lassen.»[10]

Diese Ausrichtung nach innen hin wird später in den Tagebüchern als ein «In sich ruhen» beschrieben: «Und hiermit ist mein Lebensgefühl wohl am vollkommensten ausgedrückt: Ich ruhe in mir selbst. Und jenes Selbst, das Allertiefste und Allerreichste in mir, in dem ich ruhe, nenne ich ‹Gott›.»[11] Doch ist dieses «Ruhen» nicht einfach Inaktivität, denn noch in derselben Tagebuchnotiz wechselt die Autorin von der Thematik des Ruhens zur Bewegung des Hineinhorchens. «‹Hineinhorchen›, dafür möchte ich einen guten holländischen Ausdruck finden. Eigentlich ist mein Leben ein unablässiges ‹Hineinhorchen› in mich selbst, in andere und in Gott.» Auch hier wird die Grundperspektive gleich umgekehrt, als ein Hineinhorchen Gottes: «Und wenn ich sage, dass ich ‹hineinhorche›, dann ist es eigentlich Gott, der in mich ‹hineinhorcht›.» Und diese Umkehr wird folgendermassen korrigiert: «Das Wesentlichste und Tiefste in mir, das auf das Wesentlichste und Tiefste in dem anderen horcht. Gott zu Gott.»[12]

Dass dieses Hineinhorchen ebenfalls mit der leiblichen Gebetshaltung des Niederkniens zu tun hat, zeigt folgende Notiz vom 31. Dezember 1941:

> Und jetzt muss ich manchmal plötzlich niederknien, sogar in einer klaren Winternacht vor meinem Bett. Und *in mich hineinhören*. Mich leiten zu lassen, nicht von dem, was von aussen auf mich zukommt, sondern was innerlich in mir aufsteigt. Es ist erst ein Anfang. Ich weiss. Aber es ist kein zauderndes Beginnen mehr, es ist bereits gut fundiert.[13]

---

10 Ebd., 224.
11 Ebd., 262.
12 Alle Zitate: ebd., 263.
13 Ebd., 133.

Im Mai 1942, als die Bedrohung durch die Judenverfolgung massiv zunimmt, betrachtet sie das Gebet als einen Schutz, eine Wand, eine Zelle, in der sie immer wieder ein Gesammeltsein erfährt, das ihr erlaubt, gestärkt wieder in die Welt hinauszugehen:

> Die Bedrohung von aussen wird ständig grösser, der Terror wächst mit jedem Tag. Ich ziehe das Gebet wie eine dunkle, schützende Wand um mich hoch, ziehe mich in das Gebet zurück wie eine Klosterzelle und trete dann wieder hinaus, «gesammelter», stärker und wieder gefasst. […] Die innere Konzentration errichtet hohe Mauern um mich, in denen ich zu mir selbst zurückfinde, mich aus allen Verstreutheiten wieder zu einem Ganzen zusammenfüge. Und ich könnte mir vorstellen, dass Zeiten kommen, in denen ich tage- und nächtelang auf den Knien bleiben werde, bis ich endlich fühle, dass mich wieder Mauern umgeben, in deren Schutz ich nicht an mir selbst verzweifle, mich nicht verliere und zugrunde gehe.[14]

«Das einzige menschenwürdige Verhalten»

Mitte Juli 1942 bekam Etty Hillesum beim Judenrat in Amsterdam eine Anstellung für administrative Aufgaben. Sie wird es dort nicht lange aushalten, bis sie dann Ende Juli als Sozialhelferin ins Transitlager Westerbork kommt. Die zweiwöchige Anstellung an der «Kulturellen Abteilung» nimmt sie zwar als Gelegenheit, die Menschen kennenzulernen. Es ist aber ein ständiger Rummel, mit einer Riesenmenge von Menschen, die mit ihren jeweiligen Anliegen kommen und ihre Privilegien geltend machen:

> Sie hassen, sie sind in Bezug auf ihre eigene Person optimistisch verblendet, sie intrigieren und verteidigen ehrgeizig ihre Pöstchen, das Ganze ist ein riesiger Saustall, und es gibt Augenblicke, in denen ich meinen Kopf mutlos auf die Schreibmaschine legen und sagen möchte: Ich kann das nicht mehr aushalten.[15]

In diesem Kontext wird ihr das Niederknien zu einer Art Protestzeichen gegen diesen «Saustall» des menschlichen Interessen- und Privilegienkampfs, der durch die deutsche Unterdrückung der jüdischen Bevölkerung gestiftet wird, und zu einem Zeichen der Ergebenheit:

---

14 Ebd., 154–155.
15 Ebd., 240.

Als ich heute durch den übervollen Korridor ging, verspürte ich plötzlich den Drang, dort auf dem Steinboden, inmitten all der Menschen niederzuknien. Das einzige menschenwürdige Verhalten, das uns in dieser Zeit noch geblieben ist: das Knien vor Gott.[16]

Diese Ergebenheit, die in diesem Niederknien zum Ausdruck kommt, die Bereitschaft, ein Massenschicksal auf sich zu nehmen, anstatt Privilegien herauszuholen, ist für sie nicht einfach eine Kapitulation. Immer wieder betont sie, dass sich damit auch eine ständige *moralische Entrüstung* verbindet. Deshalb kann sie die Aktivitäten, die sie zu vollbringen hat, sehr kritisch beurteilen. Und auch der Judenrat selbst, in seinem ambivalenten Mitmachen bei den Deportationen, wird scharf ins Gericht genommen: «Es ist wohl nie wiedergutzumachen, dass ein kleiner Teil der Juden mithilft, die überwiegende Mehrheit abzutransportieren. Die Geschichte wird später ihr Urteil darüber fällen.»[17]

Etty Hillesums Niederknien, das hier auch Züge eines politischen Engagements annimmt, hat sich nicht ritualisiert, denn es blieb ein spontan eintretendes Verhalten, über das sie selbst öfters staunte. Und später tritt es manchmal auch aus der Zurückgezogenheit des Badezimmers oder der Kammer heraus: so etwa im Transitlager Westerbork, wo es in äusserst schwieriger Leidenssituation auch draussen, beim Stacheldraht, vor der weiten Heide, stattfinden kann. Mit Jopie, einem engen Freund unter den Mitarbeitern des Lagers, «unter dem grossen Sternenhimmel, auf der Heide sitzend», geht es im Gespräch zunächst um Heimweh. «Ich habe kein Heimweh, ich bin doch zu Hause», sagt Jopie. Diesen Satz aufnehmend, schreibt sie: «Daraus habe ich damals so viel gelernt. Man ist ‹zu Hause›. Unter dem Himmel ist man zu Hause. Auf jedem Fleck der Erde ist man zu Hause, wenn man alles mit sich trägt.»[18] Das Gespräch wurde dann intimer, aber Etty Hillesum sagt, sie brauchte zwei Abende, um ihm ihr Intimstes erzählen zu können: «Ja, weisst du, ich bin nachts aus meiner Baracke heraus. Es war so schön, weisst du. [...] und dann bin ich da niedergekniet, auf dieser weiten Heide.» Sie fügt hinzu: «Es verschlug ihm den Atem, er war still, schaute mich an und sagte: ‹Wie schön bist du.›»[19]

---

16   Ebd.
17   Ebd., 250.
18   Ebd., 268.
19   Ebd. Die Schlussbemerkung zu Jopies Reaktion wurde aus der französischen Ausgabe übersetzt; in der deutschen Ausgabe wird die Szene abgekürzt mit «und habe ihm von Gott erzählt».

Zum Abschluss

Das an unserem Institut angesiedelte SNF-Forschungsprojekt zum Thema Gebet fragt danach, wie in diesem «verleiblichtes Verstehen» geschieht. Kniend, den Kopf tief nach unten gesenkt, das Gesicht in den Händen: In dieser leiblichen Haltung hat Etty Hillesum ihre immer prekärer werdende Situation und die in ihr enthaltenen Herausforderungen zu verstehen versucht. «Prekär» darf hier im wörtlichen Sinn verstanden werden: Dieses Adjektiv kommt vom lateinischen *precarius*, das mit dem Substantiv *prex, precis* zu tun hat, das «Gebet, Bitte» heisst. Ein prekäres Wesen ist ein auf Gebet angewiesenes Wesen, das das Lebensnotwendige immer wieder erbeten muss.

Das gilt auch für Etty Hillesum, deren Tagebücher im Laufe der Monate immer mehr zu einem regelmässigen Gespräch mit Gott werden. Die Prekarität ihrer Existenz wird im Gebet Gott anvertraut, und das Niederknien wird zum leiblichen Ausdruck dieses Anvertrauens, das zur Quelle ihres Selbstverständnisses wird. Es schenkt ein Ruhen in sich selbst, Hineinhorchen, und deshalb auch Leben und Handeln in freier Verantwortung.

Wittgenstein fürchtete im Niederknien das Weichwerden. Etty Hillesum wurde im Niederknien immer mehr gestärkt. Sie hat sich dabei nicht aufgelöst, sondern vielmehr gesammelt, um sich wieder in die Welt zu begeben, um dort den Schwachen, Elenden beizustehen. Das prekäre Beten stiftet Kraft, den prekären Existenzen in der Not zu helfen.

Das Eintrittsbillett retournieren?
Zum Eidgenössischen Dank-, Buss- und Bettag

[2004]

«Nicht, dass ich Gott nicht hinnähme, Aljoscha; ich retourniere nur ehrerbietigst das Billett.» So sagt es Iwan Karamasow seinem Bruder in Dostojewskijs Roman angesichts des unaufhaltsamen Leidens und Sterbens von Kindern.[1] Und so würde er es wohl auch heute sagen, nach dem schrecklichen Blutbad Anfang September in Beslan, Nordossetien, das Hunderten von Kindern und Erwachsenen das Leben gekostet hat.[2] Und er würde damit vielen von uns aus dem Herzen sprechen: So kann es nicht mehr weitergehen, so mache ich nicht mehr mit! «Haltet die Welt an, ich will aussteigen», lautete einmal eine Mauerinschrift.

Was hat die ehrwürdige Einrichtung des Eidgenössischen Dank-, Buss- und Bettags, 1796 zum ersten Mal gefeiert, 1832 von der Tagsatzung und 1848 vom jungen Bundesstaat institutionalisiert, auf Iwan Karamasows Einwand zu antworten?

* * *

Die ökonomische, soziale, religiöse und politische Gestaltung des menschlichen Zusammenlebens stiftet immer wieder Böses, Unrecht, Leiden, Ausbeutung, in grösserem und in kleinerem Ausmass. Was in Beslan schreiend zum Ausdruck kam, kann anderswo schleichend geschehen. Weil das Zusammenleben immer wieder auf blosse Machtverhältnisse reduziert wird, die den Wettstreit zwischen den Starken und den Schwachen zum Grundprinzip erheben, kommt die Spirale des Übels nie zur Ruhe. Die Institution des Bettags bringt zum Ausdruck, dass auch eidgenössisch nicht alles zum Besten in der bestmöglichen aller Welten ist,

---

1 Fjodor DOSTOJEWSKIJ, *Die Brüder Karamasow*, aus dem Russischen von Swetlana Geier, Frankfurt am Main: Fischer, 2010, 396. Zum Kontext des Zitats (395–396): «Ich will keine Harmonie, aus Liebe zur Menschheit will ich keine Harmonie. Lieber bleibe ich bei meinem ungerächten Leid und meinem ungestillten Zorn, mag ich auch *im Unrecht sein*. Noch dazu ist diese Harmonie viel zu teuer, der Eintrittspreis übersteigt unsere Verhältnisse. Darum beeile ich mich, mein Billett zu retournieren. Und als anständiger Mensch bin ich verpflichtet, dies so früh wie möglich zu tun. Und das tue ich auch. Nicht dass ich Gott nicht hinnähme, Aljoscha; ich retourniere nur ehrerbietigst das Billett.»

2 Nordkaukasische Terroristen hatten eine Schule mit mehr als 1100 Kindern und Erwachsenen in ihre Gewalt gebracht; bei der Erstürmung des Gebäudes durch russische Einsatzkräfte kamen nach offiziellen Angaben 331 Geiseln um.

dass es Grund gibt zum Innehalten, freilich ohne dabei gleich ans Aussteigen zu denken, dass es Grund gibt zum Abstandnehmen, zum Nachdenken.

Nun bringt aber der Bettag das Innehalten und Abstandnehmen spezifisch als Beten zum Ausdruck. Was ist damit gemeint? Vom Übel könnte man Abstand nehmen, indem man sich eine Erklärung ausdenkt, eine Theorie, die zeigt, warum das Übel sein muss, wie es als fruchtbare Negativität dem Guten dient. Gerade solche Theorien sind Iwan Karamasow ein Greuel. Im Gebet hingegen entsteht Abstand, indem das Übel einem göttlichen Gegenüber anvertraut wird, in der Zuversicht, von ihm gehört zu werden. Das kann in ganz verschiedenen Registern erfolgen: zornig oder ergeben, weinend oder lobend, klagend, ja anklagend, wie bei Hiob, oder dankend. Vielleicht aber auch nur stammelnd oder gar schweigend, denn: Wenn wir nicht wissen, «was wir eigentlich beten sollen», «nimmt sich der Geist unserer Schwachheit an» (Röm 8,26).

Im Gebet wird alles vor der höchsten Instanz abgelegt, und damit vollziehen die Betenden auch gleich eine relativierende Unterscheidung: Keine menschliche Instanz, sei sie noch so stark, kann in Anspruch nehmen, höchste Instanz zu sein. Das Übel wird sogar dadurch prägnant gestiftet, dass die Macht, die Ideologie, die Sicherheit verabsolutiert werden, was es auch immer koste. Solche Verabsolutierungslogiken werden im Gebet radikal entschärft.

* * *

Wie bereits gesagt, kann das Beten in verschiedenen Registern geschehen. Angesichts des Anfang September erlebten Elends könnte der diesjährige Bettag auch einfach zu einem *Klagetag* erklärt werden. Die Tradition des Bettags hat jedoch zwei Aspekte privilegiert, die den Umgang mit dem Übel anders ausrichten. Der erste ist die *Busse*. Busse weist auf das Problem der Schuld hin, ein heute sehr akutes Problem. Wir sind in Schuld verstrickt, und sie erstreckt sich weltweit, so weit, dass sie sich zugleich sinnlos auflöst. Die vielgelobte Globalisierung geht auch mit der Globalisierung der Schuld einher, sodass schliesslich niemand mehr weiss, wer schuldig ist, ja dass sogar schliesslich niemand mehr schuldig ist. Dürrenmatt hat dieses Problem bereits in den 1950er Jahren wahrgenommen: «In der Wurstelei unseres Jahrhunderts [...] gibt es keine Schuldigen und auch keine Verantwortlichen mehr. Alle können nichts dafür und haben es nicht gewollt. [...] Alles wird mitgerissen und bleibt in irgendeinem Rechen hängen.»[3]

Busse heisst Umkehr, Umdenken. Das heisst hier: Umkehr aus dem blossen Mitmachertum, Umdenken in Hinsicht auf den Umgang mit der Verantwortung und deshalb auch mit der Schuld. Dass Intimes, Innerliches wie Beten und Büssen öffentlich eingerichtet wird, macht aus dem Bettag einen Aufruf zur Wach-

---

3   Friedrich DÜRRENMATT, Theaterprobleme, in: DERS., *Werkausgabe in siebenunddreissig Bänden*, Bd. 30, Zürich: Diogenes, 1998, 62.

samkeit in Hinsicht auf den Umgang mit Verfehlung und Schuld im öffentlichen Leben. Der demokratische Rechtsstaat ist auf ein Vertrauensverhältnis mit den Bürger/-innen angewiesen, das man am besten als kritische Loyalität bezeichnen kann. Aus Loyalität sollen die Staats- und Gesellschaftsinstanzen auf ihre Verirrungen und Verfehlungen aufmerksam gemacht werden und immer wieder an ihre Grundprinzipien erinnert werden. Diesem Wächteramt sollte gebührender Platz gewährt werden, der Demokratie zugute.

* * *

Angesichts von Iwan Karamasows Einwand ist wohl der zweite Aspekt, der Aspekt des *Dankens*, am schwierigsten zu erfassen. Er ist jedoch entscheidend. Er bringt die Einsicht zum Ausdruck, dass wir nicht alles bestimmen und beherrschen, sondern dass wir auch Gegebenem gegenüberstehen, das wir empfangen dürfen und achten müssen. Das gilt zuerst und zentral für das Leben aller Menschen, die den Staats- und Gesellschaftsinstanzen anvertraut werden. Diese haben es nicht im Griff, sondern müssen es gerade vor allen gewalttätigen Zugriffen schützen. Danksagung heisst in diesem Sinne Respekt vor dem Gegebenen und Verzicht darauf, absolut darüber zu verfügen.

Was könnte solches Danken in Hinsicht auf Beslan bedeuten? Am besten lässt sich diese schwierige Frage mit dem Gegensatz zum «Abdanken» wahrnehmen. Abdanken heisst aussteigen, die Verantwortung kündigen, aus Verzweiflung die Welt sich selbst überlassen. Danken heisst demgegenüber in ethischer Perspektive: nicht verzweifeln, sich weiterhin den Herausforderungen stellen und die anstehenden Aufgaben erneut in Angriff nehmen. In eindrücklicher Manier formuliert es Dürrenmatt im bereits zitierten Text:

> Gewiss, wer das Sinnlose, das Hoffnungslose dieser Welt sieht, kann verzweifeln, doch ist diese Verzweiflung nicht eine Folge dieser Welt, sondern eine Antwort, die er auf diese Welt gibt, und eine andere Antwort wäre sein Nichtverzweifeln, sein Entschluss etwa, die Welt zu bestehen, in der wir oft leben wie Gulliver unter den Riesen.[4]

Nicht von ungefähr spricht Dürrenmatt in diesem Kontext von «mutigen Menschen», denn es braucht Mut, nicht zu verzweifeln in einer Welt von Riesen. Die Botschaft des Bettags wäre, dass der Anlauf zu diesem Mut im Gebet zu holen ist, weil die Möglichkeit, alles Gott anzuvertrauen, zur entscheidenden Ermutigung wird, das Seine in aller Begrenztheit zu tun.

* * *

---

4 Ebd., 63.

Hätte sich Iwan damit überzeugen lassen, sein Eintrittsbillett doch noch zu behalten? Die Frage muss offen bleiben. Aber sicher läge darin der Sinn des Bettags, wenn vielleicht auch nur in Gestalt eines Klagetags. Wunderhaft kann aus der Klage Busse und Dank werden und damit auch der Mut hervorgehen, die Welt in all ihrer «Wurstelei» weiterhin zu bestehen. Ohne Verzweiflung, aber auch ohne Vermessenheit, in nüchterner und kritischer Gelassenheit.

Einmischungen – Interventions

Welt des Teilens (statt Welt zum Teilen)

[2015]

Mitten in der Winternacht klopfte es an der Fensterscheibe. Eine hohle Stimme rief: «Ernst, kann ich bei euch übernachten?» Unser Vater, Ernst Bühler, stand auf und richtete im warmen Stall eine Ecke mit frischem Stroh ein. Der Betrunkene legte sich hin, nachdem er Zigaretten, Zündhölzer und Flasche abgegeben hatte. Am Morgen teilte er das Frühstück mit uns und konnte sich wieder auf den Weg machen, mit einer Mahnung, aber auch und vor allem mit einem Zeugnis. Unser Bauernhof als Notschlafstelle für Alkoholiker: Das hat mich früh geprägt, obschon die nächtliche Störung uns Kinder auch etwas beängstigte.

Empfangen, aufnehmen, helfen, anstatt sich gegen das Elend abzuschotten, nichts sehen und hören zu wollen, die Leidenden auszugrenzen. Wir haben später Asylsuchenden, Flüchtlingen, Sans-Papiers, aber auch Notleidenden aus der ganzen Welt, etwa Strassenkindern in den südamerikanischen Grossstädten oder Waisenkindern von an Aids gestorbenen Eltern in Afrika geholfen. Es geht, im Kleinen wie im Grossen, um «eine Welt des Teilens», wie die Zeichnung von mix & remix anschaulich ausdrückt.

Mix & Remix, *Welt des Teilens*

«Ethische Evidenz»

Hätte unser Vater seine nächtliche Hilfe theologisch begründen können? Hätte er es nötig gehabt? Sicher gehörte es für ihn zur Praxis gelebten Glaubens. Aber war das Helfen nicht einfach spontan, selbstverständlich? Gehörte es nicht einfach, wie ich es später bei meinem Lehrer Gerhard Ebeling lernte, zur «Evidenz des Ethischen»?[1] Als ein Antworten auf grundmenschliche Nötigungen?

Das hat einiges für sich. Auch in der Entwicklungsarbeit geschieht vieles mit säkularer Motivation, und selbst in den kirchlichen Hilfswerken gibt es heute einige Mitarbeiter/-innen, die in humanistischer Überzeugung an der Arbeit sind. Die Christ/-innen, die Kirchen sollten sich auch auf diesem Boden wiederfinden können, die Arbeit an der «Welt des Teilens» mit anderen teilen.

Das heisst zwar nicht, dass der spezifische Bezug auf theologische Zusammenhänge der Entwicklungsarbeit verschwiegen werden soll. Nur sollte es nicht zu selbstherrlich geschehen, denn es könnte leicht zu einem verdächtigen Überbau werden. Es dürfte eher die bescheidene Gestalt eines Zeugnisses annehmen.

Nicht verzweifeln

Ob profan oder religiös, ob kirchlich oder nicht, alle, die in der Entwicklungszusammenarbeit tätig sind, wissen darum, wie wenig evident diese «Evidenz des Ethischen» sein kann. Warum träumen so viele mehr von einem «Teilen der Welt» als von einer «Welt des Teilens»? Warum herrschen weltweit Profit, Eigeninteresse, Ausbeutung, Unterdrückung, Ausgrenzung, anstatt Begegnung, Respekt, Frieden, gegenseitige Hilfe? Daran kann man verzweifeln, wie es einmal Dürrenmatt zum Ausdruck brachte:

> Gewiss, wer das Sinnlose, das Hoffnungslose dieser Welt sieht, kann verzweifeln, doch ist diese Verzweiflung nicht eine Folge dieser Welt, sondern eine Antwort, die man auf diese Welt gibt, und eine andere Antwort wäre das Nichtverzweifeln, der Entschluss etwa, die Welt zu bestehen, in der wir oft leben wie Gulliver unter den Riesen.[2]

An dieser Gabelung zwischen Verzweifeln und Nichtverzweifeln hat die theologische Begründung ein spezifisches Zeugnis abzulegen. Um den Mut gegen die

---

1 Gerhard EBELING, Die Evidenz des Ethischen und die Theologie, in: DERS., *Wort und Glaube*, Bd. 2, Tübingen: Mohr, 1969, 1–41.
2 Friedrich DÜRRENMATT, Theaterprobleme, in: DERS., *Werkausgabe in siebenunddreissig Bänden*, Bd. 30, Zürich: Diogenes, 1998, 63.

Verzweiflung zu wappnen, kann sie Gründe in Anspruch nehmen. Vielleicht sind es nur Bilder, Visionen, die tragen, die nach vorne ziehen.

Mitarbeiter Gottes

«Trachtet vielmehr zuerst nach seinem [Gottes] Reich und seiner Gerechtigkeit», heisst es in Mt 6,33. Aber was ist dieses Reich? Vielleicht einfach ein grosses Gastmahl, mit allen Armen, Verkrüppelten, Blinden und Lahmen, die auf den Strassen und Gassen gefunden wurden (Lk 14,21). Aber auch Visionen, die uns «von hinten» nach vorne stossen, sind zu erwähnen: Gab es da nicht einmal einen Garten, der dem Menschen anvertraut wurde, «damit er ihn bebaute und bewahrte» (Gen 2,15)? Und verbindet uns nicht mit allen Geschöpfen dieses Gartens die vom Zürcher Kirchenhistoriker Fritz Blanke betonte «Mitgeschöpflichkeit»?[3]

Dass mit einem Gott gerechnet werden darf, ist die besondere Herausforderung der theologischen Begründung. Das könnte leicht dazu verleiten, ihm alles anzuvertrauen und selbst nichts mehr zu tun.

Diese Gefahr bekämpft jedoch Paulus, indem er uns zu «Gottes Mitarbeitern» erklärt (1Kor 3,5–9): Der eine Mensch soll pflanzen, der andere bewässern, Gott aber ist es, der es wachsen lässt. Damit werden das Pflanzen und Bewässern nicht unbedeutend.

Diese Visionen haben etwas Utopisches. Aber das dürfen sie, und das brauchen wir, weil darin subversives Potenzial liegt, gegen all das, was in der Welt Geltung und Gewicht hat. Und da sollten wir die Aufgabe nicht vergessen, die die reformierte Tradition als prophetisches Wächteramt bezeichnete: mit einem Amos etwa zu einer prophetischen Kritik der heutigen Weltverhältnisse anzusetzen, heftig, wenn nötig, aber nicht überheblich, sind wir doch auch ein Stück dieser Welt.

Gegen Lähmung steht der Humor

Gerne würden wir die Welt retten, gewiss. Aber diese Riesenaufgabe würde uns lähmen. Hier darf der Humor eingreifen, eine durchaus theologische Tugend, die zu unterscheiden weiss, was uns zukommt und was nicht. Humor hat auch mit *humilitas*, Demut, Bescheidung zu tun. In Alexander Solschenizyns Roman *August Vierzehn* heisst es: «Nicht mit uns hat die Unwahrheit begonnen, nicht

---

3 Fritz BLANKE, Unsere Verantwortlichkeit gegenüber der Schöpfung, in: Peter VOGELSANGER (Hg.), *Der Auftrag der Kirche in der modernen Welt. Festgabe zum siebzigsten Geburtstag von Emil Brunner*, Zürich: Zwingli-Verlag, 1959, 193–198.

mit uns wird sie enden.»⁴ Und ähnlich sagt es der Jude Gulliver in Dürrenmatts Roman *Der Verdacht* (ein Text, der mich seit Jahrzehnten begleitet!):

> Wir können als einzelne die Welt nicht retten, das wäre eine ebenso hoffnungslose Arbeit wie die des armen Sisyphos; sie ist nicht in unsere Hand gelegt, auch nicht in die Hand eines Mächtigen oder eines Volkes oder in die des Teufels, der doch am mächtigsten ist, sondern in Gottes Hand, der seine Entscheide allein fällt. Wir können nur im einzelnen helfen, nicht im gesamten, die Begrenzung des armen Juden Gulliver, die Begrenzung aller Menschen. So sollen wir die Welt nicht zu retten suchen, sondern zu bestehen, das einzige wahrhafte Abenteuer, das uns in dieser späten Zeit noch bleibt.⁵

Vielleicht nur mit etwas frischem Stroh in einer Ecke des warmen Stalls …

---

4   Alexander SOLSCHENIZYN, *August Vierzehn*, Übersetzung der Ausgabe von Paris 1971, aus dem Russischen übersetzt von Swetlana Geier, Darmstadt: Luchterhand, 1972, 770.
5   Friedrich DÜRRENMATT, Der Verdacht, in: DERS., *Werkausgabe in siebenunddreissig Bänden*, Bd. 20, Zürich: Diogenes, 1998, 264.

Vive la politique !

[2000]

Y a-t-il un sens à adresser ainsi un vivat à la politique, se réjouissant de son existence et lui souhaitant longue vie et prospérité ? En tous les cas, une telle exclamation ne correspond en rien au sentiment dominant de nos contemporains, ou alors tout au plus au sens ironique, pour appuyer un constat désabusé : « Ah oui, vraiment, vive la politique ! » C'est que l'ambiance à l'égard de la politique est plutôt au « ras l'bol », à la fatigue.

> **Fatigué…**
> Fatigué d'habiter sur la planète terre
> sur ce grain de poussière, sur ce caillou minable
> sur cette fausse étoile perdue dans l'univers
> berceau de la bêtise et royaume du mal
> où la plus évoluée parmi les créatures
> a inventé la haine, le racisme et la guerre
> et le pouvoir maudit qui corrompt les plus purs
> et amène le sage à cracher sur son frère
> […]
> La liste est bien trop longue de tout ce qui m'écœure
> depuis l'horreur banale du moindre fait divers
> Il n'y a plus assez de place dans mon cœur
> pour loger la révolte, le dégoût, la colère
> Fatigué, fatigué
> fatigué d'espérer et fatigué de croire
> à ces idées brandies comme des étendards
> et pour lesquelles tant d'hommes ont connu l'abattoir
> Fatigué, fatigué
> […]
> Fatigué, fatigué
> fatigué de sourire, fatigué de pleurer
> fatigué de chercher quelques traces d'amour
> dans l'océan de boue où sombre la pensée
> Fatigué, fatigué.

Ces quelques extraits d'une chanson de Renaud[1] expriment bien le sentiment actuel à l'égard de la politique. Si cette dernière est, selon l'expression célèbre de Bismarck[2], l'« art du possible », elle est aussi l'art de l'ambigu, des compromissions et des arrangements, des magouilles et des coups tordus. Parce qu'il s'agit de gérer les rapports de force entre les humains, elle génère la soif de puissance, la lutte acharnée des politiciens pour la détention du pouvoir et la corruption, même des plus purs. Les idées, dit Renaud, ne sont que des étendards qui justifient les abattoirs. C'est pourquoi la politique est sans cesse habitée par le problème du mal, le scandale de l'injustice, « la haine, le racisme et la guerre », suscitant « la révolte, le dégoût, la colère ». C'est ce qui conduit aujourd'hui nombre de citoyennes et de citoyens à prendre leurs distances à l'égard de la politique de manière résignée, à s'en désintéresser, abandonnant l'espace public à lui-même, pour vivre en retrait, privilégiant des valeurs et des biens privés.

La politique semble ainsi avoir perdu non seulement tout son intérêt, mais aussi toute sa dignité et sa valeur. Et pourtant, en cette année 2000, nous aurions de bonnes raisons de rendre hommage à la politique.

Un demi-millénaire digne de mémoire

Le désabusement risque de nous faire sombrer dans l'oubli, et c'est pourquoi, au passage des millénaires, il convient de faire mémoire pour un instant. Le demi-millénaire qui nous sépare de la fin du Moyen Âge a marqué l'avènement d'une dignité toute nouvelle de la politique, en priorité dans les sociétés occidentales, mais aussi en beaucoup d'autres points du globe. Je veux parler de l'instauration de la démocratie moderne, qui a conduit à de toutes nouvelles formes de gouvernement. Certes, le processus fut lent et douloureux, accompagné d'un train de souffrances, de persécutions et de répressions – les huguenots en savent quelque chose, dans leur longue lutte contre l'absolutisme intolérant de la monarchie française. Mais la politique connut, elle aussi, comme l'astrophysique, sa révolution copernicienne : le peuple ne tourne plus autour d'un souverain royal ou impérial ; il n'y a désormais qu'un seul souverain, le peuple, et c'est à lui d'assumer le pouvoir, même si cela se fait par délégation.

Cet avènement de la démocratie moderne, c'est aussi l'affirmation d'une dignité nouvelle des êtres humains, exprimée dans les Déclarations des droits de l'homme, marquant que le pouvoir est désormais soumis à la reconnaissance des droits fondamentaux de la personne humaine et doit donc prôner des valeurs

---

1 *Dès que le chant soufflera*, Paris : Librairie générale française, 1993, 188–190.
2 Comme c'est souvent le cas pour les expressions célèbres, il est très difficile de trouver une référence précise pour cette réflexion.

nouvelles telles que la liberté, l'égalité, la tolérance et le respect de l'autre. Sur cette base, les régimes démocratiques ont pu développer au cours des deux derniers siècles des sociétés soucieuses d'assurer aux citoyens leurs droits politiques et sociaux et, partant, d'instaurer entre eux des rapports d'entente et de solidarité.

Nous aurions la mémoire courte, si nous oubliions d'être reconnaissants pour tout ce que l'époque moderne nous a apporté. Mais – et cela marque bien toute la fragilité de la politique – nous aurions tort aussi d'oublier l'envers de la médaille, tout aussi digne de mémoire, mais sur le mode tragique. L'héritage du demi-millénaire moderne demeure très ambigu, car la démocratie est restée accompagnée par l'ombre menaçante des extrémismes. La Révolution française déjà a connu sa Terreur, et le XXe siècle a été marqué par l'horreur des totalitarismes de droite et de gauche, avec leur cortège de guerres, d'« abattoirs », de camps d'extermination et de goulags[3]. Aujourd'hui encore, ces tentations demeurent, sous la forme de l'extrême droite et de sa haine de l'étranger renaissant sans cesse de ses cendres[4], mais aussi sous la forme de ce que certains appellent l'« horreur économique »[5], le néolibéralisme économique, bafouant les droits fondamentaux des êtres humains au nom de principes de rentabilité et de gain maximal.

Au terme de ce demi-millénaire, le meilleur semble accompagné du pire, et nous pourrions être tentés de conclure avec Coluche que « l'horreur est humaine »[6].

Au vu de ces constats mitigés, qu'avons-nous à dire du point de vue de la foi ?

Foi et politique : la double citoyenneté

Les ambiguïtés signalées jusqu'ici pourraient inciter les croyantes et croyants à dénoncer toute connivence avec le domaine des affaires publiques, déclaré impur, maudit, et à se retirer dans la communauté des purs. Cette tendance a constamment existé dans l'histoire du christianisme, notamment à la période de la Réforme. Elle conduit à un *dualisme*, séparant la foi et les affaires du monde. Mais, de l'autre côté, nous le savons, les Églises ont toujours participé et participent souvent encore, de manière plus ou moins marquée, aux jeux du pouvoir, mêlant trop vite le spirituel et le temporel. On se souvient des vieux affrontements entre les deux glaives en vue de l'hégémonie. Dans cette perspective, on

---

3   Claude LEFORT a tout particulièrement travaillé cette dérive tragique de la démocratie dans le totalitarisme ; cf. *L'invention démocratique. Les limites de la domination totalitaire*, Paris : Fayard, 1981.
4   Cf. le dossier de l'Église réformée de France, *La tentation de l'extrême droite*, Paris/Lyon : Les Bergers et les Mages/Réveil Publications, 2000.
5   Viviane FORRESTER, *L'horreur économique*, Paris : Fayard, 1996.
6   *L'horreur est humaine*, Paris : Librairie générale française, 1992.

aboutit à un *monisme*, dans lequel les deux plans s'entremêlent, s'unissent ou se subordonnent l'un à l'autre.

Y a-t-il, entre ces deux écueils, une possible troisième voie ? J'estime qu'elle est celle que vise précisément la foi protestante et que j'appellerai celle d'une « dualité dialectique ». J'appelle ainsi une entité formée de deux dimensions qu'il faut tenir ensemble alors même qu'elles sont en tension irréductible l'une avec l'autre[7]. Chez Luther, cette dualité dialectique s'articule dans la *doctrine des deux règnes*, tandis que Calvin parle de la *juridiction spirituelle* et de la *juridiction temporelle*. Pour l'exprimer de manière à souligner d'emblée la responsabilité des croyants, je m'inspirerai de l'épître aux Hébreux et d'Augustin, et parlerai de la double citoyenneté, spirituelle et séculière, des croyants.

En ce qui concerne la *citoyenneté spirituelle*, c'est-à-dire l'orientation fondamentale de la personne, le sens dernier de sa vie, le chrétien se comprend et s'assume devant Dieu, Dieu tel qu'il s'est manifesté dans l'Évangile de Jésus-Christ. C'est là qu'il reçoit une réponse à sa quête de reconnaissance et d'identité : justifié par la foi, il se sait accepté, reconnu tel qu'il est. « C'est la foi qui fait la personne », disait Luther[8]. Fort de cette conviction, il est libéré des contraintes des instances avant-dernières du monde : les autres, la société, l'histoire, le travail, l'action politique ne constituent pas des sources de justification ultime. Les utiliser comme telles reviendrait à en faire des idoles. C'est dans cet esprit que le croyant aborde sa vie concrète et y assume ses tâches, y relève les défis quotidiens lancés à sa responsabilité.

Cela vaut évidemment aussi pour ses fonctions civiques. En effet, en même temps que citoyen du règne du Christ, le croyant est citoyen à part entière du monde. Nous appellerons cela la *citoyenneté séculière* : le croyant prend en charge les tâches qui lui incombent selon les rôles et fonctions qu'il assume, et il utilise pour l'exercice de sa responsabilité les moyens dont le dote son humanité : l'intelligence, mais aussi l'émotion, la compassion, le discernement, la patience et le courage, la conscience des limites et l'humilité.

Les exigences sont telles que les instances du monde revendiquent sans cesse un statut dernier, ultime. C'est pourquoi la proclamation de l'Évangile libère le croyant de cette absolutisation et lui permet de « rendre à César ce qui est à César » (Mc 12,17 et par.), c'est-à-dire de prendre ces instances pour ce qu'elles sont, avant-dernières, et d'y œuvrer non pour le salut, mais pour le bien des êtres humains et, test décisif, pour le bien des plus défavorisés.

---

[7] Je m'inspire librement, dans la suite, de certains éléments de mon rapport synodal de Nantes : *Étranger, étrangers. Synodes*, supplément au n° 6/98 du bulletin *Information Évangélisation*, Paris : Église réformée de France, 1998.
[8] WA 39.I, 282,16.

Foi et amour

Cette double citoyenneté n'est pas en condition de *transparence* : la citoyenneté spirituelle ne se laisse pas simplement transposer dans la citoyenneté séculière, et inversement. C'est pourquoi il n'est pas possible de traduire de manière directe la foi dans un programme d'action chrétien, que l'Église aurait la tâche d'accomplir. L'articulation des deux plans s'effectue dans l'interaction dynamique entre la foi et l'amour.

Agissant comme un ferment, la foi travaille l'amour, le fait croître et mûrir, le motive et le libère, mais elle l'étoufferait dans sa créativité si elle lui dictait ce qu'il doit faire. En effet, l'amour serait bien pauvre s'il n'était que la simple application, un peu mécanique, des consignes de la foi. Il revient à l'amour de développer sa propre dynamique : il doit s'efforcer de comprendre les situations auxquelles il est confronté, interpréter les exigences qu'il s'agit d'y faire valoir et trouver les attitudes qu'il convient d'y adopter. La responsabilité éthique ne se laisse pas déterminer par la dictée d'un catalogue de choses à faire.

Le souci de la laïcité

De tout ce qui précède, il résulte que la tradition protestante a toujours prôné la reconnaissance de la laïcité des instances du monde : les affaires séculières doivent pouvoir être assumées sans la tutelle des religions et des institutions religieuses. Cet héritage de la Réforme permet de comprendre pourquoi, en régime protestant, l'Église n'a pas à « faire de la politique ». Bien sûr, cela ne signifie pas qu'elle doit s'en désintéresser. En effet, même si cela s'est souvent réalisé de fait dans l'histoire, la reconnaissance de la laïcité ne signifie ni pour les croyants, ni pour les Églises, une attitude d'indifférence, de « laisser aller ». Bien au contraire, reconnaître la laïcité, c'est porter le souci constant de cette laïcité, parce que tant les croyants que les Églises se savent responsables de l'espace public, de sa définition, de son aménagement et de son maintien. Pour concrétiser ce souci, formulons ici quelques points précis.

a) Il y a tout d'abord le souci de l'instance politique en tant que telle et de l'usage correct de la fonction de gouvernement[9]. Certaines pratiques politiciennes, manigances et compromissions scandaleuses ternissent et discréditent l'instance politique, ce qui pousse les citoyens à s'en désolidariser. La foi protestante marque ici son attachement à l'instance politique en rappelant les exigences d'une *éthique de la politique*.

---

9   Nous pourrions ici distinguer entre *le* politique et *la* politique, l'instance politique elle-même et ce que la politique des politiciens en fait.

b) Ce souci va de pair avec celui du tissu social. À l'heure de la globalisation et de la déréglementation, les réseaux de la cohésion sociale sont de plus en plus démantelés, ce qui renforce la précarité des défavorisés et durcit la logique de l'exclusion. Une telle évolution ne saurait laisser les croyants et les Églises indifférents.

c) Si le politique et le social sont menacés, c'est peut-être bien à cause de l'emprise de plus en plus grande d'un économisme sauvage, prônant à tout prix le profit, la réussite et donc la rentabilisation comme but suprême. Le souci de la politique revient ici à rappeler l'exigence d'une priorité du politique sur l'économique et la nécessité d'une administration maîtrisée de l'économie.

d) La cohérence propre à la foi protestante veut qu'au nom de l'Évangile, on accentue pour les affaires séculières l'importance de la loi. À cette théologie de la loi correspond comme relais séculier le souci du droit et de l'éthique. Ainsi se trouve rappelé qu'au lieu d'être le libre champ de toutes nos velléités de profit, de réussite, de pouvoir, notre espace de coexistence est placé sous le signe des droits qui nous reviennent et des devoirs qui nous incombent.

e) Lorsqu'un État se définit comme un État de droit démocratique, soumet ses procédures et décisions à un cadre de référence constitutionnel et les inscrit donc dans un effort de justice, il est en droit d'attendre des citoyens qu'ils fassent preuve de loyauté à son égard. Cette loyauté, chère à la tradition protestante, constitue la base de confiance mutuelle nécessaire au bon fonctionnement de cet État : les citoyennes et citoyens s'inscrivent dans ses institutions, participent, en respectant les procédures et en se soumettant aux décisions prises. Mais la justice d'un tel État n'est jamais parfaite, car l'État de droit démocratique n'est toujours que *presque* juste. Des écarts sont donc toujours possibles entre les principes premiers, la constitution, les lois et leurs applications. C'est pourquoi la loyauté des citoyennes et citoyens se doit d'être une *loyauté critique*. Lorsque les écarts deviennent intolérables, suscitent des injustices criantes, les citoyennes et citoyens se doivent, par loyauté, de marquer clairement leur avis critique. La critique n'a rien de déloyal en soi, même si certains ministres l'insinuent parfois, lorsqu'ils sont excédés par la contestation[10]. Il est légitime de rappeler à l'État les principes dont il veut s'inspirer, et c'est l'acceptation servile des infidélités de l'État à l'égard de ses principes qui serait déloyale.

Quelques lignes directrices

Que résulte-t-il de nos réflexions, à titre de recommandations pour l'exercice de nos responsabilités politiques ? J'aimerais tenter de formuler ici de manière un peu thétique quelques éléments susceptibles d'orienter et d'enrichir nos engagements.

---

10 Cf. *infra* la « Lettre de l'extérieur au Ministre de l'Intérieur », 246–249.

a) La fonction politique est une fonction fondamentale pour la coexistence humaine et il vaut la peine de l'exercer, sous quelque forme que ce soit, comme citoyen, comme électeur ou comme élu, comme fonctionnaire, comme magistrat. Un adage dit que « la guerre est une chose trop sérieuse pour la confier aux militaires » ; nous pourrions dire de même : « la politique est une chose trop sérieuse pour la confier aux politiciens ».

b) Autrement dit : nous sommes toutes et tous appelés à « faire de la politique » au sens le plus noble de ce terme. Ce qui signifie qu'il faut lutter contre la tendance actuelle au désintérêt et à l'abstentionnisme, pour accentuer l'exigence d'une participation active et créative.

c) Comme nous avons à redire sans cesse le message premier de la Réforme : « Le sacerdoce, c'est vous, croyantes et croyants », nous avons à redire sans cesse le message premier de la démocratie moderne : « Le souverain, c'est vous, citoyennes et citoyens ! »

d) Par un exercice vaillant et vigilant de nos fonctions politiques, nous avons à porter le souci de la société démocratique comme d'une *société ouverte*[11], en luttant contre toutes les tentations de fermeture, petites ou grandes. La société ouverte est une société qui instaure des lieux de débat, de rencontre et de convivialité créative, permettant à tous de vivre ensemble égaux et différents[12].

e) Fondamentalement, le test décisif pour une société ouverte demeure celui de l'accueil et de l'intégration des exclus, chômeurs, pauvres, personnes sans domicile fixe, personnes sans papiers, requérants d'asile, et c'est la tâche des citoyennes et citoyens de soumettre ainsi leur État constamment à ce test de l'accueil et de l'intégration des « petits ». Les anges ayant aujourd'hui une haute cote de popularité, rappelons ici ce passage de Matthieu (8,10) qui leur attribue la tâche de représenter les petits en dernière instance : « Gardez-vous de mépriser aucun de ces petits, car, je vous le dis, aux cieux leurs anges se tiennent sans cesse en présence de mon Père qui est aux cieux. »

f) Un vieil usage linguistique veut que l'adjectif « réformé » s'applique à un soldat que l'on licencie, que l'on libère de son service. Nombreux sont les réformés qui, s'inspirant de près ou de loin de cet usage, ont démissionné de leur double citoyenneté, se désintéressant pour toutes sortes de raisons des affaires publiques, des institutions séculières, se contentant passivement d'un ordre établi, d'un *statu quo* autosuffisant. Contre une telle tendance, il convient de réaffirmer le travail en politique comme un *mandat* fondamental confié aux croyants pour qu'ils assument leur double citoyenneté comme un cheminement persévérant

---

11 Cf. l'ouvrage de Karl POPPER, *La société ouverte et ses ennemis*, Paris : Seuil, 1979, ouvrage de base pour penser les enjeux de la démocratie face aux totalitarismes.

12 Cf. Alain TOURAINE, *Pourrons-nous vivre ensemble ? Égaux et différents*, Paris : Fayard, 1997.

dans la cité terrestre. Cela signifie que le réformé n'est pas réformé au sens du soldat licencié, mais *réformiste* au sens du militant persévérant.

g) Face aux dérives que connaissent les États démocratiques, les protestants devraient se souvenir de l'enracinement premier de leur protestantisme dans la protestation des princes à la Diète impériale de Spire de 1529. Le protestant est ainsi au sens premier de ce terme un *protestant* inlassable, comme cela nous est rappelé en toute simplicité par Renaud :

> Je suis l'arrière-petit-fils d'un pasteur dont le père et le grand-père étaient pasteurs également. Bien que non-croyant, je revendique mon appartenance à cette communauté de cœur et d'esprit dont le nom « Protestants » sonne comme une identité. Protester contre l'oppression, l'injustice, la misère, le racisme, la guerre, le fanatisme et l'intolérance, les dénoncer, les combattre, c'est véritablement ce qui donne un sens à ma vie. C'est ce qui me donne le sentiment d'être un humain et pas un serpent. Souffrir pour celui qui souffre me distingue du chien. Et de l'homme de droite.[13]

h) L'exercice de la responsabilité politique a besoin d'un ressort spirituel, qui lui redonne sans cesse énergie et vitalité. Ce ressort est celui de l'humour, d'un humour qui vient sans cesse ouvrir une brèche dans les fatalismes, casser la logique unidimensionnelle des déterminismes et ainsi relancer la dynamique de la créativité. Même s'il doit parfois utiliser les outils de l'humour noir, comme c'est le cas chez Alexandre Zinoviev dans cette définition du pessimiste et de l'optimiste : « Le pessimiste dit : "Ça ne peut pas être pire !" ; l'optimiste répond : "Mais si, mais si !" »[14]

Fatigué – mais pas résigné…

« Fatigué », disait Renaud. Nous inspirant de ce que nous venons de dire sur l'humour, nous pourrions dire : « Fatigué, mais pas résigné ! », variant ainsi librement les formules de l'apôtre Paul en 2 Co 4,8–9 : « Pressés de toute part, nous ne sommes pas écrasés ; dans des impasses, mais nous arrivons à passer ; pourchassés, mais non rejoints ; terrassés, mais non achevés ». Ainsi, nous sommes appelés à remettre sans cesse notre engagement politique sur le métier, résistant avec courage à la tentation de la résignation. La foi ne pousse pas à la capitulation, à la démission, mais appelle à ce courage, fort de la vieille conviction de Guillaume le Taciturne que « nul n'est besoin d'espérer pour entreprendre, ni de réussir pour persévérer »[15] ! Dans ce sens donc : vive la politique !

---

13 *Renaud bille en tête*, Paris : Seuil, 1994, 99–100.
14 Cf. la note 2.
15 Cf. encore une fois la note 2.

Quelques réflexions sur le ministère prophétique du veilleur

[2013]

Ces quelques réflexions, dédiées à un théologien qui s'est constamment engagé dans l'espace public, s'attachent à une notion bien connue en théologie allemande, mais qui, à ma connaissance, n'a pas vraiment d'équivalent français clairement avéré, à savoir la notion de *prophetisches Wächteramt*[1]. Parce qu'elle n'est pas connue dans le domaine francophone, on peut la traduire de manière diverse ; je la traduis, quelque peu littéralement, par « ministère prophétique du veilleur ». Avant d'aller plus avant dans l'explicitation de la signification de ce ministère, j'aimerais introduire la réflexion par une brève méditation biblique.

« Veilleur, où en est la nuit ? »

Puisqu'il en va d'un ministère prophétique, je m'inspire d'un petit passage du prophète Ésaïe (21,11–12) : « On me crie de Seïr : "Veilleur, où en est la nuit ? Veilleur, où en est la nuit ?" Le veilleur répond : "Le matin vient et de nouveau la nuit. Si vous voulez encore poser la question, revenez." » À l'aube, entre la nuit qui s'en va et le jour qui s'en vient, on demande au veilleur de dire où en est la nuit, si elle est bientôt passée. La réponse du veilleur est ambiguë : « Le matin vient et de nouveau la nuit. » Autrement dit : la nuit n'est jamais définitivement passée, elle revient sans cesse, et la tâche de distinguer entre le jour et la nuit est à remettre constamment sur le métier. Le veilleur continue sa veille avec fidélité : « Lorsque vous voudrez à nouveau savoir ce qu'il en est de la nuit et du jour, revenez ! Je serai là, vigilant, à l'affût des indices du matin. »

En soulignant que la tâche est incessante, le texte d'Ésaïe en appelle à la modestie. Il ne revient pas à celles et ceux qui accomplissent une tâche prophétique de regarder les choses de haut, en position de surplomb. Il s'agit d'un *minis-*

---

[1] Pour un peu de littérature germanophone sur le thème, cf. Friedrich Wilhelm GRAF, « Vom Munus Propheticum Christi zum prophetischen Wächteramt der Kirche ? Erwägungen zum Verhältnis von Christologie und Ekklesiologie », *Zeitschrift für Evangelische Ethik* 32 (1988), 88–106 ; Reiner PREUL, *Kirchentheorie. Wesen, Gestalt und Funktionen der Evangelischen Kirche*, Berlin : De Gruyter, 1997, 347–367 ; du point de vue du droit ecclésial : Götz KLOSTERMANN, *Der Öffentlichkeitsauftrag der Kirchen – Rechtsgrundlagen im kirchlichen und staatlichen Recht*, Tübingen : Mohr Siebeck, 2000, 181–192.

tère, et non d'un *magistère*. En tant que ministère de discernement aux confins de la nuit et du jour, il sait ses limites et s'accomplit dans l'humilité, même si, dans la situation concrète, il s'agira de parler clairement. C'est sous le signe de cette humilité et non celui de l'arrogance que je place les réflexions qui suivent.

Quelques principes fondamentaux, à partir de la Réforme[2]

Sous des angles divers, avec des accents variés, les Réformateurs ont souligné la tâche d'une vigilance critique à l'égard de l'État et de la société, inspirée de la vigilance politique, économique et sociale des prophètes vétérotestamentaires. D'une part, on peut dire que cette vigilance revient au chrétien en tant que tel, et donc à l'Église tout entière. Si Luther soulignait qu'on doit l'obéissance à l'autorité temporelle, il n'en oubliait pas pour autant de marquer en même temps les limites de cette obéissance, même s'il restait très prudent concernant le droit à une résistance active[3]. On se souviendra tout de même que lorsque deux princes s'affrontèrent pour des raisons futiles de territoire, Luther n'hésita pas à rédiger un tract destiné aux deux princes, et à leurs troupes, pour les inciter à refuser l'affrontement ![4] Dans le *Catéchisme de Heidelberg*, dont nous fêtons cette année le quatre cent cinquantième anniversaire, la tâche d'être chrétien de manière vigilante est rattachée christologiquement à l'onction du Christ et par là même inscrite dans son triple office de roi, de prêtre et de prophète, ce qui confère à cette tâche une dimension prophétique :

> Question 32 : Mais pourquoi es-tu appelé « chrétien » ? Parce que par la foi je suis un membre du Christ, et qu'ainsi je suis fait participant de son onction, pour confesser, moi aussi, son nom, pour m'offrir à lui en vivant sacrifice de reconnaissance, et pour combattre pendant cette vie avec une conscience libre contre le péché et le diable et enfin pour régner éternellement avec lui sur toutes les créatures.[5]

---

2   Cet ancrage protestant n'empêche pas de donner à ce ministère une dimension œcuménique.
3   Martin LUTHER, *De l'autorité temporelle et des limites de l'obéissance qu'on lui doit* [1523], in : ID., *Œuvres*, vol. 4, Genève : Labor et Fides, 1958, p. 9–50 (WA 11, 245–281) ; cf. Gerhard EBELING, « Thèses sur la doctrine des deux règnes » [1972], in : ID., *Répondre de la foi. Réflexions et dialogues*, Genève : Labor et Fides, 2012, 139–158.
4   Cf. Martin LUTHER, *Sendbrief an Kurfürst Johann Friedrich und Herzog Moritz von Sachsen* [1542], in : ID., *Ausgewählte Schriften*, t. IV, Frankfurt am Main : Insel, 1982, 304–311 (WAB 10, 32–37).
5   *Le Catéchisme de Heidelberg* [1563], in : Olivier FATIO (dir.), *Confessions et catéchismes de la foi réformée*, Genève : Labor et Fides, 1986, 145.

D'autre part, pour les Réformateurs, cette tâche de vigilance vaut tout particulièrement pour ceux qui sont en charge d'un ministère. Elle peut les conduire à intervenir activement devant l'autorité temporelle[6]. À Zurich, une possibilité d'intervention est instituée officiellement, que l'on appelle dans l'allemand de l'époque le *Fürtrag* : le pasteur principal, successeur de Zwingli au Grossmünster, peut revendiquer le droit d'être reçu par le conseil de la ville, afin de pouvoir l'exhorter prophétiquement[7]. Ce faisant, les Réformateurs ont revendiqué une tâche risquée, visant à rappeler à l'autorité temporelle ses devoirs et principes. De manière multiple, dans l'histoire, cette tâche a été négligée, manquée ou faussement exploitée. Mais, comme le dit la tradition : *abusus non tollit usum*, l'abus ne détruit pas l'usage, et c'est pourquoi j'aimerais, sous l'égide d'un « ministère prophétique du veilleur », revendiquer cet héritage de la Réforme dans le présent. En effet, même si, par les vagues successives de la sécularisation moderne, les rapports entre l'Église et l'État ont évolué de manière complexe, la possibilité de faire entendre une parole interpellatrice n'en est pas pour autant supprimée. Même si une institution telle que le *Fürtrag* zurichois n'existe plus. À cet égard, il est intéressant d'observer que le ministère prophétique du veilleur est inscrit dans l'ordonnance ecclésiastique (*Kirchenordnung*) de l'Église évangélique réformée du canton de Zurich[8].

La tâche de l'interpellation, qui pourra passer par différents canaux, s'inscrit dans une perspective de responsabilité, fondamentale pour les Réformateurs : en tant qu'individus, mais aussi en tant que groupe, communauté, nous sommes appelés à rendre compte de la manière dont nous nous comportons à l'égard du monde dans lequel nous vivons et à l'assumer publiquement devant les instances de ce monde en y prenant position[9]. Parce que la coexistence humaine est un

---

6   Dans ce sens, cf. Martin LUTHER, *Der 82. Psalm ausgelegt* [1530], WA 31.I, 189–218 ; Huldrych ZWINGLI, *Von dem Predigtamt* [1525], in : *Huldreich Zwinglis Sämtliche Werke*, t. IV (*Corpus Reformatorum*, vol. XCI), Zürich : Theologischer Verlag Zürich, 1982, 369–433 ; Heinrich BULLINGER, *Das Amt des Propheten* [1532], in : ID., *Schriften I*, Zürich : Theologischer Verlag Zürich, 2004, 1–48.
7   Cf. Hans Ulrich BÄCHTOLD, *Heinrich Bullinger vor dem Rat. Zur Gestaltung und Verwaltung des Zürcher Staatswesens in den Jahren 1531 bis 1575*, Bern : Lang, 1982.
8   L'article 4, qui souligne que l'Église puise sa responsabilité à l'égard de la société dans la promesse de l'Évangile, dit : « L'Église cantonale assume le ministère prophétique du veilleur. En s'orientant selon l'Évangile dans tous les domaines de la vie, elle s'engage pour la dignité de l'être humain, le respect de la vie et la sauvegarde de la création. » La chose est encore précisée dans l'article 65 : « L'Église cantonale assume également le ministère prophétique du veilleur dans son action diaconale et pastorale. Elle nomme les causes de l'injustice et de la souffrance. Elle participe à la recherche de solutions et se met au service de la médiation. »
9   Pour approfondir cet aspect de la responsabilité, cf. Pierre BÜHLER, « La responsabilité devant Dieu, fondement théologique de l'engagement éthique », *Positions luthériennes* 41 (1993), 48–67.

incessant *procès de justice*, nous sommes appelés à prendre part à ce procès de manière active, patiente et courageuse, en signalant les lacunes, les écarts, les injustices. Même dans un État de droit démocratique, la société n'est toujours que *presque juste* (ou pour le dire avec la célèbre boutade de Churchill : la démocratie est le pire des systèmes, à l'exclusion de tous les autres)[10].

Cet accent permet de préciser la perspective dans laquelle s'inscrit la tâche de la vigilance : toutes les contributions au procès de justice dans la société, aussi celles des chrétiens et des Églises, s'effectuent non pas dans la position du juge, mais à partir du banc des témoins. Dans ce sens, elles n'invoquent pas une autorité supérieure, mais s'inscrivent dans ce que Paul Ricœur appelle une « herméneutique du témoignage »[11]. C'est dans ce contexte seulement que le ministère prophétique du veilleur trouve sa légitimité : comme une déposition de témoin, comme un travail de *marturia*. Cette fonction de témoin est pour ainsi dire due par les Églises à l'État dans la mesure où celui-ci les reconnaît d'utilité publique. Il est en droit d'attendre qu'elles participent de leur point de vue spécifique au procès de justice dans la société.

Il peut en résulter une situation conflictuelle, parce que les injustices peuvent être perçues de manière opposée et leur caractère intolérable évalué de manière diverse. C'est pourquoi le ministère prophétique du veilleur présuppose une aptitude à assumer les conflits et à les mener au lieu de les contourner ou de les atténuer trop vite. Cette aptitude est aujourd'hui souvent trop peu développée, tant au sein des Églises que dans les rapports entre elles et l'État et la société[12]. Il y a, ici aussi, un héritage de la Réforme à redécouvrir de manière plus intense : lorsque les conflits ne peuvent plus être menés autrement, la vigilance peut conduire à revendiquer un droit à la résistance, comme une possibilité ultime de témoigner de sa protestation[13].

---

10 L'affirmation que la société démocratique n'est toujours que presque juste se trouve en particulier chez John RAWLS, *Théorie de la justice*, Paris : Seuil, 1987.

11 Paul RICŒUR, « L'herméneutique du témoignage », in : ID., *Lectures 3. Aux frontières de la philosophie*, Paris : Seuil, 1994, 107–139. Pour cette herméneutique du témoignage, Ricœur s'en réfère également à Emmanuel Levinas, comme le montre l'article « Emmanuel Levinas, penseur du témoignage », in : *ibid.*, 83–105.

12 On signalera à cet égard que le texte zurichois cité ci-dessus (note 8), après avoir souligné que ce ministère nomme les causes de l'injustice et de la souffrance, s'empresse de mettre en avant qu'il participe à la recherche de solutions et se met au service de la médiation. Peut-être faudrait-il dire ici : pas trop vite !

13 Du point de vue de la question de l'asile, cf. le dossier publié par la Fédération des Églises protestantes de Suisse (FEPS) : Muriel BECK KADIMA, Jean-Claude HUOT (dir.), *Églises, terres d'asile. Les chrétiens aux côtés des réfugiés*, Bern/Genève : Institut d'éthique sociale de la FEPS/Labor et Fides, 1996 (en version allemande : *Kirche und Asyl. Legitimer Widerstand im Rechtsstaat ?*, Zürich/Bern/Lausanne : NZN Buchverlag, 1996). Cf. également une étude plus ancienne de la FEPS sur le sujet de la résistance dans ce con-

Le cadre de droit donnant à l'exercice de ce droit de résistance sa légitimité du point de vue du système démocratique est la théorie de la désobéissance civile, remontant historiquement au penseur américain Henry David Thoreau (1817–1862). Dans sa *Théorie de la justice*, John Rawls s'est attaché à développer de manière concise une conception de cette désobéissance civile dans un contexte actuel[14]. En s'inspirant de sa réflexion, on peut la définir comme une attitude conduisant à accomplir une action publique et non violente, de nature illégale, mais se référant à une légitimité en lien avec le sentiment de justice des citoyens, menée en dernier recours pour protester, au nom des principes de droit de l'État, contre une injustice jugée intolérable et pour témoigner en faveur des victimes de cette injustice. Cette action peut adopter des formes diverses : sit-in, action d'obstruction passive à l'accomplissement de certaines mesures, refus de payer ses impôts (forme privilégiée chez Thoreau), etc. ; en matière d'asile : hébergement de requérants d'asile, notamment dans des bâtiments ecclésiaux[15]. Cette désobéissance s'inscrit dans un rapport de loyauté qui lie les citoyens à l'État de droit, et inversement. Cette loyauté ne doit pas être une loyauté servile, mais a le devoir de demeurer critique, sans pour autant devenir déloyale, parce qu'il en va de rendre attentif à des écarts jugés inacceptables entre les principes de droit et des décisions prises dans des situations concrètes. Il en va de même pour le ministère prophétique du veilleur en cas de conflit : il se sait attaché à ce principe de *loyauté critique*.

Des usages et abus – un débat concret

Pour illustrer ces réflexions globales, je choisis de présenter dans ce second temps de l'article un exemple montrant les enjeux d'une référence à ce ministère de vigilance. Il s'agit de la manière dont la Fédération des Églises protestantes de Suisse (FEPS) a usé de cette notion récemment[16].

---

texte : *Résistance ? Les chrétiens et les Églises face aux problèmes relatifs à l'asile*, Bern : FEPS, 1988.

14 Rawls, *Théorie de la justice* (note 10), § 55–59, 403–431. Pour une présentation succincte, cf. Pierre Bühler, « La désobéissance civile comme problème de droit dans la démocratie », *Studia philosophica* 44 (1985), 89–100.

15 Pour une réflexion sur cette pratique de la désobéissance, cf. Beck Kadima et Huot (dir.), *Églises, terres d'asile* (note 13). Le synode national de l'Église réformée de France de 1998 a légitimé cette pratique dans son rapport et sa résolution : *Étranger, étrangers*. *Synodes*, supplément au n° 6/98 du bulletin *Information Évangélisation*, Paris : Église réformée de France, 1998, ce qui avait suscité un « carton jaune aux protestants » dans le journal *Réforme* (n° 2778-2779) de la part de Jean-Pierre Chevènement, alors ministre de l'Intérieur (cf. *infra* « Lettre de l'extérieur au ministre de l'Intérieur », 246–249).

16 Les documents auxquels je fais référence peuvent être aisément trouvés en ligne sur le site de la FEPS : www.sek-feps.ch (consulté le 28 mars 2013).

Dans ses *Objectifs de législature 2011–2014*, intitulés *Être Église protestante*, le sixième objectif est consacré à la « vigilance protestante » : « Les Églises protestantes assument leur fonction de surveillance. » L'expression « fonction de surveillance » traduit l'allemand *Wächteramt*[17]. Nous sommes donc bien dans le sujet qui nous occupe. Cette fonction est tout d'abord décrite de manière générale : « La Fédération des Églises prend officiellement position lorsque des évolutions sociales, politiques et économiques vont à l'encontre de l'Évangile de Jésus-Christ. » Le sous-paragraphe ajoute : « Elle prête sa voix à ceux qui subissent l'injustice et qui ne parviennent pas à se faire entendre auprès du public. » Ce principe général est ensuite appliqué à deux domaines concrets : les personnes âgées et la politique migratoire. Pour en rester au second : afin de marquer le souci de la dignité humaine dans ce domaine, le texte dit :

> La Fédération des Églises s'engage pour que la charité à l'égard des étrangers telle qu'elle est enseignée dans l'Évangile soit et demeure reconnaissable dans la politique migratoire suisse. Elle s'emploie à faire en sorte que les réfugiés puissent continuer de trouver en Suisse une protection sans réserve contre les persécutions. La Fédération des Églises défend la dignité propre à tout être humain en tant que personne créée à l'image de Dieu, et cela quelle que soit sa nationalité ou son appartenance religieuse.

Durant l'été 2010, un communiqué de presse en provenance de Berne a provoqué une vague d'étonnement : la Fédération des Églises protestantes de Suisse annonçait qu'elle avait accepté, dans le cadre d'un projet pilote, le mandat de l'Office fédéral des migrations (ODM) « d'assurer le contrôle de l'exécution des renvois en vertu de la législation sur les étrangers » et qu'elle serait secondée dans cette tâche par l'Organisation suisse d'aide aux réfugiés (OSAR). Cette mission consistait à observer et à contrôler les vols spéciaux organisés par l'ODM pour les renvois forcés de requérants d'asile déboutés, afin de veiller à ce que « ces opérations menées par l'État soient légales et appropriées », qu'elles respectent les droits fondamentaux.

Cette décision a suscité un débat auquel il m'a été donné de participer dans différents contextes. Plusieurs questions se posaient auxquelles on ne répondait pas du côté de la FEPS. Ces renvois forcés étaient-ils vraiment nécessaires ? Pour des sommes monstrueuses, avec lesquelles on pourrait financer de nombreux projets d'intégration, des vols spéciaux sont organisés qui refoulent quelques humains désespérés dans une situation impossible qu'ils fuiront souvent au plus vite, s'ils ne se font pas arrêter sur le champ. À l'occasion de tels renvois forcés, il y avait

---

17 Le terme allemand *Wächter* comporte une certaine ambiguïté : il peut signifier « gardien », « surveillant » et « veilleur ». Cela explique probablement la traduction de *Wächteramt* par « fonction de surveillance ». La mienne souligne plus le moment du veilleur, lié aux références prophétiques.

déjà eu des décès, par terreur ou par application de la violence – ou les deux à la fois. Peut-il vraiment être question de dignité humaine ? Sur le site internet de la FEPS en lien avec le communiqué de presse, on pouvait voir une photo qui constituait un véritable sarcasme : de beaux sièges, propres et vides, dans un avion agréablement éclairé. N'aurait-il pas été plus honnête de présenter la réalité de ces renvois forcés : un homme bâillonné, pieds et poings ficelés, attaché à son siège, muni d'une couche-culotte pour ne pas déranger le vol par ses besoins naturels… Y avait-il au moins à la FEPS une véritable conscience du dilemme, notamment par rapport à ce qui est dit au point 6 des *Objectifs de législature 2011–2014* ? Pourquoi n'était-il nulle part thématisé ? Comment la décision avait-elle été prise ? Le Conseil de la FEPS avait-il demandé conseil à l'Institut de théologie et d'éthique sur les enjeux éthiques ? Pourquoi le Conseil, qui sinon aime tellement organiser des consultations sur toutes sortes de thèmes, n'en avait-il pas lancé sur un tel sujet ? Y avait-il eu des contacts avec des collaboratrices et collaborateurs d'organismes ecclésiaux qui travaillent au quotidien avec des requérants d'asile et des réfugiés ? Mais avant tout : le Conseil avait-il réfléchi, un instant au moins, à la possibilité de dire : « Non, on ne peut parler de dignité humaine et de droits fondamentaux dans les renvois forcés et, en guise de protestation, nous n'assumons pas ce contrôle, parce que nous ne voulons pas légitimer les renvois forcés par notre collaboration » ? Cette manière de faire aurait pu être une manière d'assumer le ministère prophétique du veilleur. Mais la décision d'observer les renvois forcés donnait soudain une tout autre connotation à la « fonction de surveillance », celle du surveillant. Le cadre juridique, en effet, ne permettait qu'une fonction très limitée : celle de veiller à ce que tout se déroule dans les règles. Il n'était pas question de réfléchir au bien-fondé de ces mesures de renvoi, ni de surveiller ce qui se passait avec ces êtres humains avant la mesure appliquée, dans la manière de traiter le dossier d'asile, ni après, pour savoir ce qu'il pouvait advenir de ces êtres humains une fois refoulés.

À la suite de toutes ces questions critiques, la FEPS a publié un document pour justifier sa décision, intitulé *Au service des personnes et non de la loi. 10 questions – 10 réponses autour de l'observation des renvois forcés*. Quelle ne fut pas ma surprise de voir que, pour répondre à la question 4 : « Quels sont les buts poursuivis par la FEPS à travers sa participation ? », le document pouvait s'en référer directement à la même « fonction de surveillance » que dans les objectifs de législature, donc au *Wächteramt* ! « L'instrument de contrôle s'inspire d'une idée très ancienne de la définition des rapports entre l'Église et l'État. Se fondant sur la tradition prophétique de l'Ancien Testament, les protestants estiment que l'Église est investie d'une mission publique et doit exercer une fonction de surveillance prophétique ou politique. » Le propos est ensuite justifié par une citation de Bonhoeffer. Ainsi, le document identifiait l'observation des renvois forcés avec l'accomplissement du ministère prophétique du veilleur.

À mes yeux, cette manière de faire constitue un abus du ministère en question. Je ne peux guère imaginer que les prophètes vétérotestamentaires se seraient contentés d'observer le déroulement des opérations, en prenant des notes pour un futur rapport à livrer à l'office fédéral. Certes, il est souhaitable que des rapports de confiance et de loyauté réciproques s'établissent entre les Églises et l'État. Mais cela ne doit pas se faire au prix du souci critique de la justice et de la dignité dans la coexistence humaine, aussi difficile soit-elle. Dans ce sens, il me paraît difficile, voire impossible de découvrir une compatibilité entre ce qui est dit de la « fonction de surveillance » au point 6 des objectifs de législature et la manière dont elle est associée à la fonction de surveillance des procédures fédérales de renvoi, sans que soit posée la question du droit et de la justice en soi à l'égard de ces êtres humains traités indignement. Ce serait là, me semble-t-il, la tâche centrale du ministère prophétique du veilleur, en conformité avec les prophètes de l'Ancien Testament !

La même tension s'est dégagée en juin dernier en lisant la lettre publiée par la FEPS, en coopération avec les autres Églises et communautés religieuses à l'occasion du dimanche et du sabbat des réfugiés. Ce document s'ouvre par une citation de He 13,2 : « N'oubliez pas l'hospitalité, car, grâce à elle, certains, sans le savoir, ont accueilli des anges. » Plus tard, dans le texte, ce passage est commenté de la manière suivante, en lien direct avec les réfugiés :

> Il se dit souvent que des requérants d'asile exploitent notre hospitalité, en abusent et ne se comportent pas comme des invités. Cela arrive, c'est le risque que nous encourons en tant qu'hôtes. Mais personne ne dit que les requérants d'asile sont ces anges qui nous honorent en tant qu'invités. Cela arrive, dit l'Épître aux Hébreux, et c'est aussi le risque que nous encourons en tant qu'hôtes. Penser qu'il pourrait s'agir d'anges est aussi une voie pour rencontrer des êtres humains étrangers. Précisément parce que les anges ne se font pas connaître, nous ne pouvons en réalité faire autrement que de le penser de tout être humain qui nous demande l'hospitalité.

Un tel texte laisse songeur quand on se souvient des renvois forcés : les observateurs désignés pour accompagner les vols spéciaux auraient donc veillé, tels des prophètes, à ce que l'on refoule les anges, bâillonnés et ficelés, conformément aux règles de droit, dans la dignité et le respect…

En guise de conclusion

L'exemple traité dans ma seconde partie montre qu'est loin d'être clair ce que signifie concrètement la référence à un ministère de vigilance prophétique. Il n'est pas à l'abri d'usages abusifs, et il serait donc important de le définir plus précisément et d'en fixer les conditions, les règles et les limites. Mes quelques réflexions ne sauraient y prétendre, mais se contentent d'y rendre attentif. L'élaboration d'une théorie critique de ce ministère pourrait-elle constituer une tâche stimulante pour un futur professeur d'éthique retraité ? La tâche du veilleur demeure, et comme nous le disions au début, aux confins de la nuit et du jour, elle est sans cesse à remettre sur le métier, sans garantie, exposée à tous les risques. Peut-être qu'un petit manuel pourrait s'avérer utile…

Aussi parce que cette tâche s'avère épuisante. Il ne faut jamais cesser de veiller, et malgré tout l'espoir des aurores, il reste que la nuit revient sans cesse, comme le dit notre texte d'Ésaïe. Si bien que la vigilance tient d'un exercice de patience. La poétesse allemande Hilde Domin l'exprimait dans un petit poème, très simple, mais précisément très parlant par cette simplicité même :

Ne pas se fatiguer
mais tendre la main
doucement
au miracle
comme à un oiseau.[18]

De manière plus crue, un dessin venu de Russie exprime le même message pour la grenouille en situation désespérée : « Surtout ne jamais capituler », et saisir le danger par la gorge…

« Surtout ne jamais capituler »
Dessin anonyme

---

18 Hilde DOMIN, *Nicht müde werden*, in : ID., *Gesammelte Gedichte*, Frankfurt am Main : Fischer, 1987, 294 : « Nicht müde werden / sondern dem Wunder / leise / wie einem Vogel / die Hand hinhalten. »

Wie politisch darf und soll die Kirche sein?
Zehn Thesen

[2015–2018]

1. In einem grundsätzlichen Sinne (auf Griechisch: *polis*, Stadtwesen, und von dort her Staatswesen) kann Kirche gar nicht nicht politisch sein; sie ist es auch, wenn sie behauptet, Kirche habe nichts mit Politik zu tun oder sie müsse sich auf religiöse Fragen konzentrieren.
2. Der Grund dafür ist, dass ihre Hauptaufgabe, die vielfältige Verkündigung und Bezeugung des Evangeliums in der heutigen Welt, immer gesellschaftsrelevant ist.
3. Es kann nicht darum gehen, das Politische religiös zu besetzen; die politische Verantwortung vollzieht sich im öffentlichen Raum, der säkular ist, säkular bleiben muss, und darin ist die Kirche eine Stimme unter anderen, mit anderen.
4. Zuerst tragen die Christ/-innen die Verantwortung, sich aus ihrer Glaubensmotivation heraus als Bürger/-innen politisch zu engagieren; die Kirche kann ihnen diese Verantwortung nicht abnehmen, sondern sie ihnen immer wieder bewusst werden lassen und ihnen bei der Wahrnehmung dieser Verantwortung behilflich sein, indem sie die politischen Implikationen des Evangeliums erörtert.
5. Deshalb ist die Kirche keine Partei und gibt keine Parolen heraus, sondern ist für alle ihre Mitglieder da, in deren unterschiedlichen Art, politische Verantwortung wahrzunehmen; sie sorgt dafür, dass die verschiedenen Positionen innerhalb ihrer möglichst fruchtbar miteinander ins Gespräch kommen, auch wenn es manchmal zu heftigen Auseinandersetzungen kommt (gesunde Konfliktkultur).
6. Wenn das gesellschaftlich-politische Zusammenleben in Gefahr ist, weil Grundrechte verletzt, ethische Werte missachtet, Kleine ausgegrenzt werden, muss die Kirche als Institution Stellung beziehen, das Übel beim Namen nennen und ihre theologisch-politische Überzeugung zum Ausdruck bringen.
7. Wer hier im Namen der Kirche spricht, darf sie nicht verallgemeinernd in Anspruch nehmen, sondern muss sie klar von Fall zu Fall als konkrete Instanz in konkreter Situation bezeichnen.
8. Kirche erfüllt in diesem Sinne ein prophetisches Wächteramt, indem sie «in der Ausrichtung aller Lebensbereiche am Evangelium […] für die Würde des

Menschen, die Ehrfurcht vor dem Leben und die Bewahrung der Schöpfung» eintritt.[1]

9. Wenn alle rechtlich gewährten Protestmöglichkeiten ausgeschöpft sind, kann die Kirche in die Lage kommen, «nicht nur die Opfer unter dem Rad zu verbinden, sondern dem Rad selbst in die Speichen zu fallen»[2]; das heisst etwa: dem Staat gegenüber zivilen Ungehorsam ausüben, als kritische Loyalität, die den Staat an seine rechtlich-ethischen Verpflichtungen erinnert (z. B. Kirchenasyl).

10. Die Kirche weiss, dass es in der Politik nicht darum geht, das Reich Gottes zu verwirklichen; sie betet «Dein Reich komme» und setzt sich für Gerechtigkeit, Frieden und Bewahrung der Schöpfung ein (*ora et labora*); sie übt sich dabei in Humor, als Weisheit, beides angemessen in Beziehung zu setzen und zugleich voneinander zu unterscheiden, und das eine zu tun und das andere nicht zu lassen ...

---

1 *Kirchenordnung der Evangelisch-Reformierten Landeskirche des Kantons Zürich*, 2009, Art. 4,2. Diese Aufgabe wird in Art. 65,4 noch präzisiert: «Die Landeskirche nimmt das prophetische Wächteramt auch in ihrem diakonischen und seelsorgerlichen Handeln wahr. Sie benennt Ursachen von Unrecht und Leid. Sie wirkt mit beim Suchen von Lösungen und stellt sich in den Dienst der Vermittlung.»

2 Dietrich BONHOEFFER, Die Kirche vor der Judenfrage, in: DERS., *Werke*, Bd. 12: *Berlin 1932–1933*, München: Kaiser, 1997, 349–358, hier 353. In diesem im Juni 1933 veröffentlichten Aufsatz unterscheidet Bonhoeffer drei Möglichkeiten der kirchlichen Kritik an staatlicher Gewalt: «die an den Staat gerichtete Frage nach dem legitim staatlichen Charakter seines Handelns, das heisst die Verantwortlichmachung des Staates», «der Dienst an den Opfern des Staatshandelns» und, in der extremen Situation eines Versagens des Staates, die unmittelbar politische Möglichkeit, dem Rad des Staates «in die Speichen zu fallen» (ebd.).

Lettre de l'extérieur au ministre de l'Intérieur

[1998][1]

Monsieur le Ministre,

Dans un entretien publié par le journal *Réforme* du 9 juillet dernier[2], consacré au débat sur la procédure de régularisation des sans-papiers, vous avez critiqué l'attitude de l'Église réformée de France et en particulier la résolution du synode national de Nantes sur la question « Étranger, étrangers ». Votre prise de position a le mérite de la clarté, mais pas celui de la nuance, et c'est pourquoi je prends la liberté de vous écrire.

Toutefois, ai-je bien voix au chapitre ? Vous pourriez me reprocher de m'occuper de ce qui ne me regarde pas, puisque je ne suis pas Français, mais de nationalité suisse. Mais il se trouve que l'Église réformée de France m'a confié le mandat de rapporteur pour le synode national de Nantes, souhaitant que le synode travaille avec un étranger sur la question « Étranger, étrangers ». J'ai ainsi été amené à guider le travail du synode et la résolution issue des débats est une version discutée, amendée et révisée de mon premier projet de résolution. Vous comprendrez donc, j'espère, que je me sente pris à partie par vos remarques.

Au risque d'obtenir un carton rouge, je vais protester énergiquement contre le carton jaune que *Réforme* présente par vos propos aux protestants (c'est-à-dire, en l'occurrence, à l'Église réformée de France et en particulier au synode de Nantes et à sa résolution). Permettez-moi, dans ce sens, de préciser les points suivants.

---

1 En mai 1998, commémorant le quatre centième anniversaire de l'Édit de Nantes, le synode national de l'Église réformée de France avait adopté une résolution consacrée à la question « Étranger, étrangers ». J'avais été désigné rapporteur national pour le travail sur ce thème. Cette résolution prenait en considération les débats de l'époque sur la régularisation des sans-papiers et les occupations de temples qu'ils avaient occasionnées. Le ministre de l'Intérieur de l'époque, Jean-Pierre Chevènement, ayant massivement critiqué cette résolution, le Conseil national de l'Église réformée de France m'avait demandé de répondre à ses arguments.

2 « Carton jaune aux protestants », *Réforme*, n° 2778–2779 (9–22 juillet 1998), 1–2. L'entretien avec Jean-Pierre Chevènement ainsi que ma réponse ont suscité un intense courrier des lecteurs dans *Réforme* : cf. n° 2780 (23–29 juillet 1998), 6 et 8 ; n° 2782–2783 (6–19 août 1998), 6.

a) À juste titre, vous soulignez que l'accueil de l'étranger pose le problème de l'intégration, et je crois que la résolution de Nantes est tout entière traversée par ce souci. C'est pourquoi, lorsque vous dites : « J'aimerais que l'Église réformée sache faire rimer le devoir d'accueil avec le devoir d'intégration », je me demande comment vous avez lu la résolution. Si vous associez vraiment à cette résolution la politique de l'autruche et la « superbe négligence », je ne puis que vous inviter à la relire tranquillement et attentivement.

b) Il en va de même lorsque vous lui reprochez de ne prendre en considération « ni la réalité sociale du pays, ni la réalité des rapports Nord-Sud ». Quand je lis cette phrase, j'en viens à me demander si vous avez vraiment lu notre résolution. Vous voudrez bien excuser ce soupçon, car je sais qu'il n'est pas de mise – même de l'extérieur ! – de mettre ainsi en doute la bonne foi d'un ministre.

c) Par ce genre de remarques, vous faites peser sur les protestants et sur le synode de Nantes un lourd soupçon d'irresponsabilité. Nous aurions été à la recherche d'une « posture morale » sans souci réel de la justice, comme de simples « idéologues » perdant complètement le sens des réalités et qui, de plus, « se trompent de combat ». Certes, vous reconnaissez que nous répondons à une certaine sensibilité, mais pour souligner immédiatement que cette dernière est – à notre insu ? – exploitée par une « petite extrême gauche ». Ou voulez-vous même laisser entendre que le synode serait la forme ecclésiale de cette « petite extrême gauche » que vous semblez redouter partout ?

Je dois vous dire qu'à travers tout le processus synodal sur le thème de l'étranger et en particulier durant les trois jours du synode de Nantes, j'ai fait l'expérience d'une démarche sérieuse, responsable et lucide, avec des gens impliqués, soucieux des réalités de votre pays et de sa population, conscient des enjeux Nord-Sud, veillant à formuler une position réaliste. D'ailleurs, vos soupçons m'étonnent, puisque dans un autre contexte, il vous est arrivé de louer l'école de rigueur et d'exigence intellectuelle et morale que constitue la religion réformée. C'est ce que j'ai vécu à Nantes, et non pas ce que vous insinuez. Et c'est aussi de cette école que témoignent toutes celles et tous ceux qui, de jour en jour, accompagnent les grévistes de la faim au temple de Batignolles.

d) Mais j'en viens à votre thèse centrale : « Très franchement, dans une démocratie, l'appel à la désobéissance civile n'est pas responsable. » Ce point exige quelques clarifications. Précisons tout d'abord que la résolution de Nantes ne formule aucun appel à la désobéissance civile. Elle appelle les membres des Églises, dans l'exercice de leurs responsabilités civiques, à la *loyauté critique* à l'égard de l'État de droit, de sa constitution, de ses lois et de ses décisions. Loyauté, mais pas simplement soumission, loyauté soucieuse de rappeler à l'État ses principes fondamentaux, lorsqu'il faut estimer qu'il est en train de les trahir. C'est là le principe directeur que la résolution rappelle aux croyants, dans le cadre de leur double citoyenneté, spirituelle et séculière. Avec beaucoup de prudence, la résolution évoque la désobéissance civile comme une forme possible de cette loyauté critique, *en dernier recours*, lorsque toutes les autres possibilités sont épuisées. Il est des situations dans lesquelles il faut recourir à des actions non violentes de désobéissance pour réaffirmer la légitimité des principes fondamentaux, par loyauté à l'égard de l'État.

Mais vous semblez penser que cela est impossible dans une démocratie et qu'il faut toujours y respecter la loi républicaine. J'aimerais contester ce point, car un État démocratique n'est jamais parfaitement juste. Il n'est toujours que *presque juste*, ou pour le dire avec la célèbre boutade de Churchill, le pire des systèmes à l'exclusion de tous les autres ! Vous pourriez certes invoquer Rousseau et dire que la volonté générale ne se trompe jamais, mais je crois que sur ce point précisément, Rousseau se trompait. L'unanimité n'est pas garante du respect des droits fondamentaux : l'histoire nous en a donné de multiples exemples. C'est pourquoi la *Déclaration [française] des droits de l'homme et du citoyen* prévoit le droit de résistance à l'oppression, et cela peut aussi s'appliquer à la loi républicaine lorsqu'elle devient oppressive. Car la *Déclaration des droits de l'homme* précède la loi et donc prévaut contre elle. L'État démocratique de droit prévoit ainsi une limitation de la portée de la loi par rapport aux principes supérieurs qui la gouvernent, et la contestation loyale d'une loi ou d'une circulaire s'écartant de ces derniers n'a rien d'irresponsable, tout particulièrement en régime de démocratie. Nul besoin donc d'être sous le régime de Vichy ou celui d'Hitler pour avoir le droit de désobéir : les amalgames sont ici de votre côté.

Il existe bien sûr des formes de contestation déloyales, visant à déstabiliser l'État de droit au lieu de le renforcer. Il me semble d'ailleurs que c'est cela qui ne cesse de vous inquiéter. Je vous invite ici à faire cette nuance : le « résister » des protestants n'est pas un manque de loyauté irresponsable. Je crois savoir qu'en ce qui concerne les personnes sans papiers du troisième collectif et les grévistes de la faim, ils ont cherché à établir et à construire le dialogue avec vos services, ils ont persévéré dans l'effort de négociation, de médiation, et ils sont prêts à continuer. C'est là l'esprit de la résolution de Nantes, et non la sourde sédition que vous supputez.

e) Permettez-moi encore un dernier élément : vous notez « avec satisfaction » que la résolution de Nantes se sait « fragile et imparfaite », mais c'est pour renchérir d'emblée en la déclarant « vraiment très fragile et vraiment très imparfaite ». Très franchement, je trouve cette relecture peu loyale. En effet, si nous avons souligné le caractère fragile et imparfait de notre prise de position, c'est pour une raison qui est à l'exact inverse de ce que vous lui reprochez. C'est parce que nous avons pris en considération la difficulté des problèmes et que nous savions que, dans cette matière difficile, il ne pouvait y avoir de parole dernière, ultime. « Le travail continue » : tel est le titre de notre envoi, soulignant qu'il faut persévérer dans le refus des simplifications hâtives. C'est pourquoi je proteste aujourd'hui contre les vôtres.

Mieux vaut avoir l'humilité de reconnaître le caractère imparfait, provisoire et révisable de nos solutions. N'est-ce pas le principe fondamental du réformisme ? À trop vouloir faire de nos solutions le « nec plus ultra », on se crispe et on n'entend plus les interpellations, les discréditant d'emblée comme extrémistes. Cela me semble être le cas chez vous dans votre obstination à refuser toute révision des critères de la régularisation des sans-papiers. Peut-on avouer en politique – dans votre politique – qu'on ne maîtrise pas tous les effets de ce que l'on avait prévu, qu'on a pu se tromper et qu'il est possible de réadapter certaines solutions sans perdre la face ? Beaucoup de voix vous le demandent aujourd'hui de manière pressante.

Einige unzeitgemässe Überlegungen zur leistungsorientierten Mittelverteilung und zu Verwandtem
Abschiedsbrief eines aus dem Amt scheidenden Dekans an die Universitätsleitung

[2004]

Zürich, den 5. März 2004

Lieber Herr Rektor, liebe Herren Prorektoren, liebe Kollegen/-innen

In einem Brief vom 29. Oktober 2003 informierte Prorektor Hans Caspar von der Crone die Dekane der Fakultäten über die ersten Reflexionen einer Projektgruppe zum Thema «leistungsorientierte Finanzierungsmodelle der Fakultäten», in Verbindung mit einer Weiterentwicklung der Akademischen Berichte. Betont wird dabei, dass ein fakultätsspezifisches Vorgehen sinnvoll sei und deshalb jede Fakultät ein eigenes Modell erarbeiten könne, dass sich aber die Universitätsleitung das Recht vorbehalte, auf die Modelle Einfluss zu nehmen und sie zu vereinheitlichen, wobei jedoch im Moment die Frage eines fakultätsübergreifenden Modells nicht zur Diskussion stehe und deshalb die von den Fakultäten entwickelten Modelle keinen Einfluss auf die Mittelverteilung auf die Fakultäten hätten.

Die Fakultäten wurden im Brief zwar nicht direkt aufgefordert, die Frage zu besprechen und Stellung zu nehmen. Das Thema schien mir jedoch wichtig genug, um in einer Fakultätsversammlung traktandiert zu werden. Die Besprechung hat in der Sitzung vom 21. November 2003 stattgefunden. Es kam dabei Folgendes heraus:

a) Die Fakultätsversammlung der Theologischen Fakultät kann gut nachvollziehen, dass sich die leistungsorientierte Mittelverteilung in einzelnen Fakultäten rechtfertigt (die Schwierigkeit der Medizinischen Fakultät mit der Unterscheidung von Leistungen für die Spitäler und Leistungen für Forschung und Lehre leuchtete ein).

b) Sie möchte jedoch für die Theologische Fakultät prinzipiell auf leistungsorientierte Mittelverteilung verzichten und beim jetzigen Modell der Mittelverteilung bleiben.

c) Sie wünscht nicht, dass das Modell der leistungsorientierten Mittelverteilung fakultätsübergreifend wird.

Folgende Gründe wurden bei der Diskussion erwähnt:

Die Fakultät bildet zur Zeit von ihrem Umfang und ihrer Ausrichtung her eine gute Arbeits- und Forschungsgemeinschaft, und dieser Zusammenhalt ist für die Fakultät und ihr Arbeitsklima wichtig; in diesem Rahmen ist eine gesunde Konkurrenz auch durchaus möglich, etwa in der Erwerbung von kompetitiven Drittmitteln, an der sich die Fakultät auch aktiv beteiligt. Mit der Einführung leistungsorientierter Mittelverteilung könnte in der Fakultät eine ungesunde Konkurrenz auftreten, die ihren Zusammenhalt stark stören, ja zerstören könnte.

Die Fakultät ist überhaupt nicht davon überzeugt, dass die Verknüpfung von Leistung und Mittelverteilung die angemessene Strategie für die Motivation zur Qualität ist. Sie stiftet eine *Pay for Performance*-Stimmung, die sich längerfristig eher negativ auswirken könnte.

Ich bekam damals als Dekan den Auftrag, diese Meinung der Universitätsleitung weiterzuleiten. Da ich es nicht kommentarlos machen wollte, sondern einige persönliche Gedanken beifügen wollte, zeitlich aber nicht gleich dazu kam, blieb die Sache zunächst bei mir liegen. Der Brief wurde dann begonnen und im Laufe des Wintersemesters mehrmals wieder unterbrochen. Erst jetzt komme ich dazu, ihn abzuschliessen, nachdem ich nun seit fünf Tagen Altdekan bin! Dieser Brief wird somit zum Abschiedsbrief eines aus dem Amt scheidenden Dekans. Obschon er kritische Anfragen enthält, soll er auch ein Zeichen meiner Dankbarkeit sein für die gute Zusammenarbeit im Laufe der vergangenen zwei Jahre.

Was ich persönlich der kurzen Stellungnahme der Fakultät beifügen möchte, sind folgende Gedanken (die natürlich nur mich verpflichten, und nicht die gesamte Fakultät).

1. Sinngemäss steige ich bei der Theologie ein. Im Umgang mit weltlichen Angelegenheiten muss sie darum besorgt sein, die Unterscheidung zwischen dem Letzten und dem Vorletzten einzuschärfen, immer wieder kritisch zu überlegen, was letztlich gilt. Biblisch-christlich gesehen kann jedoch Leistung sicher nicht das Letztgültige sein, sondern höchstens ein Vorletztes unter anderem. Das brauche ich einem Rektor, der Neutestamentler war und immer noch ist, nicht lang und breit auszuführen. Zwar gilt gewiss der Aufruf, verantwortungsvoll mit den anvertrauten Talenten umzugehen (vgl. Mt 25,14–30; Lk 19,11–27). Aber dass wir letztlich nicht durch Leistungen, durch Werke, durch Rankings gerechtfertigt werden, gehört zum Grundtenor der neutestamentlichen Botschaft (vornehmlich beim Apostel Paulus). Freilich gilt diese Aussage zuerst vor Gott als der letzten Instanz. Aber dürfte das, sollte das nicht auch etwas abfärben auf den Umgang mit weltlichen Instanzen, in einer kritischen Distanz gegenüber Leistungszwängen? Leistung als ein vorletztes Kriterium unter anderen, immer relativen Kriterien, das dürfte unumstritten sein, auch in unserer Fakultät; aber nicht als eine heilige Kuh eines jeglichen Managements, ob universitär oder ausseruniversitär.

2. Man müsste sich auch über die politischen Zugehörigkeiten ein paar Gedanken machen. Ich gehe wohl nicht fehl in der Annahme, dass leistungsorientierte Mittelverteilung nicht ein sehr linkes Modell ist, sondern eher rechts, beim neoliberalen *New Public Management* angesiedelt. Dennoch könnte man sich fragen, ob dieses Prinzip nicht gerade an der schlimmsten Form des sowjetischen Arbeitskultes anknüpft, am sogenannten *Stachanowismus*. Am 30./31. August 1935 gelang es einem Kohlenbergarbeiter, Alexei Grigorjewitsch Stachanov, mit seiner Mannschaft 102 Tonnen Kohle aus dem Bergwerk herauszugraben, siebenmal mehr als die übliche Tagesmenge. Er wurde daraufhin als Arbeitsheld gefeiert, und in seinem Namen wurden jahrzehntelang den fleissigen Arbeitern Medaillen vergeben. Leistungsorientierte Mittelverteilung als universitärer Stachanowismus?

Ich weiss zwar, dass dieser Leistungskult nicht spezifisch sowjetisch war, sondern auch im kapitalistischen Amerika verbreitet war (und weiterhin ist). Hierzulande kann man das beobachten, wenn man in McDonald-Küchen arbeitet (das kommt ja bei unseren erwerbstätigen Studierenden manchmal vor). Da wird noch die oder der leistungsfähigste Angestellte der Woche oder des Monats auserkoren und auf einem aufgehängten Schild bekanntgegeben. Mit etwas Fantasie könnte man sich das ja auch an der Universität vorstellen. Die Mitteilungen könnten, schön umrahmt, in den Gängen des Hauptgebäudes angebracht werden:

«Wir gratulieren Herrn Prof. N.N., der in dieser Woche die höchste Anzahl von Dissertationsgutachten verfasst hat.»

«Wir gratulieren Herrn Prof. N.N., Dekan der N.N. Fakultät, der in diesem Monat am meisten Sitzungen in der kürzesten Zeit geleitet hat.»

«Wir gratulieren Frau N.N., Assistentin, die in einem Tag die grösste Anzahl von Anmerkungen im Buch ihres Professors redigiert hat.»

«Wir gratulieren Frau N.N., Sekretärin, die ihrem gestressten Dekan für die Unterschrift eines Briefes am schnellsten von allen nachgerannt ist.»

Und in ein paar Semestern würde man etwa melden können:

«Wir gratulieren Frau N.N., Studentin der N.N. Fakultät, die in dieser Woche am meisten ECTS-Kreditpunkte gesammelt hat.»

«Wir gratulieren Herrn N.N., Elektroniker, dem es in dieser Woche gelungen ist, in der Rekordzeit von x Stunden eine Panne des ECTS-Informatik-Systems zu beheben.»

3. Etwas philosophischer und deshalb auch etwas ernsthafter ist folgende Frage: Man will mit Leistungsorientierung Qualität fördern und sichern. Aber ist man denn so sicher, dass dieses Verhältnis so linear stimmt? Leistung beträgt an sich eine quantitative Dimension. Das zeigt sich auch im Brief vom 29. Oktober 2003. Es wird dort zwar betont, dass auch qualitative Indikatoren mit einbezogen werden sollen. Die sieben vorgeschlagen Standardindikatoren sind aber eindeutig quantitativ, und auf eine solche Quantifizierung ist auch die Neugestaltung der

Akademischen Berichte angelegt. Doch machen uns die Philosophen auf den Unterschied zwischen Quantität und Qualität aufmerksam. Indem man Quantitäten misst, hat man noch nicht Qualität gesichert. Ein einfaches Beispiel, in Verbindung mit dem zweiten Standardindikator: Erbringt ein Professor, der zwanzig Doktorierende hat, sie aber äusserst oberflächlich betreut, eine grössere Leistung als einer, der fünf Doktorierende hat, sie aber sehr intensiv betreut? Mit quantitativen Indikatoren wird noch keine Qualität gemessen.

4. Wie das auch in der kurzen Stellungnahme der Fakultät betont wird (vgl. oben), stellt die leistungsorientierte Mittelverteilung auch ein Mentalitätsproblem. Um nicht nur theologisch oder philosophisch zu argumentieren, möchte ich mich hier durch eine betriebswirtschaftliche Arbeit inspirieren lassen. Es geht um die *Motivationskultur* einer Universität. In einem interessanten Buch zum Thema *Managing Motivation*[1] haben die zwei Zürcher Betriebswirtschaftswissenschaftler Bruno S. Frey und Margit Osterloh die lineare, als selbstverständlich betrachtete Beziehung von Motivation und Entlohnung problematisiert. Mit Leistungsanreizen ist zwar einiges zu erreichen, vor allem jedoch bei einfachen Tätigkeiten und bei Personen, die ausschliesslich an Gelderwerb interessiert sind. Man sollte und dürfte aber davon ausgehen, dass Universitätsforscher/-innen und -dozierende eine signifikant intrinsische Arbeitsmotivation haben, die sich nicht auf Entlohnung und auf finanzielle Anreize reduzieren lässt. Eine einfache *Pay for Performance*-Mentalität pervertiert, untergräbt diese intrinsische Leistungsmotivation. Deshalb müsste auf ganz andere Aspekte geachtet werden, wenn man dem komplexen Bezugsfeld einer universitären Arbeitsmotivation gerecht werden will. Bruno S. Frey und Margit Osterloh betonen eine Vielfalt von Motivationsinstrumenten: Partizipation, Kommunikation, Pflege der Arbeitsbeziehungen, Arbeitsgestaltung und vor allem Fairness.

5. Unter den Gründen, die dazu geführt haben, dass dieser Brief so spät fertig wird, ist der eine, dass ich in diesem Wintersemester das sehr aufwendige Selbstevaluationsverfahren der Fakultät leiten musste. Ich habe heute Nachmittag unseren 352-seitigen Bericht in der Evaluationsstelle abgegeben, und ich muss sagen, mit sehr zwiespältigen Gefühlen. Was wird damit geschehen, was wird daraus hervorgehen? Das wohl Sinnvollste am ganzen Verfahren war der Selbsterkenntnisvorgang: entdecken, was die Fakultät alles macht, und überlegen, ob das so richtig ist, was wir weiterhin wollen, wo unsere angemessenen Zielsetzungen liegen usw. Unsere 352 Seiten zeugen von einem unglaublichen Zwang zum quantifizierten Leistungsnachweis. Ich bin jedoch nicht überzeugt, dass das der frucht-

---

[1] Bruno S. FREY, Margit OSTERLOH, *Managing Motivation. Wie Sie die neue Motivationsforschung für Ihr Unternehmen nutzen können*, Wiesbaden: Gabler, ²2002.

barste Aspekt am Ganzen ist, so wie mir auch die Entwicklung der Akademischen Berichte in Richtung Quantifizierung unglücklich scheint. Leistungsorientierte Berichterstattung könnte ebenso problematisch werden wie leistungsorientierte Mittelverteilung, und das eine befördert die Problematik des anderen. Das ins Extrem getriebene Anhäufen von Leistungsdaten könnte sich schnell als sinnlos erweisen. Deshalb wird sich die Universitätsleitung darüber Gedanken machen müssen, was längerfristig mit den Evaluationsverfahren anvisiert ist. Die Evaluation wird evaluiert werden müssen, aber hoffentlich nicht nur quantitativ, auf ihre Leistungen hin, sondern qualitativ, auf ihren Sinn hin.

Um das Sinnproblem hier etwas humoristisch zum Ausdruck zu bringen, möchte ich mich auf einen Zeitungsartikel von Mathias Binswanger, Ökonom und Professor an der Fachhochschule Nordwestschweiz in Olten, beziehen.[2] Mathias Binswanger geht von der Wirtschaftstheorie von Keynes aus:

> Zu Zeiten der grossen Depression der dreissiger Jahre, als die Arbeitslosenquote in den Industrieländern zeitweilig die heute unvorstellbare Höhe von 25% erreichte, sah der grosse englische Ökonom John Maynard Keynes nur einen Weg, um die Wirtschaft anzukurbeln: staatliche Beschäftigungsprogramme. Dabei ging Keynes so weit, zu behaupten, dass auch vollkommen unproduktive und sinnlose Tätigkeiten in einer solchen Situation die Wirtschaft stimulieren und die Arbeitslosigkeit beseitigen können. Das von ihm erwähnte Beispiel ist ein staatliches Bauprojekt, bei dem Arbeiter Gräben ausheben und nachher wieder zuschütten. Auch wenn nichts gebaut wird, so führt das Programm doch dazu, dass die mit Staatsgeld bezahlten Arbeiter die Nachfrage erhöhen und so die Wirtschaft ankurbeln.

In einem kühnen Gedankengang wendet der Autor dieses Modell des Beschäftigungsprogramms der dreissiger Jahre auf neuere Programme an:

> Auch ein Grossteil des heute beim Staat so beliebten Qualitätsmanagements bzw. New Public Managements ist ein raffiniert getarntes Beschäftigungsprogramm. Das angebliche Heilmittel für mehr Qualität in Non-Profit-Organisationen ist gespickt mit Controlling-Werkzeugen, die den Tagesablauf und den Output der dort Arbeitenden bis ins Detail erfassen sollen. Eifrig werden Zielvereinbarungen ausgefüllt, Zahlen in Leistungserfassungssysteme eingetippt, Berichte geschrieben, Evaluationen abgegeben und Benchmarkings erstellt. Das klingt alles wunderbar, doch zum grössten Teil werden hier einfach Zahlen erhoben, verglichen und interpretiert, die nachher auf gigantischen Datenfriedhöfen enden. Die Sinnlosigkeit dieser im Rahmen des Qualitätsmanagements stattfindenden Tätigkeiten ist dadurch garantiert, dass man Qualität im Allgemeinen weder quantifizieren noch messen kann. Was ist die Qualität einer Schule, einer

---

2   Mathias BINSWANGER, Es lebe die Zwecklosigkeit, *Weltwoche* 8 (2004), 68–69.

Universität, eines Spitals oder einer Gemeindeverwaltung? Darüber lässt sich endlos diskutieren, stets lassen sich noch raffiniertere Indikatoren entwickeln und messen, was schnell zu einem nie endenden Leerlauf wird. Und je mehr Zeit man auf das Qualitätsmanagement verwendet, umso weniger Zeit bleibt für die Ausübung der Tätigkeit, deren Effizienz verbessert werden soll.

Was ist nun mit unserem mit viel Aufwand *geleisteten* Selbstevaluationsbericht? Haben wir einen Graben ausgehoben, und wer wird ihn wieder zuschütten? Oder anders gefragt: Wird der Bericht zum grössten Teil auf einem Datenfriedhof in der Evaluationsstelle enden?

Mathias Binswanger fügt in seinem Artikel folgende Bemerkung hinzu: «Dass der Staat für sinnlose Dinge viel Geld ausgibt, ist nicht die Erfindung von Keynes. Schon der Turm von Babel war ein sinnloses Prestigeprojekt, dem unzählige weitere folgen sollten.» Damit wären wir wieder bei einem biblischen Stoff, und bei der Theologie, mit ihrer Sorge um letzte Sinnlosigkeiten. Damit lässt sich gut schliessen!

Mit bestem Dank und freundlichen Grüssen

Pierre Bühler, Altdekan

Über den Punkten

[2010]

Über den Wolken	**Über den Punkten**
Reinhard Mey	Coverversion Pierre Bühler
Wind Nord-Ost, Startbahn 03	UZH, Kirchgasse 09
Bis hier hör ich die Motoren	Bis hier hör ich die Professoren
Wie ein Pfeil zieht sie vorbei	Wie ein Pfeil zieht der Stoff vorbei
Und es dröhnt in meinen Ohren	Und es dröhnt in meinen Ohren
Und der nasse Asphalt bebt	Und der grosse Druck entsteht
Wie ein Schleier staubt der Regen	Wie ein Schleier staubt das Wissen
Bis sie abhebt und sie schwebt	Bis es abhebt und es schwebt
Der Sonne entgegen	Dem Master entgegen
Refrain	*Refrain*
Über den Wolken	Über den Punkten
Muss die Freiheit wohl grenzenlos sein	Muss die Freiheit wohl grenzenlos sein
Alle Ängste, alle Sorgen, sagt man	Noten und Leistungsnachweise, sagt man
Blieben darunter verborgen, und dann	Blieben darunter verborgen, und dann
Würde, was uns gross und wichtig erscheint	Würde, was als grosser Kredit erscheint
Plötzlich nichtig und klein	Plötzlich nichtig und klein
Ich seh ihr noch lange nach	Ich seh ihnen noch lange nach
Seh sie die Wolken erklimmen	Seh sie die Gedanken erklimmen
Bis die Lichter nach und nach	Bis die Ideen nach und nach
Ganz im Regengrau verschwindet	Ganz im Prüfungsgrau verschwinden
Meine Augen haben schon	Meine Augen haben schon
Jenen winzigen Punkt verloren	Den ECTS-Punkt verloren
Nur von fern klingt monoton	Nur von fern klingt monoton
Das Summen der Motoren	Das Brummen der Professoren

Refrain

Dann ist alles still, ich geh
Regen durchdringt meine Jacke
Irgend jemand kocht Kaffee
In der Luftaufsichtsbaracke
In den Pfützen schwimmt Benzin
Schillernd wie ein Regenbogen
Wolken spiegeln sich darin
Ich wär' gern mitgeflogen

Refrain (2-mal)

Refrain

Dann ist alles still, ich geh
Bücher füllen meine Mappe
Irgend jemand kocht Kaffee
In dem Studierendenfoyer
Ins SAP mit Log-in
Module wie ein Regenbogen
Punkte spiegeln sich darin
Hoffe, bin nicht rausgeflogen

Refrain (2-mal)

Manne power : éthique et toc
Un entretien avec Jean-Luc Wenger[1]

[2014]

Introduction

Craignant que les financements privés de l'université nuisent à l'indépendance scientifique, des profs et des étudiants zurichois lancent un appel national et international. À l'origine de ce mouvement de révolte, un don de 100 millions promis par UBS, qui cherche à reblanchir son blason.

Né en 1950 à Tramelan dans le Jura bernois, Pierre Bühler a étudié à Lausanne et Zurich, puis enseigné à Neuchâtel. Depuis 1997, il est professeur de théologie à l'Université de Zurich. Et il n'apprécie guère que les marchands envahissent le temple du savoir.

Pourquoi ce débat sur le sponsoring des chaires universitaires ?

Le déclencheur a été le contrat passé en avril 2012 entre l'Université de Zurich (UZH) et l'UBS. Un accord dans lequel l'UBS promettait un don de 100 millions. À la clé, le financement d'un auditoire, le UBS International Center Lecture Hall, et de chaires d'enseignement. Le rectorat voulait rester le plus discret possible sur le sujet, mais les professeurs et les étudiants ont vite manifesté leur curiosité et leur mauvaise humeur. Le rectorat est passé outre.

Vous avez alors lancé l'Appel de Zurich.

C'est ma collègue Ursula Pia Jauch, professeure de philosophie, qui m'a sollicité. J'ai participé à l'élaboration du texte, terminé en décembre 2012 et signé d'abord par 27 personnes. Il s'est vite transformé en un Appel international pour la préservation de l'indépendance scientifique. Nous avons recueilli aujourd'hui près de 1 600 signatures. Ce que nous souhaitons, c'est que la Confédération se prononce sur ce type de financement privé. Elle a dû le faire pour les écoles polytechniques fédérales (EPF), à la suite d'autres pressions.

---

1 L'introduction et la conclusion de l'entretien sont de Jean-Luc Wenger.

Quel a été l'impact de votre action ?

Le but était d'en discuter avec Johann Schneider-Ammann, chef du Département fédéral de l'économie, de la formation et de la recherche. Nous avons pu le faire en juillet 2013 : une rencontre tripartite a réuni le conseiller fédéral, les recteurs des Universités de Bâle et de Zurich, et une représentation de l'Appel. Le ministre a promis d'en parler aux autorités cantonales responsables des universités, mais il ne s'est rien passé. Les recteurs des Universités de Bâle et de Zurich ont revendiqué le droit de se financer comme ils l'entendent.

Pourtant, le contrat avec UBS a été dévoilé ?

À la suite de pressions de journalistes de la Wochenzeitung et de Die Zeit, l'UZH a en effet dû publier, en février 2013, le tiers des clauses du contrat : un texte sérieusement caviardé, donc. Mais c'était déjà une petite victoire. Aujourd'hui, le contrat est connu à 90 %. Et l'auditoire UBS, finalement, ne se fera pas.

Dans votre texte, vous regrettez notamment que le logo UBS trouve sa place à l'université.

À cause de ses activités douteuses par le passé, UBS pâtit d'une image détériorée. Avec ce don, la banque cherche à se refaire une réputation. C'est une sorte de blanchiment d'image. Nous avons l'impression que l'UZH a été instrumentalisée.

Vous poursuivez votre combat ?

Bien sûr. Nous voudrions que soit formulé un code déontologique, si possible fédéral, sur le partenariat public-privé. C'est un problème général. Ce qui nous importe, c'est que l'université reste un bien public. Nous voulons éviter ce qui se passe aux États-Unis… Nous demandons que la part des fonds tiers respecte un certain ordre de grandeur par rapport à ceux de l'État. Et nous voulons de la transparence !

Quelle est la position du nouveau recteur de l'UZH ?

Entré en fonction le 1er février [2014], il a abordé le sujet à l'occasion du *Dies academicus* le samedi 26 avril. Suisse d'origine, il est imprégné par la culture étatsunienne… Pour lui, le financement privé est souhaitable à quatre conditions : que la liberté académique soit respectée, que le financement soit cohérent du point de vue de la stratégie de l'université, qu'il renforce la réputation de celle-ci et qu'il y ait transparence sur les clauses du contrat. C'est un premier pas, mais ce n'est pas suffisant. Il ne dit rien sur les procédures de décision, ni sur l'attribution des fonds entre les facultés et les instituts, ni non plus sur la manière de préserver la part publique de l'université.

Et la suite ?

Nous restons inquiets. Récemment, le groupe Richemont s'est engagé à sponsoriser l'EPFL sur le site de Neuchâtel, où onze chaires sur douze sont déjà financées par des privés. C'est la méthode de Patrick Aebischer[2]. Problème : l'enseignement et les recherches vont-elles favoriser l'industrie du luxe ? Je n'ai pas la réponse, mais je doute que la question ait été posée. Patrick Aebischer critiquait Zurich et le don de l'UBS, mais il fait pareil. En définitive, ce sont la responsabilité et le rôle critique de l'université qui est en jeu.

Comment définissez-vous ce rôle ?

L'université n'est pas là simplement pour rendre service à l'industrie et au commerce : elle doit pouvoir continuer d'assumer sa fonction critique à l'égard de la société et de ses agents, économiques notamment.

Conclusion

Disons-le, Pierre Bühler et les autres signataires de l'Appel sont gravement paranoïaques. Car enfin, il est évident qu'un professeur dont la chaire est payée par une certaine entreprise, sous un rectorat généreusement arrosé par la même entreprise, peut se montrer très critique envers l'entreprise en question… Non ?[3]

---

2   Président de l'École polytechnique fédérale de Lausanne (EPFL) à l'époque.
3   La semaine suivante, le même rédacteur a repris le thème de l'entretien, en réagissant à la révélation d'autres accords de financement d'institutions universitaires, notamment un contrat liant Nestlé à l'EPFL, portant sur 10 millions de francs par année et accordant au géant de l'alimentaire un droit de regard sur la nomination des professeurs de l'Institute of Health Sciences. Cf. Jean-Luc WENGER, « Qui paie commande », *Vigousse. Le petit satirique romand* (16 mai 2014), 5.

Histoires de lumières

[2014]

Mi-décembre. Quatre enfants, deux filles, Nathalie et Noura, et deux garçons, Nolan et Nathan, rentrent de l'école, en fin d'après-midi. La nuit tombe tôt, et les rues resplendissent des illuminations de Noël.

« – Tu es chrétien, toi, non, Nolan ?, demande Nathan. Peux-tu m'expliquer ce que signifient toutes ces lumières ?

– Ma famille ne va plus à l'église, répond l'interpellé, mon père s'énerve chaque année à cause de l'énergie dépensée. Il dit que c'est seulement pour faire des affaires qu'on rappelle tout ce kitsch de Noël ! »

Mais Nathalie intervient : « Eh ! Il y a tout de même une signification plus profonde ! On en a parlé au culte de l'enfance : les textes du Nouveau Testament disent de Jésus qu'il est la lumière venue dans le monde, mais que le monde l'a rejetée. C'est pourquoi, la fête de la naissance de Jésus est une fête de la lumière. »

Elle se tourne vers Nathan :

« – Mais chez vous, il y a aussi quelque chose avec la lumière, car j'ai vu par la fenêtre que vous allumez des bougies sur un chandelier.

– Oui, répond Nathan, nous sommes d'origine juive, et à cette période, nous avons, pendant huit jours, la fête des lumières. En hébreu : *Chanoukka*, ce qui veut dire inauguration ou dédicace. On célèbre un moment dans l'histoire ancienne d'Israël : un roi syrien avait profané le temple de Jérusalem, puis on a de nouveau pu le dédier à Dieu.

– Mais, quel est le lien avec la lumière ?, demande Noura.

– Il y a eu un miracle avec une fiole d'huile : il y avait une réserve d'huile pour un seul jour, et la lampe a brûlé pendant huit jours.

– Deux religions, dit Nathalie, et elles ont les deux une fête de la lumière à la même période ! »

Elle s'adresse à Noura : « Et toi, je t'ai vue avec ta maman récemment, il me semble que vous êtes musulmans, est-ce juste ? »

Noura acquiesce, et Nathalie demande :

« – Est-ce que vous avez aussi une fête de la lumière ?

– Non, répond Noura, je ne crois pas, mais est-ce que vous savez ce que signifie mon prénom en arabe ? La lumière ! Il est en lien avec la sourate 24, dans le Coran, qu'on appelle la sourate de la lumière. Ce que vous, chrétiens, dites de Jésus, le Coran, à cet endroit, le dit d'Allah : il est la lumière des cieux et de la terre. »

Après un silence, Nathan demande : « Est-ce que vous avez compris pourquoi la maîtresse n'a pas voulu qu'on parle de tout ça en classe, l'autre jour ? » Nolan répond :

« – J'en ai parlé avec ma mère. Il semble que c'est aussi une histoire de lumière : au XVIIIe siècle, on a dit que la raison humaine était la seule vraie lumière. C'est pourquoi ce siècle s'appelle le siècle des Lumières. Les religions furent accusées d'être fanatiques et barbares. Alors, on a dit qu'il fallait les sortir de l'école, que l'école devait être laïque, neutre, pour qu'on puisse être tolérant, se respecter les uns les autres.

– Mais, demande Noura, n'est-ce pas une conception étroite de la tolérance ? Comment pouvons-nous nous respecter les uns les autres, si nous ne pouvons pas apprendre à nous connaître les uns les autres ? »

Il n'y eut pas de réponse à cette question pertinente. Leurs chemins se séparaient. « À demain ! »

Eine andere Fassung von Lessings Ringparabel

[2010]

Ein Vater hatte fünfzehn Kinder (mit der Zeit sind es halt mehr als drei geworden, und auch nicht nur Söhne, sondern auch Töchter sind dabei, darunter sogar eine Atheistin …!). Schon lange hatte er versprochen, er würde ihnen allen, bevor er stirbt, einen schönen Ring schenken. Dieser Tag kam, und er versammelte seine Töchter und Söhne. Er verteilte einer jeden ihren Ring und einem jeden den seinen.

«Das nennst du schöne Ringe?», fragte der Älteste, etwas empört, «die haben ja alle Fehler!» Der Vater antwortete: «Ja, das ist richtig, aber sie sind gerade schön, weil sie solche Unvollkommenheiten haben. Und übrigens: Sie haben alle unterschiedliche Unvollkommenheiten. Dadurch könnt ihr sie auch voneinander unterscheiden. Wenn sie alle vollkommen wären, wäre ja alles trostlos vereinheitlicht!»

Dann fragte eine der Töchter: «Aber gibt es denn nicht den vollkommenen Ring?» «Nein», antwortete der Vater, «den hat es nie gegeben, und es wird ihn auch nie geben! Auch nicht dadurch, dass alle eure Ringe zu einem einzigen vollkommenen Ring eingeschmolzen würden.»

«Aber», fragte nun der Jüngste unter ihnen, «was sollen wir machen, wenn uns der uns zugewiesene Ring nicht gefällt?» Der Vater antwortete: «Ihr braucht nicht auf einen anderen Ring neidisch zu werden, denn sie sind sich alle gleich. Deshalb solltet ihr auch einen anderen Ring nicht verachten. Sie sind sich alle gleich, aber alle auch voneinander unterschieden. Deshalb dürft ihr euch darin einüben, gerade die Unvollkommenheiten eures Rings zu akzeptieren; denn nur das wird euch erlauben, auch die Unvollkommenheiten der anderen Ringe zu akzeptieren. Ihr dürft eure Ringe mehr und mehr miteinander vergleichen, zu zweit, zu dritt oder alle zusammen, und so werdet ihr die eindrückliche Vielfalt bewundern können, die gerade dadurch entsteht, dass keiner der Ringe vollkommen ist, dass aber jeder in seiner Eigenart gelten darf. Erst dann werdet ihr erahnen können, was das für einen Reichtum bedeutet.»

«Aber gibt es dann noch Schönheit, und worin besteht sie?», fragte eine andere Tochter. Nach längerem Nachdenken antwortete der Vater: «Die Schönheit wird durch die Vielfalt nicht einfach aufgehoben. Sie gilt nur in einer anderen Perspektive. Die Schönheit eures Rings kann sich nur erweisen, wenn ihr ihn als den eigenen schätzen und achten lernt, auch und gerade in seinen Unvollkommenheiten. Für die Schönheit im absoluten Sinn ist ein anderer zuständig: Dieses Urteil kommt uns Menschen nicht zu. Die Schönheit, wie sie für uns gelten darf, ist die Schönheit, die uns jeweils einleuchtet, und sie setzt voraus, dass ich auch jeder und jedem anderen die Schönheit anerkenne, die ihr oder ihm einleuchtet.»

Etwas perplex, aber nicht unglücklich gingen die Kinder auseinander, während der Vater sie beim Weggehen noch segnete.

Ein theologisches Plädoyer für die Migrationscharta, in zehn Punkten

[2016][1]

Vorbemerkung

Die Migrationscharta nimmt eine biblisch-theologische Perspektive in Anspruch; deshalb spreche ich hier als Theologe. Theologie und Kirche haben aber eine gesellschaftliche Verantwortung; deshalb spreche ich am Schnittpunkt zwischen Theologie und Gesellschaft.

Meine Reflexion habe ich in zehn Punkten formuliert. Es sind nicht etwa zehn Gebote, sondern einfach zehn Gedanken zu den Grundanliegen der Migrationscharta, die als Diskussionsimpulse zu verstehen sind.

1. Man kann die Migrationscharta sehr einfach und sehr schnell abtun (wie auch von Gegnern schon zu lesen war …): Sie sei zwar sehr nett, aber auch sehr unrealistisch; romantisch und marxistisch, ja populistisch; sie vertrete biblisches Gutmenschentum, bleibe aber abstrakt, greife nicht in der Wirklichkeit; usw.
Damit man die Migrationscharta wirklich ernst nimmt, muss geklärt werden, *auf welcher Diskursebene sie spricht.*

2. Dafür möchte ich mich auf den französischen Philosophen Paul Ricœur (1913–2005) beziehen. Er hat in vielen Arbeiten immer wieder darauf hingewiesen, dass jede Gesellschaft eine «Sozialfantasie» (auf Französisch: *imaginaire social*) braucht, in der sie an sich selbst arbeitet, darüber nachdenkt, was sie ist, was sie sein will oder sein sollte. In diesem *imaginaire social* sieht Ricœur zwei grundlegende Diskurstypen am Werk, die einander bedingen, aber auch immer wieder miteinander rivalisieren und einander korrigieren: den *ideologischen* und den *utopischen.*[2]

Ideologie (nicht bereits mit negativer Konnotation, sondern in neutralem Gebrauch des Begriffs) bemüht sich darum, den gegebenen Zustand zu rechtferti-

---

1 Leicht überarbeitete Fassung des Referats, das im Rahmen der Veranstaltungen zur Migrationscharta, in Bern am 23. Januar 2016 und in Basel am 23. Februar 2016, gehalten wurde. Für den Text der Migrationscharta vgl.: www.migrationscharta.ch (deutsch; französisch; italienisch).
2 Vgl. dazu: Paul Ricœur, Ideologie und Utopie: zwei Ausdrucksformen des sozialen Imaginären, in: DERS., *Vom Text zur Person. Hermeneutische Aufsätze (1970–1999)*, Hamburg: Meiner, 2005, 135–152. Ausführlicher in: DERS., *Lectures on Ideology and Utopy*, New York: Columbia University Press, 1986.

gen, an ihm zu arbeiten, um ihn immer besser abzusichern, damit die Gesellschaft möglichst so erhalten wird, wie sie ist. Deshalb steckt sie ab, was vom Gegebenen her möglich ist, und was nicht. Sie hat grundsätzlich einen befestigenden, legitimierenden Effekt.

Utopie (vom Griechischen her: *outopos*, ein «Nicht-Ort») will die Sozialfantasie dazu anhalten, zu überlegen, wie es auch anders sein könnte. Sie versucht, einen Perspektivenwechsel auszulösen, der es ermöglichen soll, die Probleme anders anzugehen. Den ideologischen Befestigungen gegenüber hat sie einen subversiven Charakter, weil sie anderes will, das es so nicht gibt, das aber die eigentliche Lösung wäre.

Es geht also um unsere Grundeinstellung in Hinsicht auf die Werte, die Normen, die Überzeugungen, die das menschliche Zusammenleben prägen.

3. Die Migrationscharta steht eindeutig auf der Seite des Utopischen, und das macht auch ihre Stärke aus. Wer sie gleich am Möglichen misst und sie des Irrealismus und der Abstraktion bezichtigt, *antwortet ideologisch* auf sie, und hat sie in dem, was sie will, gar nicht ernst genommen. Sie versteht sich nicht als «Kunst des Möglichen» (um eine klassische Definition der Politik zu zitieren), mit bereits fertigen Lösungen und klaren Handlungsanleitungen. Sie will provokativ, subversiv einwerfen, was ideologisch gesehen als *unmöglich* erscheint. Das macht ihre *polemische Kraft* aus, mit der sie die grundlegende Wahrnehmung der Probleme verschieben will. In Hinsicht auf Flüchtlinge: Die Ideologie überlegt, wie man möglichst unattraktiv bleibt, so dass *möglichst wenige* kommen; die Utopie fragt kühn: Was würde sich verändern, wenn man davon ausginge, es sollen *möglichst viele* kommen können?

4. Die heutige Diskussion um Migration und Asyl wird in der Politik, in der Öffentlichkeit, in den Medien und leider in den Kirchenleitungen meistens auch *ideologisch* geführt, im Sinne von Ricœur: als ein Bündel von Problemen, das man technisch angehen muss, um es mit gewissen Massnahmen in den Griff zu bekommen, ein Fluss, der einzudämmen ist, Statistiken, die unter Kontrolle zu halten sind, Grenzen, die zu wahren sind, Missbräuche und Kriminalität, die zu bekämpfen sind usw. Vom Bestehenden her sind Migration und Asyl als Bedrohung und nicht als Chance wahrgenommen, und mit Bedrohung lässt sich Angst schüren. Ideologie stiftet Angst vor der Bedrohung des Bestehenden.

5. Die Migrationscharta formuliert eine neue Migrationspolitik von menschenrechtlich begründeten Grundrechten und ethischen Grundsätzen her. Sie bringt damit den traurigen Tatbestand zum Ausdruck, dass heute in der Migrationsfrage Grundrechte und ethische Grundsätze grösstenteils ins Utopische abgeschoben wurden. «Der öffentliche Diskurs über Flucht und Migration wird auch in der

Schweiz in den letzten Jahren immer mehr jenseits von ethischen Leitlinien geführt.» Vielleicht müsste die Migrationscharta sogar sagen: «immer noch diesseits von ethischen Leitlinien», denn wenn man jenseits wäre, hätte man sie zumindest zur Kenntnis genommen! Und die Charta fügt hinzu: «Die entsprechenden Verschärfungen der Migrations- und Asylgesetzgebung verletzen elementare Rechtsgrundsätze.» Den ideologischen Diskurs stört das meistens nicht einmal: Man nimmt es hin, als *Sachzwang*; und deshalb ist bereits die Erinnerung an ethische Leitlinien und Rechtsgrundsätze *subversiv*.

6. Natürlich gibt es in unseren Gesellschaften komplexe, schwierige Situationen, und mit ihnen muss auch sachgemäss umgegangen werden. Grundsätze und Grundrechte wollen jedoch als *utopisches Ferment* wirken, um den *sachgemässen* Umgang von den zu schnell hingenommenen *Sachzwängen* zu befreien. Die Botschaft könnte so lauten: «Lasst euch einmal kurz auf ein Gedankenexperiment ein, nehmt für einen Moment von den Sachzwängen Abstand: Was wäre denn, wenn freie Niederlassung für alle gelten würde, wenn alle in einer solidarischen Gesellschaft willkommen wären? Was würde sich verändern, wenn man nicht immer dafür sorgen würde, dass möglichst wenige kommen, sondern möglichst viele?» Ist das nicht, im Sinne von Ricœur, eine «heilsame Distanzierung», die möglicherweise eine erneuerte Wahrnehmung (Sub-version) stiftet?[3]

7. Die Migrationscharta nimmt für sich *biblische Grundlagen* in Anspruch, indem sie in ihr die utopischen Züge hervorhebt, die sie selber in heutiger Gesellschaft und Kirche vertreten will. Es gibt zwar in der Bibel auch an vielen Stellen ideologische Diskurse, in denen die Sorge um das Bestehende herrscht: Die Eroberung Kanaans stand nicht im Zeichen der freien Niederlassung für alle, und das Königtum Davids oder Salomos wurde als Herrschaftsstruktur religiös legitimiert. Die «Grundstruktur der Bibel» sei jedoch, sagt die Migrationscharta, «herrschaftskritisch», in Anlehnung an «die Präferenz Gottes für die Ausgeschlossenen». In diesem Sinne vertritt die Migrationscharta in ihrer Auslegung der Bibel einen entschieden befreiungstheologischen Ansatz, im Sinne lateinamerikanischer Befreiungstheologie.

8. Die Migrationscharta will die Kirchen, und damit auch die Kirchenleitungen, dazu aufrütteln, «ihre Kräfte [zu] bündeln und sich mit geeinter Stimme unmissverständlich zur Migrationspolitik [zu] äussern». Sie richtet sich aber nicht ausschliesslich an die Kirchen, denn die Migrationscharta wünscht sich auch

---

3   Anspielung auf Ricœurs Begriff der «distanciation», im Sinne von Abstandnehmen; vgl. Paul RICŒUR, La fonction herméneutique de la distanciation, in: DERS., *Du texte à l'action. Essais d'herméneutique II*, Paris: Seuil, 1986, 101–117.

«Zusammenarbeit mit religiösen und nichtreligiösen Gruppen und Organisationen» und will Bündnisse fördern. Das heisst für die Migrationscharta: Der Utopie und, damit verbunden, den Grundrechten und ethischen Leitlinien soll *im öffentlichen Raum* stärker Platz gewährt werden. Die Migrationscharta ist in diesem Sinne ein Stück *public theology* (wie man in den USA sagt), öffentliche Theologie, Theologie im öffentlichen Raum.

Mit anderen zusammen ruft sie die Schweiz öffentlich auf, die Präambel ihrer Bundesverfassung nicht zu vergessen: «dass die Stärke des Volkes sich misst am Wohl der Schwachen».[4]

9. Grundsätze und Grundrechte werden in einer *Willkommenskultur* «beseelt», sagt die Migrationscharta. Wie wir heute immer wieder sehen, ist diese Willkommenskultur jedoch auch eine Utopie, die noch auf- und auszubauen ist. Biblisch hat sie zwar gute Tradition: Abraham empfängt überschwänglich die drei unbekannten Männer, die sich dann als Gottesboten enthüllen (Gen 18). Deshalb kann der Hebräerbrief später, in Anlehnung an diese Willkommensgeschichte, sagen (Hebr 13,2): «Die Liebe zu denen, die euch fremd sind, vergesst nicht, so haben manche, ohne es zu wissen, Engel beherbergt.»

Interessant ist hier der griechische Begriff: *philoxenia*, Fremdenliebe, im Kontrast zur ideologischen *Xenophobie*, Fremdenangst. *Philoxenia* ist die beste Voraussetzung für eine offene, kreative Integrationsarbeit.

10. Migrant/-innen, Asylbewerber/-innen und Menschen, die mit ihnen arbeiten und sich für sie einsetzen, stossen immer wieder auf Mauern und Stacheldrähte aller Art (im wörtlichen und im übertragenen Sinne), die sie entmutigen, in die Resignation und Ohnmacht stürzen. Utopie schenkt Mut, Kraft und Humor, nicht zu verzweifeln.

Als Schlusswort zitiere ich eine Stelle von Friedrich Dürrenmatt:

> Gewiss, wer das Sinnlose, das Hoffnungslose dieser Welt sieht, kann verzweifeln, doch ist diese Verzweiflung nicht eine Folge dieser Welt, sondern eine Antwort, die man auf diese Welt gibt, und eine andere Antwort wäre das Nichtverzweifeln, der Entschluss etwa, die Welt zu bestehen, in der wir oft leben wie Gulliver unter den Riesen. […] Es ist immer noch möglich, den mutigen Menschen zu zeigen.[5]

Deshalb habe ich die Migrationscharta unterschrieben.

---

4   Die französische Fassung ist noch schärfer, nämlich in wörtlicher Übersetzung: «dass die Stärke der *Gemeinschaft* sich misst am Wohl *des Schwächsten ihrer Mitglieder*».
5   Friedrich Dürrenmatt, Theaterprobleme, in: DERS., *Werkausgabe in siebenunddreissig Bänden*, Bd. 30, Zürich: Diogenes, 1998, 63.

«Sogar den Ehrlichsten wird die letzte Chance geraubt»
Offener Brief an Bundesrat Christoph Blocher

[2006]

Sehr geehrter Herr Bundesrat

Im Interview, das der *Kirchenbote* in seiner letzten Nummer (KB 16/06) veröffentlicht hat, haben Sie den Kirchen vorgeworfen, in ihren Stellungnahmen zur Abstimmung vom 24. September oberflächlich und heuchlerisch zu argumentieren. Im Kontrast dazu verteidigen Sie Ihre Gesetzesvorlagen als verantwortungsbewusste, mit der humanitären Tradition der Schweiz konforme Texte. Sowohl Ihr Angriff wie auch Ihre Verteidigung rufen in mir Reaktionen hervor.

Zu Ihrem *Angriff*: Sie sagen, es störe Sie nicht, wenn Menschen anderer Meinung seien als Sie. Ich frage Sie: Warum sind Sie dann in Ihrer Beurteilung so pauschal? In welcher kirchlichen Stellungnahme haben Sie denn gelesen, dass man einfach alle Menschen aufnehmen müsse? Ich jedenfalls kenne keine, so dass sich Ihr Verdacht, die Kirchen hätten die Gesetze nicht gelesen, gegen Sie umkehrt: «Man bekommt fast den Eindruck», *Sie* hätten die kirchlichen Stellungnahmen nicht gelesen.

Ehrlich gesagt: Die Kirchen und kirchlichen Hilfswerke hätten von einem Bundesrat eine bessere Rückmeldung erwarten dürfen, auch in Hinsicht auf all das, was sie tun, oft stellvertretend für den Staat. Anscheinend stört es Sie eben doch, dass die Kirchen kritisch sind, obschon Sie das Gegenteil behaupten. Ich weiss, das ist ein böser Verdacht. Aber Sie sagten ja, Sie hätten es wie Karl Barth auch lieber, wenn «unangenehm laut» anstatt «angenehm leise» gesprochen wird.

Doch nun zu Ihrer *Verteidigung* der Gesetzesvorlagen: Dass Sie vor allem Missbräuche verhindern wollen, sehe ich wohl ein. Mehr Mühe macht mir das Argument, das sei zugunsten der echten Flüchtlinge. Denn seit langem hat die Schweiz die nötigen Rechtsmittel, um Missbräuche zu bekämpfen. Diese Bekämpfung wird nun so auf die Spitze getrieben, dass sie sogar den Ehrlichsten und den Schutzbedürftigsten ihre letzten Chancen raubt. Sie behaupten, keiner werde abgewiesen, wenn er ohne gültige Reise- oder Identitätspapiere komme, denn er habe ja zwei Tage Zeit, um seine Papiere zu besorgen und seine Flüchtlingseigenschaft glaubhaft zu machen. Entschuldigen Sie, aber das klingt wie blanker Hohn. Wenn man weiss, wie schwierig es gerade für echt Verfolgte ist, von ihren Behörden Identitätspapiere zu bekommen, kann ich mir beim besten

Willen nicht vorstellen, wie die neue Regelung echten Asylsuchenden dienen kann. Auch das Glaubhaftmachen in so kurzer Frist ist eine reine Unmöglichkeit: Für Gefolterte, Vergewaltigte und in Kriegen Traumatisierte wird diese Bedingung zu einem neuen Trauma!

Ähnliche Mühe habe ich, wenn Sie zur Rechtfertigung des Sozialhilfestopps sagen: «Illegales Verhalten kann man nicht noch mit grosszügiger Sozialhilfe belohnen.» Sie wissen ja, dass abgewiesenen Asylsuchenden die Rückkehr verwehrt ist, weil ihr Land sie gar nicht zurück haben will. Dass sie in der Schweiz bleiben, stempeln Sie aber gleich als «illegales Verhalten» ab, das man bestrafen soll. Damit wird aber nur erreicht, dass alte oder kranke Menschen, Kinder, Schwangere und Familien auf die Strasse gesetzt werden, der Verelendung ausgeliefert.

«Wer sind die Schwachen?», haben Sie im Interview gefragt. Auf Grund des neuen Ausländergesetzes antworte ich: die Tausenden von Hausangestellten und Landwirtschaftsarbeitern aus nichteuropäischen Ländern, die man in der Schweiz illegal anstellt, weil legal nur hochqualifizierte Nichteuropäer in Frage kommen. Oder die Menschen, die auf Grund des Verdachts, sie könnten sich dem Ausschaffungsverfahren entziehen, für zwei Jahre verhaftet werden.

Schliesslich noch etwas zum *Predigen*: Auf die Frage, worüber Sie zum jetzigen Zeitpunkt predigen würden, sagten Sie: «über die Verantwortung für die Gemeinschaft». Ich muss zugeben, Herr Bundesrat, ich habe grosse Mühe, mir in Sachen «Verantwortung für die Gemeinschaft» von jemandem die Leviten lesen zu lassen, der bereit gewesen wäre, Verfassungswidriges ins Gesetz aufzunehmen, wenn das Bundesgericht nicht eingegriffen hätte. Von jemandem, der Gesetze verteidigt, welche die Grundrechte des Menschen und des Kindes verletzen. Von jemandem, der so ausschliesslich auf Bekämpfung der Missbräuche aus ist, dass er den Blick auf das Ganze verliert.

Hier drängt sich für mich ein Bibeltext auf, der ausgerechnet in den Leviten steht: «Und wenn ein Fremder bei dir lebt in eurem Land, sollt ihr ihn nicht bedrängen. Wie ein Einheimischer soll euch der Fremde gelten, der bei euch lebt. Und du sollst ihn lieben wie dich selbst, denn ihr seid selbst auch Fremde gewesen im Land Aegypten. Ich bin der Herr, euer Gott.» (Lev 19,33–34) Um es Ihnen «unangenehm leise» zu sagen: Ich muss leider vermuten, dass diese Liebe zum Fremden Ihnen und Ihrer Partei abhanden gekommen ist. Sie haben den Blick dafür verloren, dass die Befremdung durch das Fremde auch für uns eine heilsame Chance, eine notwendige Herausforderung ist.

Deshalb heisst für mich «Verantwortung für die Gemeinschaft»: zweimal Nein am 24. September!

« Sur nos monts, quand l'UDC… »

[2011]

L'été fut l'occasion pour nous de voyager en Suisse, en compagnie de visites latino-américaines. Et dès la fin juillet (1er août oblige !), nous les vîmes donc apparaître partout, les grandes affiches de l'UDC pour la récolte de signatures contre l'immigration massive. Mais qui donc paie les millions que coûtent ces affiches répandues par milliers à travers le pays ?

Dessinées dans le style d'affiches devenues tristement célèbres au XXe siècle, elles montrent des jambes noires qui envahissent, tel un troupeau, notre pauvre drapeau suisse ! « Stopper l'immigration massive ! »

Même message retrouvé à travers toute la Suisse, qui semble parler d'une seule voix, en français dans nos régions, en allemand à travers toute la Suisse allemande, en italien au Tessin. Tiens, je réalise soudain que je ne l'ai pas vue en anglais : on semble avoir oublié de s'adresser aussi aux touristes venus de l'étranger pour l'été…

Mais qui donc sont-ils, ces millionnaires qui veulent nous faire chanter d'une seule et même voix un nouveau cantique suisse !

> Sur nos monts, quand l'UDC
> Nous débarrasse des étrangers
> Et prédit des immigrants le départ.
> Les affiches de la patrie
> Parlent à l'âme attendrie :
> Au ciel montent plus joyeux
> Les accents d'un pays pur,
> Les accents d'un pays enfin pur.

Mais nos voyages à travers la Suisse m'ont fait découvrir une autre réalité, bien suisse, elle aussi, et en violent contraste avec les affiches : ils nous ont permis de voir combien nous avons besoin de ces étrangers que d'aucuns veulent mettre à la porte. Je me contente de vous donner quelques exemples.

Au bord du lac des Quatre-Cantons – non loin de la prairie du Grütli ! –, nous avons été servis par une serveuse allemande. À Biasca, au Tessin, nous avons fait la connaissance d'une serveuse marocaine, comme à Soleure d'ailleurs, quelques jours auparavant. Et la dame qui nettoyait les chambres dans l'hôtel le matin était assurément d'origine africaine.

À Interlaken, nous avons plaisanté avec une jeune serveuse autrichienne, et dans un restaurant de montagne, nous avons fait la connaissance d'un jeune Espagnol.

À Aigle, par la porte entrouverte, j'ai vu un Asiatique faire la plonge !

Alors, je vous demande : que ferons-nous sans eux, si l'initiative devait passer la rampe de la votation populaire, comme l'espère l'UDC à coups de millions ? Irons-nous cuisiner nous-mêmes, puis nous servir nous-mêmes, et ferons-nous la vaisselle avant de quitter le restaurant ? Et au matin d'une nuit d'hôtel, passerons-nous l'aspirateur et changerons-nous nous-mêmes les draps pour les clients suivants ?

À moins que l'UDC ne s'engage à garantir la main-d'œuvre suisse nécessaire, par exemple dans les rangs des jeunes UDC ?

Si j'avais les millions qu'il faudrait, je lancerais une campagne d'affiches intitulée : « Stopper l'hypocrisie massive ! » Le drapeau suisse serait un grand tapis sous lequel nous balayons nos contradictions inavouées…

Monitoring von Ausschaffungen?
Zu einer heiklen Entscheidung des Schweizerischen Evangelischen Kirchenbundes – samt zwei Ergänzungen

[2011]

Mitte Juni, ein paar Tage vor dem Flüchtlingssonntag, kam eine Medienmitteilung aus Bern, die einige ins Staunen versetzte: Der Schweizerische Evangelische Kirchenbund (SEK) übernehme vom Bundesamt für Migration (BFM) «das Mandat zum ausländerrechtlichen Vollzugsmonitoring» und solle dabei von der Schweizerischen Flüchtlingshilfe (SFH) unterstützt werden.

Was heisst das genau? Im Klartext: Es geht darum, die Sonderflüge des BFM für Zwangsausschaffungen von abgewiesenen Asylbewerbern in Hinsicht auf ihre Rechtskonformität und Angemessenheit zu beobachten und zu überwachen.

«Deeskalierend und beruhigend»

Eine interne Netzwerkmitteilung der SFH, die gleichzeitig herauskam, ist ausführlicher. Sie betont, eine solche Begleitung fördere die Transparenz, könne «deeskalierende und beruhigende Wirkung haben» und zur «Vermeidung von Übergriffen und unnötigen Härten» beitragen. Hervorgehoben wird aber auch, dass die Übernahme dieser Aufgabe «keine Zustimmung zu der einzelnen konkreten Ausschaffung oder zum Gewalteinsatz» bedeute.

Genau an dieser Stelle beginnen meine Bedenken. Wenigstens deutet die SFH das Dilemma an; in der Medienmitteilung des SEK wird es total verschwiegen, wie wenn es nicht existieren würde. Gewiss kann man sagen, dass es die Zwangsausschaffungen gibt, und dass es angesichts der heutigen Asylpolitik der Schweiz realistisch ist, davon auszugehen, dass es sie weiterhin geben wird. Von dorther kann das Monitoring als ein sinnvoller und wichtiger Dienst verstanden werden, und unter dieser Voraussetzung sind die Argumente der SFH überzeugend. «Ebenso wenig wie der Gefängnisseelsorger durch seine Arbeit das Gefängnis legitimiert, legitimiert die Ausschaffungsbeobachtung die Ausschaffung.» Wie es Gefängnisse braucht, so braucht es auch Zwangsausschaffungen, und dann ist es gut, dass sie auch überwacht werden.

Aber braucht es sie denn wirklich? Zu horrenden Summen, mit denen man einiges an Integrationsarbeit finanzieren könnte, werden Sonderflüge organisiert, die ein paar verzweifelte Menschen in eine unmögliche Situation zurückfliegen, aus der sie schnellstens wieder fliehen, wenn sie nicht gleich verhaftet werden. Bei solchen Zwangsausschaffungen sind öfters bereits Menschen gestorben, wegen Gewaltanwendung oder aus Todesangst – oder vielleicht auch beidem. Von Menschenwürde ist da kaum zu sprechen. Das Bild, das im Communiqué auf der Homepage des SEK zu sehen ist, wirkt deshalb wie ein Hohn: blanke, leere Polstersitze in einem angenehm beleuchteten Flugzeug. Ehrlicher wäre gewesen zu zeigen: Da sitzt ein Mensch, geknebelt, mit einem Schutzhelm, an Füssen und Händen gefesselt, mit Windeln versehen, damit er durch natürliche Bedürfnisse ja den Flug nicht stört ...

Entscheidung im Alleingang?

Ist man sich beim SEK überhaupt des Dilemmas bewusst? Warum wird es nirgends thematisiert? Ist die Entscheidung ebenso blank und gepolstert wie die Flugzeugsitze auf dem Bild? Wie ist sie zustande gekommen? Hat das Institut für Theologie und Ethik den SEK-Rat ethisch beraten? Warum hat der SEK-Rat, der es sonst ja liebt, zu vielen Themen Vernehmlassungen zu organisieren, zu dieser Frage keine Vernehmlassung lanciert? Wurde mit Mitarbeitenden von kirchlichen Stellen gesprochen, die alltäglich und konkret mit Asylbewerbern und Flüchtlingen arbeiten? Hat man sich ausgetauscht mit den anderen kirchlichen Behörden, etwa mit der römisch-katholischen Bischofskonferenz? Vor allem: Hat man sich wenigstens kurz überlegt, dass man auch hätte sagen können: Nein, Menschenwürde bei Zwangsausschaffungen gibt es nicht, und aus Protest übernehmen wir dieses Monitoring nicht, weil wir die Zwangsausschaffungen durch unser Mitmachen nicht legitimieren wollen?

Eine Befürchtung

Ich gestehe, es sind viele offene Fragen. Aber vielleicht ist es ja die Aufgabe des Theologen, die in kirchlichen Behörden verschwiegenen Fragen zu stellen, gerade bei einem so schwierigen Dilemma. Meine Fragen beruhen auf einer Befürchtung, auch das sei zugestanden: Ich befürchte, dass die Entscheidung von oben her gefällt wurde, ohne grosse Bemühung, mit den Asylberatungsstellen und den im Asylbereich arbeitenden Hilfswerken ins Gespräch zu kommen. Ich befürchte, dass die Entscheidung im Alleingang zustande kam. Ich befürchte, dass der SEK, nachdem er *Auf Seiten der Flüchtlinge* stand (so hiess die Erklärung der Schweizer Kirchen von 1985), nun immer mehr auf Seiten der Behörden steht und ihrer systematischen Aushöhlung des Asylgesetzes schweigend beipflichtet.

Aber ich lasse mich sehr gerne eines Besseren belehren!

* * *

Ich habe die Reaktion von Andreas Hess auf meine Stellungnahme zum Thema «Kirchenbund und Zwangsausschaffungen» mit Interesse und Dankbarkeit gelesen. Ich bin auch dafür, dass man in riskanten Entscheidungen Verantwortung auf sich nimmt, im Sinne Bonhoeffers, und kann mich deshalb auch freuen, dass der SEK-Rat bereit ist, seine Hände schmutzig zu machen.

Die Frage ist nun aber, mit welchem Schmutz man sich die Hände verunreinigt. Andreas Hess fragt danach, was denn für mich die Alternative wäre. Wenn das aus meiner Stellungnahme nicht deutlich genug herauskam: die Abschaffung der Zwangsausschaffungen! Nur schon die Bezeichnung zeigt es: Die Anwendung von Gewalt und die Verachtung von Grundrechten ist vorprogrammiert, und deshalb wird das Monitoring nichts daran ändern. Einer öffentlichen Meinung gegenüber, die mehrheitlich eine streng eingeschränkte Asyl- und Einwanderungspolitik befürwortet, weil die Migranten wie schwarze Schafe die Schweiz verschmutzen, könnte der SEK-Rat sich die Hände dadurch schmutzig machen, dass er entschieden gegen die Verschärfungen, auch gegen die neusten, von Frau Sommaruga geplanten, eintritt.

Nach der Gewaltanwendung bei der neusten Ausschaffung in Kloten am 6. Juli hat die Vereinigung der Demokratischen Jurist/-innen der Schweiz zum sofortigen Stopp der Zwangsausschaffungen aufgerufen. Es solle vielmehr die Ausreiseberatung auf freiwilliger Basis gefördert und ausgebaut werden. Und am 6. August hat der Filmemacher Fernand Melgar in Locarno seinen neuen Film *Vol spécial* präsentiert. Nachdem er im Film *La forteresse* das Leben in der Festung des Flüchtlingszentrums Vallorbe gezeigt hat, offenbart er nun die unerträgliche Tragik der Sonderflüge des BFM. Sonderbar: Der SEK übernimmt das Monitoring der Zwangsausschaffungen, in der Überzeugung, dass es diese braucht; die Jurist/-innen und ein Filmemacher hingegen verurteilen diese Zwangsausschaffungen ganz eindeutig. Ich frage: Wer nimmt hier die schmutzige Aufgabe der prophetischen Gesellschaftskritik auf sich?

* * *

Vor ein paar Wochen hat der SEK ein Dokument in grosser Aufmachung publiziert, in dem er mit zehn Fragen und Antworten begründet, warum er das Monitoring zu den Zwangsausschaffungen des BFM übernommen hat. Ich finde es sehr wichtig, dass der SEK endlich über diese heikle Entscheidung Rechenschaft ablegt. Auch anerkennend sei erwähnt, dass der Hauptakzent bereits in der Überschrift gesetzt wird: «Um der Menschen und nicht um des Gesetzes willen». Trotzdem bleiben mir mehrere Fragen, zu denen Klärungen nötig wären.

1. «Über das Für und Wider der Ausschaffung können die Meinungen weit auseinandergehen», heisst es in Antwort 6. Das ist mir zur Legitimation von Ausschaffungen zu wenig. In Antwort 8 heisst es einfach, dass sie «die letzte der

angewendeten Massnahmen» sein müsse. Es wird aber nie gesagt, aufgrund welcher Kriterien man erachtet, diese letzte Massnahme ergreifen zu müssen. Die Grundtendenz des Dokuments ist, die Ausschaffungen einfach als notwendiges Faktum hinzunehmen.

2. Auch nicht problematisiert wird, dass das Mandat sehr begrenzt ist. Weder das Vorher (die Entscheidung der Ausschaffung) noch das Nachher (was nach der Ausschaffung passiert) kann thematisiert werden. Deshalb ist die Gefahr gross, dass das Monitoring zu einer Alibifunktion wird. Ich hätte mir eine kleine Spur von Problembewusstsein gewünscht, etwa: «Wir werden darauf achten, angesichts des beschränkten Auftrags nicht instrumentalisiert zu werden.» Denn dass die Ausschaffungen nicht immer so legitim sind, hat eine interne Evaluation des BFM gezeigt: Für 80% der Mitarbeitenden werden die Entscheidungen des BFM nicht aufgrund von erwiesenen Tatsachen und objektiven Kriterien gefällt. Und Probleme nach der Ausschaffung hat etwa der Fall Geordry Emani, aus Kamerun, offenbart: Dieser Mann wurde gleich verhaftet und fünf Monate lang gefoltert!

3. Schliesslich habe ich kritische Anfragen zur theologischen Begründung. Natürlich sollten die Beziehungen von Staat und Kirche auf gegenseitigem Vertrauen beruhen. Ich frage nur, ob bei den Ausschaffungen die Bedingungen für ein positives Mitmachen gegeben sind. Erspart man sich dabei nicht eine grundsätzliche Kritik an den Ausschaffungen? Einen Hohn finde ich, dass das Dokument das Monitoring als Ausübung des prophetischen Wächteramtes versteht. Die Propheten hätten sich sicher nicht mit der blossen Überwachung des Vollzugs begnügt!

4. Zur theologischen Begründung werden neben Calvin auch Bonhoeffer und Barth zitiert. Ich frage: Hat Bonhoeffer in *Die Kirche vor der Judenfrage* nicht auch die Aufgabe betont, manchmal «dem Rad [des Staates] in die Speichen zu fallen»? Wenn Barth den Rechtsstaat einem «Pilatus-Staat» gegenüberstellt, wäre doch zu fragen, ob die ausschaffende Schweiz nicht auch ein solcher «Pilatus-Staat» sei? Und weiss man noch, dass Calvins Kapitel zur weltlichen Obrigkeit mit einem längeren Abschnitt zum Widerstandsrecht schliesst?

L'étrange langage de l'asile

[2015]

« NEM Dublin » : cette formule un peu énigmatique relève du langage de l'asile. Elle veut dire : « non-entrée en matière sur la requête d'asile, parce que le requérant d'asile tombe sous la règle des accords de Dublin, c'est-à-dire qu'il peut être refoulé vers le pays par lequel il est entré en Europe, le pays de premier accueil ». Cela signifie la plupart du temps un renvoi en Italie, mais plus récemment aussi en Hongrie, et ailleurs, comme une mère seule avec ses deux enfants, venue de Kobané, ville-martyr du Nord de la Syrie, expulsée par la police d'un centre neuchâtelois vers la France.

Depuis septembre 2015, le Secrétariat d'État aux migrations (SEM), à Berne, décide des « NEM Dublin » à tour de bras, et ce sont ainsi des centaines et des centaines de requérants d'asile qui sont menacés d'expulsion de Suisse sur la base de la « règle Dublin ». Cette politique a de quoi étonner. En effet, depuis l'été déjà, plusieurs politiciens européens, dont la chancelière allemande Angela Merkel, mais aussi notre présidente de la Confédération Simonetta Sommaruga, s'entendent pour dire qu'au vu des défis nouveaux que connaît la migration, les accords de Dublin sont totalement dépassés.

Il est injuste et intenable de renvoyer les requérants vers les pays limitrophes de l'Europe. Chaque pays doit participer de manière équitable et donc traiter ses requêtes d'asile, au lieu de laisser d'autres pays s'en occuper. C'est pourquoi l'Europe cherche – et peine à trouver ! – une équitable répartition des requérants d'asile, appelée à remplacer les « renvois Dublin ».

Et pourtant, comme si de rien n'était, les services du SEM prononcent leurs « NEM Dublin » encore et encore. À croire qu'on veut profiter de cet accord aussi longtemps qu'il est encore en vigueur pour se débarrasser du plus grand nombre possible de requérants. Et cette politique n'a pas seulement de quoi étonner, elle a aussi de quoi *inquiéter*. En effet, on sait que l'Italie est totalement dépassée par la situation, en accueillant sans cesse de nouveaux arrivés et en récupérant tous ceux qu'on lui retourne. Y renvoyer des requérants, c'est les exposer à la détresse : ils ne jouiront d'aucune structure d'accueil, devront souvent vivre dans la rue, abandonnés à eux-mêmes.

La situation est encore pire en Hongrie, un pays hostile à l'asile, qui vient de radicaliser ses lois et où ces personnes risquent donc de se faire emprisonner pour être expulsées encore ailleurs.

Les décisions « NEM Dublin » sont iniques. Elles contribuent à créer de l'errance, à jeter des personnes déjà fragilisées par leur long exil dans un nouveau désespoir. Les décisions s'appliquent même à des personnes qui n'ont pas été officiellement enregistrées (avec leurs empreintes digitales) en Italie : le simple soupçon qu'elles doivent avoir passé par là suffit ! Et l'Italie ne doit pas répondre à la demande de réadmission de la Suisse : si elle ne dit rien, c'est un accord tacite. C'est dire combien peu on s'engage à une prise en charge minimale !

On ne cesse de nous faire peur dans les médias, en nous parlant des masses de requérants d'asile qui arrivent en Suisse. On redoute une augmentation exponentielle, on panique, on exige des mesures d'urgence. Mais pourquoi ne nous dit-on jamais combien de centaines, voire de milliers de requérants risquent le rejet dans la précarité, la solitude et la désolation ? Est-ce la honte qui impose une lourde chape de silence ?

Weitere Aushöhlung des Asylrechts

[2013]¹

Am 9. Juni 2013 muss das Schweizer Volk über die *Dringlichen Änderungen des Asylgesetzes* abstimmen, die das Parlament am 28. September 2012 verabschiedet hat. Einiges an dieser Gesetzesvorlage ist fragwürdig. Es begann bereits damit, dass man die rechtliche Referendumsfrist nicht eingehalten hat: Im Namen der Dringlichkeit sind die Änderungen bereits am 29. September 2012 in Kraft getreten! Trotzdem ist ein Referendum zustande gekommen, und das ist gut so: Gerade wenn Dringlichkeit in Anspruch genommen wird, muss das Volk umso wachsamer sein.

Die Revision soll die allzu lange Dauer der Asylverfahren bekämpfen. Das ist ein altbekanntes Argument, denn es wird seit Jahrzehnten für jede der häufigen Revisionen des Asylgesetzes, die es schon gegeben hat, gebraucht. Diese Verkürzung ist aber noch keiner Revision bei den ernsthaften Asylfällen gelungen, und auch in den neuen Änderungen ist wenig Konkretes dazu zu vernehmen. Hingegen wird es diesen Änderungen sehr wohl gelingen, das Asylrecht weiter auszuhöhlen, und zwar vor allem durch zwei Massnahmen.

a) Wehrdienstverweigerung und Desertion werden nicht mehr als Asylgrund anerkannt (zum Beispiel ein syrischer Soldat, der nicht mehr auf sein eigenes Volk schiessen will). Die Behörde betont zwar, bei grosser Straf- und Verfolgungsgefahr sollen diese Personen trotzdem Asyl erhalten. Aber darf man dieser Zusicherung wirklich vertrauen? In der Gesetzesvorlage heisst es immerhin: «Keine Flüchtlinge sind Personen, die wegen Wehrdienstverweigerung oder Desertion ernsthaften Nachteilen ausgesetzt sind oder begründete Furcht haben, solchen Nachteilen ausgesetzt zu werden.» Welche Gefahren wird man da noch in Anspruch nehmen können?

b) Die Möglichkeit, bei einer Schweizer Vertretung im Ausland ein Asylgesuch zu stellen, wird abgeschafft. Immerhin hat man damit seit 1980 2572 Leben retten können, und oft gerade die schwächsten, die besonders gefährdeten. Nun werden sich noch mehr Menschen auf den gefährlichen Weg nach Europa machen müssen, im Mittelmeer umkommen oder irgendwo im Sinai erpresst oder zum Opfer des Organhandels werden! Den Schleppern ist mit dieser Massnahme auf jeden Fall sehr gedient! 1500 Menschen sind im Jahr 2011 im Mittelmeer umgekommen. Im letzten November hat die Bürgermeisterin der Insel Lampedusa, Frau Giuseppina Maria Nicolini, online einen Aufruf veröffentlicht. Daraus möchte ich ein paar Sätze zitieren: «Wir werden neue Grabstätten einrichten,

---

1 Die Redaktion hatte einige Stellen gestrichen; der vorliegende Text ist die ungekürzte Fassung.

aber ich frage alle: Wie gross wird die Fläche des Friedhofs unserer Insel noch werden müssen? [...] Ich bin empört über das Gefühl der Normalität, das die Welt erobert zu haben scheint. Ich bin schockiert vom Schweigen Europas, das eine Tragödie totschweigt, die Tausende von Opfern stiftet. [...] Wenn das unsere Toten sind, dann will ich für jeden Ertrunkenen, den man mir ‹liefert›, Beileidstelegramme bekommen.»

Auch sehr beunruhigend in der Vorlage ist unter anderem die Einrichtung von besonderen Zentren für sogenannte «Renitente», denn eine genaue Definition dazu gibt es nirgends. Das Asylrecht ist Administrativrecht: Wie beliebig werden hier Beamt/-innen entscheiden können, wer Sicherheit und Ordnung gefährdet oder den Betrieb in den Zentren erheblich stört?

Die im letzten September entschiedenen Änderungen sind ein weiterer Schritt dazu, das Asylrecht zu einem Ausnahmerecht zu machen. In einer unberechtigten Eile werden vor allem Verschärfungen durchgesetzt, neben einigen «Zückerchen» wie Pauschalbeiträgen an die Sicherheitskosten und Beschäftigungsprogramme in den Zentren.

Es heisst, dass die evangelischen Kreise in Hinsicht auf diese Volksabstimmung uneins seien. Ich hoffe, dass sich das noch ändert. Ich werde auf jeden Fall am 9. Juni renitent sein und entschieden Nein stimmen.

Die Entdeckung des ertrunkenen, zweieinhalbjährigen Aylan Kurdi am 2. September 2015 an einer türkischen Küste hat zwar die ganze Welt bewegt, jedoch die katastrophale Migrationspolitik Europas nicht verändert. Foto: Keystone-SDA / AP / Nilüfer Demir

Solidarität nicht kriminalisieren

[2018]¹

Auch in der Schweiz kann verurteilt werden, wer Flüchtlingen hilft. Das darf und muss nicht sein.

In ganz Europa häufen sich Strafen gegen Menschen, die sich mit Migrant/-innen solidarisch zeigen: Dem Schiff *Aquarius* wurde das Recht entzogen, im Mittelmeer Flüchtlinge zu retten. Mimmo Lucano, der Stadtpräsident des kalabrischen Riace, einer Zuflucht vieler Migrant/-innen, ist im Gefängnis. In Frankreich läuft ein Rechtsverfahren gegen den Bauern Cédric Herrou, der Flüchtende beherbergte und ihnen über die Grenze half. Und am 13. Dezember fiel ein Strafentscheid gegen die «Gruppe von Briançon», sieben junge Menschen, die angeklagt waren, als «organisierte Bande» illegale Einreise gefördert zu haben.

All das geschieht, obschon viele europäische Länder explizit die Rechte von Menschen schützen, die aus humanitären Gründen und ohne Gewinnabsicht die illegale Ein- und Ausreise oder den illegalen Aufenthalt fördern. Und erst vor kurzem hat das Europäische Parlament in Erinnerung gerufen, dass Hilfe für Migrant/-innen nicht kriminalisiert werden darf.

Ähnliche Verfahren laufen in der Schweiz. Die Baslerin Anni Lanz wurde diesen Monat in Brig verurteilt, weil sie einen nach Italien abgewiesenen, psychisch kranken Asylbewerber in die Schweiz zurückholen wollte. Im Herbst 2017 wurde im Tessin bereits über Lisa Bosia Mirra eine Strafe verhängt, weil sie abgewiesenen Minderjährigen über die Grenze half. In Neuchâtel ist ein Strafverfahren gegen den Pfarrer Norbert Valley hängig, der einen Gottesdienst abbrechen musste, weil er wegen Förderung illegalen Aufenthalts von der Polizei verhaftet wurde.

Die rechtliche Basis bildet Artikel 116 im Schweizer Ausländergesetz: «Mit Freiheitsstrafe bis zu einem Jahr oder Geldstrafe wird bestraft, wer [...] einer Ausländerin oder einem Ausländer die rechtswidrige Ein-, Durch- oder Ausreise oder den rechtswidrigen Aufenthalt in der Schweiz erleichtert oder vorbereiten hilft.» Vor 2008 stand dort noch, eine solche Handlung sei nicht strafbar, wenn sie «aus achtenswerten Beweggründen» geschehe. Das wurde gestrichen, so dass jede Solidaritätshandlung mit den Verbrechen der Schlepper gleichgestellt wird. Heute gibt es nur noch Strafmilderung «in leichten Fällen» und Strafverschärfung, wenn

---

1   Die Redaktion hatte ein paar Sätze gestrichen; dies ist die ungekürzte Fassung.

man sich dabei bereichern will oder für eine Gruppe handelt, die zur «fortgesetzten Begehung dieser Tat» dient.

Sicher, man könnte eine harte Linie verfolgen und sagen: «Gesetz ist Gesetz! Rechtswidrige Handlung verdient Bestrafung.» Doch Gesetze werden laufend verändert. Die Genfer Nationalrätin Lisa Mazzone (Grüne) hat im September eine parlamentarische Initiative eingereicht, um die vor zehn Jahren gestrichenen «achtenswerten Beweggründe» wieder ins Gesetz aufzunehmen. Zusammen mit der alt Bundesrätin Ruth Dreifuss bezieht sie sich auf das Gewissensprinzip: «Wer sind wir, dass wir uns anmassen, über dieses Gewissen zu richten?»

Reine *Legalität* ist immer aufgrund höherer Prinzipien auf ihre *Legitimität* hin zu prüfen. Das französische Verfassungsgericht hat im Sommer entschieden, aufgrund der Brüderlichkeit in der Devise der Republik sei es unzulässig, in den Gesetzen von einem Solidaritätsdelikt zu sprechen. Im Schweizer Recht heisst es gemäss Strafgesetzbuch zur «Unterlassung der Nothilfe»: «Wer [...] einem Menschen, der in unmittelbarer Lebensgefahr schwebt, nicht hilft, obwohl es ihm den Umständen nach zugemutet werden könnte, [...] wird mit Freiheitsstrafe bis zu drei Jahren oder Geldstrafe bestraft.»

Eigentlich müsste man sogar sagen, dass Behörden mit ihren Rechtsverfahren gegen solidarische Menschen selbst strafbar werden, denn in diesem Artikel heisst es, dass ähnlich zu bestrafen sei, «wer andere davon abhält, Nothilfe zu leisten, oder sie dabei behindert».

Les affaires d'abord...

[2017]

Comme différents médias l'ont rapporté durant l'automne, notamment la télévision suisse alémanique, des entreprises suisses spécialisées dans le raffinage de l'or ont fait des affaires juteuses avec l'Érythrée entre 2011 et 2013. Une compagnie minière canadienne (Nevsun Resources Ltd.) a exploité, de concert avec le gouvernement érythréen, la mine Bisha, en plein désert. Selon certains témoignages d'ouvriers y ayant travaillé, l'essentiel des forces de travail employées pour l'exploitation (sous des chaleurs de près de 50 degrés !) aurait été constitué de militaires en régime de travaux forcés, et nombreux seraient ceux qui y ont laissé leur vie.

Ce sont ainsi 22 tonnes d'or qui ont été extraites en trois ans, et le gouvernement érythréen recevait 40 % du produit. Mais pour que l'or extrait à Bisha prenne toute sa valeur, il devait être raffiné. Or, les plus grandes raffineries d'or, les plus productives de toute la planète, comme on le sait, se trouvent en Suisse, à Neuchâtel ou à Bienne, entre autres. Ainsi, les 22 tonnes d'or ont pu entrer en Suisse en toute sécurité, pour y être traitées et revendues.

Pendant les trois ans de ce bel arrangement tripartite entre les raffineries suisses, la compagnie minière canadienne et le gouvernement érythréen, environ 10 000 Érythréennes et Érythréens ont demandé l'asile en Suisse. Ils n'ont pas pu emprunter la voie sécurisée de l'or. Ils ont dû traverser le désert, puis subir les violences de toutes sortes liées à la traversée de la Libye, et enfin entreprendre la dangereuse traversée de la Méditerranée sur des bateaux de fortune, livrés aux passeurs sans vergogne. Certains d'entre eux y ont perdu leur vie, parmi eux des mineurs non accompagnés et des enfants, car les naufrages sont nombreux, et l'Europe cherche même à empêcher les œuvres d'entraide de leur porter secours.

Si ces exilés sont arrivés en Suisse, après leur périple périlleux, nombre d'entre eux sont devenus des « cas Dublin », refoulés de la Suisse vers l'Italie ou d'autres pays européens de premier accueil. Car là aussi, comme pour le raffinage d'or, la Suisse excelle dans l'application aveugle des accords de Dublin : ces dernières années, elle a renvoyé des requérants d'asile vers l'Italie comme aucun autre pays d'Europe, et bien sûr, parmi eux, de nombreux Érythréens, venus de ce pays dont on a raffiné l'or, pour la somme rondelette de 397 millions !

Je me dis que la Suisse n'a pas beaucoup changé : les affaires d'abord, d'autres s'occuperont de l'éthique et du droit. Et le silence est roi : aucune grande raffinerie ne semble avoir reconnu le raffinage des 22 tonnes en provenance d'Érythrée, et le gouvernement érythréen n'aurait rien dit non plus concernant l'utilisation de la somme qui lui est revenue. La compagnie canadienne a contesté qu'il y ait eu des travaux forcés militaires à Bisha. On peut donc tourner la page..., et continuer nos affaires.

Récemment, le Conseil fédéral réagissait à l'initiative pour des multinationales responsables, sur laquelle le peuple suisse devra se prononcer prochainement. Il reconnaissait qu'il y avait un problème, mais soulignait qu'il fallait compter sur des efforts volontaires, plutôt qu'imposer des règles contraignantes. Pensez donc, sous trop de pressions, ces entreprises pourraient quitter la Suisse, et fini les affaires !

S'il ne me restait pas si peu de cheveux, je me les arracherais...

« L'argent pour les armes tue »

[2018]

> *À Louise Schneider, militante bernoise, qui fut arrêtée à quatre-vingt-sept ans pour avoir sprayé cette phrase sur la paroi de bois abritant le bâtiment en rénovation de la Banque nationale suisse.*

Honneur à celle que les médias ont appelée « Spray-Grosi », la « mamie sprayeuse » ! Avec courage civique, elle a su attirer l'attention publique sur l'implication financière de la BNS dans la fabrication d'armements. En effet, en 2017, cette vénérable institution a participé pour près de deux milliards de francs au financement de la production états-unienne d'armes nucléaires, alors même que la Suisse a signé le *Traité sur l'interdiction des armes nucléaires* voté par l'ONU en juillet 2017 ! Et la BNS n'est de loin pas la seule à investir dans les armements : l'UBS, le Crédit suisse, certaines banques cantonales le font également. D'ailleurs, même nos caisses de pension et nos fondations placent, elles aussi, leur argent (notre argent, en partie…) dans ce commerce juteux.

En juin passé, le Groupe pour une Suisse sans armée (GSsA) a déposé à Berne son initiative populaire « Pour une interdiction du financement des producteurs de matériel de guerre ». Le peuple suisse aura donc à se prononcer (on se demande quand) sur cette question. Aura-t-il le courage de Louise Schneider, ou se laissera-t-il terrifier par les scénarios catastrophe que les hommes d'affaires feront jaillir de leurs attachés-cases tels des boîtes de Pandore ? Le doute est malheureusement permis…

Le jour même où le GSsA déposait son initiative à Berne, le pape François était en visite à Genève, et il aurait dit au président de la Confédération : « Faites ce que vous savez faire », appelant ainsi notre pays à faire valoir son expertise en matière de dialogue et de travail diplomatique, et à contribuer à « désamorcer les conflits dans le monde ». Le pape était-il pleinement infaillible en émettant ce beau compliment à la Suisse ? Ici, aussi, le doute est permis, et je soupçonne qu'Alain Berset, qui dit avoir beaucoup ri avec le pape, ne l'aura pas mis au parfum de ce qui vient d'être discuté au Conseil fédéral…

En effet, depuis que Didier Burkhalter a quitté le Conseil fédéral, la majorité de celui-ci a basculé en faveur d'un autre savoir-faire, jugé bien plus important, celui de la fabrication des armes. Il pourrait être mis en péril si l'industrie suisse des armements périclitait, et l'armée suisse a besoin d'une capacité technologique adaptée à ses tâches de défense et de sécurité. De plus, cela nous ferait perdre de précieux emplois. Enfin, la Suisse ne ferait que s'aligner sur la pratique des pays européens et deviendrait ainsi concurrentielle à leur égard. Voilà quelques arguments du Conseil fédéral pour promouvoir un assouplissement de l'ordonnance fédérale régissant l'exportation de matériel de guerre. Et un pas de plus vient d'être franchi en août : la Commission de politique de sécurité du Conseil national soutient la proposition du Conseil fédéral (seule consolation : seulement à treize voix contre douze – la chose est donc encore très controversée !) ; en revanche, la Commission de politique de sécurité du Conseil des États s'abstient de donner une recommandation. Le Conseil fédéral peut donc désormais dire s'il entérine sa décision de principe, prise en juin.

La révision devrait porter sur trois points : « le maintien de la base industrielle doit être pris en considération en tant que critère distinct dans la procédure d'autorisation » ; « il doit être désormais possible, à titre exceptionnel, d'autoriser l'exportation de matériel de guerre vers des pays qui sont impliqués dans un conflit armé interne s'il n'y a aucune raison de penser que le matériel à exporter sera utilisé dans le conflit interne » ; « la durée de validité des autorisations accordées doit être prolongée ».

C'est ainsi qu'on fait passer les affaires avant les principes d'éthique. Et quelle hypocrisie dans le deuxième point ! Quel peut être l'intérêt d'un pays impliqué dans un conflit armé interne à acheter des armements à coup de millions sans les utiliser dans le cadre de ce conflit ? Et avec quels moyens pourra-t-on vérifier que cela ne se produise pas ? D'ailleurs, la chose est avérée : à plusieurs reprises, on a pu retrouver des armes suisses dans des conflits armés : grenades *made in Switzerland* dans un attentat de Daech en Turquie en 2014 ; blindés Mowag suisses au Yémen en 2015, ou encore au Bahreïn en 2011, pour réprimer dans le sang l'opposition démocratique.

Mais le cynisme va plus loin encore. On le sait, les guerres sont une des causes principales de l'exil. Que fait la Suisse lorsque les victimes des conflits viennent frapper à nos portes ? Elle envoie l'armée aux frontières pour les verrouiller, cette armée qui a tant besoin du savoir-faire de l'industrie des armements ! La boucle se referme : on s'épargne les requérants d'asile, on vend nos armes, les millions s'accumulent dans les banques, qui les investissent dans la fabrication des armes nucléaires aux États-Unis…

Et peu importe le savoir-faire auquel le pape faisait appel : le dialogue, le travail diplomatique, la résolution des conflits par le patient travail des pourparlers. À cet égard, j'aimerais signaler un livre que vient de publier Ronan Farrow (le fils de Mia Farrow et Woody Allen), intitulé : *Paix en guerre*, qui selon lui tue la diplomatie, comme l'indique le sous-titre[1]. En faisant d'emblée jouer les rapports

---

1 Ronan FARROW, *Paix en guerre. La fin de la diplomatie et le déclin de l'influence américaine*, Paris : Calmann-Lévy, 2019.

de force, les affrontements, les sanctions, etc., la politique étrangère des États-Unis étouffe le travail diplomatique. En privilégiant le commerce des armes, les instances fédérales font de même.

La question est donc claire : que sait faire la Suisse, finalement ? Désamorcer des conflits par le dialogue ou alimenter les conflits par des armements ? L'appel du pape François impose un choix très clair[2].

---

2   On signalera après coup que, à la suite de nombreuses protestations dans la population suisse, le Conseil fédéral a finalement renoncé à l'assouplissement envisagé. Une belle victoire du souverain !

Rien vu, rien entendu, rien dit !

[2018]

L'image est bien connue : trois singes sont assis côte à côte, et de leurs mains, le premier couvre ses yeux, le deuxième ses oreilles et le troisième sa bouche. Cette image s'est imposée à moi en lisant récemment les articles de journaux concernant des livraisons de produits chimiques à la Syrie.

D'un seul chœur, la communauté internationale s'est dite choquée et a crié au scandale : le régime syrien a répandu du gaz sarin sur sa propre population au printemps 2017 et à nouveau le 7 avril de cette année, suscitant ainsi des centaines de morts et de blessés graves. Mais d'où provient donc ce gaz, puisque l'OIAC (l'Organisation pour l'interdiction des armes chimiques) avait annoncé en mai 2014 avoir détruit tous les stocks chimiques en Syrie, notamment 120 tonnes d'isopropanol, un produit servant à produire le gaz sarin ? La réponse est simple : une enquête a pu dévoiler 24 livraisons de produits chimiques entre mai 2014 et décembre 2016, en provenance de la Belgique, notamment, mais une entreprise suisse a aussi participé. Ce sont ainsi 168 tonnes d'isopropanol qui ont pu gagner la Syrie.

Une organisation détruit les stocks, des entreprises s'empressent de les renflouer, puis tout le monde est choqué !

Et c'est quand il faut s'expliquer qu'intervient le principe du « rien vu, rien entendu, rien dit » : les clients syriens n'auraient rien à voir avec le régime, les entreprises auraient ignoré qu'il fallait une permission, les douanes auraient été au courant, mais ne s'y seraient pas opposées, cela ne pourrait plus se faire maintenant, etc.

Dénégations peu convaincantes, laissant sans véritable réponse les questions troublantes. Le procès annoncé en Belgique fera-t-il la lumière ? J'en doute, et en Suisse, il n'est même pas question d'un procès.

À quand une politique qui ne tolère plus que la main droite ne sache pas ce que fait la gauche ? Quand les poules auront des dents ?

Quo vadis, Helvetia ?

[2014]

À la mémoire de la petite Sara,
enterrée à Domodossola

Dans quelques jours, nous fêterons le 1er août. Bonne occasion de nous demander où va la Suisse, vers quel avenir radieux elle se dirige, puisque « sur nos monts, [...] le soleil annonce un brillant réveil ». Pour répondre à cette question, j'aimerais laisser parler quelques chiffres glanés dans les nouvelles ces dernières semaines et auxquels peu de gens ont prêté attention, (presque) tous les yeux étant tournés vers les stades du Brésil, où se déroule la coupe du monde de football...

Une étude *Small Arms Survey* de l'ONU a révélé que la Suisse occupe le sixième rang mondial des pays exportateurs d'armes légères et de munitions, devançant par exemple Israël ou la Russie ! En 2011, cela a représenté une somme de 191 millions de dollars. Et nous sommes bien partis pour améliorer notre part de ce marché juteux, puisque le Parlement fédéral vient d'assouplir l'ordonnance sur le matériel de guerre : les interdictions strictes que contenait l'ordonnance concernant des pays en guerre ou des gouvernements violant les droits de l'homme sont suspendues. Plus de recettes en perspective !

Une autre étude, venant de Capgemini et de la Banque royale du Canada, nous a informés que la Suisse occupait le septième rang mondial du point de vue du nombre de millionnaires. Elle vient même de gagner un rang, ayant connu durant l'année écoulée une croissance supérieure à la moyenne : 47 500 nouveaux millionnaires, ce qui porte leur nombre à 330 000 ! Ce chiffre m'a frappé, car lorsqu'au printemps passé, je m'engageais en faveur du salaire minimum, je citais toujours les 330 000 personnes dont le salaire horaire est inférieur à 22 francs. Je comprends mieux maintenant pourquoi l'initiative a été rejetée à 75 % ! Economie.suisse avait ses intérêts du bon côté...

Tout récemment, Felix Wolffers, co-président de la Conférence suisse des institutions d'action sociale (CSIAS), a signalé que le nombre des millionnaires en Suisse (330 000) dépassait de loin le nombre des personnes au bénéfice de l'aide sociale (250 000). Mais devinez lequel de ces deux groupes on accuse constamment d'abuser ? Et figurez-vous que plusieurs communes alémaniques ont démissionné de la CSIAS parce qu'à leurs yeux, elle défendait trop les intérêts des bénéficiaires...

On le sait, l'initiative « 1:12 – Pour des salaires équitables » et celle du salaire minimum ont été massivement rejetées. On peut donc s'attendre au pire dans ce domaine, et une étude de la fédération syndicale Travail.Suisse vient de le confirmer : dans vingt-sept grandes entreprises suisses, les inégalités salariales ont continué de se creuser. 42 personnes touchent plus de cent fois le salaire de leur employé le moins rémunéré (le record étant pour Paule Bulcke, CEO de Nestlé : 230 fois !).

Début juillet, Simonetta Sommaruga a visité un camp de réfugiés syriens en Jordanie : 90 000 personnes entassées dans un espace restreint d'abris de fortune. Elle s'est dite très émue, et elle a promis quelques millions supplémentaires d'aide sur place. Mais elle a aussi promis que la Suisse accueillerait cinq cents réfugiés syriens supplémentaires. Quel geste généreux, quand on sait qu'il y a environ cinq à six millions de Syriens réfugiés dans les pays avoisinants (Jordanie, Liban, Turquie), vivant dans des conditions d'extrême précarité ! Plutôt des millions de francs là-bas que des milliers de réfugiés ici…

Le hasard a fait qu'à peu près au même moment, on apprenait qu'un groupe de trente-six Syriens refoulés vers l'Italie avait traversé la Suisse, sous l'escorte de quinze garde-frontières suisses. Longue traversée, de Vallorbe à Domodossola : fourgonnettes, attente dans des cellules, train. Parmi eux, une femme enceinte de presque huit mois se plaint de douleurs, est prise de saignements, perd ses eaux. Aucun garde-frontière ne répond aux appels à l'aide. Le fœtus est mort-né à la clinique à Domodossola. Cette petite Syrienne aurait dû s'appeler Sara, ce qui, en hébreu, veut dire « Princesse ».

Cet enfant pèse plus pour moi que les nombreux millions évoqués tout au long de cette chronique. Alors, le 1er août, je ne chanterai pas le cantique suisse, n'en déplaise aux jeunes UDC, qui semblent le vénérer plus que les droits de l'homme. « Sur nos monts quand le soleil », cela me reste en travers de la gorge. Pour citer la chanteuse Barbara :

> Mais un enfant est mort,
> Là-bas, quelque part,
> Mais un enfant est mort,
> Et le soleil est noir.

Je suis la fillette du marché de Maiduguri

[2015][1]

L'horrible massacre du 7 janvier 2015 dans la rédaction de *Charlie Hebdo* à Paris et ses suites tragiques ont suscité une gigantesque vague d'indignation. Les médias, les réseaux sociaux, les espaces publics ont été submergés de témoignages de protestation. Tout le monde y allait de son « Je suis Charlie ». Les politiciens de tous bords revendiquaient soudain avec pathos la liberté d'expression comme la plus haute valeur républicaine. Un journal satirique, dérangeant pour plus d'un, en particulier pour ces mêmes politiciens, et donc depuis longtemps menacé de fermeture faute de moyens financiers, devenait soudain le plus grand symbole de toutes nos valeurs démocratiques ! S'ils n'étaient déjà assassinés, les dessinateurs de *Charlie Hebdo* ne seraient-ils pas « morts de rire », en assistant à cette vaste récupération de leur travail de satiristes infatigables ?

Certes, les crimes commis au fil des jours sont à condamner sans aucune hésitation, ni réserve. On ne tolérera pas la moindre insinuation de justification, suggérant qu'ils ont « payé » leurs provocations incessantes, qu'ils devaient assumer les risques qu'ils prenaient, etc. Ce serait comme lorsqu'on soupçonne une femme d'avoir elle-même provoqué le viol dont elle a été victime ! Et à l'intention des groupes fanatiques se faisant défenseurs par les armes d'une religion bafouée, on dira ce que l'humaniste Sébastien Castellion, dont nous fêtons cette année le cinquième centenaire, disait déjà à Calvin en 1553 : « Tuer un homme, ce n'est pas défendre une doctrine, c'est tuer un homme. »[2]

Ma conviction est également que pour toute religion, quelle qu'elle soit, l'humour, y compris sa forme la plus acérée, la caricature, la satire, est un défi salutaire. L'exagération de la caricature dévoile les excès de la religion, ses abus d'autorité et d'absolu, ses accès de folie, individuelle ou en groupe, ses délires de réglementation. Avec virulence, la satire met le doigt sur les travers possibles, et c'est une tâche indispensable, comme une sorte d'épreuve du feu qui peut permettre à la religion de mûrir, de croître en sagesse.

Cela étant, il faut reconnaître que la satire est solidaire de la responsabilité. Il peut être utile de retourner aux textes fondateurs : dans la *Déclaration des droits de l'homme et du citoyen* de 1789, comme la liberté des opinions est soumise à la règle « que leur manifestation ne trouble pas l'ordre public établi par la Loi » (art. 10),

---

1 Texte écrit le jour de mes soixante-cinq ans.
2 Sébastien Castellion, *Contre le libelle de Calvin après la mort de Michel Servet*, Carouge : Zoé, 1998, 161.

la liberté d'expression, « un des droits les plus précieux de l'homme » (art. 11) connaît elle aussi une régulation : « tout citoyen peut donc parler, écrire, imprimer librement, sauf à répondre de l'abus de cette liberté dans les cas déterminés par la Loi. »

Quand on fait de grands discours sur la liberté d'expression, il faudrait réfléchir à ce que représentent ces abus possibles. Pour moi, la question ne consiste pas simplement à fixer des limites à la satire, à la censurer ou à lui demander de s'autocensurer. Les vrais abus, c'est lorsque les travers mis en évidence par la satire ne sont pas corrigés, lorsque les problèmes sur lesquels elle met le doigt ne sont pas traités. Car la satire n'est pas gratuite, elle attire l'attention sur des difficultés, des injustices, des inégalités, et sur des lâchetés, des couardises dans l'effort de les prendre à bras-le-corps. Alors, je demande à tous ceux qui proclament aujourd'hui « Je suis Charlie » s'ils seront encore là demain, quand il faudra se demander comment il faut travailler pour l'ordre public. Car, l'ordre public, c'est aussi l'intégration dans les banlieues, la formation civique dans les écoles, la juste répartition des richesses dans la société, la reconnaissance réciproque des cultures et des religions. Mais il est à craindre qu'une fois de plus, tous les efforts se concentreront sur la répression, laissant de côté les efforts de la prévention.

Le même problème se pose à l'échelle planétaire : le souci de la sécurité en Europe, l'établissement de listes de personnes dangereuses, le contrôle des déplacements dans les aéroports, etc., ne suffisent pas. Il faudra une politique courageuse de coopération avec les populations défavorisées de la planète, si nous voulons véritablement « neutraliser » la violence, latente et manifeste, des fanatismes religieux qui nous guettent.

Un exemple : tandis que toute l'Europe avait les yeux tournés vers Paris, des horreurs bien pires se passaient dans le Nord-Est du Nigéria. Le même mercredi 7 janvier, Boko Haram a rasé seize localités, et il n'est même pas possible de chiffrer le nombre de milliers de victimes. Et samedi, alors que des centaines de milliers protestaient dans les rues européennes, la même secte fanatique a transformé une fillette de dix ans en bombe vivante, l'envoyant exploser dans un marché. Plus de morts et de blessés qu'à Paris. Quelques lignes discrètes dans les médias, qui parlent outrageusement d'un « attentat-suicide »… Que feront demain les grands défenseurs de la liberté d'expression du week-end pour lutter contre l'oppression des populations au Nigéria et ailleurs ?

Alors, moi, aujourd'hui, en l'honneur des assassinés de *Charlie Hebdo*, je ne suis pas Charlie, je suis la fillette du marché de Maiduguri, dont on ne saura même jamais le nom…

Congo : un véritable travail pascal

[2019]

Nous sommes au seuil de la semaine de Pâques. S'ouvrant avec l'entrée de Jésus à Jérusalem, elle nous conduit au cœur du drame humain de la souffrance et de la mort. Mais elle nous rappelle aussi l'espérance que la mort n'a pas le dernier mot, que, même si la mort est omniprésente, elle a perdu son aiguillon, comme le dit l'apôtre Paul.

Dans les évangiles, cette lutte contre l'enfermement de la mort est déjà préfigurée dans les récits de miracles de Jésus. À cet égard, un des miracles les plus parlants nous est raconté dans un petit passage de Lc 13. Rendue infirme par un mauvais esprit qui la possède depuis dix-huit ans, une femme courbée, totalement incapable de se redresser, attire l'attention de Jésus. Posant ses mains sur elle pour la bénir, il la guérit de son infirmité : « aussitôt elle redevint droite ». Redresser ce qui est courbé, voilà un signe précurseur du message de Pâques.

Ce petit récit de la femme redressée a trouvé pour moi un écho poignant dans un livre qui s'intitule *Réparer les femmes*. Il est écrit par deux chirurgiens, Denis Mukwege et Guy-Bernard Cadière, qui soignent depuis de nombreuses années des femmes violées et mutilées à l'Est du Congo, dans la région du Kivu. Des hordes militaires et paramilitaires sévissent de manière barbare dans cette région, utilisant les viols et les sévices sexuels comme arme de guerre. Les affrontements tournent autour de l'extraction du coltan, dont la région détient 60 à 80 % des réserves mondiales et qu'on utilise pour la fabrication d'équipements électroniques, en particulier de nos chers téléphones mobiles. Dès lors, la communauté internationale détourne son regard et laisse commettre les crimes dans un silence assourdissant, bien que l'un des deux médecins ait reçu le prix Nobel de la paix pour son travail.

Sans vouloir faire des deux médecins des figures christiques, je dirais que leur chirurgie fine est un véritable travail pascal. C'est un esprit de mort diabolique qui possède les hordes de combattants. Ils détruisent les femmes, les enfants et toute la communauté humaine de la région. Le travail patient des chirurgiens redresse les femmes. Elles « redeviennent droites », se tiennent debout, même si la lutte contre la mort est loin d'être gagnée.

Lettre à mon petit-fils

[2016]

Cher C.,

Avec tes bientôt deux ans et demi, tu n'es pas encore en mesure de lire cette lettre. Pourquoi, dès lors, te l'écrire ? Tu la liras plus tard, peut-être, et elle me permettra alors de mieux te répondre, le jour où, devenu adolescent ou même adulte, tu me demanderas : « Grand-père, pourquoi, dans les années de mon enfance, avez-vous laissé mourir autant d'êtres humains dans la Méditerranée ? Autant d'enfants qui, souvent, avaient mon âge et qui, avec leurs parents, tentaient de fuir les horreurs de la guerre, de la dictature, des exactions, et qui ont fini noyés au fond de la mer ? »

Je le sais déjà, je serai très emprunté, muet probablement. Et je pourrai alors te montrer cette lettre, pour me donner un peu de temps pour réfléchir à une réponse honnête, franche. « Tu sais, c'était ahurissant, paralysant, ces chiffres astronomiques. 800 par semaine, parfois, ou 350 en un week-end, 2 500 en quelques mois ! Il fallait résister intérieurement pour ne pas se laisser abattre. Et que faire contre l'indifférence des gouvernements européens qui se contentaient de renforcer leur forteresse-Europe, qui, partout, érigeaient des murs et des barbelés, qui ne parvenaient jamais à s'entendre sur une politique d'accueil digne de ce nom ? Ces gouvernements qui refusaient obstinément d'envisager la seule solution envisageable, celle d'une entrée légale ! Même la population suisse a accepté sans sourciller de supprimer la possibilité de déposer des demandes d'asile dans les ambassades, ce qui aurait pourtant évité bien des drames. Tu sais, avec beaucoup d'autres, qui se sentaient citoyens responsables, nous avons tenté de réagir, de faire ce que nous pouvions, dans la limite de nos forces, sans capituler. »

J'essaierai de te parler de ces hommes et femmes qui ont interrompu leur carrière et acheté un bateau, pour sillonner la mer Méditerranée à la recherche d'embarcations en perdition. Je te parlerai de ce prêtre érythréen établi en Suisse qui, vingt-quatre heures sur vingt-quatre, attendait les messages de détresse sur son portable pour les relayer à des bateaux susceptibles de secourir. Je te parlerai de la maire de l'île de Lampedusa qui a tenté d'ébranler les gouvernements européens en évoquant le cimetière de l'île qui devenait bien trop petit et en leur demandant d'envoyer un télégramme de condoléances pour chaque mort repêché et enterré sur son île.

Je te montrerai peut-être mon dossier de photos et de dessins de presse consacrés au petit Kurde syrien Aylan Kurdi, trouvé mort sur une plage de Turquie le 2 septembre 2015, à peu près à l'âge que tu as maintenant, et devenu le symbole criant de tous les enfants exilés perdus dans la mer Méditerranée.

Puis je t'inviterai peut-être à écouter ensemble la chanson *Épilogue* de Jean Ferrat :

> Songez qu'on n'arrête jamais de se battre et qu'avoir vaincu n'est trois fois rien
> Et que tout est remis en cause du moment que l'homme de l'homme est comptable
> Nous avons vu faire de grandes choses mais il y en eut d'épouvantables
> [...]
> Je ne dis pas cela pour démoraliser. Il faut regarder le néant
> En face pour savoir en triompher. Le chant n'est pas moins beau quand il décline
> Il faut savoir ailleurs l'entendre qui renaît comme l'écho dans les collines
> Nous ne sommes pas seuls au monde à chanter et le drame est l'ensemble des chants
> Le drame il faut savoir y tenir sa partie et même qu'une voix se taise
> Sachez-le toujours le chœur profond reprend la phrase interrompue.[1]

Mais je le sais déjà, j'aurai honte et je te demanderai pardon.

Ton grand-père

---

[1] Partie d'un poème d'Aragon intitulé *Épilogue*, in : Louis ARAGON, *Les poètes*, Paris : Gallimard, 1969, 246–247.

Predigten – Prédications

«Sag, Grossvater, warum hinkst du?»

[2004]

Genesis 32,23–33

[23] Noch in jener Nacht aber stand er auf, nahm seine beiden Frauen, seine beiden Mägde und seine elf Kinder und ging durch die Furt des Jabbok. [24] Er nahm sie und brachte sie über den Fluss. Dann brachte er hinüber, was er sonst noch hatte. [25] Jakob aber blieb allein zurück. Da rang einer mit ihm, bis die Morgenröte heraufzog. [26] Und er sah, dass er ihn nicht bezwingen konnte, und berührte sein Hüftgelenk, so dass sich das Hüftgelenk Jakobs ausrenkte, als er mit ihm rang. [27] Und er sprach: Lass mich los, denn die Morgenröte ist heraufgezogen. Er aber sprach: Ich lasse dich nicht, es sei denn, du segnest mich. [28] Da sprach er zu ihm: Wie heisst du? Und er sprach: Jakob. [29] Da sprach er: Du sollst nicht mehr Jakob heissen, sondern Israel, denn du hast mit Gott und mit Menschen gestritten und hast gesiegt. [30] Und Jakob fragte und sprach: Bitte nenne mir deinen Namen. Er aber sprach: Was fragst du nach meinem Namen? Und dort segnete er ihn. [31] Und Jakob nannte die Stätte Peniel. Denn, sagte er, ich habe Gott von Angesicht zu Angesicht gesehen und bin mit dem Leben davongekommen. [32] Und als er an Penuel vorüber war, ging ihm die Sonne auf. Er hinkte aber wegen seiner Hüfte. [33] Darum essen die Israeliten bis auf den heutigen Tag den Muskelstrang nicht, der über dem Hüftgelenk liegt, denn er hat Jakobs Hüftgelenk, den Muskelstrang, angerührt.

* * *

«Sag, Grossvater, warum hinkst du?» Sein Enkel Efraim hatte ihm diese Frage schon zwei- oder dreimal gestellt. Dem alten Jakob war es bis dahin immer gelungen, die Aufmerksamkeit des Kindes abzulenken, anstatt seine Frage zu beantworten. Er liebte Efraim sehr. Mit seinen zwölf Jahren war er ein sehr lebendiges und scharfsinniges Kind. Jakob war mit seiner ganzen Familie nach Ägypten gezogen, um der Hungersnot zu entkommen, aber auch um Josef, seinen Lieblingssohn, wiederzufinden. Josef war inzwischen grosser Verwalter des Pharao geworden. Bei diesem Wiedersehen entdeckte Jakob mit grosser Freude die zwei Söhne Josefs, Manasse und Efraim, die in Ägypten geboren waren. Mit Efraim, dem zweiten Sohn, fühlte er sich besonders verbunden. War das, weil er der Jüngere von beiden war, wie auch Jakob selbst der jüngere Bruder von Esau war? Es mag wohl sein.

Jakob war uralt, weit über hundertjährig, so weit darüber, dass er seines genauen Alters nicht mehr ganz sicher war: hundertdreissig oder hundertvierzig?

Ein Patriarchenalter, würde man später sagen! Trotzdem erinnerte er sich ganz genau an diese Nacht, in der sein Hüftgelenk ausgerenkt wurde. Wenn er mit seinem Enkel nicht darüber sprechen wollte, so nicht, weil er sich *nicht mehr* daran erinnerte. Vielmehr, weil er sich *allzu gut* daran erinnerte.

Schon aber fragte ihn Efraim wieder, etwas ungeduldig: «Sag, Grossvater, warum hinkst du?»

«Weisst du, das ist eine alte Geschichte.» Aber während er das sagte, spürte Jakob, dass es ihm an diesem Morgen nicht gelingen würde, die Aufmerksamkeit des Jungen abzulenken und seinen Fragen auszuweichen. Jakob war zwar ein Experte im Täuschen, im Betrügen, im Ausweichen und im Finden von Ausreden. Sein ganzes Leben war davon geprägt, und sogar sein Name erinnerte daran, denn Jakob heisst «der Täuscher, der Betrüger». Aber an diesem Morgen wusste er, dass er seinem Enkel nicht entwischen konnte, und das versetzte ihn sofort in die Stimmung dieser unvergesslichen Nacht. In dieser Nacht hatte er nämlich auch nicht entwischen können.

«Erzähl mir diese Geschichte, Grossvater, erzähl sie mir!»

«Weisst du», begann Jakob vorsichtig, «es geschah in einem entscheidenden Moment meines Lebens. Was ich dir erzählen werde, wirst du für dich behalten. Versprichst du es mir? Während meiner Jugend hatte ich meinen Bruder Esau hintergangen; ich entriss sein Erstgeburtsrecht für eine Schale Linsen und stahl ihm so den Segen des Erstgeborenen. Ich musste auswandern, um seiner Wut und Rache zu entgehen. Ich bin zu meinem Onkel Laban geflüchtet und arbeitete jahrelang für ihn. Es ist mir aber gelungen, eine gute Situation zu erreichen: zwei Frauen, Lea und Rachel, beides Töchter Labans, zahlreiche Kinder, Diener und Dienerinnen, grosse Herden, Reichtum. Eines Tages musste ich wohl mit all dem, was ich besass, in mein Land zurückziehen. Ich hatte Heimweh, und so machten wir uns auf den Weg; es war eine lange Karawane. Wegen Missverständnissen hatte uns mein Onkel Laban aber verfolgt. Und auf der anderen Seite, das heisst: vor uns wartete mein Bruder Esau mit seiner alten Wut. Natürlich hatte ich ihm Geschenke vorausgesandt, aber ich wusste nicht, wie er mich empfangen würde. In meiner Angst liess ich während dieser Nacht alle meine Leute die Jabbok-Furt durchwaten. Es war eine wirkliche Furt-Durchquerung, im wahrsten Sinne des Wortes. Auch ein Furt-Durchwaten in meinem Leben, ein entscheidender Moment, in dem die Zeit stillsteht, zwischen Vergangenheit und Zukunft, ein Moment, in dem alles in Frage gestellt scheint. Ich bin in der Nacht alleine zurückgeblieben, in der Nähe der Furt.

«Warum bist du allein geblieben? Warum bist du nicht mit den anderen gegangen?», fragte der aufmerksame und neugierige Efraim.

«Ich weiss es nicht. Ich musste stehenbleiben und nachdenken. Ich hatte das Bedürfnis, mich zu fragen, wo ich in dieser entscheidenden Lebenswende stand.»

«Hattest du nicht Angst, ganz allein in der Nacht?»

«Wie neugierig du bist! Bist du nicht bald fertig mit all deinen Fragen? Natürlich hatte ich Angst. Vor allem hatte ich Angst vor der Zukunft, Angst vor dem, was aus meinem Leben werden würde. Und die Dunkelheit der Nacht war wie die Dunkelheit in meinem Leben. Vielleicht bin ich deshalb dort, allein in der Nacht, sitzengeblieben.»

«Und was geschah dann, Grossvater, was geschah?»

«Plötzlich erschien jemand in der Nacht», sagte Jakob. «Es war zu dunkel, um seine Gesichtszüge zu erraten und ihn zu erkennen. Aber er war bedrohlich. Auf einmal griff er mich an, und wir haben die ganze Nacht gekämpft. Wir kämpften Mann gegen Mann, wälzten uns im Staub. Es war ein endloser Kampf, ein Kampf auf Leben und Tod.»

«Aber wer war dieser ‹Jemand›? Hast du ihn nicht erkannt?»

«Nein, die ganze Nacht hindurch wusste ich es nicht. Einmal fragte ich mich, ob Laban uns eingeholt hatte; dann fragte ich mich, ob es Esau war, der gekommen war, um sich zu rächen. Vielleicht aber war es auch ein Unbekannter, ein Räuber. Ich fragte mich, ob es überhaupt ein Mensch war. Oder eher eine bösartige Kraft, ein Nachtdämon oder ein Flussdämon? Wenn ich heute daran zurückdenke, ist es mir, als ob ich mit allem Dunkeln in meinem Leben kämpfte, wie wenn das, was mich damals beängstigte, sich in eine kräftige Macht gesammelt hätte, die mich angriff. Es war also auch ein Kampf mit mir selbst.»

«Und dieser Kampf hat die ganze Nacht gedauert? Wer von beiden hat letztendlich gewonnen?», fragte Efraim.

«Es ist nicht so leicht zu sagen, mein Sohn. Wir kämpften und waren beide erschöpft. Dann hat er mir plötzlich einen bösen Schlag versetzt. Er schlug mir auf das Hüftgelenk, und es hat sich ausgerenkt. Deshalb hinke ich heute noch.»

«Aber dann hat *er* ja gewonnen?», sagte Efraim, sichtlich enttäuscht.

«Warte! Warte, kleiner Ungeduldiger! Der Kampf ging weiter, und schon erschien das Tageslicht im Osten. Als ob er vor dem Licht Angst hätte, sagte mir mein Gegner: ‹Lass mich los, denn die Morgenröte ist heraufgezogen.› Aber ich antwortete ihm: ‹Ich lasse dich nicht, es sei denn, du segnest mich.›»

«Was heisst das, ‹segnen›?», fragte Efraim.

«Das bedeutet, jemandem eine Verheissung zu machen, sodass sein Leben unter das Zeichen eines Wortes gestellt wird, das ihn glücklich macht, ihm eine Zukunft schenkt, ihn befreit und ihn sein Leben lang trägt.»

«Dann hat der, der dich angegriffen hatte, dich gesegnet?»

«Nein, nicht sofort. Zuerst hat er meinen Namen geändert.»

«Deinen Namen geändert? Heisst du nicht mehr Jakob? Oder hiessest du vorher anders?»

«Nein, nein. Ich hiess wohl Jakob. Aber er fragte mich nach meinem Namen; dann sagte er mir: ‹Du sollst nicht mehr Jakob heissen, sondern Israel, denn du hast mit Gott und mit Menschen gestritten und hast gesiegt.› Deshalb trug ich danach immer beide Namen: Jakob, der Betrüger, und Israel, derjenige, der mit Gott kämpft; es ist der Name meiner Nachfahren, des Volkes, dem auch du angehörst und dem die Verheissung dieses Gottes gilt. Derjenige, der mit Gott kämpft und gewinnt.»

«Dann hast doch *du* gewonnen, du warst der Stärkste!»

Jakob lächelte und schaute seinen Enkel liebevoll an.

«So einfach ist es nicht, mein Kind. Vielleicht gab es gar keinen Sieger. Weisst du, wenn jemand den Namen eines Menschen ändern kann, dann ist er stärker. Den Namen von jemandem zu erhalten, heisst, dass man ihm gehört und ihm untertan ist. Mein Gegner entschied über meinen Namen. Ich habe ihn auch nach seinem Namen gefragt, aber er gab ihn nicht preis. Also war die Sache klar: Er war der Meister.»

«Aber er hatte doch gesagt, du hättest gewonnen», unterbrach ihn Efraim. «Er war der Meister, und du hattest gewonnen. Ich verstehe überhaupt nichts mehr!»

Jakob lächelte wieder einmal über die neugierige Scharfsinnigkeit seines Enkels. Er erkannte sich so sehr in ihm. «Weisst du, dieser Kampf war nicht wie andere Kämpfe, in denen der eine gewinnt und der andere verliert. Vielleicht waren wir beide Sieger. Auf jeden Fall hat er mich beim Tagesanbruch gesegnet.»

«Und du wusstest immer noch nicht, wer er war?»

«Doch, ich glaube, ich fing an, es zu erraten. Nach und nach erahnte ich, wer dieses Wesen sein konnte, das ich nicht besiegen konnte und das in diesem entscheidenden Moment zu mir kam, um sich mit mir auseinanderzusetzen. Es musste sich um Gott selbst handeln. Ausserdem hatte er mir ja selbst gesagt, dass ich mit Gott gekämpft hatte. Und als er mich segnete, war es plötzlich ganz klar für mich, so klar wie das Tageslicht, das die Landschaft langsam aus dem Schatten holte: Es war Gott, ich hatte mit Gott gekämpft, er hatte mich auf das Hüftgelenk geschlagen, und dann hatte er mich gesegnet! Deshalb nannte ich diesen Ort Peniel, das heisst ‹Angesicht Gottes›.»

«Angesicht Gottes? Was für ein komischer Name für einen Ort!», rief Efraim aus.

«Ja, da hast du recht! Es ist ein komischer Name. Aber weisst du, ich hatte Gott wirklich von Angesicht zu Angesicht gesehen; es war eine aussergewöhnliche und beängstigende Erfahrung. Ich hätte dabei mein Leben verlieren können. Aber ich war noch am Leben, und hinzu kam, dass es hell wurde. Die Sonne ging auf. Meine Morgenröte war gekommen, nun konnte ich meinem Bruder Esau entgegengehen, erfüllt von diesem ‹Angesicht Gottes›.»

Plötzlich wurden sie unterbrochen. «Efraim, komm, ich brauche deine Hilfe!» Es war seine Mutter, Asenath, die Frau Josefs, die ihn zu sich rief.

«Sofort, Mutter, ich komme!», antwortete Efraim. Aber schon drehte er sich zu seinem Grossvater und sagte ihm: «Nur noch eine Frage, Grossvater ...»

«Ja, mein Sohn, aber nachher gehst du deiner Mutter helfen.»

«Wie konntest du nur deinen Gegner, der dich auf das Hüftgelenk schlug, um einen Segen bitten?»

Jakob schien etwas verlegen: «Ach, wenn ich es nur selbst wüsste. Ich habe viel darüber nachgedacht. Weisst du, wenn sich alles Dunkle, Rätselhafte und Beängstigende im Leben und in der Welt gegen dich versammelt und dich bedroht, um mit dir am Furt-Übergang zu kämpfen, kommt ein Moment, wo du dir sagst: ‹Es ist stärker als ich, ich bin überfordert, jemand ist da in all dem, was mich bedroht.› Dann bittest du ihn, sich zu enthüllen und dir eine Verheissung zu geben, die alles Dunkle erhellt.»

«Aber warum betetest du ausgerechnet zu demjenigen, der dich bedrohte? Du hättest dir woanders Hilfe suchen können!»

«Nein! Der Segnende kommt nicht woanders her, er ist da, mitten im Kampf, und der Segen muss aus dem Ort hervorgehen, wo der Kampf stattfindet.»

«Aber du hattest dich doch mit ihm im Staub gewälzt, du hattest doch mit ihm gekämpft!»

«Ja, aber weisst du, das Gebet ist auch immer wie ein Kampf. In dem Gebet begegnest du dem, was dich beängstigt, und es kann lange dauern, bis es hell wird, bis der Tagesanbruch kommt und die Dunkelheit, die dich umgab, mit Licht überflutet.»

«Sicher hat dich jene Nacht verändert, Grossvater. Du hast deinen Namen geändert, aber bist du auch ein anderer Mensch geworden?»

Jakob fühlte sich durch die Fragen seines Enkels in die Enge getrieben.

«Hör mal, Kleiner, deine Neugier erschöpft mich. Ich bin der alte Jakob geblieben. Man kann sich selbst nicht so leicht loswerden.»

«Aber dann hat sich ja nichts wirklich verändert?», fragte Efraim, offensichtlich enttäuscht.

«Doch, das Licht der Morgenröte von Peniel ist in meinem Leben geblieben, auch wenn es mich nicht durch und durch verändert hat. Es hat mich wie ein dauernder Segen begleitet. An diesem Morgen konnte ich meinem Bruder Esau entgegengehen. Nachdem ich Gott von Angesicht zu Angesicht gesehen hatte, konnte ich auch Esau von Angesicht zu Angesicht anschauen. Ich konnte das Angesicht Esaus sehen, als sähe ich das Angesicht Gottes.[1] Peniel gab mir die Möglichkeit, den anderen wirklich zu begegnen, von mir selbst befreit.»

«Du sagst ‹befreit von mir selbst›, aber du hinktest. Hast du dir nie gewünscht, von dieser Behinderung befreit zu werden? Hast du nie darum gebetet?»

«O doch, das tat ich öfters! Aber ich habe immer mehr gelernt, mit diesem Problem zu leben. Es verwandelte sich für mich in ein Zeichen des empfangenen

---

1 Vgl. Gen 33,10; Jakob sagt zu Esau: «Denn ich habe dein Angesicht gesehen, wie man das Angesicht Gottes sieht».

Segens. Ein Nomade, der viel gehen muss und am Hüftgelenk getroffen wurde: Das war wirklich der Ausdruck einer Anwesenheit Gottes am entscheidenden Punkt. Ein wirklich gesegneter Nomade muss wahrscheinlich hinken.»

«Efraim, wenn du nicht bald kommst, werde ich dich bei den Ohren holen!» Seine Mutter wurde ungeduldig. «Übrigens, hör endlich auf, deinen Grossvater mit deinen Fragen zu plagen; siehst du nicht, dass er müde wird?»

«Ich komme schon, Mutter, ich komme! Aber, sag mir, Grossvater …»

«Eine letzte Frage!», sagte Jakob, «die allerletzte Frage!»

«Grossvater, meinst du, dass auch ich eines Tages werde kämpfen müssen, so wie du?»

Diese Frage bewegte Jakob tief. «Ich weiss es nicht, Efraim. Ich wünsche es dir nicht, aber ich kann es auch nicht ausschliessen. Alle Menschen erleben Furt-Durchgänge, mit ihren Dunkelheiten und ihren Morgenröten. Ich bin nicht der Meister deines Geschicks, und auch du nicht. Aber was auch immer dieses Geschick sein wird, derjenige, der an deinem Leben webt, wird dich auch segnen … Aber geh nun, geh, deine Mutter wartet schon lange!»

Das Kind stand auf und ging auf die Türe zu; dann plötzlich drehte es sich um und sagte: «Weisst du, Grossvater, es ist etwas in deinem Gesicht, das uns Peniel erzählt!» Etwas verlegen verliess er dann den Raum.

Der alte Jakob blieb sitzen. Er war von diesem langen Gespräch erschöpft; es hatte ihn voll in Anspruch genommen. Gleichzeitig aber fühlte er sich von einem warmen Glücksgefühl erfüllt.

«Was für ein Junge, dieser Efraim! Ich möchte ihn segnen, bevor ich sterbe!» Dabei war Jakob schon auf eine kleine Idee gekommen. Er wollte sich einen letzten kleinen Betrug, eine letzte Schlauheit erlauben: «Er wird den Segen des Erstgeborenen empfangen, er wird den Vorrang vor seinem Bruder Manasse haben!»[2]

Als er so daran dachte, staunte er, wie die Geschichte sich wiederholte, von Generation zu Generation. Er dachte, dass der grosse Weber, der das Gefüge der Menschenleben bestimmt, ein grosser Künstler sei, beängstigend und segensreich zugleich. Kampf und Segen hatten sich während all der Tage, die er mit diesem «Weber-Gott» verbracht hatte, abgelöst. Bald würden sie für ihn zu einer letzten Entflechtung gelangen. Mit einem kurzen Gebet dankte er Gott und, durch die Geräusche des Hauses gewogen, schlief er langsam ein und flüsterte noch leise «Amen».

---

2 Vgl. Gen 48,1–2.8–20.

Pour un dimanche des réfugiés

[2009]

Lévitique 19,33-34

³³ Quand un émigré viendra s'installer chez toi, dans votre pays, vous ne l'exploiterez pas ; ³⁴ cet émigré installé chez vous, vous le traiterez comme un indigène, comme l'un de vous ; tu l'aimeras comme toi-même ; car vous-mêmes avez été des émigrés dans le pays d'Égypte. C'est moi, le Seigneur, votre Dieu.

Hébreux 13,1-2

¹ Que l'amour fraternel demeure. ² N'oubliez pas l'hospitalité, car, grâce à elle, certains, sans le savoir, ont accueilli des anges.

Marc 15,37-38

³⁷ Mais, poussant un grand cri, Jésus expira. ³⁸ Et le voile du sanctuaire se déchira en deux du haut en bas.

* * *

Grande déchirure, au milieu du récit de la mort du crucifié dans les évangiles : « le voile du sanctuaire se déchira en deux du haut en bas. » Comment faut-il comprendre ce fait qu'au moment même où Jésus meurt dans un grand cri au Golgotha, le rideau dans le temple de Jérusalem se déchire de haut en bas ? Cet élément du récit de la Passion a une valeur hautement symbolique : derrière ce rideau se trouve l'espace qu'on appelle le saint des saints, et c'est là que Dieu habite. C'est un espace fermé, sacré, et donc interdit. Seul le souverain prêtre peut y entrer, en des occasions exceptionnelles. En contraste, le Golgotha est le lieu profane par excellence : en dehors des murs de la ville sainte, un dépotoir, et le gibet en même temps, où l'on exécute les criminels. C'est là que Jésus meurt, délaissé par tous, criant son abandon. Et si le rideau du temple se déchire, cela pourrait dire : Dieu cesse de se tenir dans le saint des saints, il sort de ce lieu fermé. Il est désormais au Golgotha, avec l'abandonné, et se solidarise avec lui, en dehors du temple, en dehors des murs de la ville.

Pourquoi commencer cette prédication pour le dimanche des réfugiés par cet élément des récits de la Passion ? Comme Dieu dans son temple, nous nous mettons, nous aussi, très souvent à l'abri dans nos lieux protégés, redoutant ce qui est à l'extérieur et qui nous inquiète, parce que cela nous est étranger. Retirés dans nos maisons, avec leurs serrures et verrous, avec leurs systèmes de sécurité. Derrière les rideaux de nos habitudes, de nos principes, de nos préjugés. Et comme Jérusalem, l'Europe tout entière, et la Suisse en son sein, se sont construit des murailles solides, fabrication Schengen. La forteresse-Europe, résistant aux assauts de ces démunis qui arrivent d'Afrique dans des embarcations de fortune et qui échouent à Lampedusa ou à Lanzarote, s'ils ne se noient pas avant ou s'ils ne se font pas refouler par centaines vers l'Afrique. La Suisse aussi s'est transformée peu à peu en forteresse, abritée derrière ses frontières, derrière sa loi d'asile, toujours plus restrictive, de durcissement en durcissement. Et les messages des autorités suisses, parlement et partis, relayés par les médias, suscitent un sentiment d'insécurité dans la population, en faisant croire qu'il faut à tout prix se protéger de ces gens qui ne pensent qu'à abuser de nos droits, de nos biens, de notre générosité. « Tous des profiteurs ! »

Le rideau qui se déchire du haut en bas pourrait alors nous dire : « Dieu est sorti de la forteresse-Europe, pour se tenir en veilleur du Sud, à Lampedusa ou à Lanzarote. Dieu est sorti de nos frontières trop bien protégées. Dieu est hors-la-loi de l'espace Schengen. Il a quitté nos systèmes de sécurité, il a déchiré en deux du haut en bas nos préjugés qui font de l'autre qui vient à nous dans sa détresse l'ennemi dont il faut se méfier, le profiteur dont il faut se préserver. Il casse l'argument selon lequel il faut encore durcir la loi de l'asile pour mieux combattre les abus généralisés.

Il nous a suffi de quelques minutes pour retrouver tous les problèmes de la migration et de l'asile, à l'échelle de l'Europe en tout cas, mais nous savons qu'ils touchent la planète tout entière, où les personnes déplacées se comptent par dizaines de millions. Bien sûr, nous n'allons pas pouvoir résoudre tous ces problèmes ce matin, comme par magie. Les textes bibliques ne sont pas des formules magiques, des recettes toutes faites. Ils veulent nous rendre attentifs, nous suggérer un changement de perspective, nous apprendre à voir certaines réalités autrement. Ainsi, si Dieu sort du temple, de la ville fortifiée, cela pourrait vouloir dire que nous pouvons peut-être aussi sortir un peu, sortir de nos sécurités, de nos préjugés. Et ainsi aussi laisser entrer un peu plus, accueillir, s'ouvrir à celles et ceux qui nous viennent de l'extérieur.

Qu'est-ce que cela pourrait signifier concrètement pour nous ici, en ce matin du dimanche des réfugiés 2009 ? Pour répondre à cette question, j'aimerais reprendre le premier texte que nous avons entendu. Il est très intéressant, car dans un livre de lois, le Lévitique, qui contient toutes sortes de règles rituelles, religieuses, juridiques et morales, il y a soudain ce petit passage, qui nous interpelle : « Quand un émigré viendra s'installer chez toi » – que faudra-t-il faire ? Réponse du texte : « vous ne l'exploiterez pas »... Combien d'étrangers doivent aujourd'hui travailler au noir en Suisse, sans papiers, sans protection sociale, souvent pour des salaires de misère ? Le texte continue : « vous le traiterez comme un indigène, comme l'un de vous ». Combien d'étrangers doivent aujourd'hui réaliser quotidiennement en Suisse qu'ils ne sont pas comme nous, qu'ils ne sont pas « l'un de nous », victimes d'images toutes faites, étiquetés comme trompeurs, faux, dangereux ? Et le texte continue en formulant une règle d'amour : « cet émigré, […] tu l'aimeras comme toi-même ». Nous avons l'habitude d'entendre la règle de l'amour pour le prochain : « tu aimeras ton prochain comme toi-même ». Dans notre passage, ce prochain, c'est soudain l'émigré : tu aimeras l'émigré comme toi-même.

Que veut dire ce « comme toi-même » ? Le texte le précise d'emblée en ajoutant : « car vous-mêmes avez été des émigrés dans le pays d'Égypte ». Ainsi, le peuple d'Israël se voit rappeler son propre passé d'exil, d'émigration. Nous avons entendu tout à l'heure que les Européens ont aussi été très fortement des émigrés. Notre propre passé, notre propre identité, nos propres racines sont toujours impliqués : l'accueil de l'étranger, de l'autre, n'est vraiment possible que si nous nous acceptons également nous-mêmes comme étrangers. Si nous nous laissons ainsi interpeller par ceux qui nous viennent de l'extérieur, au lieu de les redouter d'emblée, nous pourrons alors les découvrir, apprendre à les connaître, et par là même aussi nous redécouvrir nous-mêmes, apprendre à nous reconnaître autrement, enrichis, renouvelés. L'accueil de l'autre peut ainsi devenir accueil de nous-mêmes. Accueill*ant*, je suis aussi accueill*i*.

De manière comparable, nous l'avons entendu tout à l'heure, l'auteur de l'épître aux Hébreux exhorte ses lecteurs : « N'oubliez pas l'hospitalité, car, grâce à elle, certains, sans le savoir, ont accueilli des anges. » Cette phrase fait référence au patriarche Abraham (Gn 18). Un beau jour, il reçoit la visite de trois inconnus. Il les accueille, leur fait préparer un grand festin. En fait, ce sont des messagers de Dieu, qui viennent lui annoncer la prochaine naissance de son fils. Accueillant des inconnus, il accueille à son insu des anges. N'en va-t-il pas de même pour nous, en accueillant des étrangers ? Bien sûr, je ne veux pas dire par là que tous les étrangers sont angéliques. Ce serait un peu simpliste. Je prends « ange » au sens biblique : le terme grec *angelos* veut d'abord dire « messager », et il est bien juste de dire que l'étranger, l'émigré, le requérant d'asile, le réfugié ont un message à nous transmettre : « Et si tu ouvrais un peu ton système de sécurité, tes verrous, tes préjugés ? Et si tu te laissais un peu interpeller par ce qui vient du dehors, ce qui t'est autre, ce qui t'est étranger ? Au lieu d'en avoir peur, n'y vois-tu pas la chance de découvrir, de rencontrer, de vivre quelque chose de nouveau ? »

Pour illustrer cette phrase de l'épître aux Hébreux, j'aimerais vous raconter une petite histoire. Elle s'est déroulée dans une cantine allemande et nous est rapportée par l'écrivain suisse allemand Peter Bichsel[1].

---

1   Racontée à la radio suisse allemande le 1er septembre 1983, elle a été publiée sous le titre « Über die Sicherheit » dans la revue *Gartezitig*, n° 265 (23 septembre 1983), 2–3.

Un jour, une dame âgée, retraitée, entre dans la cantine. Elle est un peu perdue, mais elle va chercher au comptoir un grand bol de soupe goulasch, se dirige vers une petite table libre, pose sa soupe sur la table et remarque qu'elle a oublié de prendre une cuillère. Elle retourne chercher une cuillère et, lorsqu'elle revient à sa petite table, un Noir gigantesque y est assis et mange sa soupe. Totalement intimidée, la dame s'assoit à la table, tente de parler avec le Noir assis en face d'elle, mais il ne comprend pas un mot. Finalement, la vieille dame plonge sa cuillère dans le bol et mange aussi un peu de sa soupe. Alors, le Noir glisse le bol au milieu de la table et ils mangent ensemble. Ils échangent un sourire, et les autres gens dans la cantine observent cet étrange couple qui mange dans le même bol. Le Noir se lève, cherche une escalope avec des pommes frites et pose aussi l'assiette au milieu de la table. La vieille dame est ainsi dédommagée de sa perte. Ils mangent dans la même assiette, échangent un sourire et se réjouissent. Lorsque l'assiette est vide, le Noir se lève, prend congé de la dame par un signe de la tête et s'en va. Les spectateurs ont encore remarqué qu'il a quitté le local très rapidement. Après quelques secondes, la dame s'écrie : « Mon sac à main a disparu, et mon manteau de fourrure ! » Quelques-uns tentent de rattraper le Noir, mais on ne le trouve nulle part, et déjà, on appelle la police. Tout le monde est consterné, et la vieille dame désespérée. Mais quelqu'un dit alors : « Là, à cette autre table, il y a un manteau et un sac à main », et c'est bien le sac à main de la vieille dame. Et sur la table, il y a encore sa soupe qui attend. Elle s'était trompée de table. Ce n'est pas le Noir qui avait mangé sa soupe, c'était elle qui avait mangé la soupe du Noir.

Et Peter Bichsel d'ajouter :

Dommage que le Noir n'ait pas appris la fin de l'histoire – mais cela ne l'aurait probablement pas étonné. Il appartient manifestement à ceux qui peuvent partager une soupe. Il appartient à ceux qui font passer l'humanité avant leur propre droit.

* * *

Ce Noir n'a-t-il pas été un ange pour la vieille dame ? Messager du partage, qui ne voit pas d'emblée en l'autre un ennemi ? Corrigeant ainsi les préjugés qui suggèrent qu'ils sont « tous des profiteurs », « tous des menteurs », « tous des voleurs ». La vieille dame de la cantine a fait l'expérience d'Abraham : sans le savoir, elle a accueilli un ange, ou encore mieux : sans le savoir, elle a été accueillie par un ange.

J'espère qu'il nous arrivera des histoires semblables. Il y a alors des rideaux qui se déchireront en deux de haut en bas.

Amen.

«gott gerneklein»
Eine von Kurt Marti inspirierte Weihnachtspredigt

[2016][1]

Jesaja 9,1–6

[1] Das Volk, das in der Finsternis geht, hat ein grosses Licht gesehen, die im Land tiefsten Dunkels leben, über ihnen ist ein Licht aufgestrahlt. [2] Du hast die Nation zahlreich werden lassen, hast die Freude für sie gross gemacht. Sie haben sich vor dir gefreut, wie man sich freut in der Erntezeit, wie man jubelt, wenn man Beute verteilt. [3] Denn das Joch, das auf ihnen lastet, und den Stab auf ihrer Schulter, den Stock dessen, der sie treibt, hast du zerschmettert wie am Tag Midians. [4] Denn jeder Stiefel, der dröhnend aufstampft, und der Mantel, der im Blut geschleift ist, der wird brennen, wird ein Frass des Feuers sein. [5] Denn ein Kind ist uns geboren, ein Sohn ist uns gegeben, und auf seine Schulter ist die Herrschaft gekommen. Und er hat ihm seinen Namen gegeben: Wunderbarer Ratgeber, Heldengott, Vater für alle Zeit, Friedensfürst. [6] Die Herrschaft wird grösser und grösser, und der Friede ist grenzenlos auf dem Thron Davids und in seinem Königreich; er gründet es fest und stützt es durch Recht und durch Gerechtigkeit, von nun an für immer. Dies vollbringt der Eifer des Herrn der Heerscharen.

2. Korinther 4,6–10

[6] Denn der Gott, der gesagt hat: Aus der Finsternis soll Licht aufstrahlen, er ist es, der es hat aufstrahlen lassen in unseren Herzen, so dass die Erkenntnis aufleuchtet, die Erkenntnis der Herrlichkeit Gottes auf dem Angesicht Jesu Christi. [7] Wir haben diesen Schatz aber in irdenen Gefässen, damit die Überfülle der Kraft Gott gehört und nicht von uns stammt. [8] In allem sind wir bedrängt, aber nicht in die Enge getrieben, ratlos, aber nicht verzweifelt, [9] verfolgt, aber nicht verlassen, zu Boden geworfen, aber nicht am Boden zerstört. [10] Allezeit tragen wir das Sterben Jesu an unserem Leib, damit auch das Leben Jesu an unserem Leib offenbar werde.

* * *

---

1 Gehalten im Rahmen des Semesterschlussgottesdienstes der Theologischen Fakultät Zürich, am 20. Dezember 2013. Eröffnet und abgeschlossen wurde der Gottesdienst mit den Stücken *Das Volk, das da wandelt im Dunkel* und *Denn es ist uns ein Kind geboren* aus Georg Friedrich Händels *Messias*; gezeigt wurde ein Weihnachtsgemälde von Rembrandt Harmenszoon van Rijn.

Ist es Ihnen auch schon aufgefallen? Jedes Jahr, scheint es mir, gibt es noch mehr, noch früher und noch ausgeklügelter Advents- und Weihnachtsbeleuchtungen, auf Strassen und Plätzen, an Häusern und in Gärten, auf den Bäumen. Lichter, wenn auch künstliche, im Dezemberdunkel. Lichter «im Land tiefsten Dunkels». Ist das wie ein Rest der vorhin bei Jesaja gehörten Adventsverheissung: «Das Volk, das in der Finsternis geht, hat ein grosses Licht gesehen», sozusagen ein Lichtermeer?

Licht im Dunkel, das ist die Grundthematik des Weihnachtsfestes. Nicht von ungefähr, denn im 4. Jahrhundert wurde das Weihnachtsdatum bewusst bei der Wintersonnenwende angesiedelt, um die römischen Feierlichkeiten zu ersetzen, die der am Himmel wieder aufsteigenden Sonne galten. Der *sol invictus*, die unbesiegbare Sonne, die jedes Jahr wieder das Dunkel besiegt, das war und das ist in christlicher Sicht Christus allein. Deshalb gibt es in den römischen Katakomben frühe Mosaike, in denen Christus mit Kennzeichen des Sonnengottes Apollo dargestellt wird.

Das Dunkel, das ist aber nicht nur die Finsternis der früh einbrechenden Nacht, der winterlichen Jahreszeit. Es ist auch das Dunkel dieser unserer Welt, in diesem zu Ende gehenden Jahr weit ausgebreitet: der andauernde Krieg in Syrien und anderswo, ein verheerender Taifun in den Philippinen, sterbende Kinder überall, ökonomische Krise im südlichen Europa, sogenannte Sozialsuizide (in Griechenland 43 % mehr als im vorigen Jahr), menschliches Leiden weltweit.

Aber das Dunkel ist auch näher bei uns, und vielleicht sogar auch in uns: als Hoffnungslosigkeit, Resignation, Entmutigung oder auch als trotzige Revolte. Unstimmiges, Ungewisses, Betrübendes nagt an unserem Lebensmut. Dunkel ist deshalb manchmal auch unser Dünkel, das mit künstlichen Lichtern oft nur überspielt, übertüncht wird. «Das Volk, das in der Finsternis geht», das sind wir auch heute, in vielerlei Hinsicht.

Vielleicht haben Sie vorhin beobachtet, wie tief der Bass-Solist mit der Stimme hinuntersteigen muss, um das Dunkel als *«tiefstes* Dunkel» zum Ausdruck zu bringen. Im Dunkel sitzt man tief, Dunkel ist auch Tiefe, und was geschieht dann? Man hofft auf Erlösung *von oben*, die einen aus diesem Tief herausholt. Von dieser Erwartung ist auch der Prophet geprägt, der das Volk in Jesaja 9 zur Hoffnung aufruft. In hohen Tönen wird das kommende Heil verkündigt: Über dem Volk im Dunkel leuchtet ein grosses Licht; Freude darf herrschen wie in der Erntezeit; die Nation wird zahlreich; Joch, Stab und Stock, die Unterdrückung, werden zerschmettert; die neue Herrschaft bricht an, auf der Schulter des verheissenen Sohnes, grösser und grösser, mit grenzenlosem Frieden, mit Recht und Gerechtigkeit gestützt, «von nun an für immer»: «Dies vollbringt der Eifer des Herrn der Heerscharen.»

Unsere Adventserwartungen sind ebenfalls von dieser messianischen Heilserwartung getragen: Jesaja 9 wurde christlich rezipiert, und, wie wir es am Ende des Gottesdienstes hören werden, singen wir auch, an Jesus Christus denkend: «Denn ein Kind ist uns geboren, ein Sohn ist uns gegeben, und auf seine Schulter ist die Herrschaft gekommen.» Ähnlich haben wir vorhin mit dem Psalm 24 gesungen: «Macht hoch die Tür, die Tor macht weit, es kommt der Herr der Herrlichkeit.» Und so verkünden es ebenfalls die Heerscharen der Engel: «Gloria in excelsis». Auch in unserer zweiten Schriftlesung geht es dem Apostel Paulus darum, die *Herrlichkeit Gottes* im Angesicht Jesu Christi zu erkennen (2Kor 4,6).

Messianische Hoheits- und Herrlichkeitserwartungen überall? Aber eigentlich ist hier in christlicher Sicht eine radikale Brechung angesagt: Dieses messianische Kind, das uns geboren ist, das «Wunderbarer Ratgeber, Heldengott, Starker, Friedensfürst» heisst (Jes 9,5), das ist das Kleinkind in der Krippe, von der Herberge vertrieben (nach Lukas), ins Exil nach Ägypten getrieben (nach Matthäus), das Kleinkind in der Ausgrenzung und auf der Flucht vor der Gefahr. Obschon ihm gehuldigt wird, sind in ihm unsere Herrlichkeitserwartungen zerschlagen. Um mit dem Berner Pfarrer und Dichter Kurt Marti zu sprechen, dem wir im November eine Tagung gewidmet haben: Es ist hier etwas «Gegenwendiges» enthalten. Unter diesem Titel hat er einen Zweizeiler geschrieben, in dem die erste Zeile ganz gross und die zweite ganz klein geschrieben ist[2]:

gegenwendig

MENSCH GERNEGROSS
gott terneklein

Ähnlich hat das Rembrandt mit seinem Hell-Dunkel-Spiel zum Ausdruck gebracht: In seinen Weihnachtsgemälden gibt es meistens im Dunkel eine einzige Lichtquelle, und zwar nicht von oben herab, sondern von ganz unten, vom Kleinkind her, und so wird die ganze Szene aus der Tiefe nach oben beleuchtet.

Damit sind unsere Herrschafts- und Herrlichkeitsvorstellungen und so auch unsere üblichen Gottesbilder gebrochen. Kurt Marti hat das in einem kleinen Weihnachtsgedicht[3] folgendermassen zum Ausdruck gebracht:

weihnacht
damals

als gott
im schrei der geburt
die gottesbilder zerschlug

---

2   Kurt MARTI, *gott gerneklein. gedichte*, Stuttgart: Radius, 2011, 10.
3   Kurt MARTI, *geduld und revolte. die gedichte am rand*, Stuttgart: Radius, 1995 [1984], 8.

und
zwischen marias schenkeln
runzelig rot
das kind lag

Der «gott gerneklein», das ist dieses runzelig rote Kind zwischen Marias Schenkeln, der zutiefst menschgewordene Gott. Das verändert unsere Herrschaftsauffassungen. Das runzelig rote Kind wird später, als es erwachsen wird, von einer neuen Gottesherrschaft sprechen, die nicht aus Macht und Gewalt besteht. Sie wirkt unter euch wie ein Sauerteig, der aufgeht, heisst die Botschaft; sie stiftet eine neue Dynamik in euren Leben, so dass ihr neu geboren werdet. Mit einer Anspielung auf Weihnacht hat es die jüdische Philosophin Hannah Arendt folgendermassen zum Ausdruck gebracht:

> Das «Wunder» besteht darin, dass überhaupt Menschen geboren werden, und mit ihnen der Neuanfang, den sie handelnd verwirklichen können kraft ihres Geborenseins [...]. Dass man in der Welt Vertrauen haben und dass man für die Welt hoffen darf, ist vielleicht nirgends knapper und schöner ausgedrückt worden als in den Worten, mit denen die Weihnachtsoratorien die «frohe Botschaft» verkünden: «Uns ist ein Kind geboren».[4]

Diese neue Dynamik darf, als Dynamik der Liebe, ohne Herrschaft und Herrlichkeit auskommen. Was heisst das? In unserer zweiten Lesung hat es Paulus sehr leiblich zum Ausdruck gebracht: Nachdem er von der Herrlichkeit Gottes auf dem Angesicht Jesu Christi gesprochen hat, sagt er: «Wir haben diesen Schatz aber in irdenen Gefässen.» Dieser Schatz ist nicht in einer vornehmen, unzugänglichen Schatztruhe. Er ist in unseren gebrechlichen Leibern, in unseren konkreten Existenzen. So leiblich-konkret meint es auch Kurt Marti, wenn er vom runzelig roten Kind zwischen Marias Schenkeln spricht. Deshalb sind wir nicht in allem erhaben, von allem bereits befreit, sondern «in allem sind wir bedrängt, aber nicht in die Enge getrieben, ratlos, aber nicht verzweifelt, verfolgt, aber nicht verlassen, zu Boden geworfen, aber nicht am Boden zerstört» (2Kor 4,8–9).

Mit anderen Worten: Der «gott gerneklein» macht uns nicht zu Göttern und auch nicht zu Übermenschen. Die weihnächtliche Vollendung liegt vielmehr im Fragmentarischen, im Unvollendeten, im Ungewissen. Sie ist Ermutigung im Fragmentarischen, Ermutigung *zum* Fragmentarischen.

Unter drei Aspekten möchte ich das noch kurz erläutern.

Es gilt zunächst in Hinsicht auf unseren Umgang mit der Welt. Machen wir uns nichts vor und erliegen wir nicht falschen Hoffnungen: Schnell schon wird

---

4   Hannah ARENDT, *Vita activa oder Vom tätigen Leben*, München: Piper, [8]1996, 317.

das neue Jahr dem alten ähneln, und die Welt, an der wir leiden, wird sich kaum bedeutend ändern. Das ist jedoch im Zeichen der weihnächtlichen Botschaft kein Grund zur Verzweiflung. Mit den Worten Dürrenmatts: «Gewiss, wer das Sinnlose, das Hoffnungslose dieser Welt sieht, kann verzweifeln, doch ist diese Verzweiflung nicht eine Folge dieser Welt, sondern eine Antwort, die man auf diese Welt gibt, und eine andere Antwort wäre das Nichtverzweifeln, der Entschluss etwa, die Welt zu bestehen, in der wir oft leben wie Gulliver unter den Riesen.»[5]

Zweitens: Der «gott gerneklein» ist auch gerne bei den Kleinen, unter den Kleinen. Deshalb warnt das Matthäusevangelium: «Seht zu, dass ihr nicht eins dieser Geringen verachtet! Denn ich sage euch: Ihre Engel im Himmel schauen allezeit das Angesicht meines Vaters im Himmel.» (Mt 18,10) Die Geringen sind an vielen Orten zu finden: die alte Person, die einsam in ihrer kleinen Wohnung dahinlebt; der gestrandete, nutzlos gewordene Arbeitslose; der Behinderte, der von der Leistungsgesellschaft ausgegrenzt wird; der Drogenabhängige, der sich im Labyrinth seiner Sucht verloren hat; der Flüchtling, der sowohl in seiner Heimat als auch hier entwurzelt ist; die junge Mutter, die nach dem Verlust ihres dreijährigen, krebskranken Kindes keinen Trost findet.

Im Zeichen von Weihnacht heisst die Dynamik der Gottesherrschaft Weg der Nächstenliebe, als Liebe zu den Kleinen, zu den Geringen, zu den Verachteten und Ausgegrenzten, zu den Fremden, zu den Feinden. Von dieser Nächstenliebe spricht auch Luther in einer Weihnachtspredigt:

> Was hilft es deinem Nächsten, ob du eine Kirche aus lauter Gold bauen kannst? Was hilft ihm der Klang der grossen und vielen Glocken? Was hilft ihm der grosse Glanz und Prunk in den Kirchen, mit Messgewand, Heiligtum, silbernen Bildern und Gefässen? Was hilft ihm das Brennen und Rauchen vieler Kerzen? Was hilft ihm viel Getöne, Gemurmel, Gesang von Vigilien und Messen? Meinst du, dass Gott sich mit Glockenklang, Kerzenrauch, Goldglitzern und desselben Schwindels mehr begnügen wird? Davon hat er dir nichts geboten, sondern, sofern du deinen Nächsten siehst irren, sündigen, notleiden an Leib, Gut oder Seele, da, da sollst du hingehen, alles andere fahren lassen und dem helfen mit allem, was du bist und hast.[6]

Schliesslich geht es um einen befreienden Umgang mit der Zukunft. Noch ist in unserem Leben vieles ungewiss, beunruhigend offen. Wie wird es uns gelingen, wie werden wir es bestehen? Noch ist die Prüfung nicht hinter uns, noch harzt die Seminararbeit, noch ist keine Arbeitsstelle gefunden, noch habe ich keine feste

---

5 Friedrich DÜRRENMATT, Theaterprobleme, in: DERS., *Werkausgabe in siebenunddreissig Bänden*, Bd. 30, Zürich: Diogenes, 1998, 63.
6 Martin LUTHER, WA 10.I,1, 74,22–75,9.

Beziehung aufbauen können, noch gibt es für meine Krankheit keine Heilungsperspektive. Demgegenüber verheisst der «gott gerneklein» die Möglichkeit, das Fragmentarische, das Unvollendete, das noch Offene mit Gelassenheit und Vertrauen in Empfang zu nehmen, als den Ort, an dem einer auf uns zukommt: der *adventus* – wörtlich: der, der da kommen soll und dem wir anvertrauen dürfen, was aus uns werden soll, jetzt und einst.

Das meint vielleicht die Aufforderung in Jes 60,1: «Mach dich auf, werde licht! Denn dein Licht kommt.» In aller Unvollendetheit, in aller irdischen Zerbrechlichkeit könnte dann auf unserem Gesicht etwas von der Herrlichkeit Gottes im Angesicht Jesu Christi aufleuchten! Angesichts solcher Herrlichkeit erbleichen die künstlichen Lichter der Dezemberzeit.

Amen.

InExcelsis
Un conte de Noël

[2018]

Maria était allée chercher un couteau dans la cuisine, mais ce n'était pas pour couper la bûche. Pas encore. C'était le matin de Noël, et Maria coupa quelques tranches du pain frais qu'elle venait d'acheter à la boulangerie du coin. Elle attendait le retour de son mari Giuseppe. Il faisait partie du corps des garde-frontières suisses chargés de surveiller la frontière entre le Tessin et l'Italie. Le pauvre, il avait appris début décembre qu'il serait de service dans la nuit de Noël, et il l'avait passée aux télécommandes d'un drone. C'était ce système de surveillance qui avait été installé il y a quelque temps déjà et que l'on avait baptisé InExcelsis, ce qui signifie « dans les hauteurs ». Cette nuit, il devait surveiller la région de Pedrinate, plus précisément la forêt du Bosco Penz, une zone souvent choisie par les migrants pour tenter d'entrer illégalement en Suisse.

Il reviendrait très fatigué, elle le savait, et elle lui avait donc préparé un petit déjeuner de fête. Il arriva enfin, elle voulut l'accueillir joyeusement, mais en voyant son expression, elle comprit tout de suite que quelque chose de particulier s'était passé.

« – Qu'est-ce qu'il y a ? Que t'est-il arrivé ?, demanda-t-elle.

– Incroyable !, répondit Giuseppe, le regard un peu perdu.

– Viens, prends place, sers-toi de café, et tu me raconteras », lui dit Maria.

Après avoir bu quelques gorgées qui le réchauffèrent, sentant que son épouse attendait impatiemment, il entama son récit.

« – Au début, rien ne se passait, et dans la torpeur surchauffée du bureau, je devais lutter contre le sommeil. J'ai bien failli m'endormir plusieurs fois devant mon écran, me lamentant d'avoir été condamné à ce travail une nuit de Noël. Mais, soudain, au milieu de la nuit, mon drone repéra quelques lueurs à travers les arbres. C'était bizarre, car d'habitude les migrants se déplacent sans bruit et toutes lumières éteintes. Je rapprochai discrètement mon drone, et je commençai à mieux distinguer. Il y avait comme un attroupement : plusieurs personnes formaient un cercle. Ils s'éclairaient apparemment avec les lampes de leurs téléphones portables. Ayant déposé leurs quelques bagages aux alentours, ils semblaient s'affairer autour d'une femme souffrante qu'ils avaient couchée sur des manteaux. Je rapprochai encore mon drone, tout en craignant que son bruit de bourdon n'attire leur attention. Mais ils étaient trop occupés pour y prendre garde. Je vis alors à travers les branches qu'une autre femme était agenouillée devant la femme couchée, qui avait les jambes écartées, tandis qu'une autre femme lui soutenait la tête. Mon Dieu, je réalisai alors qu'en pleine forêt se déroulait un accouchement !

– Tu as tout de suite averti tes collègues, j'espère, pour qu'ils aillent leur porter secours ?

– C'est là précisément que l'incroyable est arrivé. J'allais noter les coordonnées du lieu pour les transmettre, lorsqu'il y eut soudain sur mon écran un étrange phénomène lumineux. Un peu comme une aurore boréale, ce qui est étrange sous nos latitudes. C'était une sorte de tourbillon, un ballet un peu froufrouteux, qui s'approchait de plus en plus de mon drone. Puis, il y eut un énorme grésillement, et mon écran s'éteignit d'un seul coup. Et alors, soudain, de grosses lettres vertes s'affichèrent sur mon écran. Semblant s'adresser directement à notre système de surveillance, ces lettres disaient : "Hosanna, InExcelsis, hosanna !" Et je restai figé devant l'écran, perdant complètement la notion du temps. Ce matin tôt, j'entendis : "Alors, on s'est un peu endormi ?" C'était le collègue qui venait prendre la relève, me tapant amicalement sur l'épaule, avec un sourire narquois. Je sursautai, je regardai l'écran. On y voyait le Bosco Penz dans les premières lueurs d'une aurore hivernale. Je n'ai pas eu le courage de raconter à mon collègue ce que j'avais vécu, craignant de passer pour fou à ses yeux. Tu es la première à entendre mon histoire. Incroyable, non ? », conclut Giuseppe, reprenant son souffle.

Ils restèrent tous deux silencieux, méditatifs. Ils en oubliaient de déjeuner. Après un moment, Maria s'en fut chercher un dictionnaire. Le message reçu par son mari lui rappelait vaguement des chants d'enfance …

Die Überraschungen des Propheten

[2001]

Jona 4

¹ Da kam grosser Unmut über Jona, und er wurde zornig. ² Und er betete zum Herrn und sprach: Ach, Herr, war nicht eben das meine Rede, als ich in meiner Heimat war? Darum bin ich zuvor nach Tarschisch geflohen! Denn ich wusste, dass du ein gnädiger und barmherziger Gott bist, langmütig und reich an Gnade, und einer, dem das Unheil leidtut. ³ Und nun, Herr, bitte nimm mir mein Leben, denn besser als mein Leben ist mein Tod. ⁴ Da sprach der Herr: Ist es recht, dass du zornig bist? ⁵ Und Jona ging aus der Stadt, und östlich der Stadt liess er sich nieder. Und dort baute er sich eine Hütte, und er sass darin im Schatten, bis er sehen würde, was in der Stadt geschah. ⁶ Und der Herr, Gott, liess einen Rizinus wachsen, und dieser wuchs über Jona empor, um seinem Kopf Schatten zu geben und ihn von seinem Unmut zu befreien. Und Jona freute sich sehr über den Rizinus. ⁷ Als aber am nächsten Tag der Morgen dämmerte, liess Gott einen Wurm kommen, und dieser stach den Rizinus, und er verdorrte. ⁸ Und als die Sonne aufgegangen war, liess Gott einen sengenden Ostwind kommen, und die Sonne stach Jona auf den Kopf, und er brach zusammen. Da wünschte er zu sterben und sprach: Besser als mein Leben wäre mein Tod. ⁹ Gott aber sprach zu Jona: Ist es recht, dass du des Rizinus wegen zornig bist? Und er sagte: Es ist recht, dass ich zornig bin bis auf den Tod! ¹⁰ Da sprach der Herr: Dir tut es leid um den Rizinus, um den du dich nicht bemüht und den du nicht grossgezogen hast, der in einer Nacht geworden und in einer Nacht zugrunde gegangen ist. ¹¹ Und da sollte es mir nicht leidtun um Ninive, die grosse Stadt, in der über hundertzwanzigtausend Menschen sind, die nicht unterscheiden können zwischen ihrer Rechten und ihrer Linken, und um die vielen Tiere?

* * *

«Wayehi dabar Jahwe el Jona ben Amittai lemor: qum lech el Niniwe ...» Ach, Entschuldigung, ihr versteht ja nicht alle Hebräisch! Aber ich kann auf Deutsch weiterfahren. Ich musste ja damals Assyrisch lernen, und damit verglichen ist Deutsch ziemlich leicht.

Ich stelle mich vor: Ich bin Jona, ben Amittai, was so viel heisst wie «flatterhafte Taube, Sohn der Treue Gottes». Ich bin Prophet von Beruf, ein ziemlich schäbiger Prophet, wie ihr noch erfahren werdet. Ihr seid wohl etwas überrascht, mich zu sehen und zu hören! Ich auch, ehrlich zugegeben! Der angekündigte Prediger, Professor Bühler, ist davongelaufen, vor seiner Aufgabe geflohen, und hat mir das Wort übergeben. Ich muss schon sagen, das überrascht mich etwas.

Ich weiss, es ist nicht leicht, zu predigen. Ich bin ja schliesslich auch schon einmal geflohen, anstatt meinen Auftrag in Ninive auszuführen. Aber trotzdem! Zürich ist zwar auch eine Grossstadt, aber doch nicht so schlimm wie Ninive, oder? Und er soll ja Theologieprofessor sein, und ich bin nur ein einfacher, ungebildeter Prophet.

Nun, gut, es ist halt so! Ich muss auch sagen, dass ich gar nicht ungern zu euch rede. Man lässt mich ja nicht mehr allzu oft zu Worte kommen. Es ist auch verständlich: In meiner ganzen Geschichte bin ich ziemlich lächerlich. Alles geht schief, und wider meinen Willen kehrt sich alles gegen mich um, von Abenteuer zu Abenteuer. Und es ist wirklich komisch zu sehen, was Gott alles aufbieten muss, um mich wieder auf die richtige Bahn zu bringen, um meine Irrtümer wiedergutzumachen: vom grossen Sturm auf dem Meer bis zum schwülen Ostwind, vom grossen Fisch bis zum kleinen Wurm.

Es ist also erstaunlich, dass man mir hier das Wort erteilt, und ich weiss nicht, ob euer Prediger wirklich wusste, was er tat, als er mich beauftragte, an seiner Stelle zu sprechen. Ich weiss nicht, ob er wusste, welcher Gefahr er euch aussetzt! Ich bin nämlich nicht nur lächerlich; ich bin auch alles andere als ein beispielhaft Glaubender! Der beispielhaft Glaubende nimmt alles an, gehorcht und unterwirft sich. Ich aber bin ein schlechtes Beispiel: Unablässig mache ich es meinem Gott schwer, entziehe mich seinem Auftrag, fliehe, widersetze mich seinem Vorhaben, werde zornig gegen ihn, lehne mich gegen ihn auf, weil er nicht dem entspricht, was ich von ihm erwarte.

Ihr seht, ich bin alles andere als ein guter Glaubender, und es ist nicht ohne Gefahr, wenn ich zu sprechen anfange. Aber, wenn mir das Wort schon erteilt wird, dann nehme ich es! Es stört mich auch nicht. Es wäre ja nicht das erste Mal, dass bei mir etwas schief geht. Mir sind die überraschenden Kehrtwendungen ja vertraut.

Ihr habt vorhin das Ende meiner Geschichte gehört, so wie sie in der Bibel steht. Auch ich habe sie so zum ersten Mal gehört, und das hat für mich einiges geklärt. Ja, der Erzähler hat am Anfang seines vierten Kapitels schon recht: Ich war sehr verdrossen. Ja, ich war sogar stocksauer auf Gott. Ich hatte es satt, denn ich war allzu gut darauf vorbereitet. Von Anfang an hatte ich bei dieser ganzen Geschichte ein ungutes Gefühl. Als er mich beauftragte, sein Gericht über die Stadt Ninive zu verkünden, über die grosse Stadt der Verlorenheit, die Metropole des Bösen, versuchte ich ganz weit weg, bis nach Tharsis, ans andere Ende der bekannten Welt, zu fliehen. Doch er tat alles Mögliche, um mich zurückzubringen. Es war ihm anscheinend ernst mit seinem Gericht, obschon es überhaupt nicht dem entsprach, was ich von ihm wusste. Ich wusste nämlich, dass er ein gnädiger und barmherziger Gott ist, langmütig und reich an Huld, der nicht den Tod des Sünders will. Weil es ihm aber mit dem Gericht so ernst war, ging ich hin und predigte, etwas widerwillig zuerst. Aber schliesslich setzte ich mich mit viel

Eifer und Leidenschaft ein. Ich predigte überzeugend, in der Gewissheit, Gottes wahrhaftiger Sprecher zu sein. Ich identifizierte mich ganz mit meiner Botschaft, und so gelang es mir, die Niniviten von der drohenden Gefahr zu überzeugen.

Doch sobald sie erste Zeichen der Reue zeigten, reute es auch Gott bereits wieder, so dass er auf das verkündigte Gericht verzichtete. Unglaublich! Wie stand ich nun da? Mit Eifer und Überzeugung hatte ich das Gericht gepredigt, und nun wurde ich von meinem Gott im Stich gelassen. Das ist ja allerhand! Wer ist da flatterhaft, unbeständig, wenn nicht Gott allein, den man ja sonst als den Ewigen, Unveränderlichen bezeichnet? Wo kommen wir denn hin, wenn nicht einmal Gott zu seinem Wort steht, sondern es gleich wieder zurücknimmt? Was gesagt ist, ist gesagt, und wenn ich als Prophet im Namen Gottes spreche, muss ich damit rechnen können, dass es ihm ernst ist.

In meiner grossen Wut überfiel mich nun ebenfalls eine grosse Traurigkeit und Trostlosigkeit. Von Gott enttäuscht sagte ich zu ihm: «Nun, Herr, bitte nimm mir mein Leben, denn besser als mein Leben ist mein Tod.»

Aber ihr habt es ja gehört, ich war mit meinen Überraschungen noch nicht am Ende. Gott hat sich damit begnügt, mir in aller Ruhe eine Frage zu stellen: «Ist es recht, dass du zornig bist?» Welche Frechheit! Da wird man verraten, im Stich gelassen, und dann einfach diese Frage: «Ist es recht, dass du zornig bist?» Ich war so wütend, dass ich nichts antworten konnte. Ich ging zur Stadt hinaus, baute mir eine Hütte und sass nun der Stadt gegenüber, um zu sehen, wie es ihr ergehen sollte. Für mich gab es kein Zurück. Auch wenn Gott nicht dazu stand, ich stand zu meinem Wort. Und ich wollte sehen, ob mich Gott nun wirklich verrate oder ob er doch noch das von mir verkündigte Gericht vollziehe. Ich wollte schauen, was kommen sollte, und so wartete ich unter meiner Hütte. Und dann geschah diese unglaubliche Geschichte mit der Rizinuspflanze! Ich habe mich immer gefragt, ob er auch hinter dieser Geschichte steckt. Jetzt wo ich es weiss, erstaunt es mich eigentlich nicht, dass er dies alles inszeniert hat. Er hatte ja auch einen Sturm, die Meeresflut und den grossen Fisch bemüht. Warum könnte er nicht auch den Rizinus und den kleinen Wurm aufbieten? Es war ihm noch einmal gelungen, mich zu überraschen. Während ich zuschaute, was er mit der Stadt machen würde, machte er mit mir etwas, ohne dass ich es merkte!

Es war nämlich unglaublich heiss in meiner Hütte. Aber nicht nur in meiner Hütte, sondern auch und vor allem in mir selbst kochte es. Es brannte in mir vor lauter Zorn und Rache. Doch plötzlich wuchs diese Rizinuspflanze, wie aus dem Nichts, und spendete mir Schatten. Dieser Schatten, für den ich nichts hatte machen müssen, erfüllte mich plötzlich mit einer grossen, unerwarteten Freude. Doch kaum hatte ich mich gefreut, starb am nächsten Morgen die Pflanze schon wieder ab, von einem von Gott entsandten Wurm gestochen, wie ich soeben vernommen habe. Unglaublich, bis ins kleinste Detail hinein hat er alles geplant. Und schon kamen auch der schwüle Ostwind und die stechende Sonne, die mich wieder matt und unmutig werden liessen. Weg war die Freude, ebenso schnell, wie sie gekommen war. Jegliche Lebenslust hatte mich verlassen, und schon wieder war ich bei meiner alten Litanei: «Besser als mein Leben wäre mein Tod.» Das war natürlich der Augenblick, den Gott wählte, um mich erneut herauszufordern. Auch er wiederholte einfach seine Frage: «Ist es recht, dass du des Rizinus wegen zornig bist?» Unglaublich heftig kam die Antwort aus mir heraus: «Es ist recht, dass ich zornig bin bis auf den Tod!»

Es erwies sich dann, dass ich eine gute Gelegenheit zu schweigen, verpasst hatte. Ich war in die Falle geraten, denn auf meine heftige Bemerkung kam seine sehr geschickte, ja fast listige Antwort: «Dir tut es leid um den Rizinus, um den du dich nicht bemüht und den du nicht grossgezogen hast, der in einer Nacht geworden und in einer Nacht zugrunde gegangen ist. Und da sollte es mir nicht leidtun um Ninive, die grosse Stadt, in der über hundertzwanzigtausend Menschen sind, die nicht unterscheiden können zwischen ihrer Rechten und ihrer Linken, und um die vielen Tiere?»

«Dir tut es leid um den Rizinus [...]. Und da sollte es mir nicht leidtun um Ninive, die grosse Stadt?» Unglaublich, wie er mich bis in meine letzten Verschanzungen verfolgt hatte! Es war ihm gelungen, meine Wut und seine Gnade zusammenzubringen. Die Wut, mit der ich mich ihm widersetzte, war wie ein Abbild seiner göttlichen Gnade geworden, war in ihr mit aufgenommen. Mein kleines Erbarmen für den Rizinus und sein grosses Erbarmen für Ninive fielen plötzlich zusammen, und so wurde ich noch einmal wie gestochen. Gezürnt hatte ich, weil ich mich von Gott im Stich gelassen wähnte. Nun hatte aber der Wurm den Rizinus gestochen, und die Sonne auf meinen Kopf gestochen, und das alles sollte mich Gottes Gnade erfahren lassen. Es war Gottes stechende Gnade, die mir überraschend noch einmal zugespielt wurde!

Was ist nachher geschehen? Ich bin sicher, ihr stellt euch ebenfalls die Frage. Aber meine Geschichte, wie sie in der Bibel steht, endet mit dieser Frage Gottes und sagt nichts weiter. Der Erzähler hat seiner Geschichte also ein sehr offenes Ende zugedacht. Was hat er damit zum Ausdruck bringen wollen? Wollte er damit andeuten, dass es nun den Lesern und Leserinnen anvertraut ist, selbst auf die stechende Gnade Gottes zu antworten?

Ich weiss nicht. Auf jeden Fall kann ich euch sagen, dass es damit für mich nicht zu Ende war. Das Leben ging weiter, ein Prophetenleben ohne besonderen Glanz, aber nicht ohne Überraschungen. Natürlich habe ich diese Situation mit dem Rizinus nie mehr vergessen. Aber es hat mich nicht ein für allemal verändert. Gott hat mich immer wieder überraschen müssen, und immer wieder habe ich ihm widerstanden. Und so kam es in allen Aufträgen, die er mir anvertraute, regelmässig zu Spannungen. Er erlaubte mir aber mehr und mehr, seine grossmütige Gnade zu erahnen. Da war zuerst seine Öffnung den Heiden gegenüber. Wir hingen weiterhin an der Trennung zwischen Heiden und Juden, seinem auserwählten Volk. Aber er war uns hier überraschend voraus: Auch die Heiden wurden aufgenommen, und zwar nicht etwa nur die besseren, sondern alle, alle Menschen, die nicht zwischen ihrer Rechten und ihrer Linken unterscheiden können, und dazu erst noch die vielen Tiere! Aber auch mir gegenüber hat er sich als grossmütig und geduldig erwiesen. Ich habe ihm das Leben weiterhin schwer gemacht, und nie hat er meinen Zorn, meine Engstirnigkeit gegen mich gewendet. In grosser Treue hat er immer wieder alle möglichen Überraschungen aufgeboten, um mich auf bessere Gedanken zu bringen, um mich von meinen Vorurteilen und fixen Ideen abzubringen. Sodass wir schliesslich alle umschlossen waren von dieser grossen Huld und Barmherzigkeit: Ninive und Israel, die Verlorenen und die Auserwählten, der Prophet und die Menschheit, die Tiere, ja schliesslich die gesamte Schöpfung.

Ich habe sagen hören, dass nach meinem Tod noch andere beauftragt wurden, die göttlichen Überraschungen zu verkündigen. Wie ich gehört habe, soll sogar sein Sohn zu den Menschen gesandt worden sein. Es wurde mir auch gesagt, dieser Sohn hätte mich als Zeichen dessen betrachtet, was mit ihm geschehe.[1] Das hat mich natürlich sehr gefreut und geehrt, aber zugleich auch etwas beunruhigt. Ich habe gedacht: «Hoffentlich endet das alles nicht schief!» Und es sei denn auch nicht gut ausgegangen, so habe ich es auf jeden Fall gehört. Gottes Sohn sei gekreuzigt worden. Gottes Sohn an einem Kreuz: immer wieder diese unglaubliche göttliche Überraschung!

Aber ich rede und rede! Es ist Zeit, dass ich schliesse und euch verlasse. Euer Prediger hat vorhin aber noch den Wunsch geäussert, dass ich euch noch ein paar Ratschläge mit auf den Weg gebe. «Prophetische Ratschläge», sagte er. Was soll ich euch da sagen? Ich bin etwas verlegen, ihr wisst ja. Auf jeden Fall könnt ihr getrost sein: Ich werde Zürich nicht mit Ninive identifizieren und der Stadt ihre Zerstörung in vierzig Tagen prophezeien. Mein prophetischer Rat wird eher folgender sein: Öffnet euch den Überraschungen Gottes, auch in eurem Studium, ob in Theologie oder anderswo. Seid nicht allzu gute Glaubende, die zu sicher sind, zu sicher in Bezug auf sich selbst, auf den Glauben, auf Gott! Glauben heisst, auf den Wegen und Umwegen des Lebens einem unvorhergesehenen Gott begegnen, der uns unser Leben als immer neue Herausforderung entdecken lässt.

Mein prophetischer Wunsch: Euer Glaube möge ein spannendes Abenteuer werden, und dazu wünsche ich euch viel Leidenschaft, manchmal grosse Wut und manchmal grosse Freude. Ich wünsche euch, dass ihr manchmal den Schatten einer Pflanze erfahren könnt, und manchmal das Stechen des Wurms, der sie sterben lässt. Und wenn ihr euch in eurer Hütte einrichtet, um zuzuschauen, was passieren mag, wünsche ich euch einige kräftige Windstösse. Und vielleicht sogar

---

1 Vgl. Mt 12,38–41.

mal eine Reise im Bauch des grossen Fisches, damit er euch auf neuen Küsten ausspeie.

Und so möge euch die Zukunft, die Liebe und die Bewahrung Gottes, ob offenbar oder verborgen, in allen Lebensabenteuern begleiten, wie wir vorhin gesungen haben:

> Manchmal sehen wir Gottes Zukunft,
> manchmal sehen wir nichts.
> Bewahre uns, Herr, wenn die Zweifel kommen.
> Manchmal spüren wir Gottes Liebe,
> manchmal spüren wir nichts.
> Begleite uns, Herr, wenn die Ängste kommen.[2]

Amen, ... und auf Wiedersehen!

---

2 *Gesangbuch der evangelisch-reformierten Kirchen der deutschsprachigen Schweiz,* Lied Nr. 832, Strophen 2 und 3.

Pour un dimanche de la Réformation

[2016/2017]

Habaquq 2,1–4

¹ Je tiendrai bon à mon poste de garde, je resterai debout sur les retranchements. Je guetterai pour voir ce qu'il dira contre moi et ce que je répondrai au rappel à l'ordre. ² Le Seigneur m'a répondu, il m'a dit : Écris une vision, donnes-en l'explication sur les tables afin qu'on la lise couramment, ³ car c'est encore une vision concernant l'échéance. Elle aspire à sa fin, elle ne mentira pas ; si elle paraît tarder, attends-la, car elle viendra à coup sûr, sans différer. ⁴ Le voici plein d'orgueil, il ignore la droiture, mais un juste vit par sa fidélité.

Romains 1,16–17

¹⁶ Car je n'ai pas honte de l'Évangile : il est puissance de Dieu pour le salut de quiconque croit, du Juif d'abord, puis du Grec. ¹⁷ C'est en lui, en effet, que la justice de Dieu est révélée, par la foi et pour la foi, selon qu'il est écrit : *Celui qui est juste par la foi vivra.*

* * *

En prélude : Martin Luther raconte sa découverte réformatrice[1]

C'est le 31 octobre 1517 que Luther a publié à Wittenberg ses quatre-vingt-quinze thèses sur les indulgences, qui lui vaudront un procès en hérésie ainsi qu'une excommunication de l'Église et une mise au ban de l'Empire. À cette époque, Luther est encore un moine augustin, très exigeant avec lui-même, très soucieux de vivre de manière irréprochable, pour se rendre digne de la grâce, hanté par la crainte de ne jamais en avoir fait assez. En même temps, il voit autour de lui des gens hantés par la crainte de l'enfer et qui se ruinent à payer des indulgences papales, espérant pour eux ou pour de proches parents déjà morts qu'elles leur faciliteront l'accès au paradis. Mais Luther est aussi professeur à l'Université de Wittenberg, chargé d'interpréter la Bible, et il est précisément en train de se confronter à l'épître de Paul aux Romains. C'est à cette occasion qu'il fait une décou-

---

1 Le texte de Luther est cité d'après Gerhard EBELING, *Luther. Introduction à une réflexion théologique*, Genève : Labor et Fides, 1983, 40–41.

verte qui va faire du moine le Réformateur. En Rm 1,17, Paul dit que la justice de Dieu est révélée dans l'Évangile. Luther raconte : « Je détestais ces mots de "justice de Dieu" que j'avais appris, selon l'usage et la coutume de tous les docteurs, à comprendre au sens philosophique comme la justice [...] *active*, par le moyen de laquelle Dieu est juste et punit les pécheurs et les injustes. » Luther comprend la justice de Dieu comme celle que Dieu exige de nous. Mais cela ne fait que l'enfoncer dans ses scrupules incessants. « Or, malgré ma vie irréprochable de moine, je me sentais pécheur devant Dieu, ma conscience extrêmement inquiète, et je n'avais aucune certitude d'être réconcilié avec Dieu par ma satisfaction. Je n'aimais pas, je haïssais même ce Dieu juste qui punissait les pécheurs ». Mais Luther ne cède pas, continue de lutter avec ce texte : « J'étais ainsi hors de moi, la conscience pleine de désarroi et de confusion ; mais je m'obstinais à creuser ce passage de saint Paul, dans l'ardent désir de comprendre ce qu'il voulait dire. »

C'est alors qu'intervient le renversement qui va marquer toute la vie ultérieure de Luther. Il remarque soudain que l'apôtre Paul cite le prophète Habaquq, qui dit : « Celui qui est juste par la foi vivra. » Luther voit l'enchaînement des mots.

> Je commençai alors à comprendre que la justice de Dieu est celle par laquelle le juste vit du don de Dieu, à savoir la foi, et que la signification de ce passage était celle-ci : par l'Évangile est révélée la justice de Dieu, c'est-à-dire la justice *passive* par laquelle le Dieu de miséricorde nous rend justes par la foi [...]. Alors je me sentis carrément renaître et il me sembla entrer au paradis même par des portes grandes ouvertes.

Et Luther conclut ce récit en disant : « Ainsi, ce passage de Paul fut vraiment pour moi la porte du paradis. »

Tout à l'heure, dans la prédication, nous allons nous attacher à ce texte « porte du paradis », et cela nous fera faire un petit voyage dans le temps.

Prédication

Chère communauté, bonjour !

Excusez-moi, je suis un peu perturbé. Je ne sais pas par quel miracle je me retrouve soudain parmi vous ce matin. Je me présente : je m'appelle Habaquq, prophète de Yahvé il y a plus de vingt-six siècles, à la fin du VIIe siècle avant J.-C. Vous venez d'entendre un petit bout de mon livre. Je n'aurais jamais pensé qu'on parlerait encore de mon livre vingt-six siècles plus tard ! J'étais prophète dans le royaume du Sud, le royaume de Juda, tandis que le royaume du Nord était déjà depuis longtemps occupé par les Assyriens. Mais notre royaume était très menacé par les Babyloniens. J'ai essayé d'avertir notre peuple contre cet ennemi, avec des visions et des discours. Mais en même temps, j'ai dû m'attaquer à notre roi et à nos chefs, car tous pensaient que l'on allait pouvoir se débrouiller avec nos forces, nos moyens, nos armes. Je suis resté debout comme un gardien, un veilleur de Dieu. Beaucoup se demandaient si Dieu allait intervenir en notre faveur. Dieu ne nous avait-il pas abandonnés, comme il semblait avoir abandonné ceux du Nord avant nous ? J'ai appelé le peuple à la confiance : « Faites confiance à Dieu ! Il est toujours là, c'est lui qui nous sauvera, et non pas nos forces, nos efforts. Déjà le prophète Ésaïe avait dit : "Si vous ne croyez pas, vous ne subsisterez pas."[2] » Mais tous vivaient dans une fausse assurance, croyant plus en eux-mêmes qu'en l'action de Dieu. Et je leur disais : « Vous êtes orgueilleux. Vous vous prenez pour qui ? Remettez-vous-en à Dieu, car c'est en plaçant votre foi en Dieu que vous vivrez. Dieu est fidèle, soyez-lui fidèles aussi. » Ce n'est pas l'orgueilleux qui vivra par sa foi en lui-même ; en revanche, le juste, le fidèle, c'est par sa foi en Dieu qu'il vivra. C'est ce que j'ai voulu dire dans le petit verset que vous avez entendu : « Celui qui est juste par la foi vivra. »

[Le prédicateur disparaît un moment en se baissant dans la chaire, puis réapparaît.]

Bonjour !
C'est bien le prophète Habaquq qu'on vient de voir et d'entendre ? Incroyable de pouvoir l'entendre de vive voix, moi qui aime tellement le lire ! Je me présente : je suis l'apôtre Paul, originaire de Tarse. Je ne sais d'ailleurs pas non plus très bien pourquoi je me retrouve chez vous en ce matin de novembre ! Vous venez d'entendre un petit passage de ma lettre à la communauté de Rome. C'était autour de l'an 60 après J.-C. Partant d'Antioche, j'avais fondé des communautés chrétiennes en Asie Mineure et en Grèce, voyageant inlassablement pour annoncer l'Évangile du Christ crucifié et ressuscité. J'avais dû me battre passablement avec mes collègues de Jérusalem pour qu'ils acceptent que l'Évangile ne s'adresse pas qu'aux Juifs, mais aussi aux Grecs. Mon grand vœu était d'annoncer la bonne nouvelle jusqu'au bout de l'Empire, jusqu'en Espagne. Mais il me fallait, pour cela, une base, et c'était Rome de préférence, la capitale de l'Empire. Je savais qu'il y avait une communauté chrétienne à Rome, mais ce n'était pas moi qui l'avais fondée. Il fallait donc que j'annonce mon arrivée, que je me présente, afin qu'ils m'accueillent. C'est pourquoi j'ai écrit ma lettre aux Romains. J'ai souligné très clairement que je n'avais pas honte de ma prédication, même à Rome, dans la capitale. Mais que fallait-il leur dire concernant le contenu de la bonne nouvelle ?

Quand je regarde les Grecs, je les vois toujours en train de se glorifier de leur sagesse, de leur savoir. Ils prétendent tout maîtriser par leur intelligence. Et quand je regarde les Juifs, je les vois toujours encore habités par le souci de se faire valoir

---

2 Es 7,9.

devant Dieu par leurs œuvres, se glorifiant de leur pratique irréprochable de la loi. Il fallait que je leur dise quelque chose qui les bouscule un peu, tant les Juifs que les Grecs : c'était le message que le salut est donné dans la foi, au sens de la confiance en Dieu. Rien ne sert de se glorifier de ce que nous avons à faire valoir en intelligence et en droiture. Nous pouvons recevoir toutes choses de lui. Et en pensant aux Juifs dans la communauté de Rome, je me suis soudain souvenu d'un passage du prophète Habaquq, sur lequel j'avais déjà beaucoup médité et qui me semblait bien résumer l'essentiel de l'Évangile. Je leur ai écrit : « C'est en l'Évangile que la justice de Dieu est révélée, par la foi et pour la foi, selon qu'il est écrit : *Celui qui est juste par la foi vivra.* »

[Le prédicateur disparaît un moment en se baissant dans la chaire, puis réapparaît.]

Incroyable ! Vous avez vu ça ! Moi qui ai travaillé toute ma vie sur leurs textes, et voilà que je les vois et les entends de vive voix, le prophète Habaquq et l'apôtre Paul ! Incroyable !… Euh, pardon, j'ai oublié de me présenter : je m'appelle Martin Luther, et moi non plus, je ne sais pas pourquoi je me retrouve ici, ce matin. Parce que c'était à Wittenberg, bien plus au Nord, et c'était durant l'hiver 1515–1516, donc environ quinze siècles après Paul ! Il faisait froid dans la cellule du couvent, le vent perçait de partout, et pourtant je luttais avec le passage de Paul que vous avez entendu. Moine, j'essayais de me préparer à la grâce divine, par des mortifications, des jeûnes, des prières, j'essayais de me rendre juste devant Dieu, sans jamais y parvenir. Ce texte me disait que la justice de Dieu était révélée dans l'Évangile. Mais je me disais : « Ce n'est pas un évangile, ce n'est pas une bonne nouvelle, s'il faut encore s'efforcer, encore faire, toujours faire ! Y aurait-il un jour une fin à cet effort incessant ? » Mais un soir tard, alors que je travaillais sur ce texte pour mon cours du lendemain, j'ai eu tout à coup une sorte d'illumination, comme une révélation. Comme si Dieu voulait m'aider. « Celui qui est juste par la foi vivra », c'est Habaquq que Paul citait. Je suis allé chercher le texte hébreu : *emouna*, traduit par *pistis* en grec, ça veut dire la confiance. « Confie-toi en Dieu, il t'accepte comme tu es, il t'accueille, il te donne tous ses bienfaits, il te donne sa justice », c'est ce que voulait dire ce texte.

Mais alors, ça change tout, aussi pour tous ceux qui croient se sauver de l'enfer en achetant des indulgences du pape. Je me suis dit qu'à l'occasion, il faudrait que j'écrive quelque chose contre les indulgences, une série de thèses, peut-être…

[Le prédicateur disparaît un moment en se baissant dans la chaire, puis réapparaît.]

Mon Dieu, qui l'eût cru, qu'en ce dimanche de novembre, environ cinq cents ans plus tard, Luther en personne nous apparaîtrait dans ce temple de Cernier ! Et non seulement lui, mais aussi Paul et Habaquq ! Mais me voilà soudain un peu seul sur cette chaire, maintenant qu'ils sont tous repartis. Euh, pardon ! Je me présente : je m'appelle Pierre Bühler, ancien professeur de théologie et pasteur. Oh, certes, de loin pas aussi grand et célèbre que mes trois prédécesseurs, mais leur héritier quand même, chargé de vous proclamer la bonne nouvelle. Ce qui a retenti au VIIe siècle avant J.-C., puis au Ier et au XVIe, cela peut-il aussi retentir pour nous aujourd'hui ?

Pour répondre à cette question, j'aimerais évoquer brièvement trois situations.

À l'occasion d'un festival de films à Fribourg, j'ai visité la cathédrale et, à ma surprise, j'y ai découvert que, pour l'année de la miséricorde, le pape François avait proclamé une indulgence plénière, non plus pour de l'argent bien sûr, mais pour une série d'œuvres de piété. Il faut passer un portique, faire pénitence et aller confesser ses péchés, participer à une messe et prier dans les intentions du pape. Si vous faites tout cela, vous recevez une indulgence de la part de l'évêque Morerod. Si cela vous intéresse, il faut vous dépêcher, c'est bientôt terminé !

Deuxième situation : dans le train, j'ai rencontré une jeune dame qui voulait me convaincre de devenir adepte de la foi en la réincarnation : mon âme immortelle pourrait renaître sans cesse dans de nouveaux corps, et donc améliorer sans cesse sa situation. La règle est simple : si je me comporte mal, je tomberai dans la hiérarchie des êtres et me retrouverai réincarné en un être inférieur, un chien, un chat, que sais-je ; en revanche, si je me comporte bien, je serai réincarné en une forme toujours plus parfaite, jusqu'à entrer au paradis. Elle appelait cela la loi du *karma*.

Enfin, troisièmement, j'ai lu récemment un article consacré à un manager d'entreprise mort à trente-neuf ans d'une crise cardiaque. L'article montrait que cet homme, appelé à faire carrière, à réussir dans son entreprise, s'était retrouvé sous des contraintes de plus en plus fortes, qui l'obligeaient à en faire toujours plus, pour grimper les échelons, jusqu'à ce que son cœur lâche. Lui ne pouvait pas lâcher sa course à la réussite, mais son cœur, lui, a lâché.

L'indulgence « achetée » par de bonnes œuvres, la loi du *karma*, la contrainte de la réussite : trois situations qui suggèrent que le message d'Habaquq, de Paul et de Luther n'est pas simplement dépassé. Trois manières de vivre qui soulignent le faire, la nécessité d'en faire toujours plus, la valeur par le faire, le sens de la vie par le faire. Mais est-ce bien cela, vivre juste ? Est-ce que je peux rendre justice à la vie en me laissant enfermer dans cette tyrannie du faire ?

Nous avons tous, je pense, des agendas, plus ou moins remplis, selon les âges, les fonctions, les tâches. *Agenda*, à partir du latin, signifie « les choses à faire ». Pourquoi n'avons-nous pas également un *recipienda*, ce qui voudrait dire en latin « les choses à recevoir » ?

C'est en somme cette question que notre texte nous pose. Ce que vous *êtes* ne se réduit pas à ce que vous *faites*, ou ne faites pas. L'essentiel de nos vies n'est pas *à faire*, mais peut-être d'abord *à recevoir, à accueillir*. Le message de Paul et d'Habaquq qui vient illuminer la vie du moine Luther, c'est que Dieu nous accueille, nous accepte dans tout ce que nous sommes, avec nos forces et nos faiblesses, nos travers et nos qualités, nos échecs et nos réussites, sans devoir être parfaits, irréprochables, sans devoir nous réaliser nous-mêmes activement jusque dans les moindres détails de nos vies. « Dieu t'accepte », et comme le disait un théologien du siècle passé, croire, c'est « accepter d'être accepté »[3]. Accepte d'être accepté, va à la rencontre de ce Dieu qui vient à toi.

La valeur, le sens de nos vies n'est plus alors dans un faire plus ou moins crispé. Bien sûr, nous n'allons pas arrêter de faire ce que nous avons à faire, nous n'allons pas jeter nos agendas. Mais tout sera placé sous un autre signe : celui de la rencontre. Être accepté, c'est aussi accepter que nos vies soient l'occasion de rencontres, de dialogues, de paroles reçues et données. Au lieu de s'épuiser à lutter pour sa propre perfection, devant Dieu, devant les autres ou devant le monde, vivre juste, c'est aller à la rencontre de soi-même et des autres, s'accueillir les uns les autres, inscrire nos vies dans des rapports de confiance réciproque. C'est ce que veut dire *emouna* en hébreu chez Habaquq, *pistis* en grec chez Paul, *fides* en latin chez Luther et *foi* en français pour nous. Dieu est venu à notre rencontre, allons à sa rencontre, à la rencontre des autres et de nous-mêmes, à la rencontre du monde. C'est alors un *climat d'accueil* qui peut s'instaurer dans nos vies. Tel est le message de l'Évangile pour un dimanche de la Réformation.

Amen.

---

[3] Cf. Paul Tillich, *Le courage d'être*, Paris/Genève/Québec : Cerf/Labor et Fides/Presses de l'Université Laval, 1999, 123–150.

« Toute la ville fut en émoi »
Pour le dimanche des Rameaux

[2019]

Matthieu 21,1–11

¹ Lorsqu'ils approchèrent de Jérusalem et arrivèrent près de Bethphagé, au mont des Oliviers, alors Jésus envoya deux disciples ² en leur disant : « Allez au village qui est devant vous ; vous trouverez aussitôt une ânesse attachée et un ânon avec elle ; détachez-la et amenez-les-moi. ³ Et si quelqu'un vous dit quelque chose, vous répondrez : "Le Seigneur en a besoin", et il les laissera aller tout de suite. » ⁴ Cela est arrivé pour que s'accomplisse ce qu'a dit le prophète : ⁵ *Dites à la fille de Sion : Voici que ton roi vient à toi, humble et monté sur une ânesse et sur un ânon, le petit d'une bête de somme.* ⁶ Les disciples s'en allèrent et, comme Jésus le leur avait prescrit, ⁷ ils amenèrent l'ânesse et l'ânon ; puis ils disposèrent sur eux leurs vêtements, et Jésus s'assit dessus. ⁸ Le peuple, en foule, étendit ses vêtements sur la route ; certains coupaient des branches aux arbres et en jonchaient la route. ⁹ Les foules qui marchaient devant lui et celles qui le suivaient, criaient : « *Hosanna au* Fils de David ! *Béni soit au nom du Seigneur celui qui vient ! Hosanna* au plus haut des cieux ! » ¹⁰ Quand Jésus entra dans Jérusalem, toute la ville fut en émoi : « Qui est-ce ? » disait-on ; ¹¹ et les foules répondaient : « C'est le prophète Jésus, de Nazareth en Galilée. »

* * *

« Quand Jésus entra dans Jérusalem, toute la ville fut en émoi », nous dit le verset 10 de notre récit. Et encore, quand on y regarde de plus près, « en émoi » est un peu un euphémisme : le verbe grec est celui qu'on utilise pour les tremblements de terre. Il faudrait donc dire : « toute la ville fut secouée ». L'entrée de Jésus à Jérusalem, un tremblement de terre ? Nous voulons enregistrer quelques-unes des secousses, par le biais de conversations entendues le soir même à travers la ville.

Dans une taverne d'abord, où des soldats romains boivent un pot après le service.

« – Vous avez vu ça ? Je n'ai jamais rien connu de pareil ! Les gens jetaient leurs habits sur la rue, arrachaient des branches aux arbres pour en faire un tapis, et ils criaient leurs acclamations à en perdre la voix.

– Mais c'était qui, ce type sur son ânesse ?, demanda un autre.

– Les gens parlaient d'un prophète, et d'autres l'appelaient "fils de David". Il paraît qu'il vient de Galilée, suivi d'un groupe d'adeptes un peu miséreux. Mais en tout cas, l'accueil de la foule était digne d'un roi.

« – Un roi, ça ? Vous voulez rire, dit un troisième. Sur une ânesse, et suivie de son ânon, en plus. Cortège ridicule ! S'il était un roi, il serait au moins venu sur un cheval, et blanc si possible ! »

Mais le tavernier, qui avait écouté la conversation, leur dit : « Détrompez-vous ! Dans les prophéties de notre tradition, le roi qui doit venir à la fin des temps pour libérer le peuple de ses oppresseurs, un descendant du roi David, celui que nous appelons le Messie, viendra sur un âne. Pour nous, l'âne est un animal royal ! » Les soldats romains rigolèrent : « Royal, cet animal stupide ? »

Au même moment, près des murailles de la cité, dans une maison close, une jeune prostituée confie à la tenancière de la maison : « Incroyable ! Celui que la foule acclamait aujourd'hui, je l'ai reconnu. Je l'avais déjà rencontré quand je travaillais à Capharnaüm. Il était assis à table avec ses disciples, et il invitait des personnes de passage à s'asseoir, sans se soucier de savoir qui c'était. Il y avait des collecteurs d'impôts, et il nous invita aussi, Naomie et moi. Nous hésitions : comment pouvait-il ainsi partager la table avec des impures comme nous ? Mais il insista : "Je ne suis pas venu appeler les justes, mais les pécheurs"[1], puis il rompit un pain en rendant grâce et nous le distribua. Plus tard, il dit encore : "Les collecteurs d'impôts et les prostituées précéderont les pharisiens dans le royaume de Dieu".[2] Son regard m'a transformée. S'il te plaît, donne-moi congé ce soir, il faut que j'essaie de le retrouver dans la ville ! » La tenancière lui dit :

« – Non, non, exclu ! Nous attendons des clients ce soir !

– S'il te plaît, seulement une petite heure, et je reviens ! »

Dans un autre quartier, plus huppé, une famille juive est assise autour de la table. Tout le monde écoute le père de famille commenter les événements : « Quelle hystérie, cette foule ! Je ne sais pas ce qui leur a pris ! "Hosanna, hosanna !" Je me demande bien quel salut il pourrait nous donner. On m'a dit qu'il s'assied à table avec des gens de mauvaise vie et qu'il méprise le sabbat, disant que le sabbat a été fait pour l'homme et non l'homme pour le sabbat[3]. Un prophète ? Le Fils de David ? Quel blasphème ! D'ailleurs, il paraît qu'il vient de Nazareth, et que pourrait-il venir de bon de Nazareth ?[4] Notre tradition connaît une parabole sur le sort de l'impie : il poussait comme un grand arbre, et trois jours plus tard, le voilà par terre. C'est exactement ce qui arriva à cet impie de Nazaréen ! »

Dans son palais, Pilate accueille un espion qui lui rapporte ce qu'il a appris : « Je viens de surprendre une conversation dans une taverne. À des soldats romains se moquant de l'ânesse de ce Jésus, le tavernier a précisé que cet animal était la

---

1 Mc 2,17.
2 Mt 21,31.
3 Cf. Mc 2,27.
4 Jn 1,46.

monture choisie par le Messie, le libérateur de la fin des temps. Or, la foule a acclamé l'homme de Nazareth comme Fils de David, comme celui qui vient au nom du Seigneur. » Inquiet, Pilate dit : « Aïe, aïe, aïe, ça sent la rébellion populaire ! Cet homme est dangereux, il risque d'exciter le peuple contre nous, et nous aurons encore une fois des troubles dans la région. Il faut que j'en parle à Caïphe demain. Ni nous, ni eux ne peuvent se permettre de laisser faire. »

À peu près au même moment, le sanhédrin, convoqué d'urgence, est en plein débat. « La situation est grave, dit Caïphe, le souverain sacrificateur. Le peuple risque d'échapper à notre contrôle. Ce Jésus, qui s'attaque à nos règles de pureté, nous gênait depuis longtemps déjà. En Galilée, ce n'était pas trop grave, mais que vient-il chercher à Jérusalem ? Veut-il s'en prendre au temple ? Il nous faut trouver un moyen de nous débarrasser de lui, avant que le peuple ne soit complètement séduit. » Un autre membre dit encore : « Il faut en parler à Pilate, il doit être inquiet, lui aussi ! » Et un troisième ajoute : « Peut-être qu'on pourrait essayer d'infiltrer son groupe d'adeptes et voir si l'un d'entre eux serait prêt à le trahir. »

Dans une petite maison discrète, un petit cercle est réuni. La joie règne : « Quelle entrée triomphale ! Je n'en reviens toujours pas », dit l'un. Et un autre renchérit : « Oui, hosanna, hosanna au plus haut des cieux ! Bientôt, ce sera la fin de toutes les idolâtries. Notre maître nous a donné rendez-vous au temple pour demain, et je suppose qu'il va s'attaquer au trafic qui y règne, pour en refaire une maison de prière. » Et un troisième dit encore : « Ce qui est fantastique, c'est qu'aujourd'hui, le peuple l'a reconnu ! Nous avons le peuple de notre côté, et cela nous aidera, j'en suis sûr. »

Non loin de là, une famille juive est en train de finir le repas du soir. Ce fut un repas agité. Le père, fâché, avait dit aux siens ce qu'il fallait penser des événements du jour. Mais alors qu'elles étaient obéissantes d'habitude, les deux filles aînées, d'une vingtaine d'années, n'avaient cessé de répliquer. Soudain, avant même que le père puisse prononcer la bénédiction, elles se lèvent de table. « Que faites-vous ? Où voulez-vous aller ? », demande le père excédé. L'une des deux répond :

« – Nous voulons aller à la recherche de ce Jésus et de son groupe.

– Il n'en est pas question !, réplique le père.

– Si, nous voulons y aller, répond la seconde, nous avons vu son entrée à Jérusalem, et cela nous a secouées, son humilité, sur l'ânesse, le tapis de vêtements et de rameaux, les acclamations de la foule ! Et cela nous a rappelé un passage du prophète Zacharie que tu nous as lu souvent : "Tressaille d'allégresse, fille de Sion ! Pousse des acclamations, fille de Jérusalem ! Voici que ton roi s'avance vers toi". Nous sommes filles de Sion, filles de Jérusalem, nous voulons tressaillir d'allégresse avec le Fils de David ! »

Elles sortent, et le père en reste bouche bée, choqué par leur insolence.

Dans la petite maison discrète, une femme a rejoint tardivement le petit cercle de disciples. Ils étaient gais, mais en l'écoutant, ils deviennent soudain tout sérieux. C'est l'une des femmes qui avaient suivi Jésus depuis la Galilée, et elle leur raconte sa dernière visite chez Marie, la mère de Jésus : « Vous savez, elle m'a dit qu'elle repassait encore toujours dans son cœur ce que le vieux Syméon lui avait dit lors de la présentation de l'enfant Jésus au temple[5], que Jésus serait un signe de contradiction, un signe contesté, qui en ferait chuter et relever beaucoup en Israël, et qu'une épée transpercerait l'âme de sa mère. Toujours, à cause de ces paroles, Marie redoute qu'il n'arrive quelque chose de grave à Jésus. »

L'un des disciples dans le cercle dit : « Peut-être faudra-t-il que le Messie souffre et meurt, comme l'annoncent les chants du serviteur chez Ésaïe : "Brutalisé, il s'humilie ; il n'ouvre pas la bouche, comme un agneau traîné à l'abattoir"[6]. Peut-être que la libération qu'il veut nous offrir est à ce prix de la souffrance et de la mort. » Un autre dans le cercle s'empressa de dire : « En tout cas, moi, je resterai à ses côtés, quoi qu'il arrive ! » La femme lui dit : « Ne parle pas trop vite ! Le moment venu, on est moins courageux... »

Puis, elle ajouta, pensive : « Dieu seul sait ce qui va se passer dans les jours à venir. Ce soir, j'ai peur, en pensant, avec Marie, aux paroles du vieux Syméon. Mais comme Jésus lui-même nous l'a enseigné, "ne nous inquiétons pas du lendemain, car le lendemain s'inquiétera de lui-même."[7] »

Et, après un instant de silence, elle dit : « Prions ! », et le cercle se recueille : « Seigneur Dieu, que peut bien nous réserver cet étrange tremblement de terre de l'entrée triomphale de notre maître à Jérusalem ? Dans le brouhaha des émois, accorde-nous qu'il secoue aussi nos cœurs, pour qu'ils puissent s'ouvrir à ce que tu veux nous donner dans les jours qui viennent. S'il doit chuter comme un impie, que nous chutions avec lui, pour que nous puissions être relevés avec lui dans une vie nouvelle, faite de confiance et de paix renouvelées de jour en jour. Amen. »

---

5   Cf. Lc 2,34–35.
6   Es 53,7.
7   Mt 6,34.

Rire à Pâques

[2002]

Marc 16,1–8

¹ Quand le sabbat fut passé, Marie de Magdala, Marie, mère de Jacques, et Salomé achetèrent des aromates pour aller l'embaumer. ² Et de grand matin, le premier jour de la semaine, elles vont à la tombe, le soleil étant levé. ³ Elles se disaient entre elles : « Qui nous roulera la pierre de l'entrée du tombeau ? » ⁴ Et, levant les yeux, elles voient que la pierre est roulée ; or, elle était très grande. ⁵ Entrées dans le tombeau, elles virent, assis à droite, un jeune homme, vêtu d'une robe blanche, et elles furent saisies de frayeur. ⁶ Mais il leur dit : « Ne vous effrayez pas. Vous cherchez Jésus de Nazareth, le crucifié : il est ressuscité, il n'est pas ici ; voyez l'endroit où on l'avait déposé. ⁷ Mais allez dire à ses disciples et à Pierre : "Il vous précède en Galilée ; c'est là que vous le verrez, comme il vous l'a dit." » ⁸ Elles sortirent et s'enfuirent loin du tombeau, car elles étaient toutes tremblantes et bouleversées ; et elles ne dirent rien à personne, car elles avaient peur.

* * *

En prélude : le rite du rire pascal dans la tradition[1]

Je vous invite à un culte de Pâques un peu particulier. J'aimerais redécouvrir avec vous un vieil usage liturgique qui s'est développé durant la seconde partie du Moyen Âge et qui s'est maintenu dans diverses régions d'Europe centrale jusqu'au XVIIe ou XVIIIe siècle, mais qui s'est ensuite perdu. C'est l'usage liturgique du rire de Pâques, en latin : *risus pascalis*. L'idée était la suivante : pour marquer la victoire de la vie sur la mort, le prêtre devait faire rire sa paroisse durant le culte de Pâques. Le rire exprimait la joie du message de Pâques. Je ne sais pas si je réussirai à vous faire rire, mais peut-être au moins à vous faire sourire.

Ce rite reprenait des motifs comiques issus de l'Antiquité et se combinait avec des éléments de carnaval, jouant avec l'autodérision et l'inversion des rôles

---

1   Ce prélude sur la tradition du rire pascal, élaboré à l'occasion de la prédication, est repris plus en détail dans Pierre BÜHLER, « Le rire pascal, réponse à l'humour de Dieu ? Signification spirituelle d'une vieille pratique liturgique », in : François-Xavier AMHERDT, Élise CAIRUS, Catherine ROHNER, Françoise SURDEZ (dir.), *Dieu est humour : rire et spiritualité. Actes du colloque doctoral interdisciplinaire, Universités de Neuchâtel et de Fribourg, 1ᵉʳ et 2 avril 2015*, Basel : Schwabe, 2019, 127–147, surtout 138–147.

Le Christ tient Satan prisonnier,
Vézelay (XIVe siècle)

sociaux, utilisant des effets de déguisement ou mettant en scène de petits fabliaux ou contes, etc. Mais le thème central était bien de marquer de manière comique le combat mené dans la Passion du Christ entre la mort et la vie, le diable et Dieu. Je vous donne quelques exemples.

Le Christ saisissant par derrière Satan, l'ange déchu, en lui tenant les bras d'une prise ferme, tel est le thème d'un chapiteau de la basilique de Vézelay (XIVe siècle). L'horrible rictus du visage diabolique exprime de manière comique la douleur de Satan, mais aussi son humiliation d'avoir été ainsi pris au piège du Christ dont le visage serein contraste avec celui de son adversaire.

La même idée de victoire s'exprime de manière impressionnante dans le tableau central du retable de l'église Herder à Weimar, réalisé par Lucas Cranach le Jeune dans les années 1552–1555. Le tableau représente en son milieu une crucifixion, centrée sur le sang expiatoire de l'agneau de Dieu. Mais conformément au lien étroit entre la croix et la résurrection, entre le Vendredi saint et Pâques, l'artiste introduit, sur le côté gauche de sa crucifixion, la figure du Christ ressuscité, sorti du tombeau.

La victoire du Christ ressuscité est exprimée par le fait de fouler de ses pieds et la mort (avec le pied gauche) et le diable (avec le pied de droite). Le fait d'être ainsi écrasés par les pieds du Ressuscité ne suffit pas à l'artiste. Comme le montre le détail ci-dessous, il accentue encore le ridicule des deux ennemis vaincus en leur attribuant à tous deux des faciès grotesques.

Une autre illustration humoristique de la victoire de Dieu sur le diable, tirée d'une encyclopédie du XIIe siècle, consiste à montrer comment Dieu, pêchant à la ligne, capture le monstre marin !

Lucas Cranach le Jeune, *Crucifixion* (1552–1555)
Église Saints-Pierre-et-Paul (église Herder), Weimar

Lucas Cranach le Jeune, *Crucifixion* (détail)

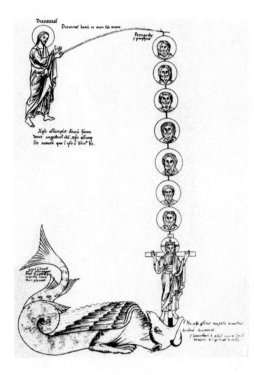

Dieu pêcheur attrape le Léviathan avec le Christ, Herrade de Landsberg, *Hortus Deliciarum* (XIIe siécle)

La ligne de la canne à pêche divine est formée par la lignée des prophètes, tandis que, fixé à l'hameçon de la croix, le Christ tient lieu d'appât. Et le monstre marin se laisse appâter par le piège tendu et reste accroché à l'hameçon ! Cela illustre un des thèmes privilégiés du rire pascal, qui varie selon les registres : celui du *trompeur trompé*. Satan, celui qui fut sans cesse le trompeur, prenant au piège ses victimes humaines, est lui-même trompé, pris au piège du Christ. À trompeur, trompeur et demi !

Ce thème est repris dans des prédications de Luther. Je vous en donne un exemple :

> [Dieu] prit un hameçon pointu et y suspendit un petit ver de terre et jeta l'hameçon dans la mer. Le petit ver de terre, c'est ici le Christ. L'hameçon pointu, c'est sa divinité. À l'hameçon est fixé le petit ver de terre, à savoir l'humanité du Christ et la chair. Cela trompe le diable. Il se dit : ne pourrais-je pas engloutir le petit ver de terre ? Il ne fait pas attention à l'hameçon pointu, se précipite et mord à l'hameçon. Alors le Christ se manifeste, dévoile le diable et révèle ce qu'il a fait. Car celui-ci avait vraiment visé trop haut, la mort contre la vie, le péché contre la grâce, l'enfer contre le ciel.[2]

---

2   WA 32, 41,14–26.

Au fil des décennies, le rite du rire pascal a dégénéré. Il a perdu son caractère théologique : pour faire rire la communauté, les prêtres font des contrepèteries, racontent des plaisanteries grivoises, se moquent des maris cocus ou des femmes frigides, amusent la galerie en soulevant subitement leur soutane sous laquelle ils sont nus, etc. Ces abus conduiront à une prise de distance critique de la part de la hiérarchie et des théologiens, si bien que l'usage se perd de plus en plus, même s'il se maintient encore dans certaines régions.

Prédication

Il était une fois un pasteur, habitant dans une belle cure, avec un grand verger. En été, les cerisiers se couvraient de belles cerises. Mais ces cerises avaient tendance à disparaître la nuit : des gamins maraudeurs du village venaient s'en servir effrontément. Le pasteur décida d'intervenir : il prit une grande pancarte, y inscrivit en grandes lettres : « Dieu voit tout ! » et la planta au milieu du verger. Le lendemain matin, il retourna au verger. Il dut constater avec amertume que toutes les cerises qui restaient avaient disparu, et quelqu'un avait ajouté sur la pancarte : « Mais il ne dit rien ! »

Chère communauté, je ne sais qui a ajouté cette ligne. Les maraudeurs ? Ou Dieu lui-même ? Toujours est-il que le projet du pasteur a échoué. Il voulait mettre Dieu de son côté, l'utiliser pour sa morale, contre les maraudeurs. Mais surprise : Dieu lui échappe, Dieu, qu'il croyait avoir à disposition, lui glisse entre les mains. Oui, peut-être bien que Dieu voit tout, mais il ne dit rien ! Comme si Dieu voulait marquer : « Je ne suis pas là pour ça ! » Divine surprise, et nous rions de ce pasteur trop sûr de son Dieu.

Toutes proportions gardées, c'est aussi un peu ce qui arrive aux femmes lorsqu'elles vont à la tombe de Jésus. Au matin du premier jour de la semaine, elles achètent des aromates pour aller embaumer le mort. Embaumer un mort, c'est lui rendre les derniers honneurs, c'est l'enterrer comme il se doit, selon les usages. Pour les femmes, tout est fini, et elles viennent au tombeau pour faire leur deuil. Embaumer Jésus mort, c'est reconnaître une fois pour toutes qu'il n'est plus. Mort, Jésus, et mortes avec lui, toutes les attentes placées en lui. Avec leurs aromates, elles viennent aussi enterrer leur espérance. Celui qui était vivant est mort : ainsi en va-t-il parmi les humains, tout va de la vie à la mort, irrémédiablement.

Mais les femmes iront de surprise en surprise. À peine ont-elles le temps de se demander qui leur roulera la grande pierre qui ferme l'entrée du tombeau qu'elles doivent constater qu'elle est déjà roulée ! J'imagine que les aromates ont dû leur tomber des mains. Aromates soudain inutiles, car il n'y a plus rien à embaumer !

Le tombeau ? Un grand espace vide ! À donner le vertige ! En tout cas, on nous dit que les femmes furent prises de frayeur, et on peut les comprendre. « Nous venions avec nos aromates, nous voulions de nos mains embaumer le corps meurtri, mais le mort nous a échappé ! » Le jeune homme vêtu d'une robe blanche leur dit : « Vous cherchez Jésus de Nazareth, le crucifié. [...] il n'est pas ici ; voyez l'endroit où on l'avait déposé. » L'endroit où nous pensions trouver le Seigneur est vide. Que nous arrive-t-il ? Nous l'avions mis ici, pourquoi serait-il ailleurs ? Surprise, plus rien ne joue, tout est changé, tout est autre. « Que ferons-nous de ce vide ? », telle est la question des femmes prises de frayeur, et on a l'impression qu'elles auraient préféré que tout restât dans les règles, que rien n'eût changé ; que le mort fût là et qu'elles pussent l'embaumer.

Cela me rappelle une autre histoire, où il est aussi question d'un grand vide et d'une surprise troublante.

C'est l'histoire d'un varappeur qui grimpe le long d'une paroi rocheuse très raide. Soudain, il perd prise et tombe, mais peut se rattraper au dernier moment à une branche, qui dépasse de la falaise. Ainsi, il reste pendu à la branche. Au-dessous de lui, le vide. Au bout d'un moment, il dit timidement : « Y a quelqu'un ? » Pas de réponse. Il demande un peu plus fort : « Y a quelqu'un ? » Toujours pas de réponse. Cette fois, angoissé, il crie : « Y a quelqu'un ? » Une voix profonde et calme se fait entendre : « N'aie pas peur, je suis là. Lâche la branche, laisse-toi tomber, et je te recueillerai dans mes mains ! » Un long silence s'installe, puis on entend le varappeur dire : « Y aurait pas quelqu'un d'autre ? »

« Y aurait pas quelqu'un d'autre ? » Oui, ça, c'est notre question. « Quelqu'un de moins risqué, de moins étonnant ? Quelqu'un de plus habituel, de plus normal ? » C'est aussi l'effroi des femmes au matin de Pâques. Se pourrait-il vraiment que tout soit devenu différent ? La mort n'aurait plus le dernier mot ? Ou, comme nous l'avons chanté tout à l'heure : la tombe aurait dû rendre sa proie ? Se pourrait-il que la mort ait été littéralement vidée dans le tombeau vide ? Vidée d'elle-même, vidée de sa puissance, cassée dans son aiguillon ? Tout n'irait plus de la vie à la mort ? La vie pourrait-elle renaître de la mort ? C'en est trop de cette surprise. Les femmes n'éclatent pas de joie. Non, elles sortent et s'enfuient loin du tombeau, toutes tremblantes et bouleversées.

Elles auraient pu, comme notre varappeur, se laisser tomber, pour être recueillies dans les mains de Dieu. Mais, comme le varappeur, elles ne le peuvent pas. Prises de frayeur, elles ne disent rien à personne, comme le varappeur reste pendu à sa branche, demandant « quelqu'un d'autre ».

Mais n'y a-t-il dans notre texte aucune aide contre la frayeur et la peur ? Si, mais c'est un peu comme si les femmes, prises de frayeur, n'avaient pas pu l'entendre. Car, dans le tombeau vide, le jeune homme vêtu de blanc ne constate pas seulement que Jésus n'est plus là. Il indique aussi, à l'attention des disciples, le lieu où Jésus se trouve. « il n'est pas ici [...]. Il vous précède en Galilée : c'est là que vous le verrez, [comme il vous l'a dit] ».

Qu'est-ce que cela signifie ? Le jeune homme pourrait dire : « Rappelez-vous, sur les chemins de Galilée, il avait instauré un temps nouveau : des aveugles recouvrent la vue, des boiteux marchent, des sourds entendent à nouveau. Des êtres possédés par des esprits quittent les cimetières pour vivre à nouveau parmi les humains. Une parole retentit qui redonne espoir, une parole est semée et elle germe partout, comme les épis de blé, même dans les ronces. Et avec quelques pains et quelques poissons, on nourrit des milliers de personnes en plein désert. Et les règles trop strictes qui nous étouffent sont renversées : le sabbat est fait pour l'homme et non l'homme pour le sabbat. Les impurs ne sont plus exclus, on se met ensemble à table, fêtant la communion avec les publicains et les prostituées, tous accueillis. C'est tout ça, la résurrection ! C'est tout ça, la victoire de la vie sur la mort ! Cette dynamique de renouveau qui vient habiter vos vies. Cette espérance qui vous porte, vous met en route, voilà le message de Pâques ! C'est une vie habitée de mort, qui devient une vie habitée de vie !

Alors, allez-y, repartez sur les chemins de Galilée, car c'est là qu'il est reparti ! C'est là qu'il vous précède, et vous pouvez le suivre, vous pouvez croître comme la graine de moutarde en un grand arbre, vous pouvez lever comme la pâte pétrie par la femme, vous pouvez découvrir des trésors en labourant vos vies. C'est là qu'il vous précède, là où sa lumière vous a éclairés, là où son esprit vous a inspirés, là où sa liberté vous a libérés ! »

Où en sommes-nous à la fin de cette prédication ? Nous avons un pasteur qui reste consterné devant sa pancarte et ses cerisiers dépouillés, un varappeur agrippé à une branche, attendant qu'arrive « quelqu'un d'autre », et des femmes qui ont fui le tombeau avec frayeur ! Et nous, où sommes-nous ? Avec le pasteur, avec le varappeur ou avec les femmes ? Ou bien y aurait-il encore une quatrième possibilité ? Celle qui consiste à courir les chemins de Galilée avec le Ressuscité ? Oui, mais... c'est plus risqué ! C'est plus décoiffant ! Il vaudra mieux avoir avec soi son rire de Pâques, son humour de Pâques ! Et se laisser tomber de sa branche !

Amen.

Prière d'intercession

Seigneur,
Si souvent les humains se prennent trop au sérieux, vivent derrière des façades, des masques, qui les rendent inaccessibles. Il y a les durs, qui cachent une fragilité ; il y a les mous, qui entourent de velours une poigne de fer. Il y a les inquiets trop inquiets, les insouciants trop insouciants. Les humains ont mal à eux-mêmes, à leur estime de soi, à leurs sentiments de valeur et de reconnaissance, trop ou trop peu affirmés.

À Pâques, tu nous dis : « Heureux celui qui peut rire de lui-même, car il n'a pas fini de s'amuser ! »

Si souvent, nous nous sentons exposés, atteints, et nous nous fermons à l'égard d'autrui. Fatigués, durcis, nous ne prenons part ni à leurs peines, ni à leurs joies. Sous de multiples formes, la solitude, la lassitude, la résignation minent nos relations avec les autres. Nous nous retirons dans nos havres privés, tranquilles, cossus.

À Pâques, tu nous dis : « Heureux celui qui peut rire avec ceux qui rient et pleurer avec ceux qui pleurent, car il n'a pas fini d'aimer ! »

Si souvent, nous t'avons enfermé dans des schémas tout faits. Pour les uns, schémas de l'indifférence, qui ne comptent plus avec toi, qui te relèguent parmi les pièces de musée, par déception ou par ennui, par révolte ou par convenance. Pour les autres, dont nous sommes, schémas de convictions trop convaincues, trop sûres de t'avoir à disposition, de te savoir une fois pour toutes. Les uns et les autres ne sont plus prêts à aller à l'aventure avec toi, résignés, ils croient être parvenus au terme, celui de l'incrédulité ou celui de la crédulité.

À Pâques, tu nous dis : « Heureux celui qui peut rire des étonnantes surprises de Dieu, car le levain de l'espérance n'a pas fini de lever en lui ! »

Amen.[3]

---

3   À la sortie du culte, les paroissiens ont reçu les trois proclamations pascales de l'intercession sous la forme d'un poisson d'avril.

Das Wort vom Kreuz und die Wissenschaft
Für einen Hochschulgottesdienst

[2003]

1. Korinther 1,18–25

[18] Denn das Wort vom Kreuz ist Torheit für die, die verloren gehen, für die aber, die gerettet werden, für uns, ist es Gottes Kraft. [19] Es steht nämlich geschrieben: *Zunichte machen werde ich die Weisheit der Weisen, und den Verstand der Verständigen werde ich verwerfen.* [20] Wo bleibt da ein Weiser? Wo ein Schriftgelehrter? Wo ein Wortführer dieser Weltzeit? Hat Gott nicht die Weisheit der Welt zur Torheit gemacht? [21] Denn da die Welt, umgeben von Gottes Weisheit, auf dem Weg der Weisheit Gott nicht erkannte, gefiel es Gott, durch die Torheit der Verkündigung jene zu retten, die glauben. [22] Während Juden Zeichen fordern und Griechen Weisheit suchen, [23] verkündigen wir Christus den Gekreuzigten – für die Juden ein Ärgernis, für die Heiden eine Torheit, [24] für die aber, die berufen sind, Juden wie Griechen, Christus als Gottes Kraft und Gottes Weisheit. [25] Denn das Törichte Gottes ist weiser als die Menschen, und das Schwache Gottes ist stärker als die Menschen.

* * *

Wir feiern heute einen Hochschulgottesdienst, den vierten und letzten in diesem Wintersemester. Das Semesterthema ist «Wissenschaft», und heute insbesondere «Das Kreuz mit der Wissenschaft». Hochschulgottesdienste zum Thema Wissenschaft – geht das denn überhaupt? Sind Gottesdienst und Wissenschaft wirklich vereinbar? Unser soeben gehörter Text stellt das auf jeden Fall radikal in Frage: «Zunichte machen werde ich die Weisheit der Weisen, und den Verstand der Verständigen werde ich verwerfen.» Aber sind wir nicht alle Weise, Verständige der Welt? Der Text fragt kritisch weiter: «Wo ist ein Weiser? Wo ein Schriftgelehrter? Wo ein Wortführer dieser Weltzeit?» Wo ist ein Professor, ein Doktor? Wo ist ein Dekan, ein Rektor? Was ist schon mit dieser Weisheit? Warum sollte man ihr einen Gottesdienst widmen?

Das Wort vom Kreuz, wie es hier Paulus zum Ausdruck bringt, ist gegenüber Hochschule, Weisheit, Wissenschaft angriffig, kämpferisch, und damit wirft es ein neues Licht auf sie. Was muss denn mit so scharfen Worten vernichtet, verworfen werden?

Das wissenschaftliche Erkennen ist oft eine lange und langwierige Bemühung, die nie zu Ende ist, die sich immer wieder mit neuen Schwierigkeiten auseinandersetzen muss, im Versuch, die Dinge immer besser zu erfassen. Und es ist zugleich der Versuch, beim Begreifen die Dinge in den Griff zu bekommen, *immer besser* in den Griff zu bekommen, auch wenn einem vieles immer wieder entgleitet. Wissen ist somit auch Beherrschen, Verfügen und deshalb auch Brauchen, Benützen. Wie es das Wortspiel mit dem Doppel-f zum Ausdruck bringt, ist Wissenschaft als «Wissenschafft» auch Schaffen, Erschaffen, Herstellen, Produzieren. Sie hat also auch einiges zu tun mit Leistung, der Studienleistung der Studierenden, demnächst in Kreditpunkten zu berechnen, Lehr- und Forschungsleistung der Assistierenden und Dozierenden, in Jahresberichten festgehalten. Und da gibt es dann noch zu guter Letzt diejenigen, welche die Evaluation all dieser Leistungen vornehmen, um zu prüfen, ob es sich lohnt und rentabel ist, ob sich Leistungen und Kosten die Waage halten.

So werden unsere Fähigkeiten herausgefordert, immer Besseres immer effizienter zu leisten. Wir werden angeleitet, noch kompetenter, noch leistungsfähiger, noch kompetitiver zu werden und das dann gleich auch immer von Evaluation zu Evaluation vorzuweisen. Ja, so kann Wissenschaft zum Kreuz werden, so kann einen das Wissen «schaffen», im unaufhaltsamen Sich-Bemühen um besseres Wissen, besseres Begreifen, besseres Im-Griff-Haben. Und so kann Wissenschaft sich dann auch erschöpfen, unter dem Leistungsdruck erdrückt werden.

Was hier von der Wissenschaft gesagt wurde, könnte auch für andere Bereiche gelten, auch für unsere alltäglichen Lebensaufgaben. Immer wieder geraten wir unter Druck, es noch besser machen zu müssen, das Leben noch besser zu bewältigen, es angemessener zu führen und zu verwirklichen, durch verschiedene Lebensweisheiten, durch Spiritualität, Meditation, Malen und Gestalten und vieles mehr. Lebensführung, Lebensgestaltung, Lebensbewältigung als zu erbringende Leistung, die dann auch kritisch sanktioniert wird, bis hin zur Aufforderung, besser zu altern, besser zu sterben!

Kann da Gott noch in seiner Weisheit erkannt werden, um mit Paulus zu sprechen? Wohl eher nicht, denn hier ist alles voll von menschlicher Bemühung, menschlicher Plackerei, von unweiser Wissenschaft, die schafft und schafft, Zeichen fordert und unaufhörlich Weisheit sucht. Wird damit die Weisheit nicht zur Torheit gemacht? «Die Welt, umgeben von Gottes Weisheit, erkennt Gott auf dem Weg der Weisheit nicht mehr», und deshalb – so Paulus – gefiel es Gott, sich anders zu zeigen, fern von menschlichen Wissenschaften.

Das ist die Botschaft des Wortes vom Kreuz, welches das menschliche «Wissen-Schaffen» durchkreuzt. Wir verkündigen «Christus den Gekreuzigten – für die Juden ein Ärgernis, für die Heiden eine Torheit».

Wo ist ein Weiser? Wo ist ein Wortfechter? Wo ist ein Dekan, ein Rektor? Da bricht etwas ein, das die Weisheit in die Krise stürzt, sie mit der Torheit kollidieren lässt und deshalb das Wissen auch ganz anders orientiert. Mit dem Wort vom Kreuz stösst die Wissenschaft an ihre Grenze und muss sich deshalb ihrer radikalen Begrenzung stellen. Ich möchte das mit einer Notiz aus den *Tagebüchern* des dänischen Philosophen Søren Kierkegaard erläutern:

> Die meisten Menschen in jeder Generation, selbst von denen, die – wie es heisst – sich mit dem Denken befassen (Professoren und dergleichen) leben hin und sterben in der Einbildung, es bleibe bei einem fortgesetzten, gleichmässigen Steigen des Begreifens, dergestalt, dass man immer mehr und mehr begreife, und sie bilden sich ein, es werde dabei bleiben, falls ihnen vergönnt wäre, noch länger zu leben.[1]

Das habe ich vorhin mit dem unaufhaltsamen «Wissen-Schaffen» skizziert. Doch nun bringt Kierkegaard eine Umkehr zum Ausdruck: «Wie viele erleben überhaupt die Reife, dass sie entdecken, es komme ein kritischer Punkt, wo es umschlägt, wo es von nun an darauf ankommt, in steigendem Begreifen immer mehr zu begreifen, dass es etwas gibt, was man nicht begreifen kann.» Kierkegaard spricht hier von der sokratischen Unwissenheit, betont aber, dass diese Reife auch im Geist des Christentums sei. In diesem Sinne könnte man sagen, dass das paulinische Wort vom Kreuz diesen kritischen Punkt des Begreifens zur Sprache bringt: Die Weisheit stösst hier in ihrem Begreifenwollen an ihre Grenze. Hier sind die Leistungen des «Wissen-Schaffens» zu Ende, hier kann nicht mehr gepunktet und evaluiert werden. Je mehr wir hier begreifen, je weniger haben wir im Griff, je weniger beherrschen wir. Das ist das Ärgernis für die Wissenschaft. Wie es Kierkegaard etwas später in der Notiz formuliert: «steigender Tiefsinn darin, dass man immer mehr begreift, man könne nicht begreifen.»

Ist damit Wissen zu Ende? Ist damit Leben zu Ende? Nein, wohl nicht, denn Paulus betont, dass das Ärgernis, die Torheit für die Berufenen, für die, die glauben, zugleich Gottes Kraft und Weisheit ist. In der Torheit, im Unbegreifbaren liegt eine neue Kraft und Weisheit, die neues Wissen und Leben hervorruft. Wie ist das zu verstehen?

Nicht das Wissen an sich, nicht das Leben an sich sind im gekreuzigten Christus zu Ende, sondern vielmehr das darin waltende Bemühen, Bewältigen, Beherrschen, das In-den-Griff-Bekommen. Am kritischen Punkt schlägt das um, wird durch Empfänglichkeit ersetzt, die sich dem Einfachen, dem Schlichten neu öffnen kann, entkrampft, entspannt. Und sachgemässes Wissen ist es, diese Empfänglichkeit voll und intensiv zum Zuge kommen zu lassen, und sachgemässes Leben ist es, sich in dieser Empfänglichkeit neu beschenken zu lassen, das Leben als Geschenk in Empfang zu nehmen, sich als von einem anderen angenommen, erforscht, erkannt zu erfahren, wie wir es vorhin im Psalm lasen: «Herr, du hast

---

1 Sämtliche Kierkegaard-Zitate in: Søren KIERKEGAARD, *Die Tagebücher*, Bd. 3, Düsseldorf: Diederichs, 1968, 285–286.

mich erforscht, und du kennst mich. [...] Ob ich gehe oder liege, du hast es bemessen, und mit allen meinen Wegen bist du vertraut. [...] Ich preise dich, dass ich so herrlich, so wunderbar geschaffen bin.»²

Die Weisen, die Schriftgelehrten, die Wortfechter, die Dekane werden protestieren: Das ist doch zu einfach, das ist doch zu einfältig! Und wie sollte man das erst noch evaluieren und rentabilisieren? In ganz schlichten Worten antwortet Kierkegaard nach dem vorhin zitierten Satz zum Begreifen des Unbegreifbaren: «Hier kommt dann all das Kindliche wieder, aber in höherer Stufe.» Höhere Kindlichkeit ist hier das eigentliche Wissen, und dazu gehört nach Kierkegaard: «Ein dergestalt Gereifter hat Natürlichkeit, Einfalt, Verwunderung, aber er hat sie wesentlich mit Humor.» Dass Einfalt und Verwunderung zur Wissenschaft gehören, darf hier neu entdeckt werden, und es macht sie zu einer offenen Forschungs- und Entdeckungseinstellung, die nicht gleich nach messbaren Leistungen heischt, sondern sich von unvorhergesehenen Einsichten überraschen lässt, schöpferisch Bezüge herstellt und Erklärungen frei ausprobiert. Ähnliches gilt für das Leben: Höhere Kindlichkeit, Einfalt und Verwunderung dürfen das Leben neu beleben, indem sie den Menschen im Leben Neues, Verwunderliches entdecken lassen, das dieses Leben auch zu einem spannenden Abenteuer macht.

Dabei werden wir weiterhin im Wissenschaftsgeschäft Leistungen erbringen, Kreditpunkte sammeln, Forschungsbericht um Forschungsbericht schreiben, Institutionen und Einzelne evaluieren müssen, aber alles mit Humor, wie Kierkegaard sagt. Humor ist hier diese innere Freiheit, deren Quelle darin liegt, dass sie es immer wieder – in der Wissenschaft und im Leben – leidenschaftlich mit dem letztlich Unbegreifbaren und Unverfügbaren zu tun hat. Mit Paulus gesprochen: mit dem Gott, der sich uns im Ärgernis, in der Torheit des Kreuzes offenbart. Kreuz und Humor hängen hier eng zusammen und erwirken zusammen die Umkehr.

Das zeigt sich noch an einem ganz bestimmten Punkt, den ich abschliessend noch hervorheben möchte: Wer Wissen schafft, will Leistungen, Beherrschen, Begreifen. Das heisst, er ist ausgerichtet auf Stärke, Kraft, Herrschaft, auf immer besseres, mächtigeres Im-Griff-Haben. Auch hier kehrt sich am kritischen Punkt das Verhältnis um: «Das Schwache Gottes ist stärker als die Menschen», heisst es am Schluss des Textes. Nicht im menschlich Starken liegt die weise Kraft, sondern das Schwache in uns, in unseren Bestrebungen, in unserem Leben und Sterben dürfen wir als den Ort erfahren und annehmen, wo sich göttliche Kraft geheimnisvoll offenbart, wie im gekreuzigten Christus Gottes Kraft und Weisheit offenbar wurden. Das hat bei Paulus Folgen für die Christengemeinde: Nicht das Starke, das Edle, das Hohe hat Gott in seiner Kirche erwählt, weder in Korinth

---

2   Ps 139,1.3.14.

«Glauben Sie an Gott, Herr Präsident?»
«In diesem Moment wäre die gute Frage eher: Er, glaubt er noch an mich?»
© Albert de Pury, Labor et Fides, Genf

noch in Zürich, sondern das Schwache, das Unwerte, das Niedrige, um das Starke, das Edle, das Hohe zunichte zu machen.[3]

Und auch sozialethisch hat es Auswirkungen, in kritischer Umkehr zugunsten der Geringen und Armen, wie bei der Schriftlesung im Hiobbuch zu hören war: «Er erhöht die Niedrigen und die Trauernden werden wieder glücklich. [...] Er fängt die Weisen in ihrer Klugheit, und der Plan der Schlauen läuft ins Leere. [...] Er aber rettet vor dem Schwert, vor ihrem Mund und vor der Hand des Starken den Armen. So kann der Schwache Hoffnung haben.»[4]

Auch hier also Verwunderung über dieses göttliche Handeln, und ihm darf auch in allem Leistungskampf unsere Hochschätzung des Geringen, des Schwachen entsprechen.

Amen.

---

3   Vgl. 1Kor 1,26–31.
4   Hiob 5, 11.13.15–16.

In irdenen Gefässen

[2000]

2. Korinther 4,6–12

⁶ Denn der Gott, der gesagt hat: Aus der Finsternis soll Licht aufstrahlen, er ist es, der es hat aufstrahlen lassen in unseren Herzen, so dass die Erkenntnis aufleuchtet, die Erkenntnis der Herrlichkeit Gottes auf dem Angesicht Jesu Christi. ⁷ Wir haben diesen Schatz aber in irdenen Gefässen, damit die Überfülle der Kraft Gott gehört und nicht von uns stammt. ⁸ In allem sind wir bedrängt, aber nicht in die Enge getrieben, ratlos, aber nicht verzweifelt, ⁹ verfolgt, aber nicht verlassen, zu Boden geworfen, aber nicht am Boden zerstört. ¹⁰ Allezeit tragen wir das Sterben Jesu an unserem Leib, damit auch das Leben Jesu an unserem Leib offenbar werde. ¹¹ Denn immerfort werden wir, die wir doch leben, um Jesu willen in den Tod gegeben, damit auch das Leben Jesu an unserem sterblichen Fleisch offenbar werde. ¹² So wirkt an uns der Tod, an euch aber das Leben.

* * *

Unter verschiedenen Aspekten spricht dieser Predigttext in unsere konkrete Situation hinein. Ich möchte kurz drei erwähnen.

a) Es ist heute der erste Fastensonntag (*Invocavit*-Sonntag im kirchlichen Kalender). Er eröffnet die Passionszeit, die uns auf Karfreitag und Ostern hinführt. Im Predigttext kommt das in den Blick mit dem Hinweis auf das Sterben und das Leben Jesu, das wir an unserem Leib tragen, aber auch darauf, dass wir in unserem Leben stets an den Grenzen unserer Kräfte kämpfen müssen.

b) Zugleich bedeutet der erste Fastensonntag, dass wir die Fasnachtszeit verlassen (in Basel geht sie zwar morgen erst recht los, aber weltweit ist sie eher vorbei). Fasnacht ist die Zeit der Verkleidung, der Masken. Unser Text jedoch spricht gerade nicht von einer Maske, sondern von einem Angesicht: dem Angesicht Jesu Christi, in dem Licht aufstrahlt und sich die Herrlichkeit Gottes erkennen lässt.

c) An einer dritten Stelle schliesslich entsteht noch ein weiterer Kontrast. Fasnacht, das ist traditionell das letzte Feiern, sozusagen das letzte Austoben des Lebens, vor der langen, trostlosen Fastenzeit, die mit Aschermittwoch einsetzt. Vom Lateinischen und Italienischen her heisst Fasnacht auf Französisch, wie auch ähnlich in den anderen lateinsprachigen Ländern, *carnaval*, «Karneval». Von der Wurzel *caro* her heisst es «vom Fleisch Abschied nehmen, dem Fleisch absagen». Paulus jedoch betont für die Passionszeit gerade die irdenen Gefässe, unser sterbliches Fleisch, unsere Leiblichkeit als den eigentlichen Ort unseres Glaubens.

Er ruft uns also nicht weg vom Fleisch, sondern hin zum Fleisch, zu unserem leiblichen Leben.

Was hat das zu bedeuten? Um diese Berührungspunkte noch genauer zu erfassen, wollen wir uns in unseren Text vertiefen, um dann von dort her die verschiedenen Aspekte noch besser zu beleuchten.

Ganz zentral geht es Paulus in diesem Text um einen grossen, kostbaren Schatz. Da horchen wir Schweizer/-innen auf, denn wir haben Erfahrung mit Schätzen, wissen, wie damit umzugehen ist. Wir haben Schatzkammern erbaut, Geldschränke und Safes eingerichtet. Wir haben für die vielen Schätze unsere grossen Banken gebaut, wie Paläste, ja sogar wie heilige Stätten, wie Tempel aussehend. Je grösser der Schatz, desto sicherer muss der Ort sein, wo er aufbewahrt wird. Doch was Paulus hier hervorhebt, widerspricht dem ganzen schweizerischen Bankwesen: «Wir haben diesen Schatz aber in irdenen Gefässen.» Das erinnert an die alten Menschen, von denen man manchmal hört, die ihren Reichtum in einer alten Socke oder in altem Zeitungspapier verpackt in einem Schrank oder unter der Matratze verstecken. Doch hat der Satz des Paulus Anhalt an antiker Praxis, hat man doch für den Versand von grossen Schätzen versiegelte Tonkrüge gebraucht. Für modernes Bankwesen kaum denkbar!

Zur Zeit des Apostels gab es eine Gruppe in Korinth, die sogenannten Superapostel, welche die irdenen Gefässe, hier als Bild für die Menschen und deren Glauben gebraucht, ganz ähnlich ablehnten und die Stimmung gegen Paulus anheizten: Sie warfen ihm seine eines Apostels unwürdige Schwachheit, seinen fehlenden Glanz, seine – unter anderem sprachliche – Unbeholfenheit vor. Für die Superapostel musste das Gefäss des Inhalts würdig sein. Deshalb riefen sie die Christen in Korinth dazu auf, zu Superchristen zu werden: Sie seien bereits nicht mehr von dieser Welt, sondern schon im Reich der Herrlichkeit und sollten deshalb alles Leibliche, alles Fleischliche abstreifen, prunkvolle «Banken» für einen prunkvollen Schatz werden!

Paulus bleibt aber in der Ablehnung der Superapostel sehr klar. Er versucht nicht zu zeigen, dass er ebenso würdig sei wie sie, mit ihnen bezüglich Vollmacht, Würde und Talent im Wettstreit stehen könne. Nein, er nimmt den gegenteiligen Standpunkt ein: Ein einziges Gefäss passt hier für diesen Schatz, das irdene Gefäss, in aller Schwachheit, in aller leiblichen Zerbrechlichkeit, Verwundbarkeit und Endlichkeit. Jede andere Art, das Gefäss aufzufassen, wäre eine unstatthafte Verherrlichung des Menschen, die dem Schatz gerade schaden würde: «Wir haben diesen Schatz in irdenen Gefässen, damit die Überfülle der Kraft Gott gehört und nicht von uns stammt.»

Warum aber kann dieser Schatz nur in irdenen Gefässen getragen werden? Weil der Schatz nichts anderes ist, als das Angesicht Christi, das von der Herrlichkeit Gottes aufleuchtende und uns erleuchtende Angesicht Christi. Der kanadische Dichter Leonard Cohen hat einmal gesungen: «There is a crack in everything, that's how the light gets in.» «Es ist in allem ein Riss, so kommt das Licht hinein.»[1] Das hat bei Christus seine Entsprechung. Das aufstrahlende Angesicht Christi ist nirgendwo anders zu sehen als im Fleischgewordenen, wie es am Anfang des Johannesevangeliums heisst: «Und das Wort, der Logos, wurde Fleisch und wohnte unter uns, und wir schauten seine Herrlichkeit, [...] voller Gnade und Wahrheit.» (Joh 1,14)

Nicht irgendwo oben, im glorreichen Christus ist Gottes Herrlichkeit zu schauen. Den Superaposteln, die sich als himmlische, vom Fleischlichen befreite Wesen betrachten, hält Paulus den fleischlichen, leiblichen Ort entgegen, den Gott gewählt hat, um sich zu zeigen: Jesus von Nazaret, sein Angesicht, seine Gesichtszüge, sein Leib, sein Fleisch. Dort, und nirgendwo anders, strahlt Gottes Herrlichkeit.

Aus diesem Grund auch kann der Schatz nur in irdenen Gefässen getragen werden. Ein abgesichertes, abgedichtetes Gefäss liesse das Licht nicht durchschimmern, weder das nach innen empfangene, noch das nach aussen bezeugte. Das heisst: Wir, irdene Wesen von Fleisch und Blut, sind es, aus Erde erschaffen – das bedeutet der hebräische Name *Adam* – der *adama*, der Erde entnommen und zur *adama* zurückkehrend. Unsere irdische Bestimmung wird somit zur verheissungsvollen Bestimmung: Den Schatz Gottes tragen wir in unserem leiblichen, vergänglichen und zerbrechlichen Leben. Der Ruf ist also nicht, geistliche, leiblose Wesen zu werden, sondern mit vollem Einsatz, mit Leib und Seele unsere fleischliche, irdische Existenz zu leben, unserem Herrn als dem Fleischgewordenen nachfolgend. Denn gerade darin gilt es, die Erkenntnis von Gottes Herrlichkeit auszustrahlen.

Was heisst das nun aber konkret, diese Leiblichkeit des Glaubens? Ich möchte es hier an vier Grundzügen verdeutlichen.

1) Weil er in irdenen Gefässen aufbewahrt wird, ist der Schatz nicht schon in Sicherheit in einem Safe. Das dachten die Superapostel und Superchristen in Korinth: Jetzt sei alles schon vollendet, es gebe keinen Kampf, kein Fürchten und kein Leiden mehr. Für Paulus hingegen gilt, dass der Schatz den Gefahren, den Gegensätzen, den Kämpfen des Lebens ausgesetzt wird. Paulus greift hier die Sprache der Gladiatoren in der Arena auf, um das christliche Leben als Kampf zu beschreiben. Als irdene Gefässe sind wir immer wieder bedrängt, ratlos, verfolgt, zu Boden geworfen. Die Möglichkeit des Glaubens liegt in der Kraft, diesem Kampf nicht zu erliegen, immer wieder aufzustehen, um ihn erneut mit Mut und Zuversicht zu führen. Das bringt Paulus mit einem vierfachen «aber nicht» zum Ausdruck, das den kleinen, aber entscheidenden Unterschied zwischen hartem Kämpfen und Erliegen ausmacht: «bedrängt,

---

[1] Im Refrain seines Liedes *Anthem*.

aber nicht in die Enge getrieben, ratlos, *aber nicht* verzweifelt, verfolgt, *aber nicht* verlassen, zu Boden geworfen, *aber nicht* am Boden zerstört.» Inmitten dieser Spannungen und nicht ausserhalb ihrer werden wir vom ausstrahlenden Angesicht Christi erleuchtet.

2) Das gilt so, weil Christus in seiner Passion und seinem Tod am Kreuz bis ins Letzte den Kampf des menschlichen Lebens geführt hat. Er wurde in die Enge getrieben, verzweifelt, verlassen und am Boden zerstört. Dass uns solches nicht widerfährt, hängt mit der Verheissung zusammen, dass der leidende, sterbende und auferstehende Christus uns nicht allein lässt, sondern uns durch die Kämpfe des Lebens hindurch begleitet und manchmal sogar hindurchträgt. Deshalb können wir bedrängt sein, ohne in die Enge getrieben zu werden, ratlos, ohne verzweifelt zu werden, verfolgt, ohne verlassen zu sein, zu Boden geworfen, ohne am Boden zerstört zu sein. Diese heilsame Spannung des Glaubens wird im Text damit zum Ausdruck gebracht, dass wir allezeit das Sterben Jesu an unserem Leib tragen, «damit auch das Leben Jesu an unserem Leib offenbar werde». Mit Christus sterbend gehen wir an diesem Sterben nicht zugrunde, sondern können mit ihm stets zu neuem Leben auferstehen.

3) Interessant ist nun aber, dass das Sterben auch Dienst am Leben des anderen sein kann. Das betont Paulus im letzten Vers des Predigttextes: «So wirkt an uns der Tod, an euch aber das Leben.» Anders gesagt: Die Auseinandersetzung mit den Spannungen des irdischen Lebens dient auch der Wahrnehmung unserer zwischenmenschlichen Begegnungen. Im Sterben geht es darum, dem Leben des anderen aufzuhelfen, ihm Spielraum zu schenken, damit er nicht wieder in die Enge getrieben, ratlos, verzweifelt und am Boden zerstört werde. Ähnliches könnte man mit dem Angesicht zum Ausdruck bringen: Wenn der Schatz darin besteht, vom ausstrahlenden Angesicht Christi erleuchtet zu werden, dann gilt es, auch den Mitmenschen dieses Angesicht zu zeigen. Freilich drohen hier, wie bei der Fasnacht, viele Masken, die sich dazwischenschieben: Masken des Missverständnisses, der Enttäuschung, der Resignation, des Verdrusses, der Verbitterung. Die Verheissung, dass das Angesicht Christi immer wieder durchbricht, schenkt uns die Freiheit, unsere Masken fallen zu lassen, um Jesu Christi befreiendes Sterben und Leben an uns offenbar werden zu lassen.

4) Was für das Zwischenmenschliche betont wurde, gilt auch in Hinsicht auf die Welt. Auch das gehört zur Leiblichkeit des Glaubens, Bürger/-innen dieser Welt zu sein. Das sei an einem Abstimmungssonntag ganz besonders hervorgehoben. Für die Superapostel in Korinth gilt eher Abwendung von der bösen und unreinen Welt. Nicht aber für Paulus: Es gehört zu unserem irdischen Leben, sich mit den Spannungen der Welt auseinandersetzen zu müssen. Freilich droht auch hier das Gefühl, in die Enge getrieben, ratlos, verfolgt und zu Boden geworfen zu sein. Der Glaube schenkt den Erschöpften den Mut immer wieder neu anzusetzen und die Auseinandersetzung mit der Welt neu in Angriff zu nehmen.

Eine solche befreiende und ermutigende Distanz liegt im Motto der diesjährigen ökumenischen Aktion von Fastenopfer und Brot für alle: «*Time out* ... anders weiter.» Dass es immer wieder «anders weiter» gehen kann, das ist die Verheissung, die den irdenen Gefässen den Mut schenkt, noch und noch ihren wundersamen Schatz weiterzutragen.

Amen.

Si j'avais à prêcher ce matin
Une prédication fictive pour le jour de l'an

[2004-2005][1]

Où étais-tu ? Toi dont on dit que tu as posé les fondations de la terre, n'aurais-tu pas pu empêcher le glissement des plaques tectoniques en Asie du Sud ? N'aurais-tu pas pu, d'un geste, comme tu le fis jadis, dit-on, retenir les vagues qui ont déferlé sur les côtes, emportant tout sur leur passage ? Le nombre des victimes monte chaque jour de plusieurs milliers. Hier, on parlait de 130 000[2], et j'ose espérer que cela ne te laisse pas indifférent.

Où étais-tu ? Cette question m'est restée toute la semaine à l'esprit. Ou plutôt : sur le cœur. Ou plutôt : sur l'estomac. Je sais, on me dira, *tu* me diras que c'est une question naïve, enfantine, qui n'est pas digne de mes bientôt cinquante-cinq ans. Mais nous sommes tes enfants, et les enfants ont le droit de te poser des questions d'enfants. Où étais-tu, Abba, Père ?

Et tu veux qu'on se souvienne de Noël avec ça ? Tu veux qu'on fête la nouvelle année avec ça ? Qu'on s'ouvre à l'avenir dans la joie et la confiance ? Dans l'espoir, si souvent confondu, que la nouvelle année sera meilleure que la précédente ?

Il y a deux cent cinquante ans assez précisément, on t'en a aussi posé, des questions, au sujet d'un autre tremblement de terre et tsunami, qui a ébranlé les convictions de tout un siècle, le tremblement de terre qui a dévasté Lisbonne, et dont les grands esprits du XVIIIe siècle ont débattu de manière passionnée. Et la dogmatique traditionnelle nous a donné depuis des siècles de nombreuses distinctions pour penser le problème : il y a le *malum naturale* (les catastrophes naturelles, justement) et le *malum morale* (les manquements des hommes) ; et Dieu peut agir par *providentia ordinaria* et par *providentia extraordinaria* ; il peut, selon les cas, détourner le mal (*aversatio*), lui faire obstacle (*impeditio*), le soutenir

---

1 Le 26 décembre 2004, à la suite d'un tremblement de terre, un énorme tsunami ravage l'Asie du Sud-Est ; de jour en jour, le nombre de victimes prend des proportions de plus en plus astronomiques (l'estimation finale sera de près de 230 000). Un concours de circonstances fait que durant ces derniers jours de 2004, je dois réviser mon dossier « Prédestination et Providence » pour une réédition de l'*Encyclopédie du protestantisme*, sous la direction de Pierre Gisel et Lucie Kaennel, Paris/Genève : PUF/Labor et Fides, 2006[2] ; cf. aussi Pierre Bühler, *Prédestination et Providence*, Genève : Labor et Fides, 1999. Rendu insomniaque par la tragédie, je passe une bonne partie de la nuit de l'an à rédiger une prédication fictive pour le lendemain.

2 Estimation encore provisoire du 31 décembre 2004.

(*sustentatio*), le permettre (*permissio*) ou l'infliger, l'imposer (*irrogatio*), par exemple comme punition.

Mais je n'en suis pas plus loin aujourd'hui, avec les mêmes questions, et les réponses proposées ne convainquent pas plus que jadis. Certes, on a appris depuis lors que la théodicée ne marche pas aussi bien que certains le pensaient encore à l'époque, s'inspirant du vieux Leibniz, qu'il n'est pas possible de prouver ta justice au vu du cours du monde. Certains le savaient déjà bien avant : « Dieu gouverne ce monde corporel, dans les choses extérieures, de telle façon que, si l'on se conforme au jugement de la raison humaine, on est obligé de dire ou bien que Dieu n'existe pas, ou bien qu'il est injuste. » La phrase est de Luther, formulée en 1525[3], suggérant qu'il serait déraisonnable de penser autre chose, qu'il faut être fou pour vouloir sortir de cette alternative.

Tu me diras que je suis bien placé pour savoir l'impasse de la théodicée, que j'en ai déjà parlé bien des fois, dans mon cours sur la doctrine de la providence, dans mon dossier sur « Prédestination et Providence », dans mes conférences et articles, et même en avril passé dans mon cours public devant les quatre cents enfants réunis dans l'aula de l'Université de Zurich. Moi, le spécialiste de la providence ! Tu me diras que je devrais savoir que la providence divine est souvent cachée bien profondément, qu'elle reste toujours une énigme qui vient éprouver, ébranler la certitude de la foi, et que c'est contre l'expérience que cette dernière prend son courage à deux mains pour faire le saut d'y croire quand même.

Oui, mais cette semaine, tu vois, je me retrouve enfant, enfant à balbutier mes certitudes, dans le labyrinthe de l'énigme, entre l'incompréhension et le désir d'apaisement. Et celui-ci est très, très lent à venir, tandis que celle-là dure. Ou plutôt : augmente de jour en jour, comme le nombre de victimes. Encore une fois : où étais-tu, Abba, Père ? La question m'est restée toute la semaine comme un poids. Sans réponse véritable, malgré toutes celles que je sais déjà.

Puis, hier soir, soudain, de manière inattendue, m'est venu un début de bribe de réponse, en me souvenant d'un autre qui voulait aussi voir Dieu, Moïse : « Fais-moi donc voir ta gloire ! » (Ex 33,18) Il reçoit la permission de voir Dieu, mais seulement de derrière : « Tu te tiendras sur le rocher. Alors, quand passera ma gloire, je te mettrai dans le creux du rocher et, de ma main, je t'abriterai tant que je passerai. Puis, j'écarterai ma main et tu me verras de dos ; mais ma face, on ne peut la voir. » (Ex 33,21-23)

Et de cette montagne-là, j'ai été projeté soudain en pensée vers une autre montagne, celle de l'Horeb, où un autre encore – le prophète Élie, cette fois-ci – demandait à voir Dieu, lui demandait où il était. « Sors et tiens-toi sur la mon-

---

3   Dans le traité *Du serf arbitre*, in : Martin LUTHER, *Œuvres*, vol. 5, Genève : Labor et Fides, 1958, 230.

tagne, devant le Seigneur ; voici, le Seigneur va passer. » (1 R 19,11) Les versets suivants résonnent soudain d'un écho nouveau au vu de la semaine passée :

> Il y eut devant le Seigneur un vent fort et puissant qui érodait les montagnes et fracassait les rochers ; le Seigneur n'était pas dans le vent. Après le vent, il y eut un tremblement de terre ; le Seigneur n'était pas dans le tremblement de terre. Après le tremblement de terre, il y eut un feu ; le Seigneur n'était pas dans le feu. Et après le feu une voix de fin silence. Alors, en l'entendant, Élie se voila le visage avec son manteau, il sortit et se tint à l'entrée de la caverne. (1 R 19,11–13)

Oui, Élie l'avait deviné : Dieu ne se tient pas dans le vent, dans le tremblement de terre, dans le feu, mais dans la « voix de fin silence ».

Et celle-ci me projeta en pensée vers une troisième montagne, ou disons : une colline, cette fois, celle du Golgotha, où un autre, Jésus de Nazareth, crie à voix forte son abandon, demandant à Dieu en expirant sur la croix : « Mon Dieu, mon Dieu, pourquoi m'as-tu abandonné ? » (Mc 15,34 ; Mt 27,46) Prière reprise du Psaume 22 et qui permet à Jésus de poser la question du pourquoi de l'abandon, du pire des abandons, à la deuxième personne : pourquoi m'as-*tu* abandonné ? Confiance démesurée : ce Dieu qui abandonne demeure en même temps celui auquel je peux m'adresser : *mon* Dieu, *mon* Dieu. Et je me dis que c'est peut-être bien cela, le « Dieu de dos » de Moïse, le Dieu dans « la voix de fin silence » d'Élie : cette possibilité, ténue elle aussi, de s'abandonner quand même à celui qui abandonne. Cette possibilité de passer outre à son abandon pour lui faire malgré tout confiance, pour s'en remettre à lui avec toutes les questions, toutes les tensions, toutes les contradictions, toutes les horreurs qui pèsent sur la vie. Croire en la présence de Dieu jusque dans l'expérience de son absence, au nom du Dieu qui s'est manifesté dans l'abandon radical de la croix.

Trois expériences de montagne, alors que je suis encore et encore dans la plaine de ma semaine et de ses questions, de ses révoltes. Pas de montagne à l'horizon, seulement le vaste désert de la désolation. Mais ces trois expériences de montagne me donnent peut-être un éclairage, dans leur caractère très indirect : Dieu passe, et on le voit de dos, dans la voix de fin silence, dans un cri de confiance désespérée. Je n'ai pas d'autre certitude à vous transmettre ce matin. Dire plus tiendrait de l'effronterie.

Après la voix de fin silence sur l'Horeb, le prophète Élie reçoit l'injonction : « Va, reprends ton chemin en direction du désert de Damas ». Il redescendra donc dans la plaine, il continuera de marcher, mais dans ce réconfort qu'il y a un Dieu dans les voix de fin silence de nos vies, qu'il y a un Dieu malgré tout dans les abandons que nous subissons, parce que celui du Golgotha est allé jusqu'au bout de son abandon.

Mais s'il en est ainsi, s'il y a cette possibilité, alors, Abba, Père, il faudra que tu aies de la place, car tout à l'heure, dans l'intercession, nous allons tout te remettre d'un coup, parce que nous en avons besoin pour reprendre notre chemin. Nous te remettrons les 130 000 victimes, mais aussi tous les survivants qui pleurent leurs morts, les survivants avec leurs souffrances, leurs deuils et leurs angoisses, leurs errances à venir, les fatigues et désespoirs de ces femmes et hommes qui rassemblent les cadavres, qui tentent de les identifier, qui pansent les plaies, soignent les blessés, tentent de retrouver des disparus, et les énergies fragiles de tous ces êtres humains qui devront un jour tout reconstruire – espérons mieux qu'avant, pour se protéger un peu mieux des menaces possibles. Il faudra que tu les accueilles et recueilles tous, que tu les reconnaisses, visage par visage, parce que tu as promis de reconnaître les tiens. Et il faudra que tu sois vraiment plus grand que notre cœur, parce que ça déborde de toutes parts de nos cœurs. Au nom de la confiance ténue de Moïse, d'Élie et de Jésus.

Mais je sais en même temps que cela ne répondra pas à nos questions d'enfants, et c'est avec ces questions sur le cœur, sur l'estomac, que nous devrons reprendre nos chemins, demain, après-demain, et entrer dans cette année nouvelle qui risque fort de ne pas être meilleure que la précédente, sachons-le d'emblée. Mais cela ne devrait pas nous empêcher de reprendre nos chemins avec confiance. Au nom du crucifié du Golgotha, nous pouvons remettre cet avenir à Dieu, le lui confier, même dans la révolte qui demeure. Au nom du crucifié du Golgotha, nous pouvons même remettre à Dieu cette révolte qui nous crucifie. Et cela peut-être pourrait, à l'avenir, nous rendre plus attentifs à la présence discrète de Dieu, de ce Dieu que nous avons si souvent perdu dans les grands bruits, dans les grands fracas qui agitent nos vies, dans lesquelles nous croyons disposer de tout, dans lesquelles nous pensons tout maîtriser, et qui soudain doivent s'ouvrir à l'irruption de l'inattendu, parfois de manière violente, parfois de manière discrète.

« Va, reprends ton chemin… » Comme Élie, nous sommes peut-être, au seuil des ans, appelés à aller du vent, du tremblement de terre et du feu vers les voix de fin silence qui habitent nos vies, et à entendre celui qui nous y interpelle.

Il y a exactement soixante ans, dans les derniers jours de 1944, entre Noël et Nouvel An, alors qu'il était en captivité, Dietrich Bonhoeffer a exprimé la confiance ténue du chemin à reprendre dans un poème-prière intitulé *Forces bienveillantes*, adressé en même temps aux siens et à Dieu.

Je vous invite à y entrer vous aussi, chacune et chacun avec tout ce qui vous habite, en ce début de nouvelle année :

> Fidèlement entouré de forces bienveillantes,
> Merveilleusement protégé et consolé,
> Je veux vivre ces jours avec vous,
> Et entrer avec vous dans une nouvelle année.

> Le passé veut encore tourmenter nos cœurs,
> Le lourd fardeau des jours mauvais nous oppresse encore.
> Ah, Seigneur, donne à nos âmes effrayées
> Le salut pour lequel tu nous a créés.
>
> [...]
>
> Laisse aujourd'hui briller les bougies chaudes et claires
> Que tu as apportées dans nos ténèbres,
> Et rassemble-nous de nouveau, si c'est possible !
> Nous savons que ta clarté luit dans la nuit.
>
> Quand un silence profond règne autour de nous,
> Fais-nous entendre toutes les voix de ce monde
> Qui nous entoure invisiblement,
> Hymne suprême de tous tes enfants.
>
> Merveilleusement gardés par des forces bienveillantes,
> Nous attendons sans crainte ce qui doit arriver.
> Dieu est à nos côtés le soir et le matin,
> Et le sera sûrement chaque nouvelle journée.[4]
> Amen.

Oui, chers frères et sœurs, l'« Amen » avec lequel on termine habituellement une prédication, il m'est difficile ce matin de le prononcer. D'autant plus qu'il prend ici un poids particulier : il est aussi celui de la prière de Bonhoeffer, de notre prière avec lui. « Amen », « ainsi soit-il ».

Dans son cantique consacré au Notre Père, Luther commentait cet « Amen » de la manière suivante : « Amen, c'est-à-dire : Que cela devienne vrai. Fortifie sans cesse notre foi, afin que nous ne doutions pas de ce que nous avons prié ici, sur ta parole, en ton nom. Ainsi nous disons l'Amen très justement. »[5]

Encore une fois, donc, dans le sens de Luther : Amen, sur ta parole, en ton nom.

---

4   Dietrich BONHOEFFER, Maria VON WEDEMEYER, *Lettres de fiançailles. Cellule 92. 1943–1945*, Genève : Labor et Fides, 1998, 264–265.
5   Martin LUTHER, *Quarante-trois chants*. Harmonisés à quatre voix pour chœur et orgue par Yves Kéler et Danielle Guerrier Koegler, Paris : Beauchesne, 2017, 103 (trad. modifiée).

Quellenverzeichnis
Table des sources

Aufsätze – Articles

Bienne – à la croisée des chemins
   Brochure pour une exposition à l'église du Pasquart, à Bienne, à l'occasion de l'année anabaptiste 2007, Bienne: Association Présences, 2007, 5.

Grenzübergang und Begrenztheit. Ein aktueller Prüfstein der theologischen Hermeneutik
   Unveröffentlicht; Antrittsvorlesung in Zürich, 2. Februar 1998, leicht überarbeitet und mit Anmerkungen versehen.
   Inédit; leçon inaugurale à l'Université de Zurich, 2 février 1998, légèrement révisée et annotée.

Entre exégèse et théologie, une herméneutique à géométrie variable
   In: Élian CUVILLIER, Bernadette ESCAFFRE (dir.), *Entre exégètes et théologiens: la Bible. 24ᵉ Congrès ACFEB. Toulouse, 2011*, Paris: Cerf, 2014, 23–38.

Gottes Angesicht in den Brüchen der Erzählung von Peniel (Genesis 32)
   In: Brigitte BOOTHE, Pierre BÜHLER, Paul MICHEL, Philipp STOELLGER (Hg.), *Textwelt – Lebenswelt*, Würzburg: Königshausen & Neumann, 2012, 21–31.

L'étranger comme point de cristallisation de l'autre
   Inédit en français, traduit de l'anglais: Foreignness as Focal Point of Otherness, in: Ulrich SCHMIEDEL, James M. MATARAZZO, Jr. (Hg.), *Dynamics of Difference. Christianity and Alterity. A Festschrift for Werner G. Jeanrond*, London: Bloomsbury T&T Clark, 2015, 153–159.

Beim Namen gerufen. Eine Maturarede
   Unveröffentlicht; Ansprache an der Maturfeier der Alten Kantonsschule Aarau, am 27. Juni 2015, leicht überarbeitet und mit Anmerkungen versehen.
   Inédit; allocution prononcée à l'occasion de la fête de maturité de l'ancienne école cantonale d'Aarau, le 27 juin 2015, légèrement révisée et annotée.

Offres fictives d'identité narrative. Quelques personnages des récits de la Passion en transcription littéraire
   Revue de théologie et de philosophie 135 (2003), 161–177.

Une interprétation non sacrificielle de la croix?
   Bulletin du Centre protestant d'études 45/6 (1993), 7–18.

Höllenfahrt – ein umstrittenes Stück der Kreuzestheologie. Versuch einer kleinen Synthese
   Unveröffentlicht; Thesen für die Schlusssitzung eines Seminars, vorgelegt am 6. Februar 2001.
   Inédit; thèses pour la séance de synthèse d'un séminaire, présentées le 6 février 2001.

Une approche herméneutique des interactions entre texte et image. La réception de Don Quichotte par Friedrich Dürrenmatt
   Inédit en français, traduit de l'anglais: A Hermeneutical Approach to Text-Image-Interactions. Friedrich Dürrenmatt's Reception of Don Quixote, in: Daria PEZZOLI-OLGIATI,

Christopher ROWLAND (Hg.), *Approaches to the Visual in Religion*, Göttingen: Vandenhoeck & Ruprecht, 2011, 139–152.

Friedrich Dürrenmatt: un écrivain s'inspire de Kierkegaard»
Revue de théologie et de philosophie 145/3–4: Søren Kierkegaard (1813–1855). À l'occasion du bicentenaire de sa naissance (2013), 325–335.

Ein Brief von Hilarius Lector Postumus
Unveröffentlicht; für die Schlusssitzung eines Seminars zu Kierkegaard (zum 150. Todesjahr), vorgelegt am 8. Februar 2006.
Inédit; pour la séance de synthèse d'un séminaire sur Kierkegaard (à l'occasion du cent cinquantième anniversaire de sa mort), présenté le 8 février 2006.

Sterben erzählen im Spielfilm
Hermeneutische Blätter 2: Sterben/Erzählen (2016), 16–24.

Karikatur als heilsame Herausforderung an die Religion
Cardo 10 (2012), 13–21.

Let It Be
Hermeneutische Blätter 2: Lassen (2003), 6–11.

Zeit (zurück)geben. Momo und die grauen Herren
Hermeneutische Blätter 1–2: Zeit geben. Hans Weder zum 60. Geburtstag (2006), 161–172.

«Die beste Gabe der Schöpfung ist ein heiteres und fröhliches Gemüt» (Martin Luther). Humor und Theologie
Unveröffentlicht; Vortrag am Dies academicus der Theologischen Hochschule Chur, 24. Oktober 2017.
Inédit; conférence au *Dies academicus* de la Haute école théologique de Coire, 24 octobre 2017.

Entre interprétation et surinterprétation: relectures littéraires de la Bible chez Sylvie Germain
Variations herméneutiques 6 (1997), 27–39; la présente version, légèrement différente, est reprise du *Bulletin du Centre protestant d'études* 50/1: Lecture kaléidoscopique de la Bible (1998), 3–15.

Leibliches Beten bei Etty Hillesum. Zu ihrem 100. Geburtstag
Hermeneutische Blätter 2: Beten (2014), 91–99.

Das Eintrittsbillett retournieren? Zum Eidgenössischen Dank-, Buss- und Bettag
Neue Zürcher Zeitung (18. September 2004), 1.

Einmischungen – Interventions

Welt des Teilens (statt Welt zum Teilen)
Contigo 2 (2015), 8–9. Wiederabgedruckt unter dem Titel: Entwicklungszusammenarbeit theologisch begründen, *Perspective* 9 (2015), 23.

Vive la politique!
Église réformée de France, Église réformée d'Alsace et de Lorraine (dir.), *Débat 2000–2000 débats*, Paris: Église réformée de France, 2000, dossier 4: Vive la politique!, 1–7.

Quelques réflexions sur le ministère prophétique du veilleur
In: Dimitri ANDRONICOS, Céline EHRWEIN NIHAN, Mathias NEBEL (dir.), *Le courage et la grâce. L'éthique à l'épreuve des réalités humaines*, Genève: Labor et Fides, 2013, 87–95.
In deutscher Sprache, in geänderter Fassung: Reflexionen zum prophetischen Wächteramt. Replik auf Wilhelm Gräb, in: Christina AUS DER AU, Ralph KUNZ, Thomas SCHLAG, Hans STRUB (Hg.), *Urbanität und Öffentlichkeit. Kirche im Spannungsfeld gesellschaftlicher Dynamiken*, Zürich: Theologischer Verlag Zürich, 2013, 129–136.

Wie politisch darf und soll die Kirche sein? Zehn Thesen
Unveröffentlicht; Thesen für Vorträge zu Kirche und Politik, 2015–2018.
Inédit; thèses pour des exposés sur Église et politique, 2015–2018.

Lettre de l'extérieur au ministre de l'Intérieur
Réforme, n° 2780 (23–29 juillet 1998), 7.

Einige unzeitgemässe Überlegungen zur leistungsorientierten Mittelverteilung und zu Verwandtem. Abschiedsbrief eines aus dem Amt scheidenden Dekans an die Universitätsleitung
Unveröffentlicht; Brief an die Zürcher Universitätsleitung vom 5. März 2004.
Inédit; lettre du 5 mars 2004 à la direction de l'Université de Zurich.

Über den Punkten
Unveröffentlicht; Coverversion zu *Über den Wolken* von Reinhard Mey, vorgesungen an einem Semesterabschlussfest, am 4. Juni 2010.
Inédit; reprise de la chanson *Über den Wolken* de Frédérik Mey, chantée lors d'une fête de fin de semestre, le 4 juin 2010.

Manne power: éthique et toc. Un entretien avec Jean-Luc Wenger
Vigousse. Le petit satirique romand (9 mai 2014), 4–5.

Histoires de lumières
L'Express/L'Impartial (20 décembre 2014).

Eine andere Fassung von Lessings Ringparabel
Unveröffentlicht; für die Schlusssitzung eines Seminars zur religiösen Toleranz, vorgelegt am 21. Dezember 2010.
Inédit; pour la séance de synthèse d'un séminaire sur la tolérance religieuse, présenté le 21 décembre 2010.

Ein theologisches Plädoyer für die Migrationscharta, in zehn Punkten
Archipel. Zeitung des Europäischen BürgerInnenforums, Nr. 246 (März 2016), 4–6.
Traduction française: Plaidoyer théologique pour la charte de la migration, *Archipel. Journal du Forum civique européen*, n° 246 (mars 2016), 4–5.

«Sogar den Ehrlichsten wird die letzte Chance geraubt». Offener Brief an Christoph Blocher
Kirchenbote 17 (2006), 6.

«Sur nos monts, quand l'UDC…»
L'Express/L'Impartial (15 septembre 2011).

Monitoring von Ausschaffungen. Zu einer heiklen Entscheidung des Schweizerischen Evangelischen Kirchenbundes – samt zwei Ergänzungen
Reformierte Presse 27–28 (8. Juli 2011), 2; 34 (26. August 2011), 2; 43 (28. Oktober 2011), 2.
Traduction française: Observer les vols spéciaux pour l'ODM. À quel prix? Au nom de l'État de droit?, *Vivre ensemble. Bulletin de liaison pour la défense du droit d'asile*, n° 134 (septembre 2011), 4–6.

L'étrange langage de l'asile
L'Express/L'Impartial (19 décembre 2015).

Weitere Aushöhlung des Asylrechts
Reformierte Presse 20 (17. Mai 2013), 2.
Solidarität nicht kriminalisieren
Tages-Anzeiger (22. Dezember 2018), 4.
Les affaires d'abord …
L'Express/L'Impartial (31 octobre 2017).
«L'argent pour les armes tue»
L'Essor 113/5 (2018), 5.
Rien vu, rien entendu, rien dit!
ArcInfo (12 mai 2018).
Quo vadis, Helvetia?
Protestinfo. Agence de presse protestante (juillet 2014), chronique.
Je suis la fillette du marché de Maiduguri
Protestinfo. Agence de presse protestante (janvier 2015), chronique.
Congo: un véritable travail pascal
ArcInfo (12 avril 2019).
Lettre à mon petit-fils
L'Express/L'Impartial (29 juin 2016).

Predigten – Prédications

«Sag, Grossvater, warum hinkst du?» (Gen 32,23–33)
    Unveröffentlicht; Zürich-Oberstrass, 15. Februar 2004.
    Inédit; Zurich-Oberstrass, 15 février 2004. Publié en version française: «Face-de-Dieu» (Gn 32,23–33; 48,1–2.8–20), *Études théologiques et religieuses* 71 (1996), 259–263.
Pour un dimanche des réfugiés (Lv 19,33–34; He 13,1–2; Mc 15,37–38)
    Unveröffentlicht; Lignières, 21. Juni 2006.
    Inédit; Lignières, 21 juin 2009.
«gott gerneklein». Eine von Kurt Marti inspirierte Weihnachtspredigt (Jes 9,1–6; 2Kor 4,5–10)
    Pierre Bühler, Andreas Mauz (Hg.), *Grenzverkehr. Beiträge zum Werk Kurt Martis*, Göttingen: Wallstein, 2016, 296–300.
InExcelsis. Un conte de Noël
    Unveröffentlicht; Dezember 2018.
    Inédit; décembre 2018.
Die Überraschungen des Propheten (Jona 4)
    Unveröffentlicht; Zürich-Predigerkirche, Hochschulgottesdienst, 10. Mai 2001.
    Inédit; Zurich-Predigerkirche, culte universitaire, 10 mai 2001.
Pour un dimanche de la Réformation (Ha 2,1–4; Rm 1,16–17)
    Unveröffentlicht; Cernier, 6. November 2016/Lissabon, 12. November 2017.
    Inédit; Cernier, 6 novembre 2016/Lisbonne, 12 novembre 2017.
«Toute la ville fut en émoi». Pour le dimanche des Rameaux (Mt 21,1–11)
    Unveröffentlicht; Grandchamp, 14. April 2019.
    Inédit; Grandchamp, 14 avril 2019.

Rire à Pâques (Mc 16,1–8)
   Unveröffentlicht; Neuchâtel-Ermitage, 31. März 2002.
   Inédit; Neuchâtel-Ermitage, 31 mars 2002.
Das Wort vom Kreuz und die Wissenschaft. Für einen Hochschulgottesdienst (1Kor 1,18–25)
   Unveröffentlicht; Zürich-Grossmünster, 19. Januar 2003.
   Inédit; Zurich-Grossmünster, 19 janvier 2003.
In irdenen Gefässen (2Kor 4,5–12)
   Unveröffentlicht; Schaffhausen, 12. März 2000.
   Inédit; Schaffhouse, 12 mars 2000.
Si j'avais à prêcher ce matin. Une prédication fictive pour le jour de l'an
   Unveröffentlicht; 31. Dezember 2004–1. Januar 2005.
   Inédit; 31 décembre 2004–1er janvier 2005.

Textrechte
Droits d'auteur

S. 105: Jacques BREL, *Sur la place* © Universal Music Publishing France et Éditions Jacques Brel, Bruxelles, 1954. Premier éditeur: Les éditions Montmartre.

S. 166: The BEATLES, *Let It be*. Das Lied *Let It Be* wurde 1970 zum ersten Mal veröffentlicht, zuerst als Single zusammen mit dem Lied *You Know My Name* und dann auf der Langspielplatte mit dem Titel *Let It Be*.

S. 188: Ruedi KREBS, *Ds Eiströphige*, CD: *Berner Troubadours live*, Bern: Zytglogge Verlag, 2003 (Nr. 16) © Zytglogge Verlag.

S. 190: Mani MATTER, *ir ysebahn*, in: DERS., *Warum syt dir so truurig? Berndeutsche Chansons*, Oberhofen am Thunersee: Zytglogge Verlag, 2011 [1973], 8 © 2011 Zytglogge Verlag.

S. 256: Reinhard MEY, *Über den Wolken*, www.reinhard-mey.de/Universal Music. Das Lied Über den Wolken wurde 1974 zum ersten Mal veröffentlicht, auf der Langspielplatte «Wie vor Jahr und Tag» und als B-Seite der Single «Mann aus Alemannia».

S. 311: Kurt MARTI, *gott gerneklein. gedichte*, Stuttgart: Radius, 2011, 10 © 2006 by Radius Verlag, Stuttgart.

S 312: Kurt MARTI, *geduld und revolte. die gedichte am rand*, Stuttgart: Radius, 1995 [1984], 8 © 2011 by Radius Verlag, Stuttgart.

Autor und Verlag waren bemüht, alle nötigen Abdruckrechte einzuholen. Wir bitten Sie, nicht erhebbar gewesene Rechte gegebenenfalls beim Theologischen Verlag Zürich zu melden.

Abbildungsverzeichnis
Crédits des illustrations

S. 5: Raymond Burki, *Pour Marianne*, Widmungszeichnung – dessin-dédicace.
S. 24: Neuenburger Studierende, *Komm, Pierre, komm!*, humoristische Zeichnung – dessin humoristique.
S. 53: PIEM, *Dieu et vous* (1996) © cherche midi éditeur, Paris.
S. 57: Eugène Delacroix, *Jakobs Kampf mit dem Engel – La lutte de Jacob avec l'ange*, commons.wikimedia.org.
S. 66: Jean-Charles Sarrazin, *Jakob und die Engelsfeder – Jacob et la plume de l'ange* © Jean-Charles Sarrazin, Paris.
S. 113: Friedrich Dürrenmatt, *Don Quichotte* (1987) © Centre Dürrenmatt Neuchâtel/Schweizerische Eidgenossenschaft.
S. 116: Schema zur Rezeption von Don Quijote – Schéma de la réception de Don Quichotte © Pierre Bühler.
S. 118, S. 119: Friedrich Dürrenmatt, drei Skizzen zum Gemälde *Don Quichotte* – trois esquisses pour le tableau *Don Quichotte* (1987) © Centre Dürrenmatt Neuchâtel/Schweizerische Eidgenossenschaft.
S. 120, S. 121: Gustave Doré, zwei Holzschnitte zu Don Quijote aus – deux gravures sur Don Quichotte tirées de: Miguel SAAVEDRA DE CERVANTES, *L'ingénieux hidalgo don Quichotte de la Manche*. Avec 370 compositions de Gustave Doré, gravées sur bois par Héliodore Pisan, 3 vol., [Genève]: Arnaud de Vesgre, 1981 [reproduction de l'édition de 1869].
S. 150: Ingmar Bergman, *Viskningar och rop* (SE 1972), 01:20:18 (DVD © 1972 ab Svensk Filmindustri © 2011 Studiocanal GmbH).
S. 152: Patrick Chappatte © Chappatte, www.chappatte.com.
S. 153: Charles Philipon, *Die Verwandlung von König Louis-Philippe in eine Birne – La métamorphose du roi Louis-Philippe en poire* (1831) © Bibliothèque nationale de France, Paris.
S. 154: *Der Gekreuzigte mit Eselskopf – Le crucifié à tête d'âne* © Jacqueline Berthoud, Fleurier.
S. 155: *Papstesel zu Rom – Le pape-âne à Rome*, Flugschrift, Wittenberg (1523), commons.wikimedia.org.
S. 156: Friedrich Dürrenmatt, *Papstköpfe – Têtes de papes* © Centre Dürrenmatt Neuchâtel/Schweizerische Eidgenossenschaft.
S. 157: Friedrich Dürrenmatt, *Zwölf Päpste, die Bibel auslegend – Douze papes en train d'interpréter l'Écriture* (1973) © Centre Dürrenmatt Neuchâtel/Schweizerische Eidgenossenschaft.
S. 158: Friedrich Dürrenmatt, *Der letzte Papst – Le dernier pape* (1975) © Centre Dürrenmatt Neuchâtel/Schweizerische Eidgenossenschaft.
S. 161: Pierre Bühler, *Don Quijotes Kreuzigung – La crucifixion de Don Quichotte* © Pierre Bühler.
S. 178: Werbung Luthersocke, Wittenberg (2017), www.luthersocke.de.

S. 179, S. 183: Zwei Zeichnungen aus – deux dessins tirés de: *Crises de foi* et *Crises de foi – le retour*, Arare: Presses bibliques universitaires, respectivement 1992 et 1994 © Diffusion Ouverture, Le Mont-sur-Lausanne.

S. 185: Drei Schemata aus – trois schémas tirés de: Arthur Koestler, *Le cri d'Archimède*, Paris: Calmann-Lévy, 1965.

S. 186: Schema zu – schéma à partir de: Jean FOURASTIÉ, *Le rire, suite*, Paris: Denoël/Gonthier, 1983 © Pierre Bühler/Patrick van Dieren.

S. 188, S. 189, S. 193: Drei Zeichnungen von – trois dessins de: Máximo, *El País*, Madrid © El País, Madrid.

S. 191: Hans Holbein d. J., *Hercules Germanicus*, https://www.e-manuscripta.ch/zuz/content/pageview/1541361.

S. 196: *Papst Franziskus mit Lutherhut – Le pape François coiffé du chapeau de Luther*, Fotomontage (2016) © Die Zeit. Christ & Welt. Wochenzeitung für Glaube, Geist, Gesellschaft.

S. 223: Mix & Remix, *Welt des Teilens – Un monde de partage* © Mix & Remix.

S. 243: Anonym, *Ja nie aufgeben – Surtout ne jamais capituler*, Russland.

S. 280: *Aylan Kurdi, tot am Strand aufgefunden*, Keystone-SDA / AP / Nilüfer Demir.

S. 334: *Christus hält Satan gefangen – Le Christ tient Satan prisonnier*, Vézelay (xive siècle) © Harald Brünig, Freital/Dresden.

S. 335: Lucas Cranach d. J., *Kreuzigung – Crucifixion* (1552–1555), Cranach-Altar in der Stadtkirche St. Peter und Paul (Herderkirche), Weimar © Evang.-Luth. Kirchengemeinde Weimar, Foto: Constantin Beyer.

S. 336: *Der Fischergott fängt durch Christus den Leviathan – Dieu pêcheur attrape le Léviathan avec le Christ*, aus: Herrad von Landsberg, *Hortus Deliciarum* (12. Jh.), wikimedia.commons.org.

S. 345: Albert de Pury, *Bonjour!*, Genève: Labor et Fides, 1992 © Labor et Fides, Genf.

Namenregister
Index des noms

Die Namen und Vornamen, die auf Deutsch und auf Französisch unterschiedlich geschrieben werden (z. B. Aristoteles und Aristote), werden nach deutschem Gebrauch angegeben. Die anderen werden in ihrer jeweiligen Sprache aufgelistet.

Les noms et prénoms, dont la graphie en allemand diffère de celle en français (par exemple Aristoteles pour Aristote), sont cités en allemand. Les autres sont référencés dans leur langue respective.

Aebischer, Patrick 260
Allen, Woody 184, 286
Anselm von Canterbury 98, 100, 102
Aragon, Louis 67, 74, 295
Archimedes 184
Arendt, Hannah 312
Aristophanes 131, 137
Aristoteles 129, 159
Augustin(us) von Hippo 167, 210, 230
Avnet, Jon 143–144
Axel, Gabriel 72
Bach, Johann Sebastian 81
Bader, Günter 104
Bächtold, Hans Ulrich 237
Barbara (Monique Andrée Serf) 290
Barth, Karl 128, 269, 276
Béart, Guy 167
Beatles (the) 13, 18, 162–166
Beckett, Samuel 87–88
Beck Kadima, Muriel 238–239
Bergman, Ingmar 147–150
Bergson, Henri 159, 183, 185
Berset, Alain 285
Bichsel, Peter 307–308
Binswanger, Mathias 254–255
Bismarck, Otto von 228
Blanke, Fritz 181, 225
Blixen, Karen (Pseudonym Isak Dinesen) 72–74
Blocher, Christoph 269–270
Bonhoeffer, Dietrich 14, 19, 32, 48, 50, 241, 245, 275–276, 354–355

Bornkamm, Günther 51
Bosia Mirra, Lisa 281
Boudier, Séverine 199
Bourcier, Danièle 186
Bourvil, André 52
Brel, Jacques 105–107
Brink, André 35
Brooke-Rose, Christine 197
Bruce, Lenny (Leonard Alfred Schneider) 144–145
Buber, Martin 78–79
Bühler, Ernst 223
Bühler, Frieda 65
Bühler, Marianne 5
Bulcke, Paule 290
Bullinger, Heinrich 237
Bultmann, Rudolf 44–48, 50–52, 83, 109, 112, 114
Burkhalter, Didier 285
Burki, Raymond 5
Cadière, Guy-Bernard 293
Caillois, Roger 92
Calvin, Jean 230, 276, 291
Castellion, Sébastien 291
Celan, Paul 202
Cervantes Saavedra, Miguel de 112–126
Chagall, Marc 57
Chappatte, Patrick 151–152
Chevènement, Jean-Pierre 239, 246–249
Churchill, Winston 238, 248
Cohen, Leonard 347–348
Collini, Stefan 197

Coluche (Michel Colucci) 229
Cranach, Lucas der Ältere 156
Cranach, Lucas der Jüngere 334–335
Crone, Hans Caspar von der 250
Culler, Jonathan 197
Cuvillier, Élian 39
Daumier, Honoré 116
Da Vinci, Leonardo 201
Delacroix, Eugène 55, 57
Demir, Nilüfer 280
Derrida, Jacques 29
Dimey, Bernard 91
Domin, Hilde 243
Doré, Gustave 116, 120–122
Dostojewskij, Fjodor 210, 217–220
Dreifuss, Ruth 282
Dubied, Pierre-Luigi 48, 104
Dürrenmatt, Friedrich 11–12, 16–17, 92–93, 112–113, 115–138, 156–158, 160–161, 179, 187, 218–219, 224, 226, 268, 313
Ebeling, Gerhard 11–12, 16–17, 25, 31, 34, 48–53, 81, 104, 224, 236, 323
Eberhard, Philippe 163
Eckhart von Hochheim (Meister Eckhart) 210
Eco, Umberto 29–30, 115, 197
Eddington, Arthur S. 136
Einstein, Albert 78
Emani, Geordry 276
Ende, Michael 167–177
Faber, Eva-Maria 196
Farrow, Mia 286
Farrow, Ronan 286
Ferrat, Jean 295
Flora, Paul 156
Forrester, Viviane 229
Fosse, Bob 144–145, 149
Fourastié, Jean 159, 185–187
Franziskus (Papst) 193, 196, 285, 287, 327
Freud, Sigmund 159
Freudiger, Marc-André 208
Frey, Bruno S. 253
Fuchs, Ernst 51
Gadamer, Hans-Georg 69, 83, 163
Gaddi, Taddeo 201

Gay, Cesc 146
Gerhardt, Paul 34
Germain, Sylvie 13, 18, 55, 95, 111, 197–208
Glavac, Monika 151–152, 154
Goulet, Alain 198
Graf, Friedrich Wilhelm 235
Guillaume le Taciturne → Wilhelm I. der Schweiger
Habermacher, Jean-François 81, 208
Händel, Georg Friedrich 309
Hammann, Gottfried 55
Hauerwas, Stanley 11, 14–16, 19–20
Hausmann, Manfred 88–89
Heidegger, Martin 46
Hemingway, Ernest 85
Herrmann, Wilhelm 45
Herrou, Cédric 281
Hess, Andreas 275
Hillesum, Etty 13, 18, 209–216
Hitler, Adolf 248
Hobbes, Thomas 159, 183
Holbein, Hans der Jüngere 191–192
Homer 123
Huot, Jean-Claude 238–239
Husserl, Edmund 82, 207
Iser, Wolfgang 80–81, 83, 93
Jauch, Ursula Pia 258
Julius Cäsar 76
Jung, Carl Gustav 210
Käsemann, Ernst 51
Kafka, Franz 93, 134–135
Kant, Immanuel 30, 97, 129
Kauffmann, Jean-Paul 55
Kerr Dürrenmatt, Charlotte 117
Keynes, John Maynard 254
Kierkegaard, Søren 11–12, 16–17, 36, 43, 46, 65, 94, 127–142, 144, 149, 182, 208, 343
Klostermann, Götz 235
Koestler, Arthur 84, 159–160, 184–187, 194
Krebs, Ruedi 188
Kübler-Ross, Elisabeth 145
Kurdi, Aylan 13, 18, 280, 294
Lagerkvist, Pär 86–87
Landsberg, Herrad von 336

Lange, Konrad   156
Lanz, Anni   281
Laplace, Pierre-Simon   32
Le Daubec, Denise   198
Lefort, Claude   229
Leibniz, Gottfried Wilhelm   164, 352
Lessing, Gotthold Ephraim   132, 136, 263
Levinas, Emmanuel   238
Loisy, Alfred   189
Louis-Philippe I.   153
Lucano, Mimmo (Domenico)   281
Luther, Martin   11–12, 16–17, 33–34, 49, 56–57, 60, 66, 90, 97, 103, 156, 178–182, 188–189, 192, 195–196, 230, 236–237, 313–314, 323–324, 326–327, 336, 352, 355
Luz, Ulrich   39
Malet, André   46
Marti, Kurt   13, 18, 309–314
Martin von Tours   75
Marx, Karl   132
Massani, Giovanni Antonio   152
Matter, Mani (Hans-Peter)   190, 192
Máximo (Máximo San Juan Arranz)   187–189, 192–193
Mazzone, Lisa   282
Melanchthon, Philipp   156, 188
Melgar, Fernand   275
Melville, Herman   122–123
Merkel, Angela   277
Mey, Reinhard   256–257
Mix & Remix (Philippe Becquelin)   223
Molière (Jean-Baptiste Poquelin)   131, 183
Monnin, Pierre-Éric   85
Morerod, Charles   327
Mostert, Walter   25, 36
Mukwege, Denis   293
Napoléon Bonaparte   32
Nicolini, Giuseppina Maria   279
Nietzsche, Friedrich   100–102, 129
Osterloh, Margit   253
Panofsky, Erwin   112, 114, 116
Pascal, Blaise   27, 167

Paulus von Tarsus   15, 19, 36, 100–102, 160, 225, 234, 251, 311–312, 324–328, 341–344, 346–349
Pestel, Véronique   167
Philipon, Charles   153
PIEM (Pierre Georges Marie de Barrigue de Montvallon)   53
Plato   129, 137–138
Poe, Edgar   123
Popper, Karl R.   137, 233
Preul, Reiner   235
Pury, Albert de   345
Rabelais, François   122, 182
Ranke, Leopold von   45
Rawls, John   238–239
Rembrandt (Rembrandt Harmenszoon van Rijn)   57, 209
Renaud (Renaud Séchan)   227–228, 234
Ricœur, Paul   11–12, 16–17, 41, 43, 45–46, 48, 54, 65, 71, 80–83, 94–95, 112, 115, 117, 125, 158, 207, 238, 265–267
Rilke, Rainer Maria   210
Ritschard, Willi   184
Rorty, Richard   29, 197
Rousseau, Jean-Jacques   248
Russo, Vincenza   115, 117
Sarrazin, Bernard   55
Sarrazin, Jean-Charles   66
Schaper, Edzard   89–91
Schapp, Wilhelm   95
Schlumberger, Sophie   39
Schneider, Louis   285
Schneider-Ammann, Johann   259
Schopenhauer, Arthur   129
Screech, Michael A.   110
Shakespeare, William   131, 202
Sinowjew, Alexander   234
Sokrates   137–138
Solschenizyn, Alexander   225
Sommaruga, Simonetta   275, 277, 290
Stachanov, Alexei Grigorjewitsch   252
Stengers, Isabelle   31
Stucki, Pierre-André   41–44, 52
Subiela, Eliseo   176
Sundermeier, Theo   35, 68–70
Swift, Jonathan   122–123

Tacitus 155
Tertullian 155
Theissen, Gerd 84
Thoreau, Henry David 239
Topor, Roland 156
Touraine, Alain 233
Tournier, Michel 89–91
Twain, Mark 123
Ungerer, Tomi (Jean-Thomas) 156
Valley, Norbert 281
Van Andel, Pek 186
Van Dyke, Henry 89–91
Varlin (Willy Guggenheim) 131
Vermeer, Johannes 200
Vleeschhouwer, Joseph Isidoor (Jopie) 215

Walpole, Horace 186
Watzlawick, Paul 186
Weber, Ulrich 115, 129
Wedemeyer, Maria von 355
Wenger, Jean-Luc 258–260
Westermann, Klaus 55, 60
Wiesel, Élie 55, 60
Wilder, Thornton 86
Wilhelm I. der Schweiger 234
Wittgenstein, Ludwig 209
Wolffers, Felix 289
Zinoviev, Alexandre → Sinowjew, Alexander
Zumstein, Jean 63
Zwingli, Huldrych 237